GIRBIG · VERMISST

RÄTSELHAFTE SCHICKSALE DEUTSCHER FLIEGER IM 2. WELTKRIEG

WERNER GIRBIG

VERMISST

MOTORBUCH VERLAG STUTTGART

Einbandgestaltung: Siegfried Horn

Fotonachweis:
via Donald Cuntz, Frankfurt/Main (2); dpa (1); via DRK-Suchdienst, München (3); E. Fingerhuth (2); Gemeinschaft der Jagdflieger (1); W. Girbig, Hattersheim (12); A.V.d. Graaf, via G. Zwanenburg (1); Graf, Simmern (3); Imperial War Museum, London (2); Landeskriminalpolizei, Osnabrück (1); Anneliese Limbach, Ilse (1); Heinz Meyer, Hameln (1); via Heinz Polak, Kelkheim/Ts. (1); via Oberstlt. Roschach, Gengenbach (1); Günther Schmitz, Ahrweiler (1); Enrst Schröder, Bonn (1); via W. Teichmann, Bad Lausigk (1); N. Theile, Hofheim/Ts. (2); via Friedrich Trenz, Wien (1); U.S. Air Force (3); Rudolf Wahl, Hadamar (1); Sammlung des Verfassers (7) sowie 11 Zeichnungen des Verfassers.

ISBN 3-613-01147-6

2. Auflage 1991

Ein Unternehmen der Paul Pietsch-Verlage GmbH & Co.

Drucktechnische Herstellung:
Druckhaus Schwaben GmbH, 7100 Heilbronn-Böckingen
Buchbinderische Verarbeitung: Verlagsbuchbinderei K. Dieringer, 7016 Gerlingen
Printed in Germany.

INHALTSVERZEICHNIS Seite

Zu diesem Buch 9
»Ein Mensch kann doch nicht spurlos verschwinden . . .« .. 20
Das Holzkreuz am Niederrhein 31
Der Fund bei Hardensetten 44
Tragödie über dem Rhein-Main-Gebiet 55
Über den Lechtaler Alpen abgeschossen 88
Opfer der Ardennen-Offensive 110
Fliegergrab Ijsselmeer 133
Rätselhafte Zusammenhänge 143
Einer vom Unternehmen »Bodenplatte» 165
Die Messerschmitt im Dieburger Forst 172
Eine polnische Münze 185
Die nicht zurückkehrten 202
Der letzte Flug des Unteroffiziers Gröbke 210
Iffezheim – Ahrweiler – Tiefenbach 223
. . . und wird nach Feindeinsatz vermißt! 238
Hauptmann Maack 257
Erkennungsmarke 59741-241 269
Ein Feldwebel aus Forst/Lausitz 283
»Bodenplatte«-Schicksale 291
Im Netzebruch verschollen 302
Opferflug der Arado – Die Brücke von Remagen 308
Das Grab in Berwang 323
Die nicht zurückkehrten – Das Bild einer Luftschlacht 333
Das Fliegergrab in Kruft 343

»Das Leben eines Kriegers
gleicht einer Kirschblüte im Frühling.
Ohne Frucht zu tragen,
fällt sie zu Boden
und verwelkt.«

Aus einem japanischen Samurai-Gedicht

»Wieder sind drei aus unserer Staffel gefallen. Thunderbolts! Wir können uns unschwer ausrechnen, wann wir an der Reihe sind. Was mich betrifft, so habe ich das Gefühl, daß ich etwa Ende Januar/Anfang Februar nicht mehr zurückkehren werde.«

Uffz. Harald Cuntz,
Flugzeugführer im JG 11,
gefallen am 10. Februar 1944

ZU DIESEM BUCH

Meine vor Jahren erschienenen Aufzeichnungen »Die nicht zurückkehrten« und »Abgeschossen, gefallen, verschollen« sind nun in einem Buch zusammengefaßt. Beide Publikationen waren vergriffen, so daß der Verlag sich entschlossen hat, eine Neuauflage in einem Band herauszubringen. Ein Entschluß, der einmal aus der Vielzahl der Nachfragen interessierter Leser, zum anderen aber auch aus einem immer noch nicht abgeschlossenen Kapitel unglückseliger Ereignisse resultiert. Tatsächlich hat die Suche nach verschollenen Fliegern oder die Klärung bislang nicht eindeutig gewesener Fälle noch kein Ende gefunden, wenn auch 40 Jahre nach dem Krieg die Recherchen naturgemäß sich immer schwieriger gestalten.

Pressestimmen und Kommentaren entnehme ich oft, daß man mich für einen ehemaligen Jagdflieger hält. Doch so sehr ich, wie damals wohl viele Jungen meiner Generation, mir gewünscht hätte, hinter dem Steuerknüppel einer Jagdmaschine zu sitzen: als die russischen Panzer im April 1945 durch die Straßen meiner Heimatstadt Berlin ratterten, war ich noch nicht ganz 14 Jahre alt.
Jedoch schon zu jenem Zeitpunkt zeigte ich ein starkes Interesse für das Luftkriegsgeschehen, das sich in den vorangegangenen Jahren über unserer Heimat abspielte, denn immerhin sahen wir uns Tag und Nacht mit diesem Ereignissen unmittelbar konfrontiert. Seitdem bemühe ich mich, sowohl über die deutschen Lufteinsätze als auch über die Aktivitäten unserer ehemaligen Gegner ein objektives Bild zu erhalten.
So blieb es nicht aus, daß ich im Zusammenhang mit meinen Nachforschungen auch auf Hans Ring, dem damaligen Dokumentationssachbearbeiter der Gemeinschaft der Jagdflieger, aufmerksam wurde. Ring gilt weithin als Experte für die Geschichte der deutschen Jagdwaffe und verfügt über die wohl umfangreichste Materialsammlung zu diesem Thema.
Auch mein Interesse speziell an diesem Teilaspekt der Luftwaffe wuchs

immer mehr, und so kam es auch, daß ich eines Tages begann, mich mit der Aufklärung von Vermißtenschicksalen zu befassen. Natürlich war das kein aus dem Augenblick heraus gereifter Entschluß, sondern es hatte sich vielmehr so ergeben. Und nicht zuletzt trug wohl auch die Tatsache dazu bei, daß außerhalb Deutschlands schon viel früher etwas auf diesem Gebiet unternommen worden ist. Ich kannte zwei Länder, in denen eine Suche nach vermißten Fliegern aus dem Zweiten Weltkrieg – allerdings mit staatlicher Unterstützung – betrieben wurde. Beide Beispiele haben mich damals sehr beeindruckt.

Als man in den Niederlanden bei der Poldergewinnung immer und immer wieder auf Flugzeugwracks stieß, die während des Krieges in das Ijsselmeer stürzten, stellte die niederländische Luftwaffe eigens für die Ausgrabung dieser Maschinen und die Identifizierung der gefallenen oder vermißten Flieger ein Bergungsteam zusammen, welches auch heute noch von Gerrie Zwanenburg unterstützt wird, der gleichfalls alle Einzelheiten des Luftkrieges über Holland gesammelt hatte. Zwanenburg konnte inzwischen den historischen Hintergrund unzähliger geborgener Flugzeuge erhellen und auch das Schicksal derer Besatzungen klären.

Gleich nach der Beendigung des Krieges in Ostasien begann der australische Fliegeroffizier Keith Rundle mit dem Versuch, im ausgedehnten Inselgebiet des Pazifik nach vermißten Fliegern zu forschen, die dort von den Japanern abgeschossen wurden. Zu diesem Zweck stellte ihm die australische Luftwaffe mehrere Mitarbeiter, zwei Schiffe und sechs Flugzeuge zur Verfügung. Nach alten Absturzmeldungen flog er jedes Planquadrat ab und spürte in den Dschungeln Neuguineas, Neubritanniens oder der Salomon-Inseln Flugzeugwracks auf. Einer großen Anzahl von Angehörigen englischer, amerikanischer und australischer Flieger konnte er Gewißheit geben.

Unterdessen füllten sich auch bei mir die Ordner mit Akten und Unterlagen, die alle mit irgendeinem Vermißtenfall zusammenhängen. Und immer neue Schriftstücke kommen hinzu. Nicht alle Hinweise ermöglichen es, Spuren aufzunehmen oder Nachforschungen anzustellen, weil eben von vornherein nicht die Voraussetzungen dazu gegeben sind. Es muß mindestens ein Vermerk vorhanden sein, der erkennen läßt, wo man zu suchen anfangen könnte. Darüber hinaus erhalte ich eine ganze Reihe von Nachfragen über Fälle, die sich dann als bereits geklärt herausstellen. Aber auch diese Spuren müssen erst einmal verfolgt werden.

So zum Beispiel in der Gemeinde Bornholte bei Gütersloh. Dort hat man im Januar 1968 auf den Wiesen praktisch auf kleinstem Raum vier Jagdflugzeuge vom Typ Fw 190 gefunden. Von den Flugzeugführern keine Spur. Nach Augenzeugenberichten sollen die Maschinen am 31. Mai 1944 abgeschossen worden sein. Ich wußte, daß zu diesem Zeitpunkt die II. Gruppe des JG 1 in Störmede lag, einem Ort, der als Einsatzhorst der vier Focke-Wulf in Frage kommen konnte, denn Störmede liegt nicht sehr weit von Bornholte entfernt. Bei der Deutschen Dienststelle (WASt) in Berlin stellte ich anhand der Verlustunterlagen fest, daß die II./JG 1 am genannten Maitag tatsächlich vier Maschinen bei Bornholte als verloren meldete. Drei der Flugzeugführer sind gefallen und in ihre Heimatorte überführt worden, der vierte konnte mit dem Fallschirm abspringen. Damit war das Rätsel um die geheimnisumwitterten vier »190« von Bornholte gelöst.

»Blumen für das Kreuz im Wald«, so steht neben der Abbildung einer mit Feldsteinen und Birkenkreuz versehenen Gedenkstätte im Kalbacher Wald bei Oberursel im Taunus. Das Foto wurde anläßlich des Volkstrauertages 1974 in einer Frankfurter Zeitung veröffentlicht. Niemand weiß genaueres, rätselhaft bleibt vieles und unbekannt ist nicht nur der Flieger, an den diese Stätte erinnert, so heißt es in dem Pressebericht weiter. Schon zwei Jahre zuvor hat mich ein natur- und wanderbegeisterter Einwohner aus Weißkirchen/Ts. auf jenes vermeintliche Grab aufmerksam gemacht, aber bereits vor 25 Jahren hat es der Frankfurter Elektromonteur Fritz Schröder bei einer Taunuswanderung entdeckt. Wann und von wem dieser Hügel im Wald einmal angelegt worden ist, bleibt ebenso unbekannt wie diejenigen Personen, die dort hin und wieder frische Blumen niederlegen. Auf einem der Steine, stark verwittert, kann man die Inschrift lesen: »Unbekannter Flieger 1944«.

Nun, es hat einige Zeit gedauert, ehe ich das Rätsel um diesen bisher namentlich nicht bekannten Flieger lösen konnte. Am 9. Mai 1944 führte der Oberleutnant Hans Heinz Pfanschmidt von der 5. Staffel des Jagdgeschwaders 53 einen Tarnüberwachungsflug über dem Taunus durch. Da trat plötzlich an seinem Fieseler »Storch« mit dem Kennzeichen BP + MU über dem Gebiet des Kalbacher Waldes ein Motordefekt auf, der den Absturz der Maschine zur Folge hatte. Der Oberleutnant wurde anschließend in das Luftwaffenlazarett 2/XII nach Frankfurt gebracht, wo er zehn Tage später seinen schweren Verletzungen erlag.
Seit 17 Jahren versuche ich in Ausfüllung meiner Freizeit solchen Begebenheiten nachzugehen, besonders aber die Schicksale noch als vermißt geltender Flieger zu klären, und ich begann dies damals, weil ich mir vorstellte, daß Angehörige immer noch auf ein Zeichen ihres verschollenen Sohnes, Bruders oder Vaters warten. So mancher Fall zeigte mir, daß sich hinter solch einer Arbeit – und ich spreche jetzt allgemein von der offiziell betriebenen Forschung nach vermißten Soldaten – mehr Problematik verbirgt, als ich zunächst annahm. Unter anderem die Tatsache, daß der erfolgreiche Abschluß eines Falles nicht immer als positiv gewertet oder daß Sinn und Zweck dieser Bemühungen sogar in Frage gestellt werden. Nun, das mag jetzt, nach so vielen Jahren Abstand von den schrecklichen Ereignissen, verschiedene Gründe haben.
Nach Erscheinen meiner beiden Bücher hatte ich nicht erwartet, daß diese Aufzeichnungen eine so starke Resonanz hervorrufen würden. Ich erhielt sehr viele Zuschriften, aus denen vorwiegend eine positive Einstellung abzulesen ist, doch trafen und treffen meine Unternehmungen natürlich auch auf gegenteilige Ansichten, aber es wäre fast ein schlechtes Zeichen, wenn das Tun und Handeln eines jeden ausschließlich zustimmende Beurteilungen erhält. Kritik ist in jedem Fall notwendig und trägt zum Teil dazu bei, Unsachlichkeiten auf die Spur zu kommen, Berichtigungen und Ergänzungen vornehmen zu können sowie zu überlegen, was man zukünftig zu verbessern und zu intensivieren vermag. Für alle Zuschriften sei hier noch einmal Dank abgestattet, denn nicht immer erlaubte es die spärliche Frei-

zeit, eingehende Korrespondenz zu beantworten.
Weiter habe ich feststellen können, daß nicht nur die Ehemaligen, also die am Geschehen beteiligten Flieger ihr Interesse an dem vorgenannten Buch gefunden haben, sondern vielmehr auch solche Leser, die überhaupt nichts oder zumindest nur mittelbar etwas mit der geschilderten Materie zu tun gehabt haben, und darunter überraschenderweise ein Großteil der verhältnismäßig jungen Jahrgänge, denen die Kriegsereignisse praktisch nur aus der Überlieferung her bekannt sein können und von denen man annehmen müßte, die Zusammenhänge gar nicht in der Form begreifen zu können wie jemand, der die schrecklichen Ereignisse damals selbst miterlebt hatte. So ist es mehr als beachtlich, daß gerade ein nicht geringer Prozentsatz der Jugend sich jetzt ein reales Bild von der damaligen Zeit verschaffen versucht. Hinweise aus der Leserschaft haben dazu beigetragen, in einigen Vermißtenfällen neue Anhaltspunkte erlangen zu könenn, während andere wieder auf Begebenheiten verwiesen, die als neue Fälle zu betrachten sind. Leser boten mir ihre Hilfe an, die ich unter Umständen irgendwann sogar einmal bei bestimmten Gelegenheiten in Anspruch nehmen möge.
Inzwischen konnte einigen verschollenen Jagdfliegern der Name wiedergegeben werden und es gelang ferner, andere Vermißtenfälle endgültig der Beurkundung zuzuführen. So ist das Schicksal des Unteroffiziers Walter Silwester, als Angehöriger der 12./JG 77 am 23. Dezember 1944 über dem Ahrtal vermißt und als unbekannter Flieger in Altenahr bestattet, nun einwandfrei aufgeklärt und sein Todesfall amtlich festgestellt. Das gleiche gilt für den Leutnant Hans Jakob Arnoldy, dessen Verbleib nach dem Luftkampf am 15. April 1941 über dem Platz Larissa in Griechenland bis dahin ungewiß gewesen war. Auch dieser Fall fand im Juni 1972 durch die Deutsche Dienststelle seinen Abschluß. Von beiden Schicksalen habe ich berichtet. Der gleichfalls erwähnte Oberfähnrich Helmut Winter, den wir zunächst in einem anderen, bei Tecklenburg aufgefundenen Flugzeugwrack vermuteten, wird tatsächlich erst Mitte Dezember 1973 durch Zufall bei Recke/Westfalen geborgen, nachdem dort ein Landwirt beim Pflü-

gen auf die Reste eines Jagdflugzeuges und auf die sich darin noch befindlichen sterblichen Überreste des Piloten stößt. Oberfähnrich Winter war am 10. Februar 1944 das Opfer eines harten Luftkampfes geworden, der sich an jenem kalten Tag über Norddeutschland abgespielt hatte. Diese Luftschlacht, in der 29 deutsche Jagdflieger ihr Leben lassen mußten, werde ich an anderer Stelle des vorliegenden Buches ausführlicher beschreiben.

Am 15. März 1979 wird mit Hilfe einer Pioniereinheit der Bundeswehr in der hessischen Gemeinde Raboldshausen bei Schwarzenborn die Fw 190 mit dem seit 24. Dezember 1944 vermißten Flugzeugführer ausgegraben. Bereits am Bergungstag weiß ich, daß dieser Pilot der Stabsfeldwebel Werner Bosch ist, mit dessen Schicksal ich mich schon längere Zeit beschäftigt hatte. Da ich die Nummer der Erkennungsmarke habe, kann ich diese sofort mit dem glücklicherweise aufgefundenen Original vergleichen. Bosch gehörte der 6. Staffel des JG 300 an und ruht heute auf dem Ehrenfriedhof seines Heimatortes Neckarsulm.

Ich hatte seinerzeit schon einmal die mir selbst oft genug gestellte Frage zu beantworten versucht, wie denn die Angehörigen eines Vermißten die nach so langer Zeit plötzlich eintreffende Nachricht aufnehmen werden, daß über das Schicksal der betreffenden Flieger nun kein Zweifel mehr besteht. Immerhin sind seit dem Geschehen nun fast 40 Jahre vergangen, und gewiß mag der Lauf der vielen Jahre die damals frischen Wunden geheilt, den schrecklichen Verlust und die quälende Ungewißheit mehr oder weniger in den Hintergrund gedrängt haben. Inwieweit dies zutrifft, konnte ich in einigen Fällen in persönlichen Gesprächen oder aufgrund vorliegender Briefe erfahren. So steht es fest, daß heute wohl niemand mehr mit der Rückkehr des vermißten Sohnes, Bruders oder Vaters rechnet. Sie sind gefallen und vielfach von ihren Angehörigen inzwischen auch für tot erklärt worden. Jedoch, es bleibt die innerliche Unruhe, denn diese Angehörigen kennen den Ort nicht, an dem ihre Flieger ruhen, sie wissen keinen Friedhof, auf dem sie an einem namentlich bezeichneten Grab ihre Blumen niederlegen und im Gedenken verharren können. Insofern ist ein Rest von

Ungewißheit über das Schicksal ihrer Toten noch immer nicht gewichen. Schon das bekräftigt mich in meinen Bemühungen, fortzufahren und zu hoffen, den einen oder anderen Vermißtenfall noch lösen zu können. Und nach wie vor bin ich der Meinung, daß nichts unversucht gelassen werden müßte, auch jede bekanntgewordene Stelle, an der sich möglicherweise ein noch verschollener Flieger befinden könnte, einer genaueren Überprüfung zu unterziehen, um so tatsächlich Gewißheit zu erhalten. Leider stößt ein solches Bemühen nicht selten auf Widerstand.

Zum besseren Verständnis der Voraussetzungen, unter denen die Jagdflieger ihre letzten Einsätze flogen, sei noch einmal eine kurze Anmerkung zur Situation der Jagdwaffe erlaubt, denn es ist in den nachfolgenden Aufzeichnungen nicht immer zu erkennen möglich, unter welchen Aspekten sich das Drama in der Luft damals vollzog.

Schon die »Luftschlacht um England«, welche ein knappes Jahr nach Ausbruch des Zweiten Weltkrieges infolge Hitlers Weisung Nr. 17 mit dem Ziel beginnt, die Luftherrschaft über England zu erkämpfen und die britische Insel somit »sturmreif« zu machen, erschüttert den Nimbus der sieggewohnten deutschen Luftwaffe zum erstenmal. Unmerklich zunächst, aber dann offensichtlich. Die Verbände der Jagd- und Kampfflieger, zusammen die modernste und stärkste Luftstreitmacht verkörpernd, die es je gegeben hat, sehen sich nach monatelanger taktischer Kriegsführung plötzlich einem operativen Einsatz gegenüber, auf den sie unzulänglich vorbereitet worden sind. Schon bald stellt sich die Verwundbarkeit der Luftwaffe heraus – der Grund hierfür ist nicht zuletzt auch der eigenen Einsatzplanung zuzuschreiben. Die Folge davon: außergewöhnlich hohe Verluste, die schließlich zum Abbruch der Schlacht führen müssen.

War nach den siegreichen Kämpfen im Westen ein regelrechter Ordensregen und unzählige Beförderungen auch auf die Jagdflieger zugekommen, und hatte man aufgrund großer Erfolge ihre Waffengattung wie kaum einen Truppenteil zur Elite erhoben, so lassen sich im Laufe der folgenden Jahre zwischen Truppe und Luftwaffenführung erste Dissonanzen erkennen. An der bestehenden Luftkriegstaktik gehegte Zweifel führen zu

Spannungen, die sich auch späterhin nicht mehr lösen sollen. Das Festhalten am unrealistischen Einsatzkonzept seitens der Wehrmachts- und Luftwaffenführung fordert mehr als einmal offene Kritik heraus, aber die Forderungen oder Einwände der Jagdwaffe werden ignoriert und bagatellisiert. Im harten und blutigen Abwehrkampf über dem Reich, nachdem man es versäumt hatte, rechtzeitig defensive Maßnahmen zu ergreifen und eine geballte, nicht verzettelte Abwehr zu schaffen, erklärt man die Jagdflieger unberechtigterweise zu Feiglingen und Versagern. Das ist erstmals im späten Frühjahr 1944 der Fall. Anlaß zu derart harten Vorwürfen dürften wohl die gerade im April und Mai 1944 erlittenen hohen Verluste gewesen sein. Ansteigender Mangel an erfahrenen Verbandsführern, die unzulängliche fliegerische und technische Ausbildung des Pilotennachwuchses und Überbeanspruchung der nahezu ununterbrochen im Abwehreinsatz stehenden Jagdflieger sind jedoch nur einige der wahren Gründe für auftretende Mißerfolge.
Trotz ständiger Dezimierung aber leistet die Jagdwaffe Unvorstellbares. Längst geht es dabei nicht mehr um Orden oder Ehrenzeichen. Für den Führer fliegen die wenigsten, wohl aber für Volk und Vaterland, denn ein solches zu verteidigen sind sie angesichts der unaufhörlich ins Reich einfliegenden Bombenverbände des Gegners immer noch bereit. Sie kämpfen, wie die überwältigende Mehrheit der deutschen Wehrmacht, aus ehrlicher und innerer Überzeugung.
Doch die Materialüberlegenheit unserer damaligen Gegner ist zu gewaltig. Die »alten Hasen« unter den Jagdfliegern mögen wohl die Ausweglosigkeit erkennen, sie aber wissen auch, sich ihrer Haut zu wehren, ja es gelingt ihnen sogar, den Alliierten nicht selten genug noch einmal empfindlich zuzusetzen, denn sie haben dem Nachwuchs eines voraus: Erfahrung. Wo bleibt die Luftwaffe – so fragt die kämpfende Truppe, so fragt die schwergeprüfte Bevölkerung in den zerbombten Städten. Nach Galland, General der Jagdflieger, sind im ersten Halbjahr 1944 rund 1000 Jagdflugzeugpiloten gefallen, die Gesamtverluste der Luftwaffe in diesem Sommer betragen 500 Mann fliegendes Personal pro Woche! Von Juni 1941 bis Juni

1944 verliert die Luftwaffe 31 000 Mann fliegendes Personal, und in den folgenden fünf Monaten – Juni bis Oktober 1944 – steigen die Einbußen um 13 000 auf insgesamt 44 000 Mann.

An Ideen und Initiativen, die Verbände der Reichsluftverteidigung wirkungsvoller einzusetzen zu versuchen, fehlt es nicht. Dazu zählt auch das von Galland und anderen erfahrenen Jagdfliegerführern immer wieder vorgetragene Kampfkonzept, der »große Schlag«, der nach Formulierungen des letzten Generals der Jagdflieger, Oberst Gordon Gollob, eine Zusammenfassung starker Streitkräfte vorsieht mit dem Ziel, jeweils nur ein Objekt – beispielsweise einen kompletten gegnerischen Bomberverband – anzugreifen und dieses restlos zu vernichten. Daß dabei die Einflüge des Gegners an anderer Stelle ungehindert bleiben, will man in Erwartung der Erfolge hinnehmen. Diese Taktik, ist auch der Luftwaffenführung nicht neu; man kann sich aber offenbar nicht über die Anwendung einigen. Als schließlich die tatsächlich bereitstehenden Jagdverbände ihren »großen Schlag« in der angelaufenen Ardennen-Offensive und dem am 1. Januar 1945 folgenden Unternehmen »Bodenplatte« durchführen, ist das sicherlich nicht in dem Sinne, wie es sich die Jagdwaffe vorstellte. Infolge der so unglücklich und verlustreich verlaufenen Einsätze fehlen die Voraussetzungen, einen »großen Schlag« nach diesem Zeitpunkt noch realisieren zu können.

So werden die jungen Flugzeugführer der Tagjagd, deren Kampfeswille außer Zweifel steht, im Durcheinander oft widersprüchlicher Einsatzplanung in den Glutofen einer gnadenlosen Luftschlacht geworfen. Am nächtlichen Himmel sieht es lange schon nicht anders aus. So lautet denn auch der Befehl, nur noch die Spitzenbesatzungen der Nachtjagd aufsteigen zu lassen, damit ein Abwehrerfolg einigermaßen gewährleistet wird. Den deutschen Jagdfliegern bleibt letztlich nur mehr ein Minimum an Überlebenschance; technisch und physisch dem Gegner glatt unterlegen, werden sie zu sinnlosen Opfern.

Ich möchte nicht versäumen, jetzt und hier endlich auch einmal meiner

Frau den ihr gebührenden Dank auszusprechen für ihren nicht ganz unerheblichen Beitrag zu meinen Unternehmungen. Denn ihrer Einsicht habe ich es zu verdanken, daß ich mich weitgehend auf meine Nachforschungen konzentrieren konnte, wo es eigentlich galt, manchmal dafür etwas mehr auf das Geschehen im häuslichen Kreise Rücksicht zu nehmen. Ich verspreche, es nicht zu vergessen.

An diese Verbeugung möchte ich schließlich meinen verbindlichen Dank anknüpfen an alle Personen und Institutionen, die mir wertvolle Hilfestellung gegeben und meine Bemühungen tatkräftig unterstützt haben. Für uneingeschränkte Unterstützung und das Entgegenkommen darf ich in erster Linie der Deutschen Dienststelle für die Benachrichtigung der nächsten Angehörigen von Gefallenen der ehemaligen Wehrmacht (WASt) in Berlin meinen besonderen Dank aussprechen.

Weiterhin fühle ich mich verpflichtet namentlich zu nennen: Die Herren Jakob Bach, Villip; Hans Bröker, Neuwied; Dr. Gerhard Calden, Darmstadt; Donald Cuntz, Frankfurt/Main; Wilhelm Dillig, Simmern; Paul Eisenmann, Berwang/Tirol; O. Goebel und Eckhard Michaelis, Redaktion Rhein-Zeitung, Neuwied; Rudolf Göhl, Tiefenbach; Kahlo, Volksbund Deutsche Kriegsgräberfürsorge, Frankfurt; Rainer Krewerth, Redaktion Weltblick, Augsburg; Hans-Joachim Kroschinski, Gemeinschaft der Jagdflieger e.V.; Hans Ring, Übersee; Herbert Rössel, Reich/Hunsrück; Oberstleutnant Julius Roschach, WBK V, Stuttgart; Friedrich Scheer, Neukirchen-Vluyn; Otto Schmitt, Guldental; Günther Schmitz, Ahrweiler; Stadtamtmann Shu, Saarlouis; Dr. Schütze, Aachen; Jakob Sprenger, Wolfgang Sprenger, beide Berwang/Tirol; Hans-Joachim Ulmer, Detmold; Dr. Andreas Weise, Bremen; Herbert Weißenbacher, Berwang/Tirol; Major Wenisch und Oberstlt. Woite, PiBat., Koblenz.

Ferner möchte ich es nicht versäumen, an dieser Stelle auch dem Motorbuch Verlag, Herrn Wolfgang Schilling, Stuttgart, Reverenz zu erweisen für die Bereitschaft, vorliegende Aufzeichnungen in Buchform herauszubringen.

Im Dezember 1967, als ich in Villip vor der Absturzstelle des gefallenen und ermißten Unteroffiziers Klaus Gehring stand, überlegte ich, wieviel solcher Männer eigentlich noch unbekannt in unserer Erde, auf unseren Feldern und Wiesen ruhen. Schon vor Jahren hatte ich mir darüber Gedanken gemacht und mir diese Frage gestellt, damals, als der Unteroffizier Kamman gefunden wurde. Mit jenem Vermißtenschicksal hatte alles angefangen. Mit ihm will ich auch meine Aufzeichnungen beginnen.

Werner Girbig
Hattersheim, Herbst 1984

»EIN MENSCH KANN DOCH NICHT SPURLOS VERSCHWINDEN . . .«

Spätestens im Herbst 1944 steht es fest, daß sich die bereits schwer angeschlagene deutsche Luftwaffe von ihrem erlittenen Aderlaß wohl kaum mehr erholen würde. Verzweifelt versuchen die jungen Flugzeugführer, sich der Übermacht des Gegners zu erwehren, ihn aufzuhalten oder ihn noch einmal empfindlich zu treffen. Aber die Luftüberlegenheit der Alliierten zeichnet sich immer deutlicher ab. Von Einzelaktionen abgesehen, kommt es nur noch ganz selten zu einem größeren geschlossenen Einsatz der deutschen Tagjäger. Einheiten der Reichsverteidigung und auch die der Frontverbände führen einen täglich aussichtsloser werdenden Kampf mit den feindlichen Jagdflugzeugen und Jabos, die praktisch zu jeder Stunde des Tages ihre Streifzüge und Überraschungsangriffe über dem Reichsgebiet durchführen oder die als Begleitschutz der Bomberpulks jede Attacke gegen die Viermotorigen zu verlustreichen Unternehmen werden lassen. Es besteht kein Zweifel mehr: aus den Jägern sind Gejagte geworden.
Am 8. September 1944 fällt die I. Gruppe des Jagdgeschwaders 2 »Richthofen« mit ihren vier Staffeln auf dem kleinen Feldflugplatz Merzhausen ein. Der Platz liegt mitten im Taunus in der Nähe von Usingen. Von hier aus wird die Jagdgruppe gegen die Viermot-Verbände der Amerikaner zum Einsatz kommen, die fast pausenlos nach Mitteldeutschland und nach Bayern hineinfliegen.
Der Kommandeur weiß, daß seine Flugzeugführer nicht mehr im-

stande sein werden, hier noch etwas Entscheidendes zu vollbringen. Aber sie fliegen und kämpfen. Sie konnten und können das über die deutschen Städte hereingebrochene Unheil nicht mehr abwenden, aber angesichts der verzweifelten Lage und in der Hoffnung, dem Gegner doch noch Schaden zufügen zu können, starten sie immer wieder. Und schließlich: sie alle wollen ihr Leben so teuer wie möglich verkaufen.

Längst sind die Glanzzeiten vorbei. Man versucht, die Jagdwaffe für die ausbleibenden Erfolge als Sündenbock hinzustellen, obwohl gerade die Jagdflieger — besonders in der Schlußphase des Krieges — einen wahren Opfergang antreten. Das beweisen nicht zuletzt die hohen Verluste, aber auch die Leistungen, die sie trotzdem immer noch vollbringen.

Inzwischen bezieht das fliegende Personal der I./JG 2 in Merzhausen und in den anliegenden Gemeinden ihre Quartiere. Keiner weiß, wie lange man hier im Taunus bleiben wird und wann der nächste Verlegenheitsbefehl eintrifft. Doch an Einsatztätigkeit mangelt es auch hier nicht. Die Gruppe ist pausenlos in der Luft, hängt sich an die Fersen der Bomberströme oder muß sich der Vielzahl der alliierten Begleitjäger zum Kampf stellen. Meist sind es junge, frisch von den Jagdfliegerschulen gekommene Piloten, die in den Maschinen sitzen und ohne ausreichende kämpferische Erfahrung zum Feindflug starten. Die Verluste steigen von Tag zu Tag; sie stehen in keinem Verhältnis mehr zu den noch errungenen Erfolgen.

Der Krieg nähert sich dem Ende. Das Jagdgeschwader »Richthofen« ist als Frontverband nicht der Reichsverteidigung angegliedert, aber alle seine Gruppen haben ihre Einsatzräume nun ebenfalls mitten über der Heimat. Kein Fleckchen Territorium ist mehr vor den Schwärmen der Mustang und Thunderbolt sicher, und für die deutschen Jagdflieger wird es unter diesen Umständen immer gefährlicher, ihre Einsätze durchzuführen.

Im Januar 1945 erhält die I. Gruppe einen neuen Kommandeur,

Hauptmann Hrdlicka. Unter seiner Führung wird die Einheit dann zum letzten Kampf antreten und wird die wenigen Wochen bis zum Ende des verheerenden Ringens durchstehen. Einen Monat, nachdem Hrdlicka die Gruppe übernommen hat, spielen sich die Kämpfe vorwiegend über dem Raum des Westerwaldes ab. Am 24. Februar wird Feldwebel Hofmeister von der 1. Staffel südwestlich von Limburg hart bedrängt und schließlich tödlich abgeschossen. Jedoch nicht nur die Feindberührungen bringen Verluste, sondern auch technische Mängel an den Maschinen führen recht häufig zu Ausfällen, wie bei dem Feldwebel Petersen, der wegen eines Motorschadens am selben Tag wie Hofmeister südlich von Siegen abstürzt und dabei ums Leben kommt.

Am Vormittag des 25. Februar 1945 verlassen die Flugzeugführer der I./JG 2 ihre Privatunterkünfte. Ein Viermot-Einflug wird erwartet. In Niederlauken verabschiedet sich Unteroffizier Kamman herzlich von seinen Quartiersleuten, der Familie Ott, um dann zusammen mit den anderen Kameraden der 3. Staffel zum Flugplatz hinauszufahren. Längst haben sich die Einwohner von Ober- und Niederlauken, von Merzhausen, Altweilnau und Wilhelmsdorf an dieses Kommen und Gehen der Flieger gewöhnt, haben Anteil an ihrem Leben, aber sie müssen es jetzt immer öfter schmerzlich zur Kenntnis nehmen, wenn wieder einmal einer der Flugzeugführer nicht zurückkehrt.

Auf dem Feldflugplatz herrscht schon emsiger Betrieb, als die Wagen mit den Besatzungen nacheinander eintreffen. Die Warte legen letzte Hand an die ihnen anvertrauten Maschinen. Es sind alles »Langnasige«, Focke-Wulf FW 190 D–9 also, die dort hochbeinig auf dem Rasen stehen. Ein Jagdflugzeugtyp, dem der Gegner noch immer mit einigem Respekt begegnet.

Die Staffelkapitäne geben ihren Männern die letzten Anweisungen, ehe sie alle zu den Liegeplätzen hinübergehen. »Maschinen aufgetankt, aufmunitioniert und startklar!« melden die Warte. Zunächst

ist Sitzbereitschaft befohlen. Die Flugzeugführer müssen einsatzbereit in ihren Kabinen sitzen, um sofort anrollen zu können, wenn der Startbefehl die Staffeln erreicht.
Inzwischen bereiten sich die eingeflogenen Verbände der Amerikaner über dem Großraum Frankfurt zum Angriff auf Aschaffenburg vor, aber noch warten die deutschen Jäger am Boden. Gleichzeitig sind 500 Fliegende Festungen über München und weitere große Kampfverbände im Raum Ulm gemeldet. Die Düsenjägerplätze Giebelstadt und Schwäbisch Hall werden ebenfalls von Liberator der 8. Luftflotte angegriffen.
Endlich ist es soweit. »Kuriere jetzt in Planquadrat RS, Karuso NO. Achtung, viele Indianer!« kommt die Meldung von der Jagddivision. Die gesamte Gruppe erhält Startbefehl.
Gruppenkommandeur Hauptmann Hrdlicka startet als erster, staffelweise folgen die anderen und heben nacheinander von der Graspiste ab. In einer dieser graugefleckten Focke-Wulf sitzt der junge Unteroffizier Ewald Kamman. Noch weiß er nicht, daß es sein letzter Einsatz ist, daß er das Opfer einer erdrückenden gegnerischen Übermacht werden wird.
Die 3. Staffel wendet sich nach Süden, um die amerikanischen Kampfflugzeuge stellen zu können, wenn diese von Aschaffenburg aus den Rückflug antreten würden. Ziel der Liberator sind die Rangieranlagen und die Panzerreparaturwerkstätte Seibert. Zwischen Dieburg und Groß-Umstadt, östlich von Darmstadt, kommt es zur Feindberührung, der sich heftige Luftkämpfe anschließen. Die Amerikaner fliegen in tadelloser Ordnung, ihre Verbände sind in mehrere Wellen gestaffelt. Doch unerschrocken jagen die Piloten der Focke-Wulf auf die silberglänzende Armada zu.
Was mag wohl in den Männern vorgehen, wenn sie sich dem überlegenen Gegner nähern? Überhaupt, was bewegt sie noch dazu, ihre Maschinen zu besteigen, wenn sie genau wissen, daß es durchschnittlich nach jedem dritten oder vierten Einsatz für sie kein Zurückkom-

men mehr gibt? Es ist bestimmt nicht nur der Befehl, ganz sicherlich aber nicht mehr der Drang nach Orden und Abschüssen.

»Rottenweise Angriff!« ertönt die Stimme des Kommandeurs. »Auf Höhenschutz achten!«

»Viktor, Viktor!«

Plötzlich sind die amerikanischen Begleitjäger da. Sie stürzen sich, noch ehe die Deutschen richtig an die Liberator-Verbände herankommen können, auf die Handvoll Focke-Wulf, drängen sie ab und nehmen sie in die Zange. Ein wildes Gekurbel beginnt. Über Dieburg sitzt dem Unteroffizier Kamman ein Rudel Feindmaschinen im Nacken, und da helfen auch alle Flugkünste nicht mehr.

Zum erstenmal hat er einen viermotorigen Bomber im Reflexvisier gehabt und wollte gerade die Waffenknöpfe bedienen, aber er muß nun den Angriff abrechen. In der Aufregung vergißt Kamman, sich nach den Gegnern umzuschauen. Als er es jetzt tut, ist es bereits zu spät. Der Unteroffizier versucht zu entkommen, doch in wenigen Augenblicken ist sein Schicksal besiegelt. Im Kreuzfeuer der ihn verfolgenden Amerikaner wird seine Maschine regelrecht zersiebt. Perlenschnüren gleich, wandern die gegnerischen Geschosse in die Focke-Wulf hinein.

Kann man sich eigentlich vorstellen, was so ein unglücklicher Mensch denkt, fühlt und empfindet, da er weiß, daß sich seine Maschine mit ihm in wenigen Sekunden in die Erde bohren wird? Wird es einem Menschen in dieser letzten Phase seines Lebens wirklich noch klar erkennbar, daß es keinen einzigen Ausweg mehr gibt? Diesen Flieger hier mögen gegnerische Kugeln vielleicht schon vorher getötet haben, so daß ihm die letzte Erkenntnis erspart bleibt. Aber wie viele andere junge Flugzeugführer gab es wohl, die den unaufhaltsamen Sturz in die Tiefe bei vollem Bewußtsein erlebten, die mit aufgerissenen Augen nach vorn starrten und wußten, daß sie dieser letzten Konsequenz nicht mehr ausweichen konnten. Oder die sich aus der ohnmächtigen Verzweiflung heraus gegen das Kabinendach stemmten und mit den Fäusten in wahnsinniger Angst gegen die Panzerscheiben trommelten, bis auch sie sich dem Schicksal resignierend ergeben mußten. Oder die mit einem letzten Aufbäumen in den Tod gingen, wenn das Heulen des überdrehten Motors ihre Schreie übertönte und schließlich die Explosion der zerschellenden Maschine allem ein Ende machte. Sekunden nur, aber vielleicht ist es gut, daß es niemand weiß, wie lange ein solcher Opfergang wirklich dauert. —

Mit schwarzer Rauchfahne, und den Steuerausschlägen nicht mehr gehorchend, geht Kammans »Langnasige« jetzt in einem steilen Winkel nach unten. Noch einmal will sich die Maschine aufrichten, aber dann fährt sie, explodierend und Feuer sprühend, in den Boden hinein.

Und mit aufheulenden Motoren ziehen die Mustang hoch, um dann nach Westen zu verschwinden.

Der Krieg ist aus, und überall in Deutschland beginnt man, zögernd zunächst, die Spuren der Kämpfe und des Chaos zu beseitigen. Eine gewaltige und aussichtslos erscheinende Aufgabe. Nach und nach kehren die Soldaten aus der Gefangenschaft zurück, doch viele werden noch jahrelang in den Lagern ausharren müssen, bis auch sie dann endlich die Heimat wiedersehen können. Zehntausende aber bleiben verschollen, vermißt.

Nach einigen bisher erfolglosen Anfragen wendet sich Frau Kamman aus Westfalen im Jahre 1948 erneut an den Volksbund Deutsche Kriegsgräberfürsorge und bittet nochmals, über den Absturzort ihres Mannes Nachforschungen anzustellen. Sie wußte nur, daß er irgendwo im Großraum Darmstadt abgeschossen worden sein sollte. »Ein Mensch kann doch nicht spurlos verschwinden«, schreibt sie in ihrem Brief.

Doch so sehr sich der Volksbund auch bemüht; die Suche nach Kamman bringt kein positives Ergebnis. Es ist ein nahezu hoffnungsloses Unterfangen, einen vermißten Flugzeugführer mit seiner Maschine zu

finden, wenn man nicht weiß, in welchem Stück Erde er ruht. So bleiben sämtliche Bemühungen erfolglos. Bis dann der Zufall hilft.
In Groß-Umstadt bei Darmstadt findet im Spätsommer 1963 eine Gemeinderatssitzung statt, auf der Bürgermeister Wedel beschließt, den an einer neuentstandenen Siedlung entlangführenden Bach begradigen zu lassen. Als ein paar Wochen später dann die Erdarbeiten anlaufen, erhält Wedel aus Bevölkerungskreisen den wichtigen Hinweis, daß dort auf einer angrenzenden Wiese, damals im Februar oder März 1945, ein deutsches Jagdflugzeug heruntergekommen sei.
»Wir haben die Maschine genau gesehen«, erinnern sich die Bauern. »Sie wurde von etwa einem Dutzend Amerikaner verfolgt und stürzte danach fast senkrecht hier hinein. Und zuvor hatten sich heftige Luftkämpfe dort oben abgespielt.«
Unverzüglich informiert der Bürgermeister das Landratsamt, das dann seinerseits den Kontakt mit dem Volksbund Deutsche Kriegsgräberfürsorge in Frankfurt aufnimmt. Es geht alles sehr rasch; die betreffenden Stellen arbeiten reibungslos. In Groß-Umstadt werden die Bauarbeiten vorerst eingestellt, um das Eintreffen eines Spezialisten des Volksbundes sowie des Hessischen Sprengkommandos abzuwarten. Und dann, an einem sehr warmen Oktobertag 1963, wird die Bergung versucht.
Der Wiesengrund, auf dem die Männer mit ihren Geräten stehen, ist sehr sumpfig. Sprengmeister Smolka hat Bedenken, die hier vermutete Maschine mit den zur Verfügung stehenden örtlichen Hilfsmitteln überhaupt an das Tageslicht bringen zu können. Doch da gibt der Boden bereits die ersten Wrackteile frei. Zerfetzte Rumpfbleche, Munition und das Fahrwerk mit den beiden Laufrädern.
Aber dann werden alle weiteren Bemühungen, Teile des Flugzeuges herauszuholen, nutzlos, denn das nachsteigende Grundwasser läßt die schlammige Erde immer wieder nachrutschen und verhindert somit ein tieferes Eindringen. Die Bergung muß unterbrochen werden, bis geeignetere Geräte herangeschafft werden können.

Die Hilfe kommt von seiten der Bundeswehr. Tage später trifft eine Pioniereinheit in Groß-Umstadt ein und bringt einen Spezialbagger mit. Sofort werden die Arbeiten fortgesetzt.
Ächzend wühlt sich die Schaufel in den schlammigen Boden hinein, greift zu und wird wieder hinaufgezogen. Das Wasser trieft schmutzigbraun aus den Klauen des Greifers, Erdklumpen fallen klatschend zurück, dann setzt der Bagger den Aushub vorsichtig neben die eine Seite des Loches. Immer mehr Wrackstücke des Flugzeuges werden von den Männern herausgezogen. Behutsam sticht der Bergungsleiter mit einem vorn gebogenen Haken in den Lehm und kann somit auch die kleinsten Teilchen aufspüren. Denn es geht ja nicht nur um die Maschine, sondern hauptsächlich um den Versuch, auch den Flugzeugführer selbst zu finden.
»Mehr links!« dirigiert der VDK-Mann. Mit ausgestreckter Hand deutet er auf die Stelle, an der der Bagger zugreifen soll. Dann gibt er dem Soldaten, der das Gerät bedient, vorsichtig das Zeichen zum Herablassen der Schaufel. »Gut jetzt. Tiefer, tiefer!«
Erst als der Bagger endlich eine Tiefe von neun Metern erreicht, lassen sich in den ausgehobenen Erdmassen die ersten menschlichen Überreste erkennen. Jetzt läßt der VDK-Mann nur noch ganz langsam weiterarbeiten, um auch den letzten Kubikzentimeter Wiesengrund auf das sorgfältigste untersuchen zu können. Doch es findet sich nichts, was als Anhaltspunkt zur Identifizierung des Piloten dienen könnte. Wieder und wieder fährt die Baggerschaufel hinein. Ohne Ergebnis.
»Es hat keinen Zweck mehr. Wir werden abbrechen müssen«, sagt einer der Männer, und schließlich kommt auch der Bergungsleiter zu der Überzeugung, daß hier wohl nichts mehr zu erwarten ist. Doch er gibt die Anweisung: »Nur noch eine Schaufel voll, dann hören wir auf!«
Und dieser letzte Versuch ist tatsächlich erfolgreich. Als sich die Schaufel hebt, sieht man zwischen den Greiferzähnen einen kleinen

Gegenstand hängen. Wieder ein Wrackstück? Als der Spezialist vom Volksbund den Fund aus der noch geschlossenen Baggerschaufel herauszieht, hält er die Brieftasche des gefallenen Flugzeugführers in den Händen.

Mit einem Schlag ruht die Arbeit. Alle Gespräche verstummen. Die Männer haben es dem Bergungsleiter angesehen, daß der Fund von Wichtigkeit ist, und haben vielleicht gemerkt, wie nahe sie dem Erfolg ihrer tatkräftigen Bemühungen sind. Langsam treten sie näher und blicken gespannt auf den Spezialisten, der jetzt darangeht, die Brieftasche sorgfältig zu untersuchen.

Ein noch verhältnismäßig gut erhaltenes Familienfoto kommt zum Vorschein, dann ein Fahrschein und ein Hinweis auf die Einheit — L 31499, Luftgaupostamt Wiesbaden. Das Anschließende ist Routinearbeit; die Feststellung der Identität sowie die Entschlüsselung der Nummer bringt keine Schwierigkeiten. Nach wenigen Tagen steht es fest: Der aufgefundene Luftwaffensoldat ist der seit dem 25. Februar 1945 vermißte Unteroffizier Ewald Kamman von der I./JG 2.

Mitte Oktober 1963 erfahre ich durch meinen Arbeitskollegen Bernd Juhnke von dieser Bergungsaktion. Es ist morgens, als wir nach der Begrüßung zusammen das Labor betreten und Bernd mich gleich mit seiner Neuigkeit überfällt.

»So viel ich weiß, muß das in der Nähe von Darmstadt gewesen sein. Ich werde mal nachsehen, ob ich den Zeitungsausschnitt noch finde.«

»Und damit kommst Du erst jetzt heraus?« stelle ich ihn zur Rede. Aber Bernd weiß, wie das gemeint ist.

»Ja, ich weiß«, brummt er. »Ich hätte früher daran denken sollen. Aber morgen bringe ich den Abschnitt mit.«

Bernd überreicht mir am nächsten Tag den gewünschten Presseartikel, aus dem hervorgeht, daß die Maschine bei Groß-Umstadt gefunden wurde. »Da fahre ich natürlich gleich hin, um mich einmal ein bißchen umzuschauen.«

»Dachte ich mir schon«, antwortet Bernd.

In Groß-Umstadt werde ich zunächst an den Kreisbrandinspektor Köbler verwiesen, den ich dann auch antreffen kann. Er erzählt mir, daß der Maschinentyp als eine Messerschmitt Bf 109 identifiziert worden sei. Mir ist aber bekannt, und es geht auch aus den Einsatzberichten des JG 2 hervor, daß das »Richthofen«-Geschwader zu diesem Zeitpunkt ausschließlich die FW 190 D–9 geflogen hatte. Deshalb suche ich den Bürgermeister Wedel auf und bitte ihn, mir die asservierten Trümmerstücke zu zeigen, damit ich sie mir einmal genauer ansehen könnte. Die Wrackteile liegen auf einem abgeschlossenen Grundstück. Der Bürgermeister führt mich selbst dorthin, und ich beginne sogleich mit der Untersuchung.
Auf einem der Rumpfbleche entdecke ich schwarze Farbstreifen, die vom Balkenkreuz herrühren, und anhand von Nietenplänen stelle ich dann fest, daß es sich tatsächlich um eine »Langnasige« handelt. Um dafür noch zusätzlichen Beweis zu erhalten, fahre ich an einem Sonntag in das hessische Städtchen Nidda, um den ehemaligen Oberstleutnant Kurt Bühligen, den letzten Kommodore des JG 2 zu befragen. Und auch Bühlingen kann mir bestätigen, daß die Einheit nur mit der FW 190 D–9 ausgerüstet war.

Mit dieser letzten Aussage ist der Vermißtenfall des Unteroffiziers Ewald Kamman nach 18 Jahren endgültig abgeschlossen.
Hauptmann Hrdlicka, der Gruppenkommandeur der I./JG 2, hatte damals in den letzten Februartagen 1945 die namentliche Verlustmeldung für den Berichtszeitraum 20.—25. 2. 45 an das RLM in Berlin gesandt. In ihr war Kamman nach einem Luftkampf als vermißt gemeldet. Als einziger Verlust der Gruppe an diesem Tage.
Auch der erfahrene Hrdlicka, der in vielen Einsatzräumen außerordentliche Erfolge erzielen konnte, wurde in den letzten Kampftagen, die das »Richthofen«-Geschwader noch zu bestehen hatte, ein Opfer der amerikanischen Bomberpulks. Er fiel beim Angriff auf einen Viermot-Verband am 25. März 1945 bei Betzenrod in Hessen.

Im September 1951 wird an der Straße zwischen Betzenrod und dem Oberseener Hof von einem Altwarenhändler ein Jagdflugzeug ausgegraben, das sich dort im feuchten Boden etwa sechs Meter tief hineingebohrt hatte. Als feststeht, daß sich die sterblichen Überreste des Piloten noch in der Kanzel befinden, benachrichtigt der Altwarenhändler den Schottener Kreisarzt Dr. Spohrer, der anschließend die Leiche birgt. Die aufgefundene Erkennungsmarke weist den Toten als den Hauptmann Franz Hrdlicka aus. In der Fliegerkombination stecken neben verschiedenen anderen Gegenständen eine Walther-Pistole und der noch gut leserliche Frontfliegerausweis.
Hauptmann Hrdlicka, Sieger in 96 Luftkämpfen, wird später von seinen Angehörigen in Tutzing zur letzten Ruhe gebettet.

DAS HOLZKREUZ AM NIEDERRHEIN

Man hat mich oft gefragt, warum die Bergung von Flugzeugwracks und die Suche nach den Flugzeugführern erst jetzt, nach so langer Zeit, möglich ist und nicht schon bereits viel früher in die Wege geleitet werden konnte. Das Aufspüren und Auffinden eines Vermißten setzt jedoch zunächst einmal voraus, daß wenigstens einige Anhaltspunkte vorhanden sind, die man aufgreifen und verfolgen kann. Entweder waren die Unterlagen, Kriegstagebücher oder sonstige Aufzeichnungen über die Jagdwaffe nach Kriegsschluß nicht mehr aufzufinden oder noch nicht in der Form ergänzt und zusammengefaßt, wie sie zum heutigen Zeitpunkt mitunter vorliegen. Andererseits gerieten viele Begebenheiten in Vergessenheit, man konnte oder wollte sich nicht erinnern, oder es waren nun andere Interessen, welche die damaligen Geschehnisse und das Wissen um einige wenige Kleinigkeiten zurückdrängten. Gerade aber diese Kleinigkeiten sind es, die immer wieder eine wichtige Rolle spielen.

Darüber hinaus sollte man nicht vergessen, daß man von den meisten Flugzeugführern überhaupt nicht weiß, wo sie genau heruntergekommen sind, wo sich also ihre genaue Absturzstelle befindet. Und so ist es nicht verwunderlich, wenn Bagger- und Räumfahrzeuge erst heute beim Häuserbau oder während der Neuanlage von Straßen auf zerborstene Trümmer einer längst verschollenen Maschine stoßen.

Daß ein Fliegerschicksal jedoch auch auf andere Weise Aufklärung finden kann, soll der Leser in diesem Kapitel erfahren. Der hier ge-

schilderte Vermißtenfall konnte innerhalb einer verhältnismäßig kurzen Zeit zum erfolgreichen Abschluß gebracht werden. Das ist bemerkenswert, wenn man bedenkt, wie umständlich die Nachforschungen in den meisten Fällen verlaufen und wie lange es dauert, ehe es unter günstigen Voraussetzungen überhaupt zu einer Klärung kommt.
Diesmal brachte eine durch Zufall entdeckte Fotographie die erste Spur von einem bis dahin noch als vermißt geltenden Unteroffizier. Eine jener Kameraaufnahmen, wie sie wohl unzählige Male im Krieg gemacht worden waren. Aber gerade dieses eine Foto, welches erst viele Jahre nach Beendigung des Kampfes zu Dokumentationszwecken aus den Archiven geholt wurde, führte schließlich zur Identifizierung des Flugzeugführers der Luftwaffe.

Die Weihnachtsfeiertage bringen endlich wieder einmal ein paar Stunden, in denen ich mich bequem im Sessel zurücklehnen kann, um in Ruhe — den nur noch halbgefüllten Keksteller neben mir — einige Bücher durchzublättern. Da mich die Kriegsgeschichte und insbesondere der Kampf in der Luft schon seit jeher stark interessierte, greife ich nach einem dicken Wälzer über den Zweiten Weltkrieg, in der Hoffnung, hier neue objektive Beschreibungen und dementsprechendes Bildmaterial zu finden.
An jenem Nachmittag entdecke ich in dem besagten Buch eine Aufnahme, die offenbar auf freiem Feld gemacht wurde. Sie zeigt die Absturzstelle eines deutschen Jagdfliegers. Ein weißes Holzkreuz mit dem Namen »Hermann Rein« auf dem Querbalken, dahinter ein großes Trümmerteil von der Tragfläche einer Messerschmitt Bf 109 G oder K und vor dem Grab eines der beiden Bordmaschinengewehre, ein MG 131. Ich hole mir die Lupe, um das Foto besser betrachten zu können und erkenne auf dem Holzkreuz noch das Datum 17.3.45, offensichtlich der Tag des Absturzes.
Jetzt sehe ich mir die abgebildeten Trümmerstücke etwas genauer an. Ich bin skeptisch, denn nicht selten genug stoße ich bei derartigen

Ein Verband B–24 »Liberator« der 8. amerikanischen Luftflotte bei der Bombardierung eines deutschen Flugplatzes. Ab 1944 sahen sich deutsche Jagdflieger fast täglich den »Liberator«- und »Fortress«-Pulks am Himmel gegenüber. Frontverbände und Einheiten der Reichsverteidigung mußten Angriffe gegen diese Bomberströme nicht selten genug mit hohen Verlusten bezahlen. Aber auch die erzielten Erfolge zeugen deutlich von der Härte der Luftkämpfe.

Focke-Wulf FW 190 D–9 einer Staffel der Reichsverteidigung. Bei der D-Serie wurde der bisher verwendete BMW-Sternmotor durch den leistungsfähigeren Jumo 213 Reihenmotor ersetzt. Die längere »Nase« bedingte auch eine Verlängerung des Rumpfes vor dem Leitwerk. Als erste Einheit flog die III./JG 54 ab September 1944 ihre Einsätze mit der neuen D–9, die beim Gegner als »Langnasen 190« bekannt war und deren Flugeigenschaften die Jagdflieger als ausgezeichnet beurteilten.

Das Feldgrab des am 17. März 1945 am Niederrhein durch Flak abgeschossenen Jagdfliegers Hermann Rein. Das Foto, erst viele Jahre nach dem Krieg an die Öffentlichkeit gelangt, ermöglichte die Klärung des Schicksals des bis dahin immer noch als vermißt geltenden Unteroffiziers.

Fotographien auf Widersprüche, da die Legenden meistens nicht mit den dazugehörigen Aufnahmen übereinstimmen. Da wird beispielsweise ein Flugzeugtyp abgebildet, dessen Tarnanstrich und Markierungen etwas wesentlich anderes aussagen, als im Begleittext zu lesen ist. Bei diesem Foto hier scheint aber alles zu stimmen. Da die Tragfläche deutlich die weiß ausgeführten Konturen des Balkenkreuzes aufweist — eine erst gegen Ende des Krieges praktizierte Form des Anstriches —, und zumal ich auch das Datum 17. 3. 45 richtig zu erkennen glaube, könnte also die dazugehörige Bildunterschrift den Tatsachen entsprechen:

»Das Grab eines im März 1945 am Rhein abgeschossenen deutschen Fliegers.«

Einer jener unglücklichen Piloten, die es noch kurz vor Kriegsschluß erwischt hat, denke ich. Nur schade, daß nicht hervorgeht, welcher Einheit er angehörte. Das Bild läßt mir keine Ruhe, und ich schreibe an Hans Ring in München. Von ihm, der die Dokumentation der Gemeinschaft der Jagdflieger leitet, hoffe ich nähere Auskünfte zu erhalten. Auf die Antwort brauche ich nicht lange zu warten, denn Ring ruft mich an einem der nächsten Tage an.

»Woher stammt das Foto?« vernehme ich seine aufgeregte Stimme. »Rein gehörte der 3. Staffel des JG 27 an und gilt, so viel ich weiß, seit März 1945 im Raum Krefeld als vermißt!«

Nun ist das Erstaunen auf meiner Seite. »Vermißt, sagen Sie? Aber dann haben wir ja einen ganz wichtigen Anhaltspunkt und den Beweis, daß Rein möglicherweise am 17. März 1945 gefallen ist.«

»Wir müßten wissen, wo Rein abgeschossen wurde.«

»Ich will versuchen, das herauszufinden«, erwiderte ich. »Auf alle Fälle werde ich Sie informieren, wenn ich etwas in Erfahrung gebracht habe.«

Ja, wo mag Rein gefallen sein. Um das zu klären, zögere ich nicht lange und beginne sogleich mit den Nachforschungen. Mehr Zeit müßte man haben, überlege ich. Denn dann könnte man schneller etwas unternehmen, intensiver die Spuren verfolgen. Aber wer hat schon Zeit heutzutage. Wer nimmt sich wirklich die paar Minuten, nur um einem anderen einmal zuhören zu können, um das Gespräch nicht oberflächlich zu gestalten, damit man schnell wieder weiterkommt. Und wiederum gibt es einige, die mit ihrer Zeit nichts anzufangen wissen, für die ein paar freie Stunden ein Greuel sein können. Ich beneide sie manchmal um diese Freizeit und überlege mir, wie unterschiedlich doch das alles verteilt ist. —

Zunächst finde ich den Unteroffizier Hermann Rein tatsächlich in den Suchlisten des Deutschen Roten Kreuzes. Dann bemühe ich mich, von der Deutschen Dienststelle (WASt) in Berlin die Original-Verlustmeldung zu erhalten. Und auch hierin steht, daß Rein seit einem Jaboeinsatz am 17. März 1945 im Raum Krefeld vermißt wird. Zusätzlich erfahre ich vom DRK in München, daß Rein aus Dornbirn in Österreich stammt und sein Vater, als einziger Angehöriger, bereits 80 Jahre alt sei.

Seit ich mich mit der Aufklärung von Schicksalen noch vermißter Jagdflieger beschäftige, versuche ich mich in jeden dieser einzelnen Fälle gründlich hineinzudenken, mich in die Lage der betreffenden Personen hineinzuversetzen. Daraus entsteht nach und nach ein ziemlich klares Bild von den jeweiligen Situationen, so daß ich oft meine, die damaligen Geschehnisse selbst miterlebt zu haben. Ich halte das für meine Arbeit sehr wichtig, denn so bleiben die Bemühungen, den letzten Weg eines vermißten Fliegers nachzugehen, eben nicht nur ein »Fall«, wie er oft von den Behörden mittels Formularen, Satzungen oder Dienstanweisungen und ohne Berücksichtigung auch der menschlichen Seite, kurz gesagt, nach Schablone bearbeitet wird.

Aber auch die Reaktion der Angehörigen versuche ich mir vorzustellen, und das besonders im Falle Hermann Rein. Immerhin ist der Vater 80. Hat er sich mit dem Ausbleiben seines Sohnes abgefunden, und würde er es ertragen können, jetzt nach so langer Zeit die wirklichen Umstände zu erfahren? Gewiß, wohl jeder, der einen Angehörigen nach dem Kriege als vermißt wußte, würde jetzt kaum mehr an dessen Tode zweifeln, aber jeder reagiert doch anders, wenn er das nun bestätigt erhält. Schon deshalb, weil man in den folgenden Jahren einen gewissen Abstand von den Ereignissen gewonnen hat. Die Zeit blieb inzwischen nicht stehen, und viel Neues ist hinzugekommen.

Wie also reagiert eine Mutter oder ein Vater, wenn die Nachricht eintrifft, daß die sterblichen Überreste des Sohnes jetzt geborgen werden konnten? Werden die Eltern, die sich mit seinem unbekannten Schicksal schon lange abgefunden haben und die jetzt in Ruhe und Ordnung leben, werden diese Eltern nun durch die Gewißheit und die endgültige Wahrheit nicht urplötzlich wieder in eine schmerzliche Vergangenheit versetzt? Werden dadurch nicht viele längst verheilte Wunden noch einmal aufreißen?

Ich muß an den greisen Vater von Hermann Rein denken und auch daran, ob man denn tatsächlich in jedem Falle die betreffenden Angehörigen benachrichtigen sollte. Die Wahrheit konnte ja ganz anders ausfallen, möglicherweise grausame Tatsachen enthalten. Tatsachen, die völlig von dem Bild abweichen, welches sich die Überlebenden in ihrer Vorstellung bewahrten.

Diese Gedanken beschäftigen mich, als ich den Fall Hermann Rein weiterverfolge. Es ist nicht allzuschwer herauszufinden, aus welcher Quelle das Foto vom Absturzort stammt. Ich schreibe an das Imperial War Museum in London und bitte um nähere Angaben über diese Aufnahme. Da ich weiß, wie viele Anfragen kriegsgeschichtlicher Natur dort täglich aus aller Welt eingehen, bemühe ich mich unter Schilderung des Vermißtenfalles um eine bevorzugte Bearbeitung meines Anliegens.

Trotzdem scheint mir das alles nicht schnell genug zu gehen, und ich hoffe jeden Tag auf eine Antwort. Die Ungeduld ist wieder einmal größer als das Verständnis, denn ich sehe nur ungern ein, daß sich die betreffenden Stellen nicht ausschließlich und sofort um meine An-

frage kümmern können. Immerhin beherbergt das Imperial War Museum wohl eines der größten Kriegsarchive, das auch dementsprechend stark frequentiert wird.
Inzwischen nimmt mich der Alltag wieder in seinen Bann, so daß ich auch gar nicht mehr an den vermißten Hermann Rein denke, als schließlich nach fast zwei Monaten, Anfang März 1966, das lang ersehnte Schreiben aus London eintrifft. Ich reiße den gelblichen Umschlag auf und überfliege hastig den Briefkopf, Anrede und Einleitung. Und da lese ich nun, daß Hermann Rein, der ja im Raum Krefeld als vermißt gilt, viel weiter nördlich davon am Niederrhein zwischen Kalkar und Wissel abgeschossen worden war. Nachdem ihn eine britische Flakbatterie dort am 17. März 1945 heruntergeholt hatte, bestatteten die Kanoniere den gefallenen deutschen Jagdflieger auf freiem Feld. Dieses Feldgrab fotographierte dann drei Tage später ein Sergeant des 30. Corps.
Hermann Rein ist also während eines Lufteinsatzes gefallen, und auch die erste Grablage ist bekannt, das steht nun fest. Doch bevor die österreichischen Behörden benachrichtigt werden, will ich noch den Versuch unternehmen, herauszufinden, ob dieses Grab des Unteroffiziers auch heute noch existiert. Deshalb setze ich mich erneut an die Schreibmaschine und tippe etwa gleichlautende Schreiben an die Bürgermeister sämtlicher Orte im Raum Kalkar—Wissel, um zu hören, ob ein solches Feldgrab bekannt sei oder ob ein deutscher Fliegersoldat möglicherweise in jener Gegend irgendwann umgebettet wurde.
Darüber hinaus setzte ich mich auch mit dem Volksbund Deutsche Kriegsgräberfürsorge in Kassel in Verbindung, von dem ich eine Antwort darüber zu erfahren hoffe, ob auf den im norddeutschen Raum angelegten Soldatenfriedhöfen ein Luftwaffen-Unteroffizier namens Hermann Rein bestattet worden ist.
Leider bleiben all diese Bemühungen erfolglos, denn von keiner der angeschriebenen Gemeinden erhalte ich eine Antwort. Auch der VDK

muß meine Frage verneinen. Über einen Hermann Rein ist in der zentralen Gräberkartei nichts zu finden. Jedoch ist das Foto für den VDK Beweis genug, um den Vermißtenfall abschließen und die entsprechenden Dienststellen des Heimatortes Reins, Dornbirn im Vorarlberg, benachrichtigen zu können.
Noch während die Behörden den Fall bearbeiten und aktenkundig machen, erhalte ich vom Gemeinderat der Stadt Dornbirn folgende kurze Mitteilung: »... Bemerkt wird noch, daß inzwischen der Vater des Vermißten, namens Ernst Rein, verstorben ist. Weitere nähere Angehörige sind nicht vorhanden.«
Vater Ernst Rein hat also die Klärung des Schicksales seines Sohnes nicht mehr erlebt. Er hat nicht mehr erfahren können, was mit dem damals Vermißten wirklich geschah. So unternehme ich anschließend den Versuch, die Ereignisse des Frühjahrs 1945 noch einmal lebendig werden zu lassen.

Seit ihrer Rückkehr aus Nordafrika steht die I. Gruppe des Jagdgeschwaders 27 im westeuropäischen Kampfraum nunmehr ununterbrochen im Einsatz. Schon im Sommer 1943 wird sie der Reichsverteidigung eingegliedert, nimmt an den Luftschlachten über Deutschland teil und bezieht seit geraumer Zeit mit den Staffeln jetzt ihre Absprunghäfen bereits auf deutschem Boden. Sie durchläuft alle Höhen und Tiefen des Luftkriegsgeschehens, wobei sie viele Erfolge verzeichnen kann.
Aber auch die Verluste sind groß. Überhaupt hat die Gruppe gerade mit ihren Kommandeuren nicht sehr viel Glück. Hauptmann Franzisket wird verwundet. Major Redlich, der die Gruppe dann vorübergehend übernimmt, fällt beim Angriff gegen einen Viermot-Verband. Hauptmann Börngen verliert beim Rammen einer Fortress seinen rechten Arm. Und nun erwischt es am 1. März 1945 den Hauptmann Schade im Luftkampf.
Etwa zum selben Zeitpunkt, da Hauptmann Clade nun die Führung

der I. Gruppe übernimmt, lebt die Einsatztätigkeit besonders im Raume der holländisch-deutschen Grenze wieder auf, denn aus dem Gebiet südlich Nijmwegen heraus scheint sich eine alliierte Großoffensive anzubahnen. Das spüren besonders die Jagdfliegereinheiten, die hauptsächlich seit Jahreswechsel immer häufiger in die Erdkämpfe eingreifen müssen. Sie können dadurch die gegnerischen Truppenbewegungen am besten verfolgen.
Die letzten Monate sind für das Geschwader äußerst verlustreich verlaufen. Noch ist das so tragisch ausgegangene Unternehmen »Bodenplatte« vom 1. Januar 1945, der letzte deutsche Großeinsatz aus der Luft, nicht überwunden. Diese Niederlage, der Verlust von einigen hundert Maschinen und zahlreicher erfahrener Verbandsführer, wird wohl auch nicht mehr ausgeglichen werden können, denn die deutsche Jagdwaffe ist in ihrer Substanz angeschlagen. Zumal mangelt es an gründlich ausgebildeten Flugzeugführern.
Aber auch neues Flugmaterial kommt kaum noch an die Front. Und wenn, dann nur in völlig unzulänglicher Anzahl. Die sich inzwischen auch im Osten abzeichnende tödliche Gefahr bedingt schließlich einen Abzug vieler Jagdeinheiten an die Oderfront. Widersinnige Befehle erreichen die Truppe; die Kommandeure wissen oft nicht, wie sie sich verhalten sollen, und handeln auf eigene Faust.
Mitte März stehen sich Montgomerys 21. Armeegruppe und die deutsche Heeresgruppe H unter General Blaskowitz am Niederrhein gegenüber. Weiter im Süden erobern die Amerikaner Koblenz, Worms und Kaiserslautern. Hier oben aber scheint ein Luftlandeunternehmen größten Ausmaßes bevorzustehen. Kanadier und Engländer bereiten den Rheinübergang im Raum Wesel vor. Zum selben Zeitpunkt kommt auch das Jagdgeschwader 27 wieder in Bewegung, denn im Gefechtsstand liegt ein Befehl vor, der die Verlegung der Verbände in den Raum Teutoburger Wald vorsieht.
Langsam, aber unaufhaltsam stoßen die britischen und kanadischen Truppen auf Goch vor und gelangen schließlich nach schweren Kämp-

fen in den Raum Kleve. Jetzt muß auch das sich bereits im Aufbruch befindliche JG 27 noch einmal in die Erdkämpfe eingreifen. Teile der I. Gruppe sind bereits nach Störmede unterwegs, als der noch in Rheine liegende Rest zu Jaboeinsätzen in den Kampfraum startet. Es ist der 17. März 1945.

»Tiefangriffe auf gegnerische Truppenspitzen!« und »Aufklärung über dem Frontgebiet, anschließend freie Jagd!« lauten die Aufträge. Nacheinander heben die Maschinen ab, sammeln sich, fliegen dann rotten- und schwarmweise nach Süden. In geringer Höhe huschen die Messerschmitt über die flache Landschaft, ihre Flugzeugführer suchen dabei ständig den Himmel ab, um die Spitfire, Typhoon und Tempest rechtzeitig erkennen zu können. Denn die Engländer sind ständig in der Luft und lauern auf den Gegner oder versuchen, ihre schon bekannten Überraschungsangriffe durchzuführen.

Und gerade in diesem Einsatzraum bieten sich prächtige Gelegenheiten dazu. Auf den Plätzen Rheine, Achmer und Hopsten liegen, wie auch die Engländer rasch herausbekommen haben, die Düsenjäger Me 262, welche in der Luft dem Gegner immer noch gefährlich genug werden können, jedoch bei Start und Landung ebenso verwundbar sind.

Wenn also die Flugzeugführer der I./JG 27 auch jetzt wieder den Luftraum sorgfältig beobachten, so haben sie einen sehr guten Grund, dies zu tun. Von Volkel und Twenthe in Holland, den vordersten Absprungplätzen der gegnerischen Jagdstaffeln, ist es nur ein Katzensprung. Aber noch zeigt sich keiner dieser Jäger. Der deutsche Verband ist inzwischen ziemlich aufgelockert und nähert sich dem Raum Kalkar—Wissel, in dem bereits die gegnerischen Truppen beobachtet worden sind.

Zunächst sind es nur einzelne Flakwölkchen, die plötzlich am Himmel stehen. Immer mehr werden es jetzt.

»Hochziehen!« befehlen die Verbandsführer ihren Kameraden.

»Hochziehen, verdammt!«

Jetzt empfängt ein rasendes Abwehrfeuer die deutschen Maschinen, und im Nu ist das Durcheinander da. Einige Messerschmitt steigen hoch, andere beginnen wegzukurven. Jeder hat mit sich selbst zu tun, um dieser heftigen Gegenwehr zu entkommen. Und keiner weiß, warum der Unteroffizier Hermann Rein mit seiner Bf 109 K–4 auf die englischen Geschützstellungen zurast.
Hat er die Aufforderung zum Hochziehen überhört, war er bereits schon verwundet, daß er seinen Kurs unbeirrt beibehält? Oder ist es eine jener Verzweiflungstaten, die gerade von jüngeren Flugzeugführern in solchen Situationen immer wieder unternommen wurden? Die britischen Bofor-Kanonen spucken unabläßlich Feuer. Die zuckenden Mündungen der Waffen drehen sich mit den Flugzeugen der Deutschen mit. Jetzt nähert sich eine Messerschmitt mit hoher Geschwindigkeit den Stellungen. Die Kanoniere ducken sich, aber sie richten ihre Bofors aus und sprühen der tieffliegenden Maschine ihre Garben entgegen.
Es dauert nur Sekunden. Reins Flugzeug brennt. Macht der Pilot noch eine Abwehrbewegung oder sind es die Treffer, welche die K–4 scheinbar ihren Flugweg ändern lassen? Doch dann ist alles vorüber. Die Maschine berührt den Erdboden und rollt sich brennend auf. Wrackteile fliegen umher, knatternd geht die Bordmunition in die Luft.

Hermann Rein wird nach diesem Einsatz als vermißt gemeldet. Da durch den raschen Ablauf der Ereignisse niemand mit Sicherheit etwas über seinen Verbleib aussagen kann und da auch die Flugzeugführer der einzelnen Staffeln anschließend auf allen möglichen Plätzen gelandet sind, vermutet man, daß Rein im Raum Krefeld abgeschossen wurde.
Währenddessen aber wird der gefallene deutsche Flugzeugführer in Sichtweite des Rheines bestattet. Ein Teil der Tragfläche, eines der beiden Bordmaschinengewehre und ein Blatt der Luftschraube kenn-

zeichnen die Stelle, an der Unteroffizier Hermann Rein den Tod fand. Sein Grab ist bei den sich anschließenden Kämpfen während der britischen Rheinüberquerung höchstwahrscheinlich wieder zerstört worden, jedoch vier Tage nach Reins Absturz, am 21. März 1945, machte Sergeant Wilkens vom 30. Corps jene Aufnahme, die nach 21 Jahren durch Zufall das Schicksal des vermißten deutschen Fliegers zu klären hilft.

DER FUND BEI HARDENSETTEN

Der Befehl zur Tieffliegerbekämpfung in den Räumen Osnabrück, Rheine und Münster trifft am Morgen ein. Die in aller Eile notdürftig flugklar gemachten Maschinen stehen einsatzbereit auf den zerbombten Feldflughäfen, ihre Flugzeugführer warten, bis die Staffeln in Abständen von einer Stunde das Startzeichen erhalten.
Daß die Mechaniker es immer wieder fertigbringen, die beschädigten Jagdflugzeuge in kürzester Frist zurechtzuflicken, ist fast ein Wunder. Kaum eine der ohnehin nur noch wenig vorhandenen Focke-Wulf kann als völlig intakt bezeichnet werden. Und wenn nicht im Luftkampf, dann treten die Ausfälle bereits schon beim Start oder bei der Landung auf. Es vergeht kaum ein Tag, an dem es nicht zu Überschlägen und Kollisionen kommt.
Es ist jetzt 11 Uhr. Noch hat Oberleutnant Dortenmann Zeit, denn seine Staffel soll als letzte herausstarten. Dortenmann macht sich so seine Gedanken über den angekündigten Einsatz.
Wie viele der jungen Piloten in der Gruppe würden auch diesmal wieder nicht zurückkehren? Immer wieder muß er es ja miterleben, wenn sie von den englischen Jabos wie die Tontauben heruntergeschossen werden. Die Chancen, ungeschoren zu bleiben, verringern sich von Einsatz zu Einsatz. Auf die Dauer kann das nicht gutgehen.
Die Frage nach dem Problem des Flugzeugführernachwuchses beantwortet Dortenmann später einmal so: »Aller Nachwuchs, der seit Beginn der Invasion bis Kriegsende kam, brachte wohl die besten

Anlagen und den besten Willen mit, aber der Ausbildungsstand war verheerend!«

Kommandeur der III./JG 54 ist Hauptmann Klemm, ein erfahrener Flieger und Verbandsführer, der schon 1942 in Rußland beim »Grünherz«-Geschwader flog und auf dessen Luftsiegkonto jetzt schon über ein Dutzend Viermotorige stehen.

Von Varrelbusch in Oldenburg aus übernimmt die Gruppe laufend den Start- und Landeschutz für die Me 262 über dem Raum Osnabrück. Hinzu kommen die vielen Einsätze im Kampfgebiet der Ardennen, im Raum Lüttich und Bastogne, und die Staffeln befinden sich ständig in der Luft. Besonders die Verluste machen das deutlich. Immerhin sind seit dem 1. Januar 1945 dreizehn Flugzeugführer gefallen, fast ebenso viele werden vermißt.

Seit Februar gehört die Gruppe dem bekannten »Schlageter«-Geschwader an und wird von da ab als IV./JG 26 geführt. Ihre neuen Absprunghäfen heißen Varrelbusch, Bissel und Fuhlsbüttel. Auch die Staffeln werden umbenannt. Leutnant Crump führt die 13., Oberleutnant Dortenmann jetzt die 14. und Oberleutnant Heilmann die 15. Staffel. Die Einsatzräume bleiben jedoch die gleichen.

Varrelbusch erlebt am 24. März 1945 einen schweren Angriff viermotoriger Kampfverbände der 8. US-Luftflotte. Die Amerikaner, seit langem bemüht, die Plätze der Luftwaffe systematisch auszuschalten, leisten ganze Arbeit. Welle auf Welle dröhnt heran, ein Bombenteppich nach dem anderen verwandelt den Platz in eine Kraterlandschaft und machen ihn unbrauchbar. Da sich die Gruppe gerade im Einsatz befindet, gibt es trotz des massiven Angriffes der Amerikaner nur geringe Ausfälle, doch die Maschinen der IV./JG 26 können auf dem Platz nicht mehr landen und müssen nach Bissel ausweichen. Von hier aus werden sie dann auch die noch kommenden Einsätze durchführen.

Am 29. März starten die Focke-Wulf zur erneuten Tieffliegerbekämpfung in die schon bekannten Räume um Münster und Osna-

brück. Als sie in der Luft sind, meldet sich »Primadonna«. Das ist die Bodenstelle der 3. Jagddivision, welche die deutschen Jagdflugzeuge über Funk vom Gefechtsstand aus an die gegnerischen Schwärme im Kampfraum heranführen wird.
Es dauert nicht lange, bis die Jagdgruppe Feindberührung hat.
»Achtung! Viele Indianer in Hanni 500, Karuso Ost, Planquadrat Gustav-Richard!« meldet die Bodenstelle. Und jetzt sehen sie die Flugzeugführer auch schon. Tempest und Typhoon! Ganz gefährliche Burschen also, schwer bewaffnet, wendig und enorm schnell. Doch die FW 190 D–9 sind ihnen zumindest ebenbürtig, das beweisen die häufigen Tempestabschüsse gerade in der letzten Zeit.
Die Gegner haben die herannahenden deutschen Maschinen bereits ausgemacht und ziehen zu beiden Seiten weg, damit die mit großer Fahrt heranjagenden »190« ins Leere stoßen sollen. Die Engländer versuchen ihrerseits nun, hinter die Angreifer zu kommen. Im Nu entwickelt sich, da die Deutschen dieses Vorhaben erkennen, ein heftiges Gekurbel am diesigen Himmel.
»Abschuß!« brüllt plötzlich jemand. Oberleutnant Dortenmann hat einen der gegnerischen Jabos erwischt. Die Feindmaschine geht hell brennend in die Tiefe.
Währenddessen aber ist der deutsche Verband längst auseinandergeplatzt. Jetzt gilt es, besonders gut aufzupassen, zumal immer mehr Gegner aufzutauchen scheinen.
»Bleiben Sie dran!« ruft einer der Staffelkapitäne seinem Rottenflieger zu. »Decken Sie nach hinten. Ich greife an!«
»Fünfzehn zwo an fünfzehn eins. Habe Treffer im Ölkühler. Muß Angriff abbrechen!«
Der Schwarmführer blickt sich rasch um und sieht, wie die bereits qualmende »Dora 9« seines Katschmareks immer mehr zurückbleibt.
»Fliegen Sie ›Gartenzaun‹ an (eigenen Flugplatz). Hals- und Beinbruch!«
»Viktor!«

In diesem Augenblick wird eine andere Maschine der 15. Staffel arg bedrängt. Wie ein Rudel Wölfe hängen die Engländer hinter ihr. Vor den Mündungen der in den Tragflächen eingebauten Browning-MGs tanzen rote Flämmchen.
Oberfähnrich Hansen, der in der verfolgten Maschine sitzt, hat keine Chance. Die Kameraden können im herrschenden Durcheinander seinen letzten Weg nicht verfolgen. Sie sehen ihn noch niedergehen und müssen ihn bei der Rückkehr als abgeschossen und vermißt melden. Das gleiche Schicksal erleidet Unteroffizier Flakowski von der 13. Staffel. Auch er wird am 29. März 1945 von englischen Jägern bezwungen und stürzt ab.
Nach dem Einsatz landen die Focke-Wulf wegen Spritmangel zum Teil auf den verschiedensten Ausweichplätzen. Es ist also nicht möglich, sofort festzustellen, wie hoch die Verluste der Gruppe sind, welche Erfolge errungen wurden und wo sich im Augenblick die noch fehlenden Maschinen befinden. Sicher ist nur, daß Unteroffizier Flakowski und Oberfähnrich Hansen irgendwo abgeschossen wurden. Hauptfeldwebel Blumstein sagt später aus, daß sich dies alles im Raum Bocholt abgespielt hätte. Doch es bleibt keine Zeit mehr, die Geschehnisse zu rekonstruieren, denn schon Tage später werden die Vorbereitungen zur Auflösung der Staffeln getroffen. Der Krieg geht zu Ende.

Als am 12. August 1966 die gelben Räumfahrzeuge einer Baufirma auf das vermessene Ackergelände in der Gemeinde Hardensetten bei Laer fahren, um die vorgesehene Trasse für eine neue Straße auszuheben, denkt kein Mensch mehr an die Ereignisse, die sich hier vor 21 Jahren abgespielt haben. Jetzt wühlen sich die Bagger in den schweren Boden hinein. Noch wissen die Männer nichts von dem Flieger, der hier in diesem Stückchen Erde ruht.
Die Arbeiter wundern sich, daß der Ackerboden an mehreren Stellen

graugefärbt ist. Dazwischen Klumpen einer weißen, bröckelnden, manchmal glitzernden Masse.

»Ich halte mal an«, meint der Baggerführer und stellt den Motor ab. Dann springt er von seinem Fahrzeug herunter. Da vorn in der Raupenspur hat er etwas glänzen gesehen. »Kommt doch mal hier herüber«, ruft er dann seinen Kollegen zu. »Was ist denn das?«

»Mensch, paß auf. Das ist bestimmt eine Bombe. Hier müssen noch etliche von diesen Dingern liegen!«

Aber es ist keine Bombe, was die Männer da hervorziehen, sondern ein größeres Blechstück. Verbogen und mit vielen eingelassenen Nieten versehen. Unverkennbar das Verkleidungsblech eines Flugzeuges. Nach weiterem Suchen kommen noch mehr Wrackteile zum Vorschein. Kleine Stücke, die zum Teil noch Farbspuren aufweisen. An einer etwas weiter entfernten Stelle findet man ein paar MG-Patronen. Sie hängen noch in einem Stück des Zerfallgurtes.

Die Baggerarbeiten werden sofort eingestellt und die Polizei alarmiert. Am 17. August trifft das Bombenräumkommando aus Hannover an der Fundstelle ein, und noch am gleichen Nachmittag beginnt man, den Acker sorgfältig zu durchsuchen. Im Umkreis von etwa 15 Metern fahren zwei Raupen die Absturzstelle vorsichtig ab und heben den Boden flach aus.

Nicht lange darauf werden die Fetzen einer Uniform, ein EK I und menschliche Skeletteile aus dem Erdboden geholt, und zwar an einer Stelle, die verhältnismäßig weit von den aufgefundenen Trümmerstücken der Maschine entfernt liegt. Die Vermutung, daß der Pilot beim Aufschlag herausgeschleudert wurde, liegt daher sehr nahe, zumal auch seine sterblichen Überreste nicht sehr tief im Boden stecken. Nach weiteren Minuten stoßen die Männer dann auf den Rückteil des Pilotensitzes und den Sitzfallschirm.

Aber noch lassen sich keinerlei Anhaltspunkte finden, die aussagen, wer der gefallene Flieger ist. »Das könnte nur die Erkennungsmarke

oder irgendwelche mitgeführten Papiere klären«, meint der Leiter des Bombenräumkommandos.
An einem der geborgenen Trümmerstücke ist ein Typenschild zu erkennen. Behutsam wischt einer der Arbeiter die anhaftende Erdkruste mit dem Finger ab »FW 190 D–9« kann man jetzt lesen, und darunter die Werknummer der Maschine: 400255. Ein wichtiger Fund, denn auch die Werknummer könnte den Flugzeugführer auf Umwegen zu identifizieren helfen. Doch vorerst mißt man diesem Schild, das dann von der Kriminalpolizei Osnabrück zu den Akten gelegt wird, keine Bedeutung bei.
Als man schließlich auch noch eine auf Seide gedruckte Fliegerkarte und Teile eines Soldbuches zu Tage fördert, scheint die Aufklärung dieses Schicksals sehr nahe zu liegen. Aber die Papiere sind in einem so schlechten Zustand, daß kaum noch etwas zu entziffern ist. Jetzt sind die Spezialisten an der Reihe. Jedoch auch sie können mit den nur bruchstückhaft vorhandenen Angaben nicht viel anfangen: Dienstgrad- . . . fähnrich, . . . 8. 6. 19 . . .

Drei Wochen später besuchen wir meinen Freund Eberhard Weber in Bremen. Wir sind beide Flugzeugtypensammler, er hat sich auf die Focke-Wulf 190 und ich auf die Messerschmitt Bf 109 spezialisiert. Einmal im Jahr treffen wir uns, um dann über die »neuesten Erkenntnisse« auf diesem Gebiet uns die Köpfe heiß zu reden.
Während unsere Frauen in der Sitzecke des Wohnzimmers ihrerseits die Neuigkeiten austauschen, begutachten Eberhard und ich die Stapel von Fotos, Datenblättern und sonstiges Material, welches die Fliegerei betrifft.
»Hast Du das gelesen?« fragt mich Eberhard plötzlich und schiebt zwei Zeitungsausschnitte des »Osnabrücker Tageblatt« über den Tisch. »Einen seltsamen Vogel haben die da gefunden!«
Zunächst weiß ich noch nicht, was er damit meint, doch ich lese mir dann die Ausschnitte durch. Berichte über die Wrackbergung in Har-

densetten. Was mich am meisten interessiert, ist die Tatsache, daß der Flugzeugführer bis dahin noch immer nicht identifiziert werden konnte. Sonst finde ich in dem rasch überflogenen Zeitungsartikel nichts Besonderes.
»Mensch, das war eine Tank 152!« klärt mich Eberhard auf. »Hier schreiben sie, daß der gefundene Motor ein Jumo 213 E sei, also ein Triebwerk, welches nur die Ta 152 hatte.«
Ich überlege kurz. Wenn die abgestürzte Maschine tatsächlich eine Tank ist, dann käme für Nachforschungen wahrscheinlich doch nur eine einzige Einheit in Frage: Das JG 301. Nur der Stab dieses Verbandes war mit dem genannten Flugzeugmuster ausgerüstet und eventuell auch im Einsatz gewesen. Die Suche nach dem Flugzeugführer würde sich, wie gesagt, praktisch nur auf jene Einheit konzentrieren. Doch erfahrungsgemäß bin ich erst einmal skeptisch.
»Los«, fordere ich meinen Freund auf. »Wir fahren nach Laer!«
Die Wrackteile, die man in Hardensetten aufgefunden hatte, liegen jetzt auf dem Hof des Schrotthändlers Hehmann. Eberhard und ich machen uns an die Arbeit, um die einzelnen Stücke zu untersuchen. Aber alles, was noch irgendwie markante Erkennungsmerkmale aufweist, deutet auf eine FW 190 D-9 hin. Ein Stück vom Querruder nehmen wir mit nach Hause und können dieses anhand von Ersatzteillisten nach einiger Zeit auch zuordnen. Das Stück gehört zweifellos zu einer langnasigen »Dora 9«. Da aber die Teillisten der Tank 152 fehlen, können wir im Augenblick nicht exakt feststellen, ob die Tank nicht die gleichen Querruder besaß, denn an der Heckpartie dieser Maschine wies nur das Seitenleitwerk eine andere Konstruktion auf.
Wenige Tage darauf erhalte ich von der Osnabrücker Kriminalpolizei das Typenschild, von dessen Existenz ich bis dahin noch nichts wußte. Nun ist alles klar; es ist tatsächlich eine D-9. Die Angabe über den Motortyp Jumo 213 E hat ein Redakteur des »Osnabrücker Tageblatt« einem Buch über die deutschen Waffensysteme entnommen, in

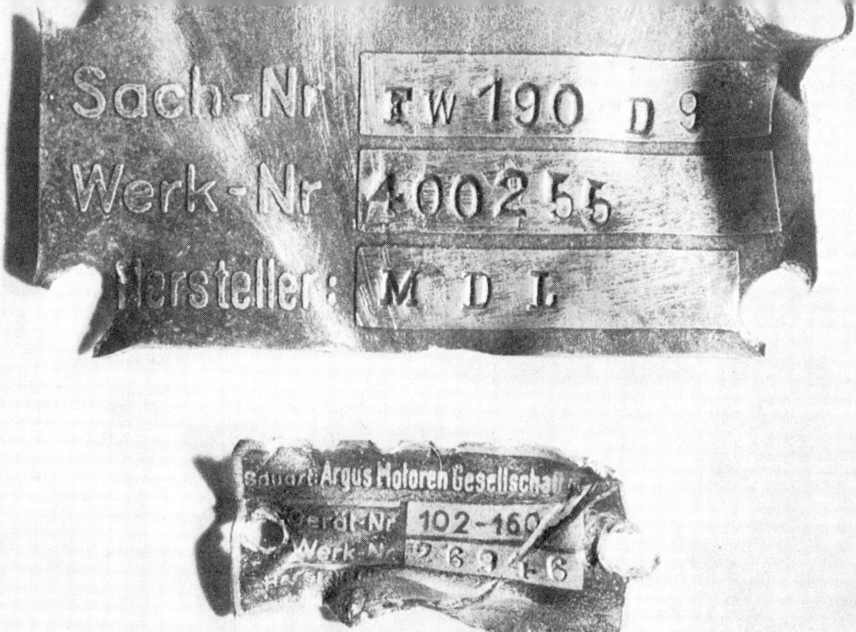

*ben: Während der Bergung
1es deutschen Jagdflugzeuges
Hardensetten bei Osnabrück
1d man diese Typenschilder,
e eindeutig über den
aschinentyp Auskunft geben.
ier handelt es sich um die
ocke-Wulf FW 190 D–9 des
berfähnrichs Hans Jürgen
ansen von der 15./JG 26, der
ı Gründonnerstag 1945 im
ıftkampf abgeschossen und
st im August 1966 geborgen
ırde.*

*echts: Fast täglich stoßen die
lländischen Bergungsmann-
haften in den Poldern auf
berreste alliierter und
utscher Flugzeuge, die
ährend des Krieges in das
selmeer stürzten. Im Oktober
67 fanden sie den am 7. April
44 vermißten Oberleutnant
rl Willius mit seiner Focke-
ulf und identifizierten ihn.
er ein Mann des Bergungs-
ms mit einem Propellerblatt
n Willius' FW 190.*

Lfd. Nr.	Ort und Tag des Verlustes Feindflug? ja oder nein?	Staffel usw.	Vermißt		Gestorben außerhalb der Lazarettbehandlung infolge				Abgegeben an welche Behörde des Feindes (Krankenhaus) und weshalb?	Bemerkung z. B.: Ablage, oder bei 14: vermutlich übergelaufen; Art und Stärke der feindlichen Waffenwirkung, bzw. nähere Umstände; letzter Wohnort des Toten
			gefangen	sonstig	Verwundung*)	Krankheit	Unfall	Selbstmord		
1	2	3	13	14	15	16	17	18	19	20
1.	1 km westl. Viernheim b. Mannheim 14.1.45 ja FW 19o D-9 W.Nr. 6oo347	1.St. JG2	./.	./.	./.	./.	./.	./.	Res.Laz. I Mannheim Prellungen am l. Bein	Nach Start zur freien Jagd im Raume Weißenburg entstand ein Motorbrand infolge unbekannter Ursache. Fw.W. sprang mit dem Fallschirm ab und zog sich dabei Prellungen am l. Bein zu. Heimatanschrift zugl. letzter Wohnort: Friedensgebührnisstelle: Ln.Regt.1 Berlin-Bernau
2.	Nördl. Hagenau 14.1.45 ja FW 19o D-9 W.Nr. 6oo383	2.St. JG2	Vermißt Schicksal unbekannt		./.	./.	./.	./.	./.	Nach Luftkampf mit 2o-3o Spitfire wurde Uffz.O. nicht me gesehen. Sein Schicksal ist unbekannt. Heimatanschrift zugl. letzter Wohnort: Fl.Pl.Kdo. Wels/Od.
3.	Westl. Worms 16.1.45 ja FW 19o D-9 W.Nr. 4oo243	2.St. JG2	Vermißt Schicksal unbekannt 15.XII.55/ Gr.		./.	./.	./.	./.	./.	Nach Luftkampf mit 2o-3o Spitfire wurde Gefr.H. nicht mehr gesehen. Sein Schicksal ist unbekann Friedensgebührnisstelle: keine
4.	Raum Worms 16.1.45 ja FW 19o D-9 W.Nr. 5oo396	3.St. JG2	Vermißt Schicksal unbekannt 15.XII.55/		./.	./.	./.	./.	./.	Nach Luftkampf mit 2o-3o Spitfire wurde Obfhr.S. nicht mehr gesehen. Sein Schicksal ist unbekann Heimatanschrift zugl. letzter Wohnort: Friedensgebührnisstelle: L.K.S.2 Bln-Gato
5.	Raum Worms 16.1.45 ja FW 19o D-9 W.Nr. 21o1o4	4.St. JG2	Vermißt Schicksal unbekannt 15.XII.55/ Gr.		./.	./.	./.	./.	./.	Nach Luftkampf mit etwa 15 Tunderbolts wurde Uffz. K. nicht mehr gesehen. Sein Schicksal ist unbekannt. Heimatanschrift zugl. letzter Wohnort: Friedensgebührnisstelle: Fl.Pl.Kdo. A 33/ Frankfurt/Oder

Ausschnitt aus einer Original-Truppenverlustmeldung. Diese Meldungen enthielten nur Personalverluste, also keine reinen Materialausfälle. Die Namen und Anschriften wurden auf der vorliegenden Seite aus verständlichen Gründen weggelassen.

dem dieser Motor fälschlicherweise der FW 190 D–9 zugeschrieben war. Die D–9 besaß vielmehr einen Jumo 213 A. Ein Fehler, der, wenn das Typenschild nicht aufgefunden worden wäre, die Suche möglicherweise in eine ganz andere Richtung geleitet hätte. Aber da ist ja noch das Soldbuch.
Durch die Hilfe der Gemeinschaft der Jagdflieger kann das Geheimnis um den gefallenen Flugzeugführer doch noch gelöst werden. Trotzdem eine Sisyphusarbeit, da ja nur spärliche Angaben vorhanden sind. Der im Sommer 1966 bei Hardensetten geborgene Flieger ist Oberfähnrich Hans-Jürgen Hansen, geboren am 8. 6. 1924 in Flensburg.
Leider kann die WASt in Berlin über den vorliegenden Vermißtenfall keine Einzelheiten berichten, da der Name Hansen in der offiziellen Verlustliste fehlt. Offensichtlich haben sich durch das nahende Kriegsende damals die Ereignisse überschlagen; man fand nicht mehr die Zeit, die Tagesverluste zu registrieren und weiterzumelden.

Der im Frühjahr 1945 in Laer tätige Gendarmeriemeister Anselm Montag sagt zu dem Bergungsfall aus, daß es immer wieder hieß, ein Pilot sei damals schon geborgen und begraben worden. Niemand kann jedoch hierzu konkrete Angaben machen. Montag, der jetzt in Münster lebt, erinnert sich noch gut an die Begebenheiten jenes Gründonnerstags.
Kurz nach einem Luftkampf über der Gemeinde Hardensetten melden Augenzeugen dem Gendarmeriemeister, daß zwei deutsche Jagdmaschinen abgeschossen wurden. »Eine davon ging am Blomberg nieder. Der Pilot lebte noch, wir brachten ihn ins Krankenhaus, wo er später verstarb.«
Leider wissen wir heute nicht mehr, wer dieser Flieger gewesen war. Ist es der Unteroffizier Flakowski, der ja auch am 29. März 1945 abgeschossen wurde?
Die zweite Jagdmaschine stürzte auf das Grundstück des Bauern Fischer. Als Anselm Montag an der Absturzstelle eintrifft, sieht er

nur noch einen Trichter, der sich langsam mit Wasser füllt. Kleine blaue Flämmchen züngeln noch auf der Oberfläche. Eine Möglichkeit, den Flugzeugführer zu retten oder zu bergen, gibt es nicht mehr.
Sofort läßt Montag die nähere Umgebung absuchen. Vielleicht konnte der Pilot doch noch vorher abspringen. Aber die Bemühungen bleiben ergebnislos. Von dem Absturz wird auch kein Aktenvorgang angelegt, da schon zwei Tage später englische Truppen das Gebiet besetzen. So ist es für den Gendarmeriemeister Montag nicht mehr möglich, weitere Untersuchungen anzustellen oder sogar mit Luftwaffendienststellen Verbindung aufzunehmen. Noch Ende des Jahres 1945 wird dann die Absturzstelle von den Engländern registriert. Das Grab eines unbekannten deutschen Soldaten.
Der ehemalige Feldwebel Hermann Sinz, heute Inhaber eines großen Modegeschäfts in Freiburg, ist einer der wenigen Flugzeugführer der IV./JG 26, die das Kampfgeschehen im letzten Stadium des Krieges unversehrt überlebten und zurückgekehrt sind. »Ich sehe alles noch deutlich vor mir«, schreibt er mir später einmal. »An den genauen Tag des Absturzes und den Ort, wo Hansen gefallen ist, kann ich mich jedoch nicht mehr exakt erinnern. Es ging damals bei uns alles drunter und drüber. Übrigens, die in Hardensetten aufgefundene Fliegerkarte gehörte mir. Ich habe sie Hansen für diesen Feindflug geborgt.«
Als Oberfähnrich Hans-Jürgen Hansen zu seiner letzten Ruhe gebettet wird, ist Hermann Sinz dabei, um von seinem einstigen Fliegerkameraden Abschied zu nehmen.
Währenddessen beschäftigt mich bereits ein weiteres Vermißtenschicksal. Eine schwierige Arbeit, wie sich jedoch erst später herausstellt. Wir hatten in Sulzbach im Taunus einen Jagdflieger gefunden, und es war bisher nicht gelungen, ihn zu identifizieren. Auch der berühmte Zufall wollte uns nicht helfen. Der genannte Vermißtenfall hat eine Vorgeschichte, aber es ist wohl besser, das alles einmal der Reihe nach im folgenden Kapitel aufzuzeichnen.

TRAGÖDIE ÜBER DEM RHEIN-MAIN-GEBIET

Immer wenn Landwirt Meister aus Sulzbach am Taunus beim Bestellen seines Ackers auf kleine Aluminiumstücke stößt, muß er an den Luftkampf denken, der sich am 16. März 1945 über der Gemeinde abgespielt hatte. Mehrmals unternahm er auch schon den Versuch, ein wenig auf seiner Scholle nachzugraben, denn er vermutet, daß eine der abgeschossenen Jagdmaschinen auf seinem Anwesen zerschellt war. Aber Meister findet nichts weiter als jene Blechstückchen.

Inzwischen hatte der geheimnisumwitterte Boden seinen Besitzer gewechselt. Nun ist es Landwirt Christian, dem die Sache mit dem Flugzeugabsturz keine Ruhe läßt. Auch er stößt immer wieder auf kleinere Trümmerstücke, was ihn schließlich dazu bewegt, einmal intensiver weiterzugraben. Doch auch er findet nichts.

1948 richtet der Bruder eines im März 1945 bei Frankfurt am Main als abgeschossen und vermißt gemeldeten Oberfeldwebels ein Schreiben an den Landrat des Main-Taunus-Kreises mit der Bitte, über den Verbleib des Verschollenen Nachforschungen anzustellen. Sofort läßt Landrat Dr. Wagenbach, der auch von den eigenartigen Funden in Sulzbach gehört hatte, auf dem besagten Acker nachgraben, aber außer einigen Teilen vom Motor des Flugzeuges erhält man keine Spur von einem möglicherweise hier gefallenen Flieger. Vielleicht gelang es ihm kurz vorher, doch noch aus seiner Maschine abzuspringen.

Zwei Jahre später gräbt man ein zweitesmal nach dem vermißten Oberfeldwebel Helmut Alexander aus dem Saargebiet. Dr. Wagenbach hat sich entschlossen, diesen Versuch zu wiederholen, obwohl man nicht weiß, ob in dem Sulzbacher Acker überhaupt ein Flugzeugführer ruht. Und wenn, dann konnte es ja ohne weiteres auch ein ganz anderer Flieger sein. Es war damals von drei abgeschossenen Flugzeugen die Rede. Auch die zweite Grabung verläuft jedoch ergebnislos; der Fall gerät schnell wieder in Vergessenheit.

Landwirt Christian aber gibt nicht so schnell auf. Er hat Zeit. Jedesmal, wenn er auf seinem Acker ist, gräbt er an jener Stelle weiter. Das Loch weist währenddessen bereits eine Tiefe von mehreren Metern auf. Auch Christian glaubt nicht mehr an den dort gefallenen Flieger, aber er ist bemüht, wenigstens das wertvolle Altmetall zu bergen.

Am 27. August 1952 stößt Christian plötzlich auf Uniformfetzen; wenig später hält er die Schulterstücke eines Oberfeldwebels in den Händen. Der Landwirt holt sofort Hilfe und informiert die Gendarmeriestation in Sulzbach. Als man nun die Grabung vorsichtig weiterführt, kommt ein Teil des zerrissenen Fallschirms zum Vorschein. Dann werden die ersten Skeletteile aufgefunden. Aus sieben Meter Tiefe holt Christian eine Geldbörse, ein EK, die Frontflugspange, weitere Fetzen der Uniform und das noch gut erhaltene Soldbuch ans Tageslicht. Gendarmerie-Wachtmeister Dinges nimmt die Funde an sich und kann auf dem Flugschein folgende Eintragungen entziffern: Oberfeldwebel Helmut Alexander, geb. 13. 7. 1917 in Dillingen (Saar).

Die Absturzstelle wird abgesperrt. Unterdessen trifft auch die Kriminalpolizei und das Sprengkommando in Sulzbach ein. Natürlich hat sich das Ereignis rasch herumgesprochen, so daß sich jetzt auch die Scharen der Neugierigen auf dem Acker einfinden. Und da aus der Grube noch immer ein starker Treibstoffgeruch herausströmt, hat die Polizei alle Mühe, die Schaulustigen von der gefährlichen Stelle fernzuhalten.

Ordnungsgemäß werden die sterblichen Überreste des Gefallenen in

einem Sarg in der Leichenhalle der Gemeinde Sulzbach aufgebahrt. Landrat Dr. Wagenbach benachrichtigt die Angehörigen.
Sie haben, seit dem März 1945 in quälender Ungewißheit lebend, jetzt nach sieben Jahren den vermißten Sohn und Bruder wiedergefunden.

Von dem Wrackfund in der Gemeinde Sulzbach höre ich erst viel später, denn ich bin erst 1953 von Berlin in den Frankfurter Raum übergesiedelt. Ein Arbeitskollege, echter Frankfurter und mit den Geschehnissen in der näheren Umgebung vertraut, hat mir damals davon erzählt. »Die Maschine muß im Sommer 1952 gefunden worden sein. Das war gar nicht weit weg von der B 40 an der Kreuzung Frankfurt/Höchst — Königstein.«
Die Sache war danach für mich so weit erledigt, denn ich glaubte den Bergungsfall längst abgeschlossen. Außerdem wußte ich zum damaligen Zeitpunkt noch nichts über einen in diesem Zusammenhang geborgenen Flugzeugführer.
Das erfahre ich 1964 von einem Herrn Theile aus Hofheim im Taunus und ferner noch, daß er gegen Ende des Krieges von seiner Wohnung aus einen Luftkampf beobachten konnte, in dessen Verlauf mindestens drei Maschinen kurz hintereinander senkrecht zur Erde niedergingen. Eine davon wurde 1952 geborgen. Nähere Einzelheiten darüber müßten sich in einem seinerzeit im »Höchster Kreisblatt« erschienenen Bericht entnehmen lassen.
Aus dem Archiv der genannten Zeitung lasse ich mir die alten Bände vom Sommer 1952 herausholen und fange gleich an Ort und Stelle an, die Berichte über die Bergung in Sulzbach zu studieren. Zum erstenmal lese ich den Namen des im März 1945 dort gefallenen Flugzeugführers: Oberfeldwebel Helmut Alexander. Ich lese auch von den Vermutungen, daß über Sulzbach noch weitere deutsche Maschinen abgeschossen worden sein sollten, die mit ihren Piloten ebenfalls noch in der Erde ruhen.

Aber in einer weiteren Ausgabe des »Höchster Kreisblatt« entdecke ich dann eine Notiz, die mit den vorangegangenen Berichten in Widerspruch steht. Bei der Bergung war damals auch ein ehemaliger Schwarmführer, Leutnant Ulbrich, zugegen. Dieser erklärte nun, daß an jenem Tage außer Alexander kein weiterer Flugzeugführer während des besagten Einsatzfluges über Sulzbach gefallen war. Ulbrich selbst hatte den Einsatz am 16. März 1945 bei der II. Gruppe des JG 53 mitgeflogen. Alexander fiel im Luftkampf, ein weiterer Pilot, Unteroffizier Fleischmann, sei abgesprungen.
Ich bin überrascht, als ich das lese. Was stimmt nun? Sind die Aussagen der Sulzbacher Bauern falsch oder hat sich Ulbrich geirrt? Die Sache fängt an, mich noch mehr zu interessieren; ich wende mich als nächstes an die WASt in Berlin. Am 5. Juni 1965 erhalte ich von dort die Information, daß der geborgene Oberfeldwebel Alexander der 7. Staffel des JG 53 »Pik As« angehörte. Also konnte es sich bei der Maschine nur um eine Messerschmitt Bf 109 handeln, da das genannte Geschwader ausschließlich mit jenem Typ ausgerüstet war. Eine Tatsache, die eventuell für weitere Nachforschungen von Nutzen sein kann.
Ich erfahre desgleichen die vom JG 53 in der fraglichen Zeit gemeldeten Verluste. Demnach hatten die II. und III. Gruppe am 16. März 1945 mehrere Ausfälle bei Frankfurt am Main, Bensheim und Zellhausen bei Hanau. Von der Messerschmitt Bf 109 kommen als Varianten die G–6, also das sogenannte »Kanonenboot« mit Gondelbewaffnung unter den Tragflächen, die G–14 und die K–4 in Frage.
»Was werden Sie jetzt unternehmen?« fragt mich Herr Theile, den ich inzwischen persönlich kennenlernte und mit dem ich mich über diesen Fall eingehend unterhalten habe.
Wieder hänge ich mich an das Telefon und spreche mit Hans Ring in München. »Ulbrich?« entgegnet er, »von dem habe ich eine Adresse in Leonberg, aber die ist schon älteren Datums.«
»Macht nichts«, werfe ich ein. »Irgendwo muß ich ja anfangen.«

Also schreibe ich an Herrn Rudolf Ulbrich, Leonberg, Hermann-Löns-Straße 16. Nun gibt es jedoch zwei Orte dieses Namens. Welcher ist nun der richtige? Ich verfasse den Brief gleich zweimal und schicke einen nach Leonberg (Württemberg), den anderen nach Leonberg bei Regensburg. Auf beide Schreiben erhalte ich keine Antwort. Ich weiß nun nicht, ob Ulbrich die Briefe erhalten hat, ob er tatsächlich in Leonberg wohnt und vor allem, in welchem Leonberg er sich aufhält.

Was nun? Die Hoffnung, durch Ulbrichs Aussage vielleicht einen neuen Anhaltspunkt für weitere Nachforschungen zu erhalten, zerschlagen sich plötzlich. Wenn ich doch nur wüßte, ob das mit Unteroffizier Fleischmann stimmt.

Inzwischen vergehen die Monate. Der Beruf und auch andere Interessen haben die Sulzbacher Angelegenheit ein wenig in den Hintergrund verdrängt. Einige wenige Rückfragen bei noch angestellten Versuchen, etwas über das JG 53 zu erfahren, haben keine nennenswerte Ergebnisse eingebracht. Auch von Ulbrich war keine Spur zu erhalten.

Im Herbst 1966 gelangen die Schriftstücke zum Fall Alexander wieder einmal in meine Hände, denn ich will die Augenzeugenberichte nochmals studieren. Und da steht es ganz deutlich: Eine zweite Maschine soll auf dem Grundstück des Landwirtes Schweickart im Distrikt »Im Sy« liegen. An einem Sonnabend fahre ich nach Sulzbach. Nach verhältnismäßig kurzer Zeit gelingt es mir auch, einige der damaligen Augenzeugen aufzufinden, um sie noch einmal über den 16. März 1945 befragen zu können.

»Ja«, meint der Sohn des Landwirtes Christian, »das ›Sy‹ war zur damaligen Zeit sehr sumpfig. Die Maschine wird sehr tief liegen und kaum zu bergen sein. Außerdem waren am Absturztag schon Soldaten vom Flugplatz Eschborn hier und haben herumliegende Trümmer abgeholt.« Und nach einer kurzen Pause: »Die Wiesen sind heute trokken. Vor einigen Jahren wurde dort eine Drainage gelegt.«

»Was ist mit dem Flugzeugführer?«
»Soviel ich weiß, ist ein Fallschirmabsprung beobachtet worden.« Christian deutet auf ein Gelände, das nördlich des besagten ›Sy‹ liegt. Inzwischen trat ein anderer Bauer, der mit seinem Traktor vom Feld kam, hinzu und hört sich unser Gespräch mit an. Nach den Ausführungen Christians fällt er dann ein: »Das Flugzeug kam ganz steil herunter. Da ist keiner herausgekommen.«
Nun bin ich genauso schlau wie vorher. Ein erneuter Widerspruch liegt vor. Ich befrage noch andere Sulzbacher Einwohner und komme dann zu der Feststellung, daß die Mehrzahl von ihnen den Flugzeugführer noch in der Maschine vermutet. Sicher ist das natürlich nicht. Ohne Zweifel aber liegt noch ein weiteres Jagdflugzeug im Sulzbacher Boden.
Am Abend eines der darauffolgenden Tage kommt Bernd Juhnke zu mir. Seinen alten VW höre ich schon, als er noch etliche Querstraßen von unserem Haus entfernt ist. Bernd steigt mit grimmigem Gesicht aus. »Hallo, alter Freund«, ruft er mir zu. »Wenn Ihr Euch schon nicht blicken laßt, dann muß ich mich eben einmal bemühen.«
»Keine Zeit«, antwortete ich.
»Kenne ich, kenne ich«, winkt Bernd ab und schüttelt mir dann die Hand. »Was jibt's Neuet?« äfft er meinen Berliner Dialekt nach.
»Na, komm erst mal rein, dann werde ich Bericht erstatten.«
Bernd kennt natürlich mein Interesse für alles, was mit Jagdflugzeugen zu tun hat, und auch meine Bemühungen um die Aufklärung von Vermißtenfällen. Als ich ihm die ganze Geschichte zum Fall Sulzbach noch einmal ausführlich erzähle, unterbricht er mich schließlich: »Warum wendest Du Dich nicht an den Bürgermeister? Vielleicht kann Dir die Gemeinde weiterhelfen.«
»Bernd, es scheint zwar festzustehen, daß sich dort noch eine Jagdmaschine im Acker befindet, aber ob auch der Flugzeugführer mit abstürzte, ist nicht ganz sicher. Wenn das einwandfrei erwiesen wäre, dann könnte ich sofort den Volksbund Deutsche Kriegsgräberfürsorge

benachrichtigen, der dann das Wrack herausholen würde. Aber so ...?« Noch lange, nachdem sich Bernd verabschiedet hat, denke ich über die Sache nach. Offiziell könnte also nur der VDK eine Bergung in Angriff nehmen, aber ich kann eben nicht mit Bestimmtheit sagen, ob der Pilot damals tatsächlich mit seiner Maschine in den Boden ging. Und nur auf Verdacht würde der Volksbund wohl kaum danach graben. Wenn ich nun jemanden finden würde, einen Baggerführer vielleicht, der ohne viel zu fragen und ohne Entgelt einmal ein paar Kubikmeter Boden aufschieben könnte, um dadurch eventuell doch noch konkretere Hinweise über die Maschine und den darin vermuteten Flieger zu erhalten.

Wenn es um die Klärung eines immer noch vermißten Soldaten geht, wäre es doch auf alle Fälle einmal einen Versuch wert, an der Stelle zu graben, an der ein solcher Gefallener vermutet wird. Auch dann, wenn die Arbeit umsonst sein sollte. So denke ich wenigstens darüber, und ich werde das Gefühl nicht los, daß eine Versuchsgrabung in Sulzbach erfolgreich sein würde, zumal ja das Jagdgeschwader 53 an jenen Märztagen 1945 tatsächlich eine ganze Reihe von Ausfällen meldete.

Kurz entschlossen schreibe ich an den Bürgermeister von Sulzbach, Herrn Reinke. Bereits wenige Tage darauf stehe ich ihm in seinem Amtszimmer gegenüber und erkläre ihm noch einmal mein Anliegen. Reinke sagt mir, daß er zusammen mit einigen Landwirten die ungefähre Stelle hat ausfindig machen können, unter der die Maschine liegen muß. »Die Genehmigung von den Grundstückseigentümern für eine eventuelle Grabung haben Sie«, fährt der Bürgermeister fort. »Allerdings müßte so etwas noch vor der Frühjahrsbestellung erfolgen, damit nicht allzuviel Schäden entstehen.«

Jetzt haben wir Mitte Januar, überlege ich. Bis zur Bestellung der Felder habe ich also allerhöchstens noch zwei Monate Zeit, um einen Bagger oder Räumer aufzutreiben. Und vor allem jemanden, der diese Geräte auch bedient.

Anschließend an unser Gespräch fährt mich der Bürgermeister hinaus auf die Felder, um mir die genannte Absturzstelle zu zeigen. Nach einigen Minuten biegt Reinke in einen betonierten Feldweg ein und hält schließlich an. Ich sehe, daß die Wiesen und Äcker rechts von uns von einem Bach begrenzt werden, hinter dem fast parallel dazu auf überhöhtem Gelände die Bahnlinie Frankfurt-Höchst – Bad Soden verläuft. Da vorn ist der Rhein-Main-Schnellweg, keine 300 Meter von unserem Standort entfernt. Hinter der Bahnlinie erstrecken sich die Felder bis vor zur Bundesstraße 8 und dem Platz, wo ehemals die Tankstelle Auto-Engel gestanden hatte. Das ist nicht weit von der Stelle entfernt, an der 1952 der Oberfeldwebel Alexander geborgen wurde. Diese und die jetzige, zweite Absturzstelle mögen etwa 600 bis 700 Meter weit auseinanderliegen.
Ich betrachte mir jetzt die vom Bürgermeister angegebene Wiese. In der Mitte etwa, dreißig Meter vor dem Bach, kann man deutlich einen fast runden Flecken erkennen, dessen Grasnarbe völlig von der der übrigen Wiese abweicht. »Hier wurde irgendwann einmal aufgeschüttet«, sagt Reinke. »Das Flugzeug soll gleich versunken sein. Die wenigen an der Oberfläche verbliebenen Trümmerstücke sind damals von Eschborn aus abgeholt worden. Jedenfalls muß das hier die richtige Stelle sein. Die kleine Vertiefung, die hier entstand, wurde später nach und nach mit allen möglichen Abfällen und dergleichen zugeworfen.«
Langsam blicke ich mich um. Hinter uns steigen die Äcker flach an. Oben sieht man die Einzäunung des amerikanischen Pionierdepots, das auf dem Gelände des ehemaligen Flugplatzes Eschborn eingerichtet wurde.
»Haben Sie herzlichen Dank für Ihre Bemühungen«, verabschiede ich mich von Bürgermeister Reinke, nachdem dieser mich wieder in den Ort zurückgebracht hatte. »Die Absturzstelle kennen wir nun. Was ich jetzt brauche, ist ein Räumer.«
Natürlich finde ich keine Firma, die bereit wäre, ohne offiziellen Auf-

trag und mehr oder weniger auf Verdacht hin eine Arbeit zu übernehmen, die obendrein finanziell nichts einbringen würde. Ich bin schon richtig verzweifelt und will fast aufgeben, da erhalte ich die Anschrift eines Sulzbacher Baggerbetriebes: Firma Helmar Müller in der Taunusstraße. Das ist die letzte Chance, sage ich mir.
Nach zwei oder drei vergeblichen Anläufen treffe ich endlich den Chef, Herrn Müller, zu Hause an. Ich bin erstaunt, einen recht jungen Mann vor mir zu sehen, der, wie sich dann auch aus den anschließenden Gesprächen erkennen läßt, ziemlich schwungvoll wirkt und zu wissen scheint, was er will. Zum wievielten Male bringe ich mein Anliegen vor und merke, daß auch mein Gegenüber die Sache zu interessieren anfängt. Was ich nicht zu hoffen wage, tritt ein: Müller gibt mir die Zusicherung, mir zu helfen. »Ich will versuchen, an einem Sonnabend einen meiner Räumer abzuzweigen. Die Arbeit dort unten in den Wiesen werde ich selbst übernehmen. Wir müssen nur den günstigsten Tag aussuchen, denn noch ist alles hart gefroren und für diese Zwecke günstig. Wenn das Gelände aufzuweichen anfängt, ist es sowieso aus.«
Nun ist es doch geschafft. Ich habe einen Räumer gefunden. Als ich nach Hause komme und Waltraud die Neuigkeit mitteile, atmet sie sichtlich erleichtert auf: »Jetzt kann man mit Dir wenigstens wieder vernünftig reden«, sagt sie. »Es war ja nicht mehr mit anzusehen, wie sehr Du Dich in diese Sache hineingekniet hast.«
»Sei vorsichtig«, warne ich. »Es fängt ja jetzt erst richtig an!«
Was würde die Versuchsgrabung ergeben, überlege ich. Sollten wir anschließend doch einen noch unbekannten Flieger aufspüren, dann würde das alle Anstrengungen vergessen lassen. Aber auch im negativen Falle wäre es nicht umsonst gewesen, denn dann bestände ja die Gewißheit, daß wirklich kein Vermißter mehr in der Erde ruht.
Sonnabend, 28. Februar 1967. Ein kalter, sonniger und trockener Tag kündigt sich an. Gegen 10 Uhr vormittags trifft Müllers Lastzug mit der Raupe im »Sy« ein. Nach einer knappen Viertelstunde steht das

Gerät im Wiesengrund neben dem runden Flecken, der die Absturzstelle sein soll. Es braucht wohl nicht gesagt zu werden, daß nicht nur ich gespannt darauf bin, was die kommenden Stunden bringen werden. Müller hat ein paar seiner Leute mitgebracht, die nun alle zu beiden Seiten des Stückchen Erdboden stehen, das der Räumer jetzt auszuheben versuchen wird.

»Schieben Sie das Erdreich erst einmal flach weg«, rufe ich hinüber.

Müller nickt und läßt gleichzeitig die Schaufel seines Räumers niedergehen. Dann donnert der Motor los, das Gerät frißt sich in der Grasnarbe hinein und wirft sie auf. Nur noch dreimal muß der Räumer ansetzen, bis ich am Rand und auf der noch flachen Sohle Brocken einer oxydierten Masse erkenne. Und beim nächsten Aushub finde ich zwei kleine Metallstücke, die ohne Zweifel zu einem Flugzeug gehörten.

»Wir haben die Stelle exakt getroffen.« Ich zeige den Umstehenden die Funde. Müller springt von der Raupe herunter, betrachtet sich erst die Aluminiumreste in meiner Hand und geht dann hinüber zu der kleinen Grube. »Ich kann mir nicht helfen«, sagt er. »Das riecht hier verdammt nach Sprit!«

Der Baggerunternehmer behält recht. Bei jedem weiteren Eindringen in den Boden verdichtet sich der typische Geruch nach Flugbenzin, und auch kleinere Metallteilchen kommen immer häufiger zum Vorschein. Der Boden ist sehr schwer und fällt kaum auseinander. Inzwischen haben wir eine Tiefe von etwa 1,5 Metern erreicht, ohne dabei größere Wrackteile zu finden. Nur der Treibstoffgeruch wird immer intensiver. Beim nächsten Einfahren hören wir alle ein ganz deutliches Schaben und Knirschen. Mit dem Pickel machen sich ein paar Männer heran, die besagte Stelle freizulegen, um zu sehen, auf welchen Widerstand der Räumer gestoßen ist.

Währenddessen wühle ich in den ausgehobenen Erdmassen und finde bald die Hülse eines 2-cm-Geschosses. Als ich damit zurückkomme, deutet einer von Müllers Leuten in die Grube. »Da ist ein großes

Metallstück. Steckt ziemlich senkrecht in der Erde drin. Vielleicht ein Leitwerk- oder Tragflächenteil?«

Ich sehe mir das bis jetzt freigelegte Stück von oben an, doch leider läßt sich nicht erkennen, was es eigentlich ist. Außerdem riecht es jetzt sehr stark nach Treibstoff, so daß der Baggerunternehmer schließlich abwinkt. »Es hat keinen Zweck mehr, mit der Raupe hineinzufahren. Wenn sie mir unten stehenbleibt und ich den Motor anlassen muß, dann ist das nicht gerade das Ideale.«

Auch ich bin, nachdem ich die Bordmunition gefunden habe, zu der Überzeugung gekommen, daß wir unter diesen Umständen die Arbeiten einstellen müssen. Von einem Bekannten lasse ich mich nach Sulzbach fahren und rufe von dort aus die Polizeistation in Schwalbach an. Ich erkläre kurz den Sachverhalt und bitte, daß ein Beamter mit dem Streifenwagen so schnell wie möglich nach Sulzbach kommen soll. Etwa zehn Minuten warte ich an der Zelle, bis der grüne Wagen erscheint. Wir fahren sofort in Richtung »Sy« weiter.

»Vor allen Dingen muß die Stelle sofort abgesperrt werden«, sage ich. »Außerdem würde ich Sie bitten, unverzüglich das Sprengkommando zu benachrichtigen.«

So geschieht es denn auch. Die Gemeinde sorgt für die Absperrung, und noch am Mittag desselben Tages trifft Sprengmeister Hildebrandt aus Wiesbaden ein. »Wie soll's weitergehen?« fragt er mich, nachdem er sich die Grube angesehen hat.

»Ich werde jetzt den Volksbund Deutsche Kriegsgräberfürsorge informieren, um zu hören, ob eine Bergung offiziell weitergeführt werden kann.«

»Ist gut«, antwortet Hildebrandt. »Wenn Sie Bescheid haben, rufen Sie mich wieder an. Ich werde dann die Förstersonde mitbringen. Mit der Absperrung geht es ja in Ordnung, also dürfte soweit alles klar sein.«

Am nächsten Tag habe ich Herrn Kahlo vom Volksbund an der Lei-

tung. Wir verabreden uns für denselben Abend, damit wir zusammen mit dem Bürgermeister von Sulzbach die Sache besprechen können.
»Sagen Sie mal«, begrüßt mich Kahlo in Sulzbach, »ich bringe Sie mit irgend etwas in Zusammenhang, doch ich weiß nicht, mit was.«
»Groß-Umstadt vielleicht?«
»Ja, richtig! Da war doch der Unteroffizier Kamman geborgen worden. Waren Sie nicht auch dabei?«
Ich verneine. »Erst nachträglich habe ich mich noch ein bißchen mit diesem Fall beschäftigt und deshalb auch mit dem VDK korrespondiert.«
»Na, dann wollen wir mal sehen, wie die Sache hier aussieht.«
Kahlo informiert sich über die Geländebeschaffenheit und will sich sofort mit einer Bundeswehr-Pioniereinheit in Verbindung setzen, welche über geeignete Spezialgeräte verfügt. Sobald von dieser Seite ein Termin feststeht und auch das hessische Innenministerium in Kenntnis gesetzt worden ist, könnte die Bergung in Sulzbach beginnen. Auch Kahlo ist meiner Meinung, daß auf alle Fälle eine Grabung erfolgen sollte, auch wenn nur eine kleine Chance besteht, daß sich der gesuchte Pilot noch in der Erde befindet.
Wieder vergehen die Wochen. Längst ist der Winter gewichen, und langsam ziehen Bäume und Sträucher ihr grünes Kleid an. Am 16. März fahre ich wieder hinaus nach Sulzbach. Die Grube ist fast bis an den Rand mit Wasser vollgelaufen, stelle ich mit Schrecken fest. Vermutlich haben wir eine der Drainageröhren beschädigt. Oder sollte es Grundwasser sein? Die Absperrung steht noch, aber an einigen Stellen ist sie niedergetreten. Wahrscheinlich waren inzwischen ein paar Schaulustige hier. Heute vor genau 22 Jahren ist die Maschine hier abgestürzt, geht es mir durch den Kopf. Was hat sich damals nun wirklich abgespielt? Werden wir das jemals erfahren?
Mitte April, als ich schon gar nicht mehr daran glaube, erhalte ich einen Anruf vom Volksbund. »Am 19. geht es los«, erklärt mir Kahlo. »Die Pioniere kommen um acht Uhr aus Bensheim. Sie wer-

den ihre Geräte bei den Amis in Eschborn lassen, und für die Männer haben wir in der Umgebung Quartiere besorgt.«
»Also dann bis zum 19.«, erwidere ich. »Und vergessen Sie Ihren berühmten Bergungshaken nicht.«
»Keine Sorge«, höre ich Kahlo. »Das Ding hat sich bestens bewährt. So etwas vergesse ich schon nicht. Schließlich gehört das ja zu meinem beruflichen Handwerkszeug.«
Der 19. April ist ein Mittwoch. Für die nächsten Tage habe ich Urlaub genommen, um an den Bergungsarbeiten teilnehmen zu können. Als ich am 19. früh den zum »Sy« führenden zementierten Feldweg entlangfahre, sehe ich schon von weitem den Lastwagen und einen Kran der Bundeswehr auf der Wiese stehen. Man ist bereits dabei, mit einer Pumpe das Wasser aus der Grube abzusaugen. Wenige Minuten nach meinem Eintreffen rumpelt ein heller Kombiwagen den Abhang herunter.
»Aha, der Experte vom Volksbund«, stellt der Führer der kleinen Pioniergruppe, ein Leutnant, fest.
Allesamt tragen wir alte Kleidungsstücke und tragen dazu Gummistiefel. Auch ich habe mir einen Haken, wie ihn Kahlo benutzt, angefertigt und mitgebracht. Der VDK-Mann hatte mir einmal erzählt, daß man mit solch einem Haken jeden kleinsten Gegenstand in dem zu untersuchenden Erdreich aufspüren kann.
»Dann wollen wir mal«, ruft der Leutnant und schwingt sich auf den Sitz des Baggers.
Fast mit jedem Aushub bringt das Gerät Wrackteile, Holzfetzen und auch Munition herauf. Wir legen alle Funde auf einen Haufen und sortieren die Geschosse heraus. Danach machen Kahlo und ich uns daran, die Erde eingehend zu untersuchen.
»Wenn wir Teile von der Kanzel finden sollten«, sage ich, »müssen wir besonders aufpassen, denn dort müßte auch der Flugzeugführer sein.«
Ein großes Verkleidungsblech von einer Tragfläche kommt als näch-

stes zum Vorschein. Wenn man diese Fetzen betrachtet, kann man sich kaum vorstellen, mit welcher Gewalt sich so ein Flugzeug beim Absturz in die Erde bohrt.
Trotz »Geheimhaltung« hat es sich natürlich überall rasch herumgesprochen, daß in Sulzbach nach einem Jagdflugzeug aus dem Zweiten Weltkrieg gegraben wird. Im Laufe des Vormittags kommen immer mehr Leute auf das Feld, so daß die nähere Umgebung bald der Vorhalle eines Hauptbahnhofes gleicht. Mit Mühe habe ich gerade das Typenschild vom Hydraulikteil einer gefundenen Spreizklappe abmontiert, als das Wrackteil auch schon verschwunden ist.
»So geht das nicht weiter!« meint Kahlo und richtet sich auf. »Unter diesen Voraussetzungen können wir nicht arbeiten. Die Leute klauen uns einfach alles. Wer weiß, ob nicht schon wichtige Teile abhanden gekommen sind. Außerdem wird der Boden zu sehr zertrampelt.« Er fuchtelt mit seinem Haken umher und wendet sich schließlich an einen Mann von der Sulzbacher Gemeindeverwaltung: »Benachrichtigen Sie die Polizei. Die muß hier absperren und die Leute zurückhalten. Eigentlich wollten die Beamten schon längst hier sein.«
Eine halbe Stunde später kommen zwei Einsatzwagen. Gerade im richtigen Augenblick, denn der Bagger hat mir soeben eines der beiden Bordmaschinengewehre MG 131 vor die Füße gelegt. Natürlich wollen sich die Neugierigen, darunter sehr viele Kinder, auf den Fund stürzen, doch die Beamten wehren sie jetzt ab, und einer von ihnen begleitet mich hinunter zum Bach, wo ich die verbogene Waffe säubere, nachdem ich die noch im Schloß befindliche Patrone herausgenommen habe. Dann schleppen wir das MG zurück und verstauen es sofort in einen der beiden Dienstwagen. »Bringen Sie das Ding am besten bald nach Schwalbach zur Station. Ich sage später dem Sprengmeister Bescheid, daß er sich die Waffe bei Ihnen abholen kann. Hildebrandt hat mich gebeten, solange er nicht hier ist, ein bißchen auf Munition und dergleichen aufzupassen.«
»Geht in Ordnung«, erwidert der Beamte.

Wenig später holt Kahlo den Rahmen des vorderen Teiles der Kanzel aus der Baggerschaufel, während ich fast gleichzeitig in einem großen Erdklumpen das Bordinstrument für das Verstellen der Luftschrauben herausziehe.
»Können Sie schon sagen, was es für eine Maschine war?« will der Experte vom VDK wissen. Ich deute auf den Kanzelrahmen und auf die Typenschilder. »Ohne Zweifel eine Messerschmitt. Aber die genaue Untervariante kann ich natürlich noch nicht bestimmen. Wir finden sicher noch weitere markante Teile, die uns darüber Auskunft geben werden.«
Dann überlege ich kurz. Die Munition! »Es könnte eine Bf 109 G–14 sein«, erkläre ich Kahlo. »Wir haben hier einmal die 2-cm-Geschosse und dann eine Menge 13-mm-Patronen, die von den beiden MG 131 stammen. Bewaffnungsmäßig trifft das für die G–14 zu.«
Viel zu schnell vergeht die Zeit. Wir haben kaum gemerkt, daß die Sonne bereits lange Schatten wirft und es bald zu dunkeln anfangen würde. Eine weitere halbe Stunde noch, dann brechen wir die Arbeiten ab. Nach Erneuerung der Absperrungen verlassen wir nach und nach das Gelände. Und nichts deutete bisher darauf hin, daß der Flugzeugführer noch in der Maschine steckt. Sorgfältig hatten wir jeden Erdbrocken auseinandergenommen. Nichts! Ich hoffe auf morgen. Vielleicht haben wir doch noch Erfolg.
Früh am nächsten Tag kommen die Amerikaner von Eschborn mit einem riesigen Bulldozer und schieben die untersuchten Erdmassen auf einen Haufen, damit wir wieder Platz für die nächsten Aushübe erhalten. Die GIs sind sehr interessiert und lassen sich über den Hergang der Bergung berichten. Besonders über die Messerschmitt wollen sie Einzelheiten wissen. Schließlich ist auch für diese Soldaten solch ein Ereignis nichts Alltägliches.
An jenem zweiten Bergungstag, dem 20. April 1967, findet Kahlo die ersten Skeletteile: Einen Wirbelknochen und ein Stück vom Schlüsselbein. Meine Vermutungen haben sich also bewahrheitet. Wir

haben einen Flieger gefunden, der höchstwahrscheinlich noch als vermißt gilt. Wer aber ist dieser Flugzeugführer? Obwohl wir auch bisher nichts außer acht gelassen haben, untersuchen wir jetzt den Boden noch genauer, noch gründlicher. Die Bundeswehrsoldaten helfen uns dabei. Kahlo gibt dem Baggerführer exakte Anweisungen, wie und wo er die Schaufel hinunterlassen soll. »Mehr links, links — nach vorn — so, noch ein Stückchen — ab!!«

Wir sind noch immer im Bereich der Kanzel. Als dann der Seitenrahmen der Abdeckhaube zum Vorschein kommt, besteht wirklich kaum noch Zweifel über den genauen Maschinentyp. Der Rahmen gehört zu einer sogenannten »Galland-Haube«, die gegenüber der herkömmlichen Rahmenkanzel eine bessere Sicht gewährleisten sollte. Und diese »Galland-Haube« hatte die Bf 109 G–14 serienmäßig eingebaut.

Pausenlos tuckert die Pumpe, denn das Wasser rieselt ständig in ganz kleinen Rinnsalen in die Grube hinab. Es kommt tatsächlich aus einer zerbrochenen Drainageröhre. Die Grube hat sich währenddessen in einen beachtlichen Krater verwandelt. Acht Meter sind an der tiefsten Stelle erreicht, und die Kanten der Umrandung lockern sich durch die Erschütterungen, die der große Bagger verursacht. Der Boden wird immer fester und undurchdringlicher.

Noch immer kein Anhaltspunkt über die Identität des Flugzeugführers. Weder Papiere, Brieftasche oder Erkennungsmarke sind aufzufinden. Endlich hält die Schaufel wieder einige Wrackteile in den Klauen.

»Aufpassen!« ruft Kahlo. »Hierher setzen!«

Ein Seitenstück des Pilotensitzes fällt heraus. In der nachrutschenden Erde ziehen wir große Fetzen einer Drillichkombination mit langen Reißverschlüssen hervor. Kahlo wendet die Uniformfetzen und sucht nach Taschen, in denen etwas drinstecken könnte. Aber enttäuscht schüttelt er dann den Kopf. »Auch hier nichts!«

Sollte sich denn nicht die geringste Spur finden lassen, frage ich mich. Wir stehen jetzt alle neben dem Bagger und legen eine Zigarettenpause ein. Nach einer Weile gehe ich hinüber zu den zusammengetragenen Trümmern. Hätten wir wenigstens die Werknummer der Maschine, dann könnten wir auf diesem Umweg eventuell etwas über den Piloten erfahren. Aber es ist nichts vorhanden, was uns im Augenblick hätte weiterhelfen können. Während ich mich bücke und einige Metallteile sauberwische, tritt ein Mann auf mich zu und stellt sich vor: »Ebener ist mein Name. Ich war selbst Jagdflieger beim JG 3. Als ich von der Bergung hier erfuhr, hat mich das natürlich sofort interessiert und bin deshalb einmal vorbeigekommen. Wie ich eben hörte, haben Sie die ganze Sache hier ins Rollen gebracht.«
Als ich den Namen Ebener hörte, muß ich erst einmal überlegen. Mensch, wo hast du den Namen denn schon gelesen? Dann fällt es mir ein. »Sind Sie nicht der Ritterkreuzträger Ebener?«
»Ja«, bestätigt er mir. »Ich bin allerdings schon 1944 abgeschossen worden und in Gefangenschaft geraten. Zu diesem Zeitpunkt war ich beim JG 11.«
Wir unterhalten uns noch eine ganze Weile über den Bergungsfall, ehe sich Ebener dann wieder verabschiedet, nicht ohne mich zuvor noch aufgefordert zu haben, ihn doch einmal im Taunus zu besuchen.
Unterdessen haben die anderen die Bergungsarbeiten wieder aufgenommen. Ein Sauerstoffbehälter, verschiedene Rumpfstreben und wieder eine Menge Munition kommen ans Tageslicht. Als wir dann nichts mehr heraufbefördern, setzt der zuvor eingetroffene Sprengmeister Hildebrandt seine Förstersonde an, um weitere Metallteile zu orten. Nachdem das Gerät an einer etwas weiter abliegenden Stelle ausschlägt, gibt Kahlo erneut das Zeichen für den Baggerführer. Das Loch ist jetzt so breit geworden, daß der Bagger immer weiter zurückfahren muß und der Ausleger kaum noch ausreicht. Immer mehr Erdbrocken fallen von den Rändern ab und poltern in die Tiefe. Auch scheint jetzt tatsächlich Grundwasser in der Sohle zu stehen.

Der Boden ist so kompakt, daß es fast eine Viertelstunde und mehr dauert, bis der Bagger richtig zugreifen kann.
»Wir sind wohl am Ende«, meint Kahlo. »Zwar haben wir abgestützt, doch das nützt ja alles nichts. Sie sehen ja selbst.«
»Gibt es denn keine andere Möglichkeit mehr?« möchte ich wissen, denn es will mir natürlich nicht in den Kopf, daß wir jetzt die Bergung abbrechen müssen. Wir wissen, daß hier ein Flugzeugführer gefallen ist. Ungünstige Umstände waren der Grund, warum wir bisher nicht auch erfahren konnten, wer dieser Flieger war. Aber konnte sich nicht doch noch etwas Positives auffinden lassen? Vielleicht würde gerade die nächste Schaufel die Erkennungsmarke heraufbringen. Vielleicht haben wir Glück und der Zufall präsentiert uns beim übernächsten Einfahren die Brieftasche des Gefallenen. Wie damals in Groß-Umstadt.
Doch ich sehe ein, daß es wirklich keinen Zweck mehr hat, hier weiterzugraben. Das Wasser kann nicht schnell genug herausgepumpt werden, die Erde rutscht unaufhörlich nach. Der Bagger würde keinen richtigen Ansatzpunkt mehr finden.
Kahlo sieht mich an: »Ein Weiterarbeiten hilft uns bestimmt nicht mehr. Wir müssen aufhören!«
»Nun gut«, sage ich. »Vielleicht kann ich auf anderem Wege irgendwie weiterkommen. Ich weiß noch nicht wie, aber ich werde versuchen, anhand von Unterlagen und Aufzeichnungen und über die WASt in Berlin den Fall zu verfolgen.«
Am selben Nachmittag taucht Karl Ries in Sulzbach auf. Ries wohnt in Finthen bei Mainz und ist der Spezialist für Tarnanstriche und Markierungen von Flugzeugen der Luftwaffe. Ich kenne ihn schon einige Jahre und bin nicht sonderlich erstaunt, auch ihn hier zu sehen. Irgendwie spricht sich so ein Ereignis eben sehr schnell herum.
Nach der Begrüßung fordere ich Ries auf, sich einmal die Trümmerstücke zu betrachten und erkläre: »Das war eine Bf 109 G–14, vermutlich von der II. Gruppe JG 53. Sehen Sie hier die schwarzen

Farbreste? Das ist ein Stück vom hinteren Rumpf.« Das bezeichnete Wrackteil kam ganz zuletzt noch aus dem Baggerloch. Die Erdklumpen, die daran hängen, sind noch feucht. »Kann es sich um ein farbiges Rumpfband handeln, wie es Maschinen von Einheiten der Reichsverteidigung trugen?« frage ich ihn.
Ries überlegt. »Schon möglich. Aber warten Sie, da fällt mir was ein. Sagten Sie nicht vorhin, daß die Maschine vielleicht zum JG 53 gehörte?«
Ich nicke, und dann erfahre ich von Ries etwas, was möglicherweise von größter Wichtigkeit sein konnte. »Ich habe gerade die Flugbücher von Oberleutnant Seeger zu Hause«, sagt er mir. »Seeger führte ja eine Staffel der II./JG 53. Demnach könnten sich auch Aufzeichnungen über den 16. März finden lassen.«
Bereits am nächsten Tag erhalte ich von Ries die besagten Flugbucheintragungen. Aufgrund meines im »Jägerblatt«, dem offiziellen Organ der Gemeinschaft der Jagdflieger, und im Jahrbuch der Luftwaffe abgedruckten Berichtes melden sich mehrere Jagdflieger, darunter auch der jetzt in Hamburg lebende ehemalige Feldwebel Willi Czernotzki. Er hatte an dem besagten Einsatz teilgenommen. Und nun entsteht, zusammen mit den Aussagen anderer Geschwaderangehöriger, die ich später noch auffinden kann, ein nahezu klares Bild von den Vorgängen jenes Schicksalstages. Aber das alles führt dennoch nicht dazu, den Vermißten von Sulzbach zu identifizieren.

März 1945. Die amerikanischen Truppen dringen, aus dem Hunsrück vorstoßend, auf der Linie Bingen — Bad Kreuznach in östlicher Richtung vor. Für alle Luftwaffenverbände der Reichsverteidigung herrscht in jenen Tagen Hochbetrieb; die schon ziemlich dezimierten Jagdstaffeln stehen nahezu ununterbrochen im Einsatz. Mehrere Starts innerhalb von wenigen Stunden sind zu diesem Zeitpunkt nichts Ungewöhnliches.
Mitte des Monats verlegen Teile der II. Gruppe des Jagdgeschwaders

53 von ihrem Einsatzflughafen Malmsheim bei Stuttgart hinauf nach Zellhausen bei Hanau. Um 11.05 Uhr des 16. März 1945 starten die Staffeln zum ersten Feindflug. Ihr Ziel sind die gegnerischen Truppenansammlungen an der Mosel und am Rhein. Nach verhältnismäßig kurzer Zeit schon kehren die Maschinen zurück, werden in Zellhausen für weitere Einsätze frisch aufgetankt und mit neuer Munition versehen. Unter den Rümpfen zahlreicher Messerschmitt hängt jetzt je eine 250-kg-Bombe. Für eine Jagdmaschine ein enormes Zusatzgewicht, das auch die Bewegungsfreiheit während des Fluges stark beeinträchtigt.

Der erste Einsatzflug hatte keine Verluste gebracht, doch der Tag ist noch nicht zu Ende. Und richtig, schon bald müssen die Männer erneut in ihre Maschinen steigen. Der nächste Auftrag lautet: »Tieffliegereinsatz im Raum Bad Kreuznach!« Die Gruppe wird also erneut in den Erdkampf eingreifen.

Neunundzwanzig Minuten nach 16 Uhr gibt Hauptmann Meimberg, Kommandeur der II. Gruppe, den Startbefehl. Etwa 24 Messerschmitt sind es. Die 7. Staffel, welche den Höhenschutz für die bombentragenden »109« übernehmen soll, wird zunächst einen etwas abweichenden Kurs fliegen. Der kleine Verband, geführt von Staffelkapitän Oberleutnant Seeger und Leutnant Ulbrich als dessen taktische Nr. 2, setzt sich aus zwei Schwärmen zu je vier Maschinen zusammen.

Alle acht Jagdflugzeuge schrauben sich auf die vorgeschriebene Höhe. Der Tag ist klar, die Sicht ausgezeichnet. Kurz hinter Frankfurt am Main ändert Oberleutnant Seeger den Kurs und wendet seine Maschine nach Südwesten. Ulbrichs weiße »10« macht die Bewegung sogleich mit, und auch die restlichen Bf 109 folgen nacheinander in die neue Richtung. Es ist jetzt etwa 15 Minuten vor 17 Uhr.

Feldwebel Czernotzki, der heute die Führung des zweiten Schwarmes an den Oberfeldwebel Alexander abgegeben hat, kneift die Augen ein wenig zusammen, denn vom Taunus her kann er mehrere kleine schwarze Pünktchen beobachten, die zusehends größer werden. Sofort ist der Flugzeugführer hellwach. »Achtung, Indianer!« ruft er über die Bord/Bord-Verständigung.

»Mensch, das sind doch eigene!« kommt es aus irgendeiner Maschine zurück.

Mittlerweile befindet sich die 7. Staffel vor dem Flugplatz Eschborn, nordwestlich von Höchst. Czernotzki, der auf diesem Platz früher einmal für längere Zeit stationiert war, legt seine Messerschmitt in eine Kurve, um das vertraute Gelände dort unten besser in Augenschein nehmen zu können. Es hat sich nichts verändert, denkt der Feldwebel, doch dann sieht er plötzlich mit Schrecken die Maschinen mit den weißen Sternen zu den Deutschen hochziehen. Mustang!

Für eine nochmalige Warnung ist es bereits viel zu spät. Wer hat denn nur vorhin behauptet, es wären eigene Maschinen? Warum haben sich die anderen auf diese Aussage verlassen? Fragen, zu deren Beantwortung jetzt allerdings keine Zeit mehr bleibt. Aber auch Czernotzki hatte sich mit der verhängnisvollen Antwort zufriedengegeben.

Die Mustang nehmen die Deutschen sofort unter Beschuß, und bereits wenig später geht eine Messerschmitt mit starker Fahne in die Tiefe. Die weiße »2« von Alexander. Fast alle übrigen Maschinen erhalten ebenfalls Treffer, denn der Angriff der amerikanischen Mustang kommt so überraschend, daß an eine wirkliche Abwehrbewegung kaum zu denken ist. In etwa 5000 bis 6000 Meter Höhe entwickelt sich ein harter Luftkampf, der sich dann genau über der Gemeinde Sulzbach abspielt. MG-Geknatter erfüllt die Luft.

Alexanders Maschine bohrt sich unweit der Straße Frankfurt—Wiesbaden in den Boden; der Flugzeugführer konnte nicht mehr aussteigen. Eine zweite Messerschmitt zeigt kurz darauf eine dunkle Rauchfahne und kurvt, langsam an Höhe verlierend, umher, bis sie plötzlich aus etwa 4000 Metern steil abstürzt und im »Sy« der Gemeinde

Sulzbach in die Erde fährt. Eine dritte Bf 109 muß irgendwo in der näheren Umgebung niedergehen, jedoch kann keiner die genaue Absturzstelle lokalisieren. Auch der weiße Pilz eines Fallschirmes bläht sich am Himmel auf.

Feldwebel Czernotzki, der sich inzwischen hinter die Mustang setzen kann, die Alexander abgeschossen hatte, erhält selbst Treffer in die Unterseite seiner G–14. Aber er zwingt den Gegner dennoch zum Luftkampf und schießt ihn nach einem mehrere Minuten dauernden Gekurbel ab. Die amerikanische Maschine kommt bei Weißkirchen herunter.

Jetzt erst merkt Czernotzki, daß sein Fahrwerk zerschossen ist. Kurz entschlossen geht er tiefer, steuert Eschborn an und versucht auf dem ihm nicht mehr unbekannten Platz eine Notlandung. Und während er die Messerschmitt glatt auf den Bauch wirft, ist auch das Luftgefecht nördlich über Höchst zu Ende gegangen. Keine einzige Maschine ist mehr in der Luft.

In Zellhausen beobachtet Hauptmann Meimberg erstaunt das Einschweben der beiden einzelnen Bf 109. Das ist die 7. Staffel. Oberleutnant Seeger und Leutnant Ulbrich sind die einzigen, die noch völlig intakt wieder zurückkehren. Sehr viel später treffen Feldwebel Czernotzki und ein mit dem Fallschirm abgesprungener Flugzeugführer mit einem in Eschborn geliehenen Pkw auf dem Platz ein. Alexander ist vermißt. Unteroffizier Meeder wird mit Durchschüssen am Bein in das Rhein-Main-Krankenrevier eingeliefert; er stirbt noch vor Beendigung des Krieges infolge seiner erlittenen Verwundungen.

Das Schicksal der restlichen beiden Flugzeugführer ist ungewiß. Einer von ihnen müßte der blonde Unteroffizier Fleischmann gewesen sein. Alle, die später über den Einsatz befragt werden konnten, sind nach so langer Zeit nicht mehr in der Lage, die Namen von jedem der damals beteiligten Flugzeugführer in die Erinnerung zurückzurufen, denn am gleichen Nachmittag des 16. März 1945 hatte auch die 6. Staffel des JG 53 im Raum Bensheim an der Bergstraße Feind-

berührung mit Thunderbolt, und auch hier ging es nicht ohne Verluste ab.
Das ist der letzte Einsatz von Zellhausen aus. Bereits am 17. März erfolgt für die Teile der II. Gruppe die Rückverlegung nach Malmsheim, von wo sie am selben Tag wiederum Tiefangriffe bei Bad Kreuznach fliegt. Diesmal kommen alle Maschinen wieder zurück.

Das Bergungsereignis mag inzwischen von denjenigen, die als Schaulustige dabei waren oder die davon in der Lokalpresse erfahren haben, schnell wieder in Vergessenheit geraten sein. Für mich jedoch ist der Fall Sulzbach noch nicht zu Ende. Im Zusammenhang mit den Flugbuchaufzeichnungen Seegers habe ich den Namen eines ehemaligen Leutnants, Rudolf Hocke, erfahren, der in Renningen bei Stuttgart wohnen soll. Von der dortigen Gemeindeverwaltung erhalte ich aber den Bescheid, daß Hocke jetzt in Alpirsbach im Schwarzwald wohnt.
Es ist Anfang Juni. Die Zeit, in der viele schon Urlaubspläne schmieden oder das außergewöhnlich schöne Wetter ausnutzen, um baden zu gehen oder Ausflüge zu machen.
»Post für Sie«, höre ich den Briefträger im Garten. Ich halte das Antwortschreiben Hockes in den Händen. Wie ich lese, war er gerade am 16. März nicht bei seiner Einheit, doch er nennt die Namen verschiedener anderer Personen, die eventuell etwas über den Fall wissen könnten. Einen Unteroffizier Fleischmann kannte er nicht, aber darüber müßte unbedingt der damalige Leutnant Ulbrich aussagen können.
Wieder ist also Ulbrich im Gespräch. Bekanntlich habe ich schon seit langem versucht, ihn ausfindig zu machen. Bisher vergebens. Ulbrich war es ja, der 1952 behauptet hatte, Unteroffizier Fleischmann sei damals abgesprungen und es hätte außer Alexander keine weiteren Verluste gegeben.
Waltraud scheint mir die Ratlosigkeit anzusehen. »Jetzt bist Du

praktisch wieder am Ausgangspunkt angelangt«, sagt sie. »Aber warte doch erst einmal die anderen Antworten ab.«

»Ich muß Ulbrich finden. Es muß doch möglich sein, ihn irgendwo aufzustöbern!«

Aber zunächst suche ich Staffelschreiber Alois Seltner. Diesen Namen hat mir Hocke angegeben und geschrieben, daß Seltner in Laudenbach im Odenwald wohnt. Der nächste Weg führt mich daher zum Postamt, wo ich die Fernsprechbücher wälze, denn Seltner ist, wie ich erfuhr, Friseurmeister und müßte demnach auch Telefon besitzen, so kombiniere ich. Es dauert auch gar nicht lange, bis ich ihn finde. Und da mir Hocke noch eine weitere Anschrift in Heidelberg nannte, steht schon die Richtung für die nächste »Entdeckungsfahrt« fest.

An einem der kommenden Wochenenden verfrachte ich meine Familie in den Wagen. »Wo fahren wir eigentlich hin?« fragt Waltraud und sieht mich dabei mißtrauisch an.

»Nach Heidelberg!«

»Und die Akten?« Meine Frau deutet auf den Leitzordner auf dem Rücksitz.

»Ach die, ja — weißt Du . . .«

»Ja, ich weiß schon«, lächelt sie. »Die nehmen wir natürlich mit, wenn wir das Heidelberger Schloß besichtigen.«

Nun komme ich nicht darum herum, ihr den eigentlichen Grund der Fahrt ausführlich zu erklären, und sie sagt mir, daß sie sich das eigentlich schon gedacht hätte.

Bei Pfungstadt verlassen wir die Autobahn, um in Richtung Odenwald abzubiegen. Weiter geht es dann die Bergstraße entlang bis nach Laudenbach. Ich frage mich zum Friseurgeschäft des Alois Seltner durch und bekomme auch schon nach wenigen Minuten die gewünschte Auskunft. Als ich das Geschäft betreten habe, muß ich mich noch ein wenig gedulden, da Seltner gerade einen Kunden bedient. Nachdem ich mich vorgestellt habe und meinen Spruch los bin, sprudelt er auch

gleich los: »Ja, Mensch, der Fleischmann. Ich habe damals sicherlich die Verlustmeldung geschrieben, denn er kehrte nicht nach Zellhausen zurück. Ob es aber der 16. März war, weiß ich natürlich nicht mehr.«
Wir treten vor die Tür, denn es ist ziemlich warm in seinem Geschäft. »Einen Haufen Dauerwellen heute«, fährt Seltner fort, »das steigert noch die Hitze.« Dann kommt er zum Thema zurück. »An Oberfeldwebel Alexander kann ich mich ebenfalls noch gut erinnern. Auch für ihn wurde eine Meldung abgefaßt. Wissen Sie was? Fahren Sie doch mal nach Heidelberg zum G. U. ins ›Schnookeloch‹. Dort erfahren Sie bestimmt mehr.«
Mit G. U. meint Seltner den damaligen Staffelkoch Gustav Unverzagt, der in Heidelberg ein Hotel besitzt, in dem sich außer den zahlreich vorhandenen Studenten ab und zu auch ehemalige Angehörige der II. Gruppe des Jagdgeschwaders 53 treffen.
»Das hatte ich sowieso heute vor«, erwidere ich, »denn ich bin praktisch auf dem Weg nach Heidelberg. Übrigens erhielt ich diesen Hinweis von Rudolf Hocke aus Alpirsbach.«
Das Gesicht des Friseurmeisters hellt sich auf. »Ja, richtig. Hocke! Mensch, den gibt's auch noch?« Dann wird er plötzlich wieder ernst. »Sie müssen entschuldigen, aber ich werde jetzt wieder drinnen gebraucht.«
»Natürlich«, antworte ich. »Wir haben ja soweit alles besprochen. Ich bedanke mich nochmals für Ihre Hilfe.«
»Gern geschehen. Und viel Glück auch weiterhin. Grüßen Sie Unverzagt von mir.«
Unterwegs fange ich wieder zu überlegen an. Würde es denn tatsächlich Zweck haben, den Fall Sulzbach weiter zu verfolgen? Muß das für jemanden, der die ganze Sache ausschließlich allein weiterführt, nicht ein hoffnungsloses Unterfangen sein? Wenige Tage vor unserer Fahrt nach Heidelberg erhielt ich aus Münster einen Brief von Julius Meimberg, dem letzten Kommandeur der II./JG 53. Meimberg waren beide Namen, Alexander und auch Fleischmann, noch in Erinne-

rung, aber er konnte nichts über den Verbleib des gesuchten Unteroffiziers aussagen. Ist es überhaupt Fleischmann, den ich als den in Sulzbach gefallenen Flieger vermute? Auch Werner Harborth, der Gruppengefechtsstandsschreiber und jetzt in Norden in Friesland wohnhaft, konnte mir nichts Näheres über den vermißten Flugzeugführer sagen. »Vielleicht haben wir uns alle zu sehr auf die exakt geführten Geschwaderakten verlassen«, berichtet er mir. »Diese Unterlagen wurden bei Kriegsschluß von uns vergraben, doch sie müssen danach anscheinend in unrechte Hände geraten sein.«

Währenddessen erreichen wir gegen Mittag Heidelberg. Als wir über die Neckarbrücke fahren, wird auch unser fünfjähriger Sohn Frank wieder munter. Weiße Ausflugsdampfer, die vielen Tretboote und überhaupt das ganze bunte Treiben auf dem Wasser wecken sein Interesse. Also suchen wir einen Parkplatz in unmittelbarer Nähe des Neckarufers und setzen uns auf eine Bank. Wir schauen dem Spiel der Wellen zu, verfolgen den Weg der Schiffe, die mit kleinen weißen Schnurrbärten vor dem Bug an uns vorüberziehen, oder beobachten die Enten, die mit ihren Jungen spazierenschwimmen. Die kühle Brise über dem Wasser ist wunderbar erfrischend.

Als nächstes suchen wir Gustav Unverzagt in seinem Hotel »Schnookeloch« in der Haspelgasse auf. Es dauert ein Weilchen, ehe ich ihn zu Gesicht bekomme, denn es ist ja Mittagszeit und er hat in der Küche alle Hände voll zu tun.

Unverzagt legt mir später ein Gästebuch ganz besonderer Art vor. »So alle drei bis fünf Jahre«, berichtet er, »treffen sich hier die Leute von der II./53. Vielleicht können Sie mit dem Buch etwas anfangen.« Und ob ich das kann! Das Gästebuch enthält unzählige Widmungen, Namen und Anschriften von Angehörigen der genannten Gruppe. Wie ich erkenne, findet sich hier tatsächlich alles: Angefangen von den Piloteuren über den Rechnungsführer bis zu den Waffenmixern. Eine bunte Auswahl von Leuten, von denen mir hoffentlich einige weiterhelfen konnten. »Seit Jahren«, erklärt Unverzagt, »war vom

JG 53 allerdings keiner mehr hier. Auch die Adressen stimmen zum größten Teil nicht mehr, aber Sie können es ja einmal versuchen.«

»Kannten Sie einen Unteroffizier Fleischmann?« frage ich ihn. Wir haben inzwischen unsere bestellten Gerichte erhalten und lassen es uns schmecken. »Wirklich großartig!« lobt Waltraud. »Sie kochen ausgezeichnet!«

Unverzagt freut sich. Dann beantwortet er meine Frage: »Fleischmann, Fleischmann — warten Sie mal, der kam doch aus Ludwigshafen. Sein Vater hatte irgendetwas mit der BASF zu tun, soviel ich weiß. Aber sonst kann ich mich nicht mehr an ihn erinnern. Wissen Sie, da tauchten in den letzten Kriegswochen so viele neue Gesichter auf, die man dann auch ebenso schnell wieder aus den Augen verlor. Versetzungen, Verlegungen, Gefallene und Vermißte — das war an der Tagesordnung.«

»Können Sie mir wenigstens sagen, wo der damalige Leutnant Ulbrich zu finden ist?« forsche ich weiter.

»Ulbrich muß irgendwo in Hessen wohnen. Ich glaube in Lorch.«

Die Auswahl an Informationen, die ich aus Heidelberg mitbringe, ist sehr groß, und ich gehe den brauchbaren Hinweisen sofort nach. Jedoch, es scheint sich alles im Kreis zu drehen. Diejenigen Personen, die ich anschreibe, verweisen mich immer wieder an Gustav Unverzagt, waren entweder bei einer anderen Staffel oder können sich überhaupt an nichts mehr erinnern. Und auch aus Lorch trifft die Nachricht ein, daß ein Rudolf Ulbrich dort nicht bekannt und gemeldet ist.

Also wieder nichts. Erst nach mehreren Monaten schreibe ich, einer Eingebung folgend, an die Gemeindeverwaltung von Lorsch in Hessen. Vielleicht hatte ich mich damals nur verhört und Unverzagt meinte Lorsch. Endlich kommt von dort die Antwort: Rudolf Ulbrich war in Lorsch wohnhaft und ist 1953 nach Frankfurt am Main verzogen. Nun habe ich doch wenigstens eine Spur von Ulbrich. Jetzt

dürfte es nicht mehr schwer sein, seine endgültige Anschrift herauszubekommen.
Aber noch einmal wird meine Geduld auf die Probe gestellt. Das Polizeipräsidium der Mainmetropole teilt mir mit, daß der Gesuchte sich seit Juli 1967 nach Bad Soden im Taunus abmeldete. Als ich abends nach Hause kam, überreicht mir Waltraud fast feierlich das genannte Schreiben. Ich lese es durch, doch statt der erwarteten freudigen Reaktion knalle ich meine Tasche in die Ecke. »Da sucht man über ein Jahr lang diesen Mann und dann stellt es sich heraus, daß er nur ein paar Kilometer von einem entfernt sitzt!«
Mein Ausbruch ist natürlich nicht so gemeint, wie er sich wohl angehört haben muß. Er sollte ja auch keineswegs einen Vorwurf gegen irgend jemand bedeuten. Nur eine Feststellung. Eigenartig, wie die Geschehnisse manchmal ablaufen, denke ich.
Fast genau ein Jahr nach der Bergung in Sulzbach stehe ich Ulbrich gegenüber. Ich bin voller Erwartungen, denn nun würde es sich herausstellen, was am 16. März 1945 geschah, würde sich ergeben, wer der gefallene Flugzeugführer sein könnte. So hoffe ich wenigstens. Aber entgegen den 1952 bei der Bergung des Oberfeldwebel Alexander gemachten Aussagen, kann sich Ulbrich an den Unteroffizier Fleischmann nicht mehr erinnern. »Das ist tatsächlich alles schon zu lange her und vergessen. Wenn Sie mich jetzt so direkt danach fragen, fällt mir aber auch gar nichts mehr über die damals Beteiligten ein.«
Ulbrich zündet sich eine Zigarette an und bläst den Rauch nachdenklich in die Luft. »Ich weiß nur noch, daß wir mit acht Messerschmitt flogen und wenig später die tollste Kurbelei im Gange war. Staffelkapitän Seeger und ich kamen als einzige ohne Beschädigungen nach Hause. Wer alles abgeschossen wurde, weiß ich heute nicht mehr. Aber ich werde darüber nachdenken und Ihnen selbstverständlich Bescheid geben.«
Man kann sich vorstellen, daß ich ziemlich enttäuscht bin. Hatte ich

doch alle Hoffnungen auf diesen Mann gesetzt. Wenn er nichts mehr zu berichten weiß, wer sollte es dann außer ihm können? Nun stehe ich wiederum am Anfang meiner Nachforschungen, und langsam kommt es mir zum Bewußtsein, daß der Fall Sulzbach wohl für immer ungeklärt bleiben wird.

Natürlich wende ich mich auch an die BASF in Ludwigshafen. Anhand der dortigen Personalakten läßt sich zwar ein ehemaliger Werksangehöriger namens Fleischmann feststellen, der als Vater des Vermißten in Frage kommen könnte, aber leider ist auch diese Spur falsch. Der Genannte, so erfahre ich anschließend vom Einwohnermeldeamt, hat keinen Sohn gehabt.

Auch die Zentralnachweisstelle des Bundesarchives in Kornelimünster muß bedauern. Stammrollen und Personalunterlagen der II./JG 53, insbesondere die der 7. Staffel, seien unvollständig; der Buchstabe F fehlt ganz, so daß der Name Fleischmann nirgends auftaucht.

Nun bin ich entschlossen, die Suche nach dem vermißten Flugzeugführer aufzugeben. Es geht einfach nicht weiter. Ich weiß nicht, wo ich noch ansetzen könnte, um weitere Spuren zu verfolgen. Bernd Juhnke, der sich wieder einmal über den Verlauf meiner Untersuchungen informieren will, versucht mich zu trösten. »Du solltest Dir auf keinen Fall ein Versagen vorwerfen. Schließlich hast Du ja getan, was Du konntest. Ein anderer macht doch so etwas gar nicht. Vielleicht gibt es doch noch den von Dir immer wieder erwähnten Zufall!«

»Es hat keinen Zweck mehr, Bernd. Ich stehe in einer Sackgasse. Die einzige Chance war für mich der Leutnant Ulbrich.«

Noch einmal fahre ich nach Heidelberg zu Unverzagt. »Ich habe mir in der Zwischenzeit Gedanken gemacht«, sagt er zu mir. »Über Fleischmann, wissen Sie? Der Mann, den ich meinte und der aus Ludwigshafen stammen sollte, hieß Kalbfleisch. Das klingt natürlich ähnlich. Deshalb haben Sie bei der BASF auch kein Glück gehabt.«

»Schnookeloch«-Besitzer Gustav Unverzagt gibt mir noch eine An-

schrift in Hannover. »Das ist der Willi Reese. Von dem wiederum erfahren Sie die Adresse von Unteroffizier Bischof, der als Rechnungsführer bei der II./53 war. Der Mann müßte doch was wissen.«
Ein letzter Versuch also, überlege ich. Falls aber Bischof auch nichts aussagen kann, bin ich mit meinen Nachforschungen unwiderruflich am Ende.
Bischofs Antwort kommt schnell. Ein Unteroffizier Fleischmann ist ihm unbekannt. Aber er schreibt mir, daß die Gruppe am 27. April 1945 in Waalhaupten bei Landsberg (Lech) aufgelöst wurde, wobei man dem dortigen Bürgermeister den Nachlaß der Gefallenen und Vermißten übergeben hatte. Dort müßte vielleicht noch etwas zu erfahren sein.
Auf dem Weg in den lang ersehnten Urlaub, den wir in Garmisch verbringen wollen, fahren wir auch an Landsberg vorbei. Kurz hinter der Stadt biegen wir rechts ab und sichten bald die wenigen Häuser des kleinen Flecken Waalhaupten. Ich finde den alten Bürgermeister, der mich ohne Umschweife in sein Zimmer führt, in dem er auch seine Dienstgeschäfte abzuwickeln pflegt. Aus einem Schrank holt er zwei dicke Brieftaschen hervor, die ihm damals im April 1945 unter anderem übergeben worden sind. »Das ist alles, leider«, sagt er. »Ich hoffe aber, daß es Ihnen bei Ihrer Arbeit nützlich sein kann.«
Erwartungsvoll werfe ich einen Blick in die Ledertaschen. Sie enthalten Fotos und Ausweise von zwei Angehörigen der 7. Staffel des JG 53. In einer steckt sogar ein kompletter Lebenslauf und ein Sparbuch. Was sind das nun für Flieger, überlege ich. Gleich nach dem Urlaub werde ich die Sachen der WASt nach Berlin zur Klärung schicken. Ich bedanke mich bei dem Bürgermeister Starkmann und quittiere den ordnungsgemäßen Empfang des Nachlasses.
Anfang Juli 1968 schreibe ich dem Referat III/Na der WASt, daß die beigefügten Brieftaschen möglicherweise von Fliegern stammen können, die noch vermißt sind. Beide Namen sind bekannt. Ich frage weiter, ob eventuell einer dieser Männer für den am 16. März 1945

Die Grabung nach der am 16. März 1945 bei Sulzbach am Taunus abgestürzten deutschen Jagdmaschine stellte sich als besonders schwierig heraus. Ungünstige Bodenverhältnisse und Grundwasser ließen eine komplette Bergung nicht zu. Der Spezialist des VDK zieht ein Blech der Tragflächenverkleidung aus dem Greifer.

Sprengmeister Hildebrandt setzt die Förstersonde ein, um weitere Metallteile der abgestürzten Maschine orten zu können.

Der untere Teil des Leitwerkes der über Sulzbach abgeschossenen Messerschmitt Bf 109 G–14 wird untersucht.

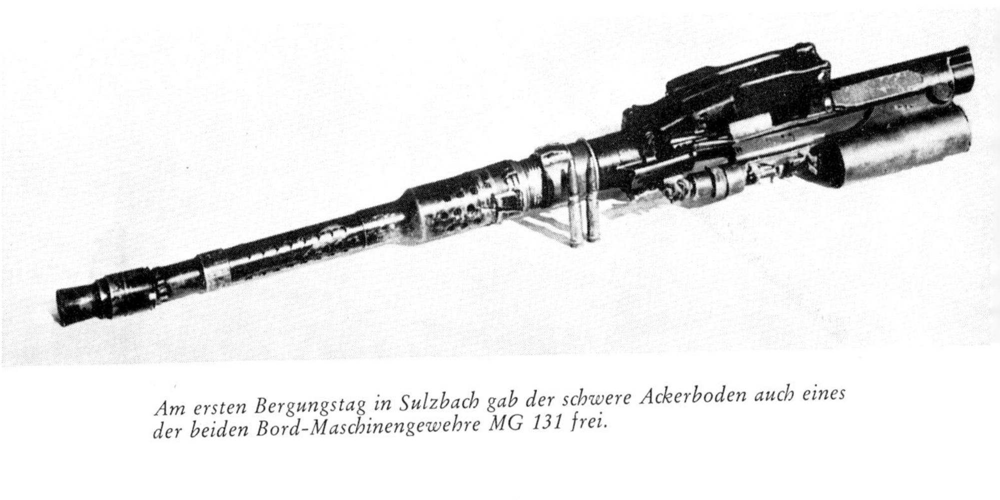

Am ersten Bergungstag in Sulzbach gab der schwere Ackerboden auch eines der beiden Bord-Maschinengewehre MG 131 frei.

gefallenen Flugzeugführer in Frage käme, da ich nicht weiß, ob die Schicksale der beiden nicht doch schon aufgeklärt sind.
Kurz darauf bedankt sich das Nachlaß-Referat für die Übersendung der Brieftaschen und teilt mir mit, daß beide Flieger tatsächlich der 7./JG 53 angehörten und beide bereits im Januar 1945 gefallen sind.
Damit zerschlägt sich auch die letzte Hoffnung, die ich noch hatte, den Fall Sulzbach aufzuhellen. Ein junger Flugzeugführer hat hier zum Schluß des Krieges noch sein Leben lassen müssen. Seinen Namen werden wir wohl nie erfahren. Als vorläufig unbekannter Flieger hat er nun auf dem Frankfurter Hauptfriedhof eine zweite und letzte Ruhestätte gefunden.

ÜBER DEN LECHTALER ALPEN ABGESCHOSSEN

Mit den in der ersten Hälfte des Entscheidungsjahres 1944 aufgestellten Sturmgruppen der Reichsverteidigung hat die Tagjagd noch einmal die Möglichkeit in die Hand bekommen, den zunehmenden Einflügen alliierter Bomberverbände über Deutschland wirkungsvoll entgegentreten zu können. Nicht selten genug kommt es dabei zu größeren Luftschlachten, in deren Verlauf eine beachtliche Anzahl gegnerischer Viermotoriger diesen deutschen Sturmstaffeln zum Opfer fallen.

Immerhin ist es schon selten geworden, einen größeren geschlossenen Verband deutscher Jagdflugzeuge am Himmel entlangziehen zu sehen, und deshalb bieten die Keilformationen der Sturmjäger gerade zu diesem Zeitpunkt wieder einen eindrucksvollen Anblick. Die eigentlichen Angriffsstaffeln sind mit der gepanzerten FW 190 A–8/R2 und R8 ausgerüstet; eine weitere Staffel fliegt die Bf 109 mit Höhenlader. Die Messerschmitt übernehmen den Höhenschutz und haben die Aufgabe, die Meute der gegnerischen Begleitjäger aufzuhalten, damit die Focke-Wulf ungehindert bis zu den Bombern vordringen können.

Ihre ersten Erfolge erzielen die neugeformten Sturmeinheiten am 7. Juli 1944 in der sogenannten Blitzluftschlacht von Oschersleben. Aus dem oberfränkischen Raum heraus dringen die deutschen Jagdmaschinen in Richtung Harz vor, wo sie dann in der Nähe von

Oschersleben auf die Bomberarmada des Gegners stoßen und innerhalb kürzester Zeit fast ein ganzes Geschwader amerikanischer Liberator aufreiben.

Aufgrund der Anfangserfolge entstehen im Laufe der nächsten Zeit weitere Sturmgruppen, die dem von Major Dahl geführten JG 300 unterstellt werden. Seit April führt Hauptmann Moritz die IV. Gruppe des JG 3, die ab Juni als Sturmgruppe eingesetzt wird und die jetzt — im Sommer — bereits schon ziemlich abgeflogen ist. Denn auch die Ausfälle an Flugzeugführern steigen beachtlich an. Nicht zuletzt ist der Verlust zahlreicher eigener Maschinen die Folge einer jetzt oft praktizierten Angriffstechnik, bei der gegnerische Bomber durch Rammen zum Absturz gebracht werden.

Mit ihren drei Staffeln verlegt die IV./Sturm/JG 3 am 18. Juli 1944 von Illesheim und Ansbach nach Schongau, um von dort aus die von Italien einfliegende 15. Luftflotte der Amerikaner zu bekämpfen.

Während und nach der Invasion ließen die Luftangriffe auf Deutschland merklich nach oder wurden sogar gänzlich eingestellt, da das Kampfgeschehen an der Normandiefront den Einsatz aller Luftflotten des Gegners zur taktischen Unterstützung der Landungstruppen erforderte. Jetzt aber haben die Alliierten auf dem französischen Festland Fuß gefaßt und stoßen zügig in Richtung Caen und Avranches vor. Von diesem Augenblick an setzen die amerikanischen Bomberverbände ihre Tagesangriffe gegen Ziele im Reich wieder fort, woran sich nun auch die in Italien stationierte 15. Luftflotte in zunehmendem Maße beteiligt.

Am 3. August 1944 greifen die Amerikaner Friedrichshafen und Kempten an. Die 7. Jagddivision hat bereits am Morgen Meldungen über einen Südeinflug starker feindlicher Kampfverbände durchgegeben, und um 10.35 Uhr heißt es: »Alarmstart für den Gefechtsverband der IV./Sturm/JG 3!«

In Schongau starten die Focke-Wulf der 10., 11. und 12. Staffel quer über den Platz, ohne Rücksicht auf die Windrichtung. Feldwebel

Unger führt die 12. in Stärke eines Schwarmes. Mit ihm fliegen die Unteroffiziere Christ, Scholz und Zimkeit.
»Aufschließen!« kommt der Befehl des Verbandsführers.
Sogleich nehmen die Jagdmaschinen Kurs auf die Alpen, während gleichzeitig Dutzende von Augenpaaren den Himmel über den Bergen nach dem Gegner absuchen. Die Deutschen steigen jetzt.
Inzwischen befinden sich die Amerikaner wieder auf dem Rückflug. Um 11.30 Uhr hat der Gefechtsverband Feindsichtung. »Da sind sie!« Zehn Minuten später setzt die Sturmgruppe aus etwa 6500 Meter Höhe zum Angriff an. Plötzlich hat die nervenaufreibende Unruhe ein Ende; jetzt konzentrieren sich die Flugzeugführer auf die dicken Bomberkolosse dort vorn.
Ungers Schwarm fliegt von hinten an, und während sich der Großteil des Gefechtsverbandes auf einen größeren Pulk stürzt, setzt Feldwebel Unger seine Maschinen auf eine aus neun Liberator bestehende Formation an.
Nördlich des Plansees beginnen die Luftkämpfe. Die Focke-Wulf kurven ein; die erste Maschine reißt so stark herum, daß an den Flächenspitzen ein dicker Kondens entsteht. Fast mechanisch erfolgen die notwendigen Handgriffe: Waffenhebel umkippen, Gas bis zum Anschlag hinein. Die Konturen der Viermotorigen füllen bereits die Reflexvisiere aus. Dann scheint die Hölle loszubrechen.
Aus 500 Metern eröffnet Unger das Feuer auf die Führungsmaschine der letzten Kette. Nach wenigen Garben fällt die Liberator brennend aus dem Pulk. Unger hat insgesamt nur 95 Schuß aus seinen vier Bord-Maschinengewehren abgegeben.
Es kommt jetzt zu anhaltenden, zähen Luftgefechten, die sich, durch die Flugrichtung des Gegners bedingt, immer weiter nach Südosten ausdehnen. Während die Deutschen Angriff auf Angriff fliegen, sprüht ihnen aus den 13-mm-Kanonen der B–24 heftiges Abwehrfeuer entgegen. Ein Flugzeugführer der 11. Staffel muß aussteigen. Langsam pendelt er am Schirm nieder.

Die Luftkämpfe spielen sich nun über den Lechtaler Alpen ab. Im selben Angriff auf die drei hintereinander fliegenden Liberator-Ketten gelingt es Feldwebel Unger, den linken in der ersten Kette fliegenden Bomber abzuschießen. Das ist sein zweiter Luftsieg in diesem Einsatz. Beide Innenmotore und der rechte Außenmotor der B–24 brennen. Einzelteile von Fläche, Rumpf, Motoren und Leitwerk wirbeln durch die Luft, ehe das gegnerische Kampfflugzeug zu trudeln anfängt. Mit dunkler Fahne stürzt der Bomber ab und schlägt, wie die erste Liberator, bei Lermoos auf.

Aber der Heckschütze der todwunden amerikanischen Maschine hat sich tapfer gewehrt. Ungers Focke-Wulf erhält Treffer in Öltank und Motor. Südlich von Reutte, in 4000 Meter Höhe, sieht sich der Feldwebel gezwungen, auszusteigen. Ein- bis zweihundert Meter läßt er sich durchfallen, ehe er den Schirm öffnet.

Nach unendlich lang erscheinenden Minuten kommt Unger auf dem unwegsamen Gebiet des Knittelkars herunter und ist froh, den Absprung ohne Verletzungen überstanden zu haben. Oben dröhnen immer noch die Motoren der Bomber und die der am Gegner sitzenden deutschen Maschinen. Irgendwo stürzt noch ein weiteres Jagdflugzeug zur Erde, aber es ist unmöglich, den Aufschlagort zu lokalisieren.

Mühsam versucht Unger, sich im Gelände zurechtzufinden. Aber schließlich muß er ja irgendwie ins Tal hinunterkommen. Er weiß nicht, wieviel Stunden er brauchte, um doch noch einigermaßen heil vom Knittelkar herabzusteigen. Er hätte es vielleicht gar nicht geschafft, wenn nicht der Förster Kuhn auf ihn gestoßen wäre. Man hatte den Absprung beobachtet und schon nach dem Flieger gesucht.

Kuhn erkennt an dem erschöpften Mann die Uniform eines Luftwaffenpiloten. Also ist es der Deutsche, der da oben auf dem Berg unfreiwillig landen mußte. »Kommen Sie, ich bringe Sie mit einem Fuhrwerk nach Reutte!« erklärt er dem Flieger.

Auf dem Weg dorthin sieht Unger zwischen Ehenbichl und Reutte

rechts am Waldrand und unweit der Straße das noch schwelende Wrack einer Maschine seiner Staffel. Das Gelände ist von Polizei abgesperrt. Als Unger halten läßt und sich dem Absturzort nähert, wollen ihn die Beamten nicht durchlassen. Erst als er den Sachverhalt aufklärt, kann er das Wrack besichtigen. »Der Pilot ist verbrannt!« hört er einen der Polizisten sagen. Doch der Feldwebel stellt bei seiner Untersuchung fest, daß der Flugzeugführer beim Aufschlag nicht mehr in der Maschine gewesen sein konnte. Ja, er ist sogar der Meinung, daß es sich um seine eigene Focke-Wulf handelt.
Unterdessen kehren die Maschinen der IV./Sturm/JG 3 wieder zurück und landen in Schongau. Die Bilanz des Einsatzfluges ist schnell gezogen. Hauptmann Moritz verzeichnet zwei vermißte Flugzeugführer von der 10. sowie einen Vermißten und einen Fallschirmabsprung bei der 11. Staffel. Die 12. hat sogar drei Vermißte, darunter Feldwebel Unger. Dem gegenüber steht der sichere Abschuß von vier Liberator.
Von der 12. Staffel, die mit einem Schwarm zu vier Maschinen gestartet war, meldet sich nur der Unteroffizier Christ zurück. Er war in Kaufbeuren gelandet. Auch Unger trifft bald danach wohlbehalten wieder bei seiner Einheit ein. Wo aber sind Unteroffizier Scholz und Unteroffizier Zimkeit?
Während des Luftkampfes blieb kaum Zeit, die Kameraden ständig zu beobachten. Wohl sind mehrere Abstürze gesehen worden, aber man weiß nicht, wo und in welcher Gegend. Unger kann nicht wissen, daß die von ihm bezeichnete Maschine doch nicht die eigene war. Erst nach dem Krieg, im Sommer 1945, wird sich dieser Irrtum aufklären.

Das große Jagdfliegertreffen in Fürstenfeldbruck Anfang Oktober 1967, auf dem sich ehemalige Piloteure aus allen Teilen der Bundesrepublik und auch aus dem Ausland zusammenfinden, soll für jeden, der daran teilnimmt, zu einem unvergeßlichen Erlebnis werden.

Grund genug für mich, zunächst nach München zu fahren, um nach langer Zeit wieder einmal mit Hans Ring zusammensitzen und dann später auf dem Treffen dabei sein zu können. Bei dieser Gelegenheit kann ich Ring auch endlich die von mir nach seinen Unterlagen bearbeitete Geschwadergeschichte des JG 27 überreichen.

Auf dem von der Gemeinschaft der Jagdflieger organisierten Treffen sehe ich Kurt Ebener wieder, den ich ja in Sulzbach während der Bergung kennenlernte. »Hallo!« ruft er. »Fein, Sie wiederzusehen. Kommen Sie, ich mache Sie mit einigen Leuten bekannt!«

Im Verlauf des geselligen Abends, der im Unteroffizier-Kasino des Fliegerhorstes Fürstenfeldbruck stattfindet, erfahre ich durch Zufall von dem abenteuerlichen Fallschirmabsprung des Feldwebels Unger. Und auch davon, daß auf dem österreichischen Soldatenfriedhof Pflach bei Reutte ein deutscher Flieger ruhen soll.

Unser Urlaub wird also um einen Abstecher nach Tirol bereichert werden, denke ich. Waltraud, der ich diese Informationen schonend mitteile, ahnt gleich, was ich damit ausdrücken will. »Wann fahren wir nach Reutte?« fragt sie sofort.

»Erst zum Ammersee!« kommt meine Antwort, und ich füge schnell hinzu: »Schließlich sollten wir uns auch einmal an dieser schönen Landschaft hier erfreuen, zumal wir ja nun wirklich nicht sehr oft aus unserem Bau herauskommen.«

Trotz aller Toleranz und Einsicht, die Waltraud meiner ausgefallenen Nebentätigkeit immer wieder in bewundernswerter Weise entgegenbringt, kommt doch hin und wieder ein Zeitpunkt, an dem sie verständlicherweise einmal zu meutern anfängt, wenn ich mich mit irgendeinem Fall gar zu intensiv beschäftige. Deshalb versuche ich auch jetzt wieder, die Sache mit Tirol ein wenig in den Hintergrund zu schieben, damit wir gemeinsam die paar schönen Tage in Bayern wirklich ungestört und fern aller äußerlichen Einflüsse genießen können. Jedoch spätestens in Herrsching bin ich bereits so weit, daß mir das Wissen um den Flieger bei Reutte keine Ruhe mehr läßt.

Am 11. Oktober fahren wir über Lermoos durch herrliche Täler der österreichischen Kreisstadt Reutte entgegen. Es geht ein Stück die Stadt hinein, bis wir links den Wegweiser nach Ehenbichl entdecken. In Ehenbichl halte ich und frage nach dem Förster Kuhn. »Sie müssen bis nach Rieden fahren«, antwortet man mir. »Dort fragen Sie am besten halt noch mal.«

Weiter geht's. Ich bin ganz aufgeregt und verfranze mich auch prompt. Doch schließlich haben wir das Dorf vor uns. Wieder fragen wir uns durch, bis wir dann endlich vor einem weißen Bauernhaus stehen, in dem der Förster wohnen soll. Wir haben Glück, denn Kuhn kommt gerade von einem Streifzug durch die Wälder zurück.

»Unger hat mich vor etwa drei Jahren aufgesucht«, berichtet er. »Wir waren noch einmal oben, um nach den Resten seiner Maschine zu sehen.« Kuhn deutet auf die Berggruppe im Hintergrund. »Es war eine schwierige Sache, damals im Sommer 1944. Ich holte den Flieger vom Knittelkar und brachte ihn nach Reutte.«

Dann erzählt uns Förster Kuhn alles noch einmal ausführlich. Vor allem interessiere ich mich für den gefallenen Flieger, der auf dem Friedhof von Pflach ruht. Auch hierüber weiß Kuhn einiges zu berichten, und seine Schilderungen ergeben ein Bild von den Ereignissen, die sich dem Luftkampf an jenem 3. August 1944 angeschlossen haben.

Im Sommer 1945, ein paar Monate nach Beendigung des Krieges, sind die Trümmer der unter der »Weißen Wand« bei Ehenbichl zerschellten Focke-Wulf, die angeblich Feldwebel Ungers Maschine gewesen sein soll, längst abgeräumt und verschrottet. Hinweise, daß sich der Pilot noch im Wrack befand, gab es schon damals am Absturztag nicht, zumal auch Unger immer wieder aussagte, es sei seine »190« gewesen. Also war der Fall erledigt. Doch am 16. August 1945, fast genau ein Jahr nach dem besagten Einsatz über den Lechtaler Alpen, findet man etwa 200 Meter von der Absturzstelle entfernt die sterblichen Überreste eines deutschen Fliegers, und ein halbes

Jahr darauf stößt Förster Kuhn im unwegsamen Gebiet des Knittelkars auf Wrackteile der Maschine, mit der Feldwebel Unger abgeschossen wurde.

Der Versuch, Namen oder Herkunft des bei Ehenbichl aufgefundenen Toten zu erfahren, schlägt zunächst fehl, denn natürlich ist nach über zwölf Monaten kaum noch etwas vorhanden, was zu einer Identifizierung hätte führen können. In dem ebenfalls aufgefundenen und zerfledderten Soldbuch läßt sich nur schwach die Angabe ». . . Kurland« entziffern. Das ist alles. Der Gefallene wird in Breitenwang bestattet und später auf dem kleinen Soldatenfriedhof in Pflach umgebettet.

Hier ruht er als »Unbekannter Flieger«, bis 1965 die WASt in Berlin anhand der Verlustmeldungen der IV./Sturm/JG 3 und durch die Ortsangabe »Kurland« das Schicksal des vermißten Flugzeugführers klären kann. Es ist der Unteroffizier Zimkeit aus Ostpreußen, der am 3. August 1944 in Ungers Schwarm flog und der kurz nach dem Absprung des Schwarmführers ebenfalls abgeschossen worden sein mußte. —

Förster Kuhn hat seine Geschichte beendet und schaut nun nachdenklich auf die Berge, ehe er sich dann an mich wendet: »Falls Sie einmal mit Unger zusammentreffen sollten, bestellen Sie ihm viele Grüße von mir. Es würde mich riesig freuen, wenn er noch einmal herkommen könnte, um mich zu besuchen.«

Danach verabschieden wir uns wieder. Es ist schon ziemlich spät geworden, und ich habe noch vor, Zimkeits Grab in Pflach aufzusuchen. Rasch fahren wir zurück nach Reutte. Etwa zwei Kilometer hinter der Stadt, an der Straße nach Füssen, tauchen die ersten Häuser der Gemeinde Pflach auf, und eine Viertelstunde später stehen wir vor dem gesuchten Grab.

Der Friedhof liegt an einem Waldstück außerhalb des Ortes und ist von Tannen umgeben. Hier haben die Toten, darunter viele deutsche Soldaten, die noch in den letzten Kriegstagen gefallen sind, weit ab

vom Lärm der Straßen und von absoluter Stille umgeben auf einem wirklich herrlichen Flecken Erde ihre letzte Ruhe gefunden.
Langsam gehen wir über die sauber angelegten Kieswege und lesen die Namenstafeln an den gitterverzierten Grabkreuzen. Doch dann stutze ich. In der ersten Reihe, gleich neben der weißen Kapelle und hinter dem Grab von Unteroffizier Zimkeit, steht ein Kreuz und die Tafel mit der Inschrift: Flieger, UNBEKANNT, gefallen 3. 8. 44.
»Schau mal, hier!« Ich deute auf die Grabstätte vor mir. Waltraud kommt näher. Sie liest und scheint ebenso überrascht zu sein wie ich.
»Das ist ja merkwürdig!« sagt sie.

Wieder einmal bemühe ich die WASt und bitte um die Verlustlisten der IV./Sturm/JG 3 vom 3. August 1944. Schon nach kurzer Zeit erhalte ich die gewünschten Kopien. Längst bin ich bei der WASt bekannt; man weiß dort, daß ich mich um die Aufklärung von Vermißtenschicksalen bemühe, und da die Berliner Dienststelle die oft wertvollen Hinweise und den persönlichen Einsatz sehr zu schätzen weiß, ist sie auch stets bereit, mir ihrerseits jede Hilfe zuzusagen.
Wie ich aus den erhaltenen Truppenmeldungen entnehme, gelten von der IV. Sturmgruppe des JG 3 fünf Flugzeugführer als vermißt. Unter ihnen der Unteroffizier Zimkeit, über dessen Verbleib ich ja inzwischen berichtet habe. Demnach werden noch vier Angehörige dieser Gruppe gesucht. Vier Mann, die alle am 3. August abgeschossen wurden oder die irgendwo in den Alpen notgelandet und seitdem verschollen sind. Einer dieser Flugzeugführer dürfte der in Pflach ruhende unbekannte Flieger sein. Wenn es jemand aus Ungers Schwarm, also von der 12. Staffel ist, dann käme dafür nur der vermißte Unteroffizier Scholz in Frage.
Eines Tages erhalte ich einen Brief von Willi Unger. Er hat den Anfang Februar 1968 im »Jägerblatt« abgedruckten Bericht über meine Vermißtenarbeit gelesen, in dem ich im Zusammenhang mit dem Fall Reutte auch die Namen der damals nicht zurückgekehrten

Piloten erwähnte. Unger, der jetzt in Warstein (Westfalen) lebt und sich in Oeventrop als Segelfluglehrer betätigt, macht in seinem Schreiben eine sehr interessante Aussage. Auch er erfuhr bei seinem ersten Besuch in Reutte von der Auffindung des Unteroffiziers Zimkeit: »Jahrelang waren mir die zwei noch vermißten Kameraden namentlich noch in Erinnerung. Aber jetzt, nach zwanzig Jahren, konnte ich mit Bestimmtheit die Namen nicht mehr nennen. Nun lese ich in Ihrem Bericht bei den am 3. 8. 44 vermißten Leuten den Namen Unteroffizier Scholz. Ich wurde sofort stutzig und möchte jetzt mit Sicherheit behaupten, daß der unbekannte Flieger in Pflach dieser Unteroffizier Scholz ist.«

Nachdem ich der WASt eine entsprechende Mitteilung gemacht habe, damit sie die Unterlagen über den Unteroffizier Scholz eventuell noch einmal näher unter die Lupe nehmen kann, sage ich zu Waltraud: »Bei der nächsten Gelegenheit müssen wir noch einmal nach Reutte fahren.«

Diese Gelegenheit kommt bald, denn wieder führt uns der Weg in den Urlaub in Richtung Süden.

»Du solltest den Antrag stellen, das alles hauptamtlich machen zu können«, meint Waltraud scherzhaft, aber sie erwähnt damit eine Sache, an die ich selber schon so oft gedacht habe.

»Wäre natürlich fabelhaft«, erwidere ich. »Man hätte mehr Zeit für diese Dinge und könnte vielleicht viel mehr erreichen.«

»Und die Nachforschungen wären sicherlich nicht so langwierig.«

»Natürlich«, pflichte ich bei, »aber es bleibt eben doch nur ein Wunschtraum.«

In Reutte angekommen, müssen wir eine geraume Zeit damit verbringen, einen Parkplatz zu suchen, denn die Stadt scheint eine wahre Touristeninvasion erlebt zu haben. Ich wende mich an die Gemeindeverwaltung, wo ich auch gleich an den richtigen Mann gerate, der für die Kriegsgräber in Pflach zuständig ist. Der Standesbeamte

Schmitzer holt einen alten Aktenbund herbei, blättert vor und zurück, bis er die gesuchten Eintragungen gefunden zu haben scheint.
»Sehen Sie, hier«, wendet er sich dann an mich. »Die Angaben sind leider nicht vollständig: Unbekannter Flieger, soll am 3. August 1944 im Raum Ehenbichl gefallen sein, wurde in Breitenwang bestattet — wie Zimkeit übrigens auch — mit der Grabnummer III/113 und wurde später nach Pflach überführt.«
»Was ist das für eine Nummer?« frage ich, denn auf dem Blatt entdeckte ich einige Zahlen in einer Zusammenstellung, die auch bei Erkennungsmarken-Nummern üblich sind.
»Höchstwahrscheinlich wird das auch die Erkennungsmarke sein«, entgegnet der österreichische Beamte. »450/80517 A. Die Marke soll, soviel ich gehört habe, damals beim Rückzug einem deutschen Offizier mitgegeben worden sein. Vermutlich ist sie aber wieder verlorengegangen.«
Nach der Rückkehr aus Reutte sehe ich in unserem Urlaubsquartier sofort die Verlustlisten durch. Jedoch muß ich die Hoffnung und die Vermutung, jetzt den Unteroffizier Scholz gefunden zu haben, plötzlich begraben. Mit einem Schlag fallen sämtliche Vorstellungen über die möglichen Zusammenhänge wie ein Kartenhaus in sich zusammen: Die angegebene Nummer stimmt nicht mit der in der Verlustmeldung überein, und auch für einen anderen Angehörigen der IV./Sturm/JG 3 trifft sie nicht zu.
Auf alle Fälle teile ich der WASt die genannte Nummer mit, frage aber gleichzeitig an, ob es sich nicht eventuell um eine Nummer handeln könne, die irgendwie noch einen anderen Zusammenhang mit dem Vermißten herstellt. Außerdem erwähne ich das Schreiben Ungers und dessen Versicherung, daß der Flieger in Pflach eben doch der Unteroffizier Scholz sein könnte.
Während ich mir den gesamten Komplex Reutte durch den Kopf gehen lasse, wächst das Gefühl, daß hier irgend etwas nicht stimmt. Auch Willi Unger teilt diese Meinung. Auf dem Friedhof Pflach

ruhen unter anderem auch eine Anzahl deutscher Soldaten, die alle in den letzten Kriegswochen im April und Mai 1945 beim Rückzug im dortigen Gebiet gefallen sind. Darunter einige, deren Namen nicht bekannt sind und die als »Unbekannter Soldat« ihr Grab in Pflach erhalten haben.
Liegt hier möglicherweise eine Verwechslung vor? Gehört die besagte Erkennungsmarke, die dem als am 3. August 1944 gefallenen Flieger zugeschrieben wurde, vielleicht doch zu einem der im April ums Leben gekommenen Soldaten? Und warum weiß kein Mensch mehr etwas über den Unteroffizier der Luftwaffe Bescheid, der eine Gräberreihe vor Zimkeit liegt?
Das Schicksal des vermißten Flugzeugführers konnte unter den genannten Umständen und aufgrund der sich widersprechenden Nummernangaben bis zu diesem Zeitpunkt noch nicht aufgeklärt werden.

Ein weiteres Jahr geht vorüber. In einer ruhigen Stunde nehme ich mir wieder einmal die »Akte Reutte« vor und lese die zu einem umfangreichen Bündel gewordenen Schriftstücke. Meine letzte Frage, ob sich zwischen der Erkennungsmarken-Nummer und dem Grab des unbekannten Fliegers nicht doch ein Zusammenhang erkennen läßt, hatte das Amt Reutte für meine Begriffe nicht erschöpfend genug beantwortet. Vielleicht bestand aber auch keine Möglichkeit, genauere Auskünfte zu geben. Ja, die österreichischen Beamten sprachen dann sogar selbst die Vermutung aus, daß es sich bei dem noch Unbekannten in Pflach gar nicht um einen Flieger handelt.
Ich werde plötzlich einen bestimmten Verdacht nicht los. Den Verdacht nämlich, daß man damals aus einem jetzt noch nicht erkennbaren Grund für den Uffz. Zimkeit z w e i Gräber angefertigt hatte, möglicherweise bei der Umbettung.
Nach langer Pause erhalte ich im Juni 1969 wieder einen Brief von Willi Unger. Waltraud zeigt mir abends die beiden mit Schreibmaschine bedruckten Seiten und meint kopfschüttelnd: »Dein Verdacht

hat sich bestätigt. Das alles ist ja eine mehr als merkwürdige Geschichte. Aber hier, lies selbst!«

Mit dieser Aufforderung übergibt sie mir das Schreiben. Auch Unger hatte sich während seines Urlaubes wiederholt in Reutte umgesehen, um etwas über seinen Staffelkameraden Uffz. Scholz zu erfahren. Bei seinem letzten Besuch in Ehenbichl konnte er nun eine erstaunliche Feststellung machen. Hier ein Teil seiner Ausführungen:

». . . besuchte ich Herrn Bairer und habe ihn unseren Schriftwechsel einsehen lassen. Herr Magnus Bairer hatte im April 1945 die Leiche eines unbekannten Soldaten in der ›Weißen Wand‹ gefunden. Er meldete den Fall sofort den Behörden, die auch die Bestattung vornehmen ließen. Zu dieser Zeit war es sehr heiß. Die Leichenteile wurden von zwei oder drei Männern mit einer Zeltplane ins Tal getragen. Diese Personen hatten angeblich eine Flasche Schnaps bei sich, was bei dem starken Leichengeruch verständlich war. Die Überreste wurden dann bei Reutte als ›Unbekannter Soldat‹ beigesetzt und später nach Pflach überführt.«

Und nun kommt das Kuriose an diesem Fall. Um den 20. August 1945, so schreibt Unger weiter, haben zwei Männer wiederum an der »Weißen Wand« Leichenteile sowie ein Soldbuch gefunden. Diese Teile wurden in einem Sarg beigesetzt. Die Vermutung geht nun dahin, daß die Männer, welche die im April aufgefundenen Teile transportierten, aufgrund von Alkoholgenuß nicht alle Überreste ins Tal gebracht haben. Das später gefundene Soldbuch gehörte aber einwandfrei dem Uffz. Zimkeit.

Im Frühjahr 1969 meldet sich Herr Wilhelm Minnaert aus Hamburg, der meine Berichte über den Fall Reutte im »Jägerblatt« gelesen und auch mit Willi Unger schon des öfteren über diese Angelegenheit gesprochen hatte. Minnaert, ehemaliger Angehöriger der IV. Sturm/JG 3, befindet sich zur Zeit im Odenwald zur Kur und fragt mich, ob wir uns nicht einmal treffen und das Geschehen über den Lechtaler Alpen in Ruhe rekonstruieren könnten.

An einem Sonnabend sitze ich dann in einem kleinen, netten Hotel in Bad König Herrn Minnaert gegenüber. Wir haben uns Kaffee bestellt. Wenig später erfahre ich, daß Minnaert damals zu einem Bergdorf hinbeordert wurde, um zwei gefallene Flieger zu identifizieren. Einer dieser Toten war namentlich bekannt, gehörte jedoch scheinbar nicht zu Ungers Staffel, also der 12./JG 3. Von dem anderen bekam er lediglich ein paar verbrannte Hautfetzen und einen Armknochen zu sehen.

Minnaert nimmt einen Schluck Kaffee und setzt die Tasse bedächtig wieder hin. »Es war unmöglich, anhand der wenigen, noch dazu arg verkohlten Teile zu sagen, wer dieser Tote war. Ich weiß nur noch, daß beide anschließend beerdigt wurden. Der eine unter seinem Namen, den ich nicht mehr weiß, der andere als unbekannter Flieger.«

»Wie hieß denn das Bergdorf?« will ich wissen und entfalte die mitgebrachte Karte des Gebietes um Reutte.

»Auch das ist mir entfallen«, erwidert Minnaert. »Es ist halt alles schon zu lange her. Ich weiß nur, daß wir an einer kleinen weißen, erhöht gelegenen Kapelle standen.«

Gemeinsam studieren wir die Landkarte, doch auch das hilft nicht, die Erinnerungen an den Namen des Ortes bei meinem Gegenüber wachzurufen. »Nun, so werde ich genug Arbeit haben, wenn wir im Sommer wieder nach Süden fahren.« Ich falte die Karte wieder zusammen und mache mir anschließend ein paar Notizen.

Im August 1969 ist es das drittemal, daß wir die kleine Grenzstation Griesen zwischen Garmisch-Partenkirchen und Ehrwald passieren. Ein warmer Tag hat sich angekündigt, so daß wir beabsichtigen, auch einen Abstecher an den Plansee zu machen. »Die Grenzer müßten uns doch eigentlich bald kennen«, höre ich Waltraud neben mir sagen.

»Ja, aber ich glaube nicht, daß es jedes Jahr dieselben sind.«

Auch unser Sohn Frank scheint sich hier schon auszukennen. »Da ist wieder die Flagge, Papi«, ruft er. »Rot-Weiß-Rot, jetzt sind wir in

Österreich, stimmt's?« Der kleine Kerl weiß noch nichts von meinen ausgefallenen Recherchen, außer der Tatsache, daß ich in Sulzbach einmal ein »Flugzeug ausgebuddelt« habe. Es wäre auch nicht der Zeitpunkt, ihn mit den Hintergründen einer derartigen Sucharbeit zu belasten. Er wird es noch früh genug erfahren.

Schon in Ehrwald erhalte ich die ersten Hinweise: Ein Flugzeugabsturz mit Fallschirmabsprung am 3. 8. 44 auf dem Kohlberg und ein weiterer Absturz auf dem Siebenbrand bei Lermoos. Im ersten Fall handelt es sich, wie ich feststelle, um den Uffz. Siegfried Küttner, der verwundet in das Luftwaffenlazarett in Ehrwald eingeliefert wurde. Die zweite Maschine war die von Lt. Pissot, den man später in seine Heimatstadt Heilbronn überführte. Die genauen Absturzstellen der amerikanischen B–24 »Liberator«, von denen zwei auf das Konto von Fw. Unger gingen, kann mir der Kohlenhändler Nickmann aus Ehrwald nennen. Er hatte den Luftkampf beobachtet und sah auch die viermotorigen Bomber abstürzen. Eine »Liberator« kam genau über Lermoos herunter, die Trümmer lagen direkt vor dem Hotel »Drei Mohren«.

Die weiteren Gemeinden auf dem Weg in Richtung Reutte hatten zwar in ihren Chroniken den Luftkampf des 3. August beschrieben, jedoch keine Flugzeugabstürze in ihrer Umgebung verzeichnet.

Schließlich halten wir vor der Polizeistation von Bichelbach. Der diensthabende Beamte kann mir keine Auskünfte auf meine speziellen Fragen geben, verweist mich aber an den Bürgermeister des Ortes. Ich lasse meine durstgepeinigte Familie in einem kleinen Gartenlokal zurück und begebe mich zu dem Haus des Gemeindevorstandes. Während ich mich vorstelle, klingelt das Telefon. Der Bürgermeister hebt ab, sieht mich an und sagt dann: »Auf der Polizei hat man etwas gefunden, was Sie interessieren könnte. Sie möchten doch noch einmal vorbeikommen.«

Also denselben Weg wieder zurück. Ich sehe ein dickes, aufgeschlagenes Buch auf dem Tisch des Beamten liegen. »Hier haben wir etwas

Messerschmitt Bf 109 G–10
Ofw. Heinrich Bartels (15./JG 27)
gefallen am 23. 12. 1944
Villip bei Bad Godesberg

Focke-Wulf FW 190 D–9
Uffz. Ewald Kamman (3./JG 2)
gefallen am 25. 2. 1945
Groß-Umstadt

Focke-Wulf FW 190 A–8
Fw. Harrys Klints (2./JG 1)
gefallen am 1. 1. 1945
Zwynaarde bei Gent

Messerschmitt Bf 109 G–14
Ofw. Helmut Alexander (7./JG 53)
gefallen am 16. 3. 1945
Sulzbach (Taunus)

für Sie«, meint der Polizist. »Eben noch gefunden«, fügt er fast entschuldigend hinzu.
Dann liest er aus der Bichelbacher Chronik vor, daß über der nur zwei oder drei Kilometer entfernten Gemeinde Berwang am 3. 8. 44 zwei deutsche Jagdmaschinen abgeschossen wurden. Die Flugzeugführer waren bis zur Unkenntlichkeit verbrannt. »Bei dem einen fand man das Soldbuch: Es handelt sich um den Feldwebel Wilhelm Schröder, der eine Focke-Wulf geflogen haben soll. Vom anderen fand man nur den Teil eines Armes und ein paar Hautfetzen bei der Absturzstelle. Der Name dieses Fliegers ist unbekannt.«
Ich bedanke mich und eile wieder hinaus. »Auf nach Berwang!« rufe ich Waltraud zu. »Habt ihr ausgetrunken?«
Wenig später kommt Berwang in Sicht. Plötzlich zucke ich zusammen, als mein Blick links auf die Anhöhen gleich hinter dem Ort fällt. Da ist die kleine weiße Kapelle! Es muß einfach jenes Kirchlein sein, welches Wilhelm Minnaert mir beschrieben hatte. Und auch die anderen Angaben über die abgestürzten Flieger stimmen, fällt mir jetzt ein.
In einem eleganten Bogen fahre ich auf einen großen Parkplatz in der Ortsmitte. »Schaut euch ein wenig um«, fordere ich Waltraud und Frank auf, »es kann etwas länger dauern.«
Leider erreiche ich den Bürgermeister nicht, und auch sonst ist niemand zugegen, der meine Fragen beantworten könnte. Man schickt mich aber zum Lehrer der Berwanger Schule, der angeblich die Chronik des Ortes führen soll. »So, Sie suchen also nach den Fliegern vom August 1944«, nickt der ältere Herr freundlich und fordert mich anschließend auf, Platz zu nehmen. Ein dickes Journal, ähnlich denen, die ich schon auf den Bürgermeisterämtern oder Polizeistationen anderer Gemeinden zu Gesicht bekam, wird aufgeschlagen. »Der eine Flieger, von dem wir nur ein paar verbrannte Teile fanden, liegt mit seiner Maschine noch dort oben. Es war und ist immer noch unmöglich, da hinaufzukommen.«

»Ist denn damals gar nichts weiter gefunden worden?«
»Nein. Man hat zwar mit Schaufeln und Pickeln versucht, ein wenig nachzugraben, aber es ist bei der Bodenbeschaffenheit hier aussichtslos, tiefer hineinzukommen. Schwere Geräte können nicht hinauf. Die Maschine ist mit einer Explosion in den steinigen Boden gefahren, einzelne Teile sind dabei umhergeschleudert worden. Alles andere ist verbrannt und liegt heute noch im Berg.«
Gemeinsam gehen wir später das kurze Stück zur Kirche hinüber. Der Friedhof ist rings um das Gotteshaus angelegt, wie überall in dieser Gegend. In der einen Ecke sehe ich eine Lücke. »Da ist das Grab von Feldwebel Schröder gewesen«, erklärt mir der Lehrer. »Man hat ihn inzwischen überführt.«
Das nächste Grab sieht gepflegt aus, doch die Holztafel am schmiedeeisernen Kreuz trägt keine Beschriftung. »Hier hat man das, was von dem anderen Flieger gefunden wurde, bestattet. Wir wissen nicht, wer er war, aber es wäre schön, wenn es Ihnen gelänge, das herauszubekommen.«
Nachdenklich kehre ich zum Parkplatz zurück und setze mich schweigend in den Wagen. Wir wenden uns in Richtung Reutte. Es dauert noch eine geraume Zeit, ehe ich die Sprache wiederfinde und mich von meinen Gedanken löse. Erst jetzt erfährt Waltraud das Ergebnis der Recherchen in Berwang. Dann erreichen wir gegen 14.30 Uhr die Stadt Reutte. Was Unger mir in seinem Brief mitteilte, finde ich in Reutte und Ehenbichl tatsächlich bestätigt: Unteroffizier Zimkeit wurde zweimal beerdigt. Und somit ist auch das Rätsel um das Grab des unbekannten Fliegers auf dem Soldatenfriedhof von Pflach endlich gelöst.
Am späten Nachmittag zieht ein schweres Gewitter auf. Längst sind wir wieder auf der Rückfahrt, als es kurz vor Lermoos heftig zu regnen beginnt. Das Unwetter ist nicht direkt über uns, doch unaufhörlich zucken die Blitze, und der Niederschlag steigert sich. Es hat sich dabei merklich abgekühlt, so daß die Innenseiten der Wagen-

fenster schnell beschlagen. Als wir das hinter Lermoos befindliche Eisenbahnviadukt durchfahren haben, hört der Regen fast schlagartig auf.
Wir sind wieder auf der Straße nach Griesen. »So, jetzt kommt der letzte Versuch für heute«, sage ich. Zu Beginn unserer Fahrt hatte ich in Ehrwald noch die Information erhalten, daß möglicherweise auch am 3. August 1944 in Richtung Griesen eine deutsche Jagdmaschine abgeschossen wurde und in die Loisach gestürzt sei. Diese interessante Aussage will ich jetzt auf der Rückfahrt einmal überprüfen. In Griesen, dem schon auf deutscher Seite gelegenen Grenzort, frage ich nach Personen, die vor Kriegsende hier gelebt haben und die etwas über einen Flugzeugabsturz wissen konnten. Denn nur von solchen Einwohnern würde ich die gewünschte Auskunft erhalten. Als ich die erstaunten Gesichter der Angesprochenen sehe, füge ich hinzu: »Es handelt sich um den Absturz eines deutschen Flugzeuges. Die Maschine soll hier bei Griesen in die Loisach gestürzt sein.«
»Habe davon gehört«, meint schließlich der Besitzer eines Gasthauses. »Aber da suchen Sie am besten mal die Frau Bernd auf. Sie war schon damals hier ansässig.« Der Mann deutet die Straße hinunter in Richtung Garmisch. »Sie wohnt dort vorn, im Bahnhof Griesen.«
Frau Bernd kann mir den Absturz eines Jagdflugzeuges im August 1944 bestätigen, weiß jedoch leider nichts über den Verbleib des Piloten. »Die Maschine fiel kurz hinter der Steinernen Brücke herunter«, erinnert sie sich noch.
Am nächsten Tag sitze ich Kommissar Hoffmann von der Kriminalpolizei Garmisch gegenüber. Akten werden gewälzt, zahlreiche Telefongespräche geführt. »Tut mir leid«, höre ich dann, »aber bei uns ist über den von Ihnen geschilderten Fall nichts aktenkundig geworden. Versuchen Sie es aber nochmals bei der Landes- oder Grenzpolizei.«

Als ich auch dort einen negativen Bescheid erhalte, weiß ich im Augenblick nicht mehr, was ich noch unternehmen könnte. Da erfahre ich, daß die Steinerne Brücke damals verwaltungsmäßig zur Gemeinde Grainau gehörte, und deswegen wende ich mich sofort an die dortige Polizeistation. Die Grainauer Beamten durchsuchen nun ihrerseits die noch vorhandenen Unterlagen und finden auch einen längeren Vermerk über die abgestürzte Jagdmaschine. Ein gewisser Herr Hackl soll nähere Einzelheiten darüber wissen, erklärt man mir.
Hackl wohnt in der Eibseesiedlung, nicht weit von Grainau entfernt. Nach einigen Minuten gelingt es mir, ihn in seinem Garten aufzuspüren. Endlich bekomme ich auch die gewünschte Auskunft. Zwar nicht so, wie ich sie erwartet habe, aber immerhin eine brauchbare Auskunft. »Wenn man Ihnen gesagt hat, ich wüßte Genaueres, so stimmt das nur bedingt«, antwortet Hackl nach einigem Überlegen. »Ich selbst war nicht dabei und hörte darüber nur von einem guten Bekannten, der jetzt allerdings nicht mehr in dieser Gegend wohnt. Der Flugzeugführer ist nicht gefallen, sondern soll vorher abgesprungen sein. Mein Bekannter erinnerte sich, ihn gesehen zu haben, als man ihn auf einem Motorrad zur Gemeindeverwaltung Grainau brachte.«
Und hier verliert sich die Spur des Fliegers von der Steinernen Brücke. Alle weiteren Nachforschungen bleiben erfolglos. Wie schon in vielen anderen Fällen, ist es auch hier wieder so, daß diejenigen älteren Einwohner, die exakte Aussagen hätten machen können, inzwischen längst verstorben oder zum Teil mit unbekanntem Ziel verzogen sind. Ich habe also nur die — inoffizielle — Bestätigung, daß der Flugzeugführer damals noch lebte und daß es sich deshalb um keinen Vermißtenfall handeln kann.

Sofort nach unserer Rückkehr gehe ich daran, alle im Urlaub zusammengetragenen Informationen auszuwerten. Doch recht bald muß ich wieder einmal eine Enttäuschung hinnehmen. So exakt die österrei-

chischen Gemeinden ihre Chroniken geführt haben, in Bichelbach muß den Beamten damals ein Irrtum unterlaufen sein: Einen Tag nach dem verlustreichen 3. August haben erneut über den Lechtaler Alpen Luftkämpfe stattgefunden. Feldwebel Wilhelm Schröder, ein Flugzeugführer der 2./JG 300, ist nicht am 3. August, sondern am 4. August in Berwang gefallen. Außerdem meldete dieselbe Einheit einen weiteren Angehörigen am gleichen Tag als abgeschossen und vermißt. Es handelt sich um den Uffz. Werner Nerger.
Ziehen wir nun die Bilanz, so ergibt sich folgendes Bild: Von den am 3. August 1944 gestarteten Flugzeugführern der IV./Sturm/JG 3 bleiben immer noch drei als vermißt in den Lechtaler Alpen zurück. Ferner gilt ein Flugzeugführer des JG 300 am 4. August 1944 als verschollen. Welcher dieser Vermißten ruht aber auf dem Friedhof von Berwang? Ein Rätsel, das sehr schwer, möglicherweise aber nie mehr gelöst werden kann.
Um das Schicksal der unglücklichen Flieger hüllt sich weiter das Dunkel der Ungewißheit. Irgendwo im unwegsamen Gebiet links oder rechts des Tales von Reutte müssen sie abgestürzt sein. Vielleicht stößt ein Förster oder ein Tourist, wenn er einmal vom Wege abkommt und dabei auf noch kaum begangenes Gelände gelangt, durch Zufall auf eine dieser Absturzstellen. Irgendwo zwischen Reutte und Lermoos in Tirol.

OPFER DER ARDENNEN-OFFENSIVE

»Mit Bartels fliegen ist eine halbe Lebensversicherung!« sagen die Männer der IV. Gruppe des Jagdgeschwaders 27, und das scheint zu stimmen. Keiner weiß, wer diese Worte zuerst prägte, aber sie bedeuten tatsächlich mehr als nur eine Phrase. In jenen Herbsttagen des Jahres 1944 muß die Gruppe hohe Verluste hinnehmen. Aber immer wieder ist es der Oberfeldwebel Heinrich Bartels aus Linz, der gerade die jungen und unerfahrenen Flugzeugführer unter seine Fittiche nimmt, sie mit den Raffinessen der Luftkampftechnik vertraut macht, ihnen die ausweglose Situation, in der sich die deutsche Tagjagd befindet, haargenau erklärt und ihnen gleichzeitig jedoch den Mut und das Gefühl gibt, nicht ganz so unterlegen zu sein, wenn man gewisse Kniffe beherrscht.
Und die Jungen fliegen gern mit Bartels zusammen. Sie wissen und erleben es immer wieder, daß ihnen nie etwas passiert, wenn der Oberfeldwebel dabei ist.
Bartels kam im Sommer 1943 in Griechenland zur neu aufgestellten IV. Gruppe des JG 27 und setzte dort seine schon in Norwegen beim JG 5 begonnene Erfolgsserie fort. Nach 45 Luftsiegen, allein 21 im September 1942, erhielt er im selben Jahr in Petsamo das Ritterkreuz. Später in der Reichsverteidigung erzielte er von April bis Juni 1944 weitere 22 Abschüsse. Seine Fähigkeit, den Gegner aus der Kurve heraus exakt zu treffen und abzuschießen, ist lange bekannt. Nur einer hatte ihn dabei noch übertroffen: Hauptmann Marseille,

der unerreichte und unbesiegte Luftkampfvirtuose des nordafrikanischen Kriegsschauplatzes.
Die Einsätze in der Reichsverteidigung stellen noch höhere Anforderungen an die deutschen Jagdflieger, verlangen noch mehr Konzentration als in den Jahren zuvor. Kurz vor den Weihnachtsfeiertagen 1944 erreicht die im Westen angelaufene Ardennen-Offensive bereits ihren Höhepunkt, und was die deutsche Jagdwaffe in diesen Wochen leistet, mit welchem Opfermut sie sich den am Himmel tummelnden Mustang und Thunderbolt entgegenstellt oder verzweifelt in die Erdkämpfe eingreift, bleibt beispiellos. Eine erschütternde Tragödie spielt sich hier ab, denn noch nie zuvor hat die Jagdwaffe solch hohe Verluste an Menschen und Material erleiden müssen.
Besonders jetzt gilt bei der IV./JG 27 der schon fast legendär gewordene Satz: »Mit Bartels fliegen ist eine halbe Lebensversicherung.« Doch dann, am 23. Dezember 1944, ereilt auch den jungen Österreicher das Schicksal. Keinem in der Gruppe will es an jenem Tage einleuchten, daß Bartels nicht mehr zurückkehren sollte. Gerade dieser Flieger, einer der erfolgreichsten des gesamten Geschwaders und einer, der die Einsätze der letzten schweren Wochen in der Reichsverteidigung immer wieder unversehrt überstanden hatte.
Am 23. Dezember starten die Staffeln der IV. Gruppe in Achmer. Einheiten anderer Geschwader, so das JG 1, JG 2, JG 3 und IV./JG 54 sind gleichfalls im Einsatz, denn wieder einmal »hängt der Himmel voller Geigen«. Kampfraum ist das gesamte Gebiet von den westlichen Ardennen bis in die Eifel hinein. Von St. Vith bis Köln toben die Luftgefechte mit Bomberpulks, Mustang- und Thunderboltschwärmen.
Gegen 11.00 Uhr etwa erreichen die Maschinen des JG 27 Bonn. Noch ist die Formation geschlossen, aber dann plötzlich hängt ein Rudel Thunderbolt mit roten Motorschnauzen über den Deutschen. Die amerikanischen Piloten werfen sofort ihre Zusatztanks ab, um für den kommenden Luftkampf Bewegungsfreiheit zu haben. Es ist

zugleich das Zeichen zum Beginn ihres Angriffes. Wenige Sekunden darauf lassen sich die bulligen P–47 aus der Überhöhung hinunterstürzen.

Die sich anschließenden Luftkämpfe sind mit einem steten Höhengewinn verbunden, so daß sich die Deutschen nach kurzer Zeit in etwa 7500 Meter befinden.

Da sieht Oberfeldwebel Bartels tief unter sich die vier wild feuernden Gegner, die sich hinter eine Messerschmitt gesetzt haben. Sofort schwenkt er ein und versucht, die Amerikaner von ihrem Vorhaben abzubringen. Als der erste Thunderbolt-Pilot plötzlich seinerseits eine Messerschmitt im Nacken weiß, läßt er tatsächlich von seinem Opfer ab, um wegzukurven. Bartels drückt mit seiner gelben »13« nach und nimmt ihn unter Beschuß.

Schwarmführer Roesinger sieht noch, wie die P–47 nach Bartels' MG-Garben mit starker Fahne in die Tiefe stürzt. Es ist der 99. Luftsieg des sechsundzwanzigjährigen Jagdfliegers. Dann aber werden die Deutschen von dem zahlenmäßig überlegenen Gegner hart bedrängt, und Roesinger verliert Bartels aus den Augen. Roesinger selbst erhält kurz darauf schwere Treffer in seine Maschine, so daß er sich gezwungen sieht, auszusteigen. In der Nähe von Meckenheim kommt er herunter.

Von Bartels aber fehlt seit diesem Zeitpunkt jede Spur. Schon oft waren Kameraden nach einem Einsatz nicht mehr gelandet, tauchten aber nach Tagen dann wieder auf, nachdem sie irgendwo abgeschossen worden waren und sich anschließend auf Umwegen wieder zu ihrer Einheit durchgeschlagen hatten. Vielleicht würde auch Bartels wiederkommen.

Jedoch warten die Jagdflieger vergebens auf die Messerschmitt mit der gelben »13« am Rumpf. Bartels wird seit dem 23. Dezember 1944 gegen 11.30 Uhr als vermißt gemeldet.

Im Sommer 1967 stecke ich mitten in den Arbeiten, die Geschwadergeschichte des JG 27 aufzuzeichnen. Als ich bei dem Zeitraum der Ardennen-Offensive mit ihren düsteren Ereignissen angelangt bin, stoße ich auch wieder auf den Einsatz, von dem der vermißte Oberfeldwebel Bartels nicht zurückgekehrt ist. Nun kann ich nicht mehr sagen, was den Ausschlag dazu gab, aber von diesem Augenblick an setze ich mir in den Kopf, einmal den Versuch zu unternehmen, nach dem verschollenen Oberfeldwebel zu forschen.
Wie immer in solchen Fällen, unterhalte ich mich erst einmal mit Waltraud darüber. »Es sieht doch aber trotzdem ziemlich aussichtslos aus«, meint sie, nachdem ich ihr in groben Zügen die ganze Geschichte mit Bartels geschildert habe.
»Immerhin sind Datum, ungefährer Ort und Urzeit bekannt. Hier müßte man auch irgendwo anfangen.«
»Wie willst Du das machen?«
»Na, ja«, räume ich ein, »eine Menge Arbeit wird das schon mit sich bringen, aber ich werde folgendermaßen vorgehen.« Und dann erkläre ich Waltraud, welchen Weg ich einzuschlagen gedenke. Zunächst ist bekannt, daß die Luftkämpfe am 23. Dezember 1944 gegen 11 Uhr mittags über Bonn begannen. Da Schwarmführer Roesinger kurz vor seinem Fallschirmabsprung über Meckenheim den Oberfeldwebel Bartels noch gesehen hatte, nehme ich an, daß sich die Kämpfe von Bonn aus in südlicher Richtung verlagerten. Demnach dürfte Bartels irgendwo zwischen Bonn und Meckenheim abgeschossen worden sein.
Ich hole eine Generalkarte, suche die Mitte zwischen den genannten Orten und ziehe einen weiträumigen Kreis um diese beiden Städte. Dabei lasse ich genug Spielraum, denn ich muß berücksichtigen, daß während eines Luftkampfes die schnellen Jagdmaschinen in wenigen Flugminuten schon eine beachtliche Anzahl von Kilometern hinter sich bringen und somit möglicherweise in Gegenden abgedrängt worden sein konnten, die von dem vermuteten Ort weit entfernt liegen.
Schon während ich das in Frage kommende Gebiet abgrenze, sehe ich,

daß die ganze Sache doch nicht so einfach sein wird. Einmal liegen in dem besagten Kreis neben einer Anzahl kleinerer Gemeinden auch die ausgedehnten Wälder des Kottenforstes, in den der gesuchte Ritterkreuzträger ohne weiteres abgestürzt sein und dort für ewig verschollen bleiben konnte. Andererseits habe ich keine Ahnung, wieviel Flugzeugführer eigentlich ab jener Zeit in diesem Raum vermißt sind. Aber dann wische ich meine Bedenken weg, denn versuchen will ich es auf alle Fälle. Ganz gleich, was dabei herauskommen würde.

Ungefähr zehn Orte sind es zunächst, die ich anschreibe, um zu erfahren, ob man dort etwas über den Absturz einer deutschen Jagdmaschine weiß und ob nähere Einzelheiten oder sogar Aufzeichnungen darüber vorhanden sind.

Die »Rundschreiben« befinden sich bereits unterwegs, als ich Anfang Oktober 1967 nach München fahre. Dort übergebe ich Hans Ring am Vorabend des großen Jagdfliegertreffens in Fürstenfeldbruck das Manuskript zu der schon erwähnten Geschwadergeschichte und erzähle ihm in diesem Zusammenhang natürlich auch von meinem Vorhaben.

»Ich werde versuchen, Bartels zu finden«, sage ich. Ring sieht mich jedoch recht ungläubig an, ehe er darauf skeptisch erwidert: »Mein lieber Girbig, wissen Sie denn eigentlich, daß damals rund 450 Jagdflugzeuge im Gebiet der Eifel heruntergekommen sind?«

Ehrlich gesagt, ich wußte es nicht, und ich fühle, wie sich die Chancen, eine Spur von Bartels zu erhalten, plötzlich wieder stark zu verringern scheinen.

»Trotzdem«, antwortete ich. »Warten wir mal ab, was ich hören werde. Und wenn nicht Bartels, dann ist es vielleicht ein anderer Vermißter, dessen Schicksal wir auf diese Weise klären können.«

Hinter Limburg beginnt die Autobahn anzusteigen. Ich schalte in den zweiten Gang zurück, um mit verminderter Geschwindigkeit die letzte Baustelle auf diesem Streckenabschnitt zu durchfahren und beschleu-

nige dann sofort wieder, als ich sehe, daß die Lastzüge vor mir auf die Kriechspur übergewechselt sind.
Es ist ein kalter Dezembertag 1967. Seit etwa einer Viertelstunde hat ein leichter Nieselregen eingesetzt. Er zwingt die Autofahrer dazu, langsam zu fahren, denn stellenweise kommt es zu gefährlicher Glatteisbildung. Auf der Gegenfahrbahn schlängelt sich ein Konvoi mit abgeblendeten Lichtern das nasse Betonband herunter. Als der letzte Wagen vorbei ist, haben wir bereits Montabaur erreicht.
»Jetzt ist es nicht mehr weit bis zum Bendorfer Dreieck«, sage ich zu Waltraud, die bisher ruhig neben mir gesessen hatte und sich immer noch bemüht, unsere heutige Fahrstrecke im Autoatlas zu verfolgen. Sorgfältig steckt sie nun das Buch in die Seitentasche der Tür zurück.
»Wie wird das wohl diesmal ausgehen?« fragt sie mich und weiß, daß ich ihr darauf kaum eine Antwort werde geben können. Aber was sie damit meint, ist mir völlig klar. Vor nicht ganz einem Jahr wurde der Flugzeugführer in Sulzbach geborgen. Er blieb bisher unbekannt. Es gab zwar eine Menge Anhaltspunkte, darunter jedoch keinen, der diesen Luftwaffenangehörigen zu identifizieren beitrug. Jetzt, im Dezember 1967, fahren wir einem ähnlichen Fall entgegen, und ich weiß noch nicht einmal, ob es tatsächlich ein Fall werden wird. Auf der Suche nach dem vermißten Ritterkreuzträger Heinrich Bartels bin ich auf Spuren gestoßen, die uns heute in die Eifel führen.
»Wir werden sehen«, erwidere ich nach dieser Gedankenpause.
Längst haben wir die Autobahn verlassen. Koblenz liegt hinter uns, dann Remagen mit den Türmen der ehemaligen Ludendorff-Brücke, die im März 1945 noch eine so tragische kriegsgeschichtliche Rolle gespielt hatte. Geraume Zeit später nähern wir uns bereits Bad Godesberg. »Links vorn, dort an der Kirche, müssen wir abbiegen.«
Wieder führt die Straße bergan. Richtung Meckenheim. Dann biegen wir rechts ab, durchfahren eine kleine Ortschaft und erreichen wenige Minuten darauf unser Ziel, die Gemeinde Villip.

»Ich werde erst einmal fragen, wie wir weiterfahren müssen«, sage ich. »Sonst finden wir das Haus bestimmt nicht so bald.«
Hinter der ersten Querstraße halte ich an und steige aus. Eine Bauersfrau zeigt mir das etwas versteckt liegende Häuschen des Bürgermeisters Jakob Bach, der uns bereits erwartet. Nach der Begrüßung führt er uns in sein Dienstzimmer, wo er uns einige Männer vorstellt. Augenzeugen, die damals an dem fraglichen Tag zwei Flugzeugabstürze beobachtet hatten.
Der Bürgermeister ist mir nur durch unseren ausgedehnten Schriftwechsel bekannt, aber meine Vermutungen scheinen sich zu bestätigen, denn Bach erweist sich als ein sehr umsichtiger und tatkräftiger Mensch. Er sagt mir jede Hilfe zu, die uns vorliegenden Hinweise zu verfolgen, um die Schicksale der noch vermißten Jagdflieger erhellen zu können. Wie schon erwähnt, hatte ich vor ein paar Monaten auch den Bürgermeister der Gemeinde Villip auf den Fall des immer noch verschollenen Oberfeldwebels Bartels hingewiesen. Ich schrieb ihm seinerzeit, daß Bartels in jenem Raum abgeschossen worden sein müßte. Schon aus dem ersten Antwortschreiben, das ich im November von ihm erhielt, konnte ich das große Interesse herauslesen, welches der Gemeindevorstand von Villip meinem Anliegen entgegenbrachte.
»Sagen Sie, hilft Ihnen denn eigentlich jemand bei Ihrer so außergewöhnlichen Arbeit?« fragt mich einer der Augenzeugen.
Ich deute auf meine mitgebrachten Unterlagen, die unter anderem auch den gesamten Schriftwechsel enthalten, welchen ich bisher mit Privatpersonen, Luftwaffenangehörigen und Dienststellen im Zusammenhang mit den jeweiligen Vermißtenfällen geführt hatte. »Die Nachforschungen stelle ich praktisch von mir aus an«, erkläre ich dann. »Wenn sich daraufhin irgendwelche erfolgversprechenden Hinweise ergeben, die zu einer Klärung des Falles beitragen könnten, setze ich mich natürlich mit dem Volksbund Deutsche Kriegsgräberfürsorge oder mit der Wehrmachtsauskunfsstelle in Berlin in Verbindung. Auf diese Weise erhalte ich oft noch nähere und stichhaltigere

Angaben, die dann nicht selten genug eines der vielen Vermißtenschicksale endgültig aufklären helfen. Außerdem verfügt die Gemeinschaft der Jagdflieger über eine sehr umfangreiche Dokumentation, auf die ich immer wieder zurückgreifen und aus der ich sehr wichtige Hinweise entnehmen kann.«

Unterdessen hat Bürgermeister Bach eine Flasche Kognak hervorgeholt. Er füllt ein paar Gläser und ergreift nun das seine, um mit uns auf das Gelingen unserer Bemühungen anzustoßen. Anschließend schildern mir die beiden Augenzeugen in eindrucksvoller Weise, was sich am 23. Dezember 1944 über Villip abgespielt hatte, und lassen somit die Geschehnisse dieses Tages noch einmal lebendig werden.

Diese Ausführungen werden später noch ergänzt durch die Aussage des Augenzeugen Josef Schüffelchen, der dem Bürgermeister seine damals gemachten Beobachtungen mitteilt. Schüffelchen befand sich im Dezember 1944 auf Heimaturlaub. Am Vorweihnachtstage flogen die amerikanischen Bomber mit starkem Begleitschutz über dem Köln-Bonner Raum hinweg. Um die Mittagszeit kam es zu Luftkämpfen über dem gesamten Gebiet. »Ich hörte das Geknatter von Bordwaffen. Plötzlich sah ich, wie eine Maschine aus etwa 3000 Meter Höhe im Sturzflug auf den Boden zuraste. Das Heulen des Flugzeugmotors wurde immer lauter, und dann bohrte sich die Maschine mit ohrenbetäubendem Krachen in den hartgefrorenen Boden eines Feldes bei den drei Nußbäumen.«

»Was ist mit Gehring?« möchte ich wissen, da mir der Bürgermeister geschrieben hatte, daß ebenfalls am 23. Dezember auf dem Gemeindefriedhof ein Unteroffizier und Flugzeugführer dieses Namens beerdigt wurde, und der aber, wie ich in der Zwischenzeit aus den Suchlisten des DRK ersehen habe, noch immer als vermißt gilt. Bach erhebt sich und räumt ein paar Papiere zur Seite. »Kommen Sie«, sagt er, »ich zeige Ihnen das Grab.«

Gemeinsam fahren wir zum Friedhof hinaus. Er ist nicht sehr groß und liegt neben der Kirche. Bach führt uns zu einer Reihe von Gräbern, die alle ein einheitliches Steinkreuz tragen. Alles Kriegsopfer, wie ich dann erfahre. Jede einzelne Grabstätte sieht gepflegt und sauber aus. Dann stehen wir vor Gehrings Grab.

»Leider wissen wir nicht viel von diesem Gefallenen«, erklärt der Bürgermeister. »Das Grab wird von uns in Ordnung gehalten, es hat sich noch kein Mensch an ihm blicken lassen.«

»Vielleicht gibt es keine Angehörigen mehr.«

»Möglich, aber trotzdem erscheint mir das alles ein bißchen eigenartig. Schließlich steht ja fest, wer hier liegt. Wenn er als ›unbekannter Soldat‹ begraben wäre, könnte ich noch verstehen, warum man sich um dieses Grab noch nicht gekümmert hat.«

»Können Sie mir die Absturzstelle zeigen?« frage ich nach einer Weile. Bach nickt. »Selbstverständlich. Ich führe Sie hin!«

An der wunderschön gelegenen gelben Wasserburg Gudenau vorbei geht die Fahrt ein Stück die Straße nach Meckenheim weiter. Dann hält der Wagen des Bürgermeisters plötzlich vor mir. Bach steigt aus und deutet nach links. Wir verlassen unseren Wagen ebenfalls, um auf die andere Straßenseite hinüberzugehen.

»Hier war es«, sagt er. »Gehrings Maschine schlug gleich neben der Straße auf und rutschte dann, mehrmals hochhüpfend, noch etwa 300 Meter weiter.«

Ein unangenehmer kalter Wind streicht jetzt über die schneebedeckten Felder, so daß ich meinen Mantelkragen hochschlage. Stumm blicke ich in die angegebene Richtung, sehe nach links und erkenne weiter hinten den Waldrand, über den die Jagdmaschine den Schilderungen nach damals herangeflogen kam. Wie gebannt starre ich dann auf das kleine Fleckchen Erde vor mir. Der Absturzort Klaus Gehrings. Ein Stück Acker nur, auf dem, wie damals auch, der Schnee liegt. Nichts deutet mehr darauf hin, was an jenem kalten Dezembertage 1944 hier geschah.

Bürgermeister Bach verspricht mir, wegen möglicherweise vorhandener Unterlagen über Gehring bei der Kreisverwaltung in Bonn nach-

zuforschen. »Es müssen ja Papiere vorliegen, aus denen wir entnehmen konnten, daß es sich um den Unteroffizier Klaus Gehring handelte«, meint er.
»Aber das Geburtsdatum auf dem Grabstein stimmt nicht mit dem in der Verlustmeldung des Jagdgeschwaders 54 überein«, erwidere ich schnell, denn die beiden Daten sind völlig voneinander abweichend; sie differieren um ein ganzes Jahr.
Sollte es tatsächlich ein ganz anderer Flieger sein, der hier auf dem Villiper Gemeindefriedhof begraben liegt? Immer wieder vergleiche ich die Angaben, analysiere den Bericht des Leutnants Budde, aufgrund dessen Gehring als vermißt gemeldet wurde. Uhrzeit und Datum des Absturzes decken sich wiederum mit den Aussagen der Villiper Augenzeugen.
Es wäre ein wirklich seltener Zufall, wenn es zwei Jagdflieger mit dem Namen Klaus Gehring gegeben hätte, die beide am selben Tag, im selben Kampfraum abgeschossen wurden. Ich weise all diese Gedanken von mir und bin überzeugt, den offiziell als vermißt geltenden Unteroffizier Gehring aufgespürt zu haben.
Jetzt aber bespreche ich mit Bürgermeister Bach den Fall des Absturzes der zweiten Maschine, in der sich möglicherweise der gesuchte Oberfeldwebel Bartels aus Österreich befand. Der Aufschlag erfolgte, wie ich dann höre, etwa eine halbe Stunde nach Gehrings mißglücktem Versuch der Notlandung, bei der er ums Leben kam. »Das wäre also gegen 11.30 Uhr gewesen«, sage ich zu Bach. »Bartels wurde etwa um die gleiche Zeit am 23. Dezember 1944 von einem Staffelkameraden zum letztenmal gesehen«.
Inzwischen waren wir wieder in unsere Wagen gestiegen und fahren jetzt zu der Stelle, an der die zweite Jagdmaschine heruntergekommen ist. »Schon damals versuchte man, die Trümmer zu bergen«, erklärt der Bürgermeister. »Es sind auch einige Leichenteile und, so glaube ich, die Schulterstücke eines Feldwebels oder Oberfeldwebels aufgefunden worden. Aber da sich die zu diesem Zeitpunkt angelaufene

Ardennen-Offensive auch hier bemerkbar machte, hatte man wahrscheinlich andere Sorgen, als das Schicksal des gefallenen Fliegers zu klären. Die geborgenen Teile wurden wieder in den Krater, den die Maschine hinterlassen hatte, gegeben.«
»Bartels war ja Oberfeldwebel«, werfe ich ein, wegen der erwähnten Schulterstücke. »Aber das allein ist natürlich noch kein Beweis, obwohl immerhin auch Tag und Uhrzeit übereinstimmen.«
Der Boden ist knochensteif gefroren, so daß wir den holperigen Feldweg entlang der Burg Gudenau mit dem Wagen befahren können. Bei Tauwetter bestimmt ein Ding der Unmöglichkeit; wir wären unweigerlich im Schlamm steckengeblieben.
»Wer ist eigentlich der Besitzer von Gudenau?« möchte meine Frau wissen.
»Graf Strasoldo, ein Österreicher«, antwortet Bach. »Das auf seinem Besitz gezüchtete Edelobst ist berühmt und weit bekannt.« Nach einer kurzen Pause wendet er sich an mich: »Übrigens liegt auch die Maschine auf Strasoldos Grundstück. Wir sind gleich da.«
Wieder stehen wir an einem Ackerrain. Das Gelände fällt rechts vom Weg etwas ab. Die üppigen Wiesen reichen dort bis zu einem von Bäumen und Buschgruppen gesäumten Bach hinunter. Der Bürgermeister geht jetzt auf die linke Seite hinüber und schreitet das Feld ab. »Hier muß etwa das Wrack liegen, nicht wahr?« Seine Worte waren an einen der Männer gerichtet, die mit uns gefahren waren und die damals als erste bei dem abgestürzten Flugzeug eintrafen.
»Ja, genau hier war es«, kommt die Antwort.
Zu sehen ist nichts mehr. Ein Acker, wie jeder andere auch. Und doch hat sich hier eine Tragödie abgespielt. Ein junger Flugzeugführer hat an jener Stelle sein Leben lassen müssen.
Als wir alle wieder in Bachs Amtszimmer sitzen, beraten wir bei einem weiteren Schluck Kognak über die nächsten einzuleitenden Schritte. Ich gebe dem Bürgermeister den Rat, sich an den Regierungspräsidenten von Nordrhein-Westfalen zu wenden, der eine Ber-

gung offiziell einleiten kann. Ich selbst werde mich mit dem Kreisverband Bonn des Volksbundes Deutsche Kriegsgräberfürsorge in Verbindung setzen, der dann ebenfalls das Nötige veranlassen soll. »Als erstes werde ich die Genehmigung zur Bergung von Burg Gudenau einholen«, sage ich, »denn ohne sie werden möglicherweise alle weiteren Unternehmungen erschwert.«

Nach Klärung dieser mit dem Vermißtenfall zusammenhängenden Fragen verabschieden wir uns. »Ich hoffe, Ihnen bald Näheres mitteilen zu können«, ruft Bach uns noch zu, als Waltraud und ich schon im Wagen sitzen. »Und einen Gruß nach Frankfurt!«

Schnell lassen wir Villip hinter uns und fahren die gleiche Strecke zurück, die wir gekommen sind. Hinter Koblenz läßt der Verkehr merklich nach, so daß wir zügig vorankommen, soweit es der Straßenzustand erlaubt. Es ist inzwischen immer dunkler geworden, und ich habe das Abblendlicht eingeschaltet. Fast geisterhaft mutet es an, wenn die von den Strahlenbündeln erfaßten Bäume und Sträucher am Rande der Autobahn scheinbar schnell an uns vorbeihuschen.

Vor uns kriecht ein Lastzug dahin. Ich wechsele auf die linke Fahrbahn über, um den dicken Brummer zu überholen. Für Sekunden steht eine grauschwarze Wolke seiner Auspuffgase vor meinem Wagen, die aber vom Fahrtwind schnell zerteilt wird. Dann sind wir vorbei.

»Das war doch ein erfolgreicher Tag heute«, unterbricht Waltraud das Schweigen, denn wir haben bisher kaum ein Wort miteinander gesprochen. Jeder hing seinen Gedanken nach. »Bist Du eigentlich mit dem Ergebnis zufrieden?«

»Bis jetzt ja«, antworte ich. »Nachdem, was ich heute alles gehört und beobachtet habe, möchte ich fast glauben, daß wir auf der richtigen Spur sind.«

Ich blicke auf die Uhr am Armaturenbrett. Kurz vor sechs, registriere ich, und draußen ist es bereits stockdunkel. Wir sind bald zu Hause. Schon nach wenigen Minuten passieren wir die Abfahrt Idstein.

»Hoffentlich hast Du in Villip mehr Glück als in Sulzbach«, höre ich Waltraud sagen.
»Ich hoffe auch.«

Als ich unseren Briefträger auf der anderen Straßenseite gewahr werde, liege ich gerade unter meinem Wagen, um endlich einmal eine längst schon fällig gewesene Auspuffschelle zu befestigen. Jetzt kommt der Postbote herüber, und ich sehe nur noch seine blauen Hosenbeine.
»Endlich mal das richtige Wetter für solche Reparaturen, was?« Der Beamte hockt sich nieder, denn er will sehen, was ich da eigentlich mache. Erst nach einer ganzen Weile hält er mir einen Umschlag vor die Nase. Ich erkenne den Stempel der Gemeinde Villip und krieche eilig unter dem Wagen hervor.
Diese Reaktion scheint der Briefträger nicht erwartet zu haben. »Was Wichtiges?«
»Ich hoffe es«, antworte ich ihm. Dann stürme ich ins Haus und stoße die Wohnzimmertür auf. »Um Himmelswillen!« ruft Waltraud erschrocken. »Was ist denn los?«
»Bürgermeister Bach hat geschrieben. Wahrscheinlich schon ein Termin für die Bergung.« Hastig reiße ich den Umschlag auf und entfalte das Schreiben.
»Wisch Dir wenigstens erst mal die Hände ab!« höre ich Waltraud. Sie hat recht. An meinen Fingern klebt eine dicke ölvermischte Dreckkruste, und auch der Brief weist bereits schon einen recht beachtlichen Abdruck auf, an dem jeder Daktyloskop seine wahre Freude gehabt hätte. Auf dem Weg in die Küche wäre ich dann beinahe noch über Franks Legobahn gestolpert. Sicherlich hätte es einige Mühe gekostet, meinen Sohn wieder zu beruhigen.
Schließlich lesen wir gemeinsam das Schreiben aus Villip. Meine Vermutung war richtig. Am 25. Januar 1968 würde man auf dem Acker nahe der Burg Gudenau mit der Grabung nach dem vermuteten Rit-

terkreuzträger Bartels und seiner Maschine beginnen. Ich solle, wenn es möglich ist, zu diesem Zeitpunkt nach Villip kommen. Vor Tagen hatte mich bereits der VDK Köln darüber informiert, daß mit Hilfe des Kampfmittelbeseitigungsdienstes des Regierungspräsidenten in Köln eine Bergung in absehbarer Zeit erfolgen würde.
»Das ging aber schnell«, wundert sich Waltraud. Auch ich bin überrascht, denn Bürgermeister Bach hat in der Tat sehr rasch gehandelt. Zwar versprach er mir im Dezember, meine Bemühungen dementsprechend zu unterstützen, doch ich konnte nicht ahnen, daß dies in so kurzer Zeit geschehen würde.
Am frühen Morgen des 26. Januar sind wir wieder auf der Autobahn. Die Fahrstrecke ist uns nun schon bekannt, so daß wir uns um Abkürzungen und Wegweiser nicht mehr zu kümmern brauchen.
»Hoffentlich hält das Wetter an«, meint Waltraud. Zwar hat es geschneit, doch überall ist blauer Himmel zu sehen. Ein wirklicher Wintertag, wie man ihn sich wünscht.
Im Kofferraum liegen die Gummistiefel, meine ältesten Hosen und der schon bekannte Eisenhaken. Die Unterlagen über Bartels sind auf dem Rücksitz verstaut. Sie enthalten alle Angaben, die zu einer Identifizierung des Vermißten dienlich sein konnten — falls die Arbeiten erfolgreich verlaufen und wir den Oberfeldwebel Bartels tatsächlich finden.
Kurz hinter dem Bendorfer Dreieck, schon auf der Autobahn in Richtung Koblenz, lenke ich den Wagen auf einen Rastplatz. Die Sonne ist inzwischen ganz emporgestiegen und wirft ihre Strahlen über die Baumspitzen. Millionen Rauhreifkristalle reflektieren das Licht, lassen die Wälder um uns in allen Farben glitzern und funkeln. Ein selten schönes Bild, das wir uns nicht entgehen lassen wollen.
Trotz des herrlichen Anblickes muß ich fortwährend an Bartels denken. Ich versuche mir vorzustellen, daß an jenem Tag, als er fiel, auch Winter war und daß das Farbenspiel der Sonne das gleiche gewesen sein mußte wie heute. Doch damals war Krieg; um die Weihnachts-

zeit 1944 tobte die Ardennen-Offensive, der letzte große deutsche Gegenschlag im Westen. Noch nie zuvor war die Luftwaffe zu einem solchen Opfergang angetreten wie in jenen Tagen. Ob sie nun hinter sandverkrusteten Kabinen über die flimmernde Wüste Afrikas hinwegbrausten, ob sie in der Weite Rußlands mit vereisten Flächen der schneeverwehten Rollbahn folgten oder ob sie über der Heimat, mit den farbigen Bändern der Reichsverteidigung am Rumpf, dem silberglänzenden Strom der Bomber entgegenflogen: wohl auf keinem anderen Kriegsschauplatz haben gerade die Jagdflieger einen so hohen Blutzoll entrichten müssen als um die Jahreswende 1944/1945 während der Einsätze über dem Gebiet der Eifel oder den Ardennen.
Sie haben dabei nicht versagt. Sie sind geflogen, obwohl sie wußten, daß es nichts mehr zu entscheiden gab. Sie kletterten in die Kabinen ihrer Maschinen und konnten sich ausrechnen, wie oft sie das noch tun würden. Erlebten sie nicht jeden Tag, jede Stunde, wieviel ihrer Kameraden nicht mehr zurückkehren? Hatten sie denn überhaupt noch den Mut, immer wieder zum Start zu rollen? Sie hatten ihn. Doch da gab es noch etwas anderes, das in der sieggewohnten Zeit der vergangenen Jahre kaum oder gar nicht vorhanden war: die Verzweiflung, ohnmächtig mit ansehen zu müssen, wie ein zahlenmäßig immer stärker werdender Gegner die Heimat bombardierte, wie eine Stadt nach der anderen in Trümmer versank, ohne daß sie etwas Wirksames dagegen tun konnten.
Gewiß, auch die Alliierten sind nicht ganz ungeschoren davongekommen, und da die deutschen Jagdflieger seit dem Herbst 1944 einer so großen Übermacht entgegentreten müssen, heben sich die bei ihren Einzelaktionen noch errungenen Erfolge tatsächlich beachtlich heraus.
Es soll nun auf keinen Fall herausgestellt werden, der Krieg hätte anders ausgehen müssen. Die wenigsten unter den Jagdfliegern waren im Winter 1944 noch nicht vom Ausgang dieses Ringens überzeugt, und nur eine Minderheit fand sich noch bereit, für die Ideale der Führung des Reiches zu kämpfen. Nackter Selbsterhaltungstrieb, die

Flucht nach vorn, die Angst, sich einer Meute von Verfolgern nicht erwehren zu können, aber trotzdem etwas tun zu müssen, um dieser Ohnmacht zu begegnen — das alles wird dazu beigetragen haben, daß die Männer tatsächlich ihr Letztes hergaben. Das alles zusammen muß es wohl gewesen sein, was die jungen wie auch die erfahrenen Flugzeugführer immer wieder in ihre Messerschmitt oder Focke-Wulf zwang. — — —

»Komm, wir müssen doch weiter!« mahnt Waltraud. Erschrocken blicke ich sie an und schaue dann auf die Uhr. Wortlos steige ich in den Wagen.

Die Autobahn ist fast leer, nur hin und wieder rauscht ein Lastzug vorbei. So kommen wir zügig voran und nähern uns auch bald Bad Godesberg. Erst kurz vor der Stadt verdichtet sich der Verkehr wieder, aber das stört uns jetzt nicht mehr, denn wir sind nur noch ein paar Minuten von unserem Ziel entfernt.

Leider hat die Morgensonne zu viel versprochen. Als wir Villip erreichten, regnet es. Gewiß nicht das ideale Wetter für eine Flugzeugbergung auf freiem Feld.

Bürgermeister Jakob Bach informiert uns über die vorangegangenen Arbeiten. Zusammen mit dem Kölner Suchspezialist Ebinger hatte Bach vor Tagen die ungefähre Stelle des Absturzes lokalisiert, so daß der Suchtrupp am 22. Januar mit einer Sonde auf dem besagten Feld die Ortung nach Metallteilen aufnehmen konnte. Ziemlich genau an der vermuteten Stelle schlug das Gerät aus.

Seit gestern Nachmittag hebt ein schwerer Bagger, den die Baufirma Kutsch aus Düren zu diesem Zweck ohne Zögern zur Verfügung stellte, den aufgeweichten Ackerboden aus. Auch an diesem Tage regnete es heftig. Bereits nach kurzer Zeit zeigten sich die ersten oxydierten Metallreste eines Flugzeuges, jedoch wird angenommen, daß die Maschine etwa sieben Meter tief im Erdreich liegt. Wegen der früh einsetzenden Dämmerung mußte man die Baggerarbeiten auf dem Gelände der Burg Gudenau einstellen.

»Am besten, wir ziehen uns gleich hier um«, schlägt der Bürgermeister vor, »denn dort draußen ist es ein bißchen umständlich.«
Fertig ausgerüstet fahren wir zum Bergungsort. Meinen Fotoapparat und die mitgebrachten Unterlagen übergebe ich Waltraud, denn sie soll das heutige Geschehen mittels ein paar Aufnahmen festhalten und andererseits auch auf die wichtigen Dokumente aufpassen, die ich im Bedarfsfalle griffbereit haben möchte.
Wir stellen unsere Wagen am Straßenrand ab und stapfen, bis zu den Knöcheln im Schlamm versinkend, der Stelle zu, von der wir alle hoffen, daß sie heute ein seit 23 Jahre gehütetes Geheimnis preisgeben wird.
Dort angekommen, stellt uns Bach dem Leiter des Kampfmittelbeseitigungsdienstes vor. Danach begrüßen wir auch die uns schon vom letzten Besuch her bekannten Männer der Gemeinde Villip. Anschließend führt mich der Bürgermeister ein Stück die angrenzende Wiese hinunter, wo man die bereits geborgenen Gegenstände gesammelt hatte.
»Ist denn überhaupt jemand vom Volksbund anwesend?« frage ich die Umstehenden und erwähne das Schreiben, welches ich vom VDK Köln erhalten habe.
»Bisher hat sich niemand blicken lassen«, höre ich. Auch Bach drückt sein Befremden darüber aus: »Ich finde es in der Tat eigenartig, daß kein Vertreter des VDK dabei ist.«
Ich untersuche die zahlreichen Wrackstücke, die am Rande des Weges und zum Teil auch auf der Wiese liegen. Nach wenigen Augenblicken halte ich ein Stück in der Hand, das den ersten sicheren Beweis für den Maschinentyp liefert: Die sogenannte »Haifischflosse« des Seitenruders. Sie gibt unmißverständlich darüber Auskunft, daß es sich hier um eine Messerschmitt Bf 109 handelt. Oberfeldwebel Bartels flog eine Bf 109 G–10, aber das ist wiederum kein gravierender Anhaltspunkt, denn in den Dezembertagen 1944 sind zahlreiche Maschinen dieses Musters im Einsatz gewesen und auch verlorengegangen.

Einen anderen, schon wichtigeren Hinweis glaube ich hingegen auf einem größeren Blechteil der Rumpfverkleidung zu entdecken. Nach vorsichtigem Entfernen der Erdklumpen kommen gelbe Farbspuren zum Vorschein, die den noch deutlich sichtbaren Abgrenzungen nach zu urteilen einmal eine »1« gewesen sein mußten. Leider finden sich vorläufig keine weiteren, mit Farbresten behafteten Wrackstücke. Die »1« konnte möglicherweise auf Bartels' Maschine hindeuten, da diese eine gelbe »13« am Rumpf trug.

Wenig später machen mich die Männer des Bergungstrupps auf Uniformteile aufmerksam, die der Bagger gerade aus der Tiefe holte. Da ich aus Erfahrung weiß, wie schnell der Aufklärung dienende Merkmale durch unsachgemäße Behandlung verschwinden können, gehe ich deshalb rasch hinüber zu der Stelle, an der man diese Funde zusammenträgt. Auf einem der Fetzen, der vom Vorderteil der blauen Luftwaffenbluse stammt, hängt ein EK I. Es muß also schon ein erfahrener Flugzeugführer gewesen sein, vor dessen traurigen Überresten wir jetzt stehen.

Unterdessen bemüht sich das Räumkommando, die zahlreich herumliegende Bordmunition einzusammeln und in eine große Kiste zu legen. Zum Schluß sind es immerhin einige hundert Geschosse. Während meine Aufmerksamkeit gerade den Teilen des soeben unter dem Haufen verbogenen Metalls hervorgezogenen Bordfunkgerät FuG 16 ZY gilt, ruft mir jemand zu: »Sehen Sie mal, da ist gerade der Fallschirm gefunden worden!«

Als wir anschließend gemeinsam das Leinenpack mit der Metallplatte auf der Rückseite untersuchen, können wir feststellen, daß der Schirm noch vollständig geschlossen ist. Demnach hatte der Flugzeugführer also keinen Versuch unternommen, die Reißleine zu ziehen. Er mußte schon in der Luft tödlich getroffen worden sein.

Wieder versuche ich mir vorzustellen, wie die letzten Augenblicke im Leben dieses Fliegers ausgesehen haben mögen. Hatte er noch wahrnehmen können, wie schnell die schneeverwehten Felder auf ihn zurasten? Und vermochte er, falls er da noch gelebt haben sollte, sich noch ganz klar darüber zu werden, den sicheren Tod vor Augen zu haben? —

Der Regen läßt jetzt nach und hört gegen Mittag vorübergehend ganz auf. Ich gehe hinüber auf die andere Seite des jetzt etwa sechs Meter tiefen Loches, um einmal einen Blick hineinzuwerfen. Bislang stand ich immer auf der abfallenden Seite des Geländes und hatte den Bagger vor mir, so daß man von hier aus die Grube nicht sehen kann, zumal auch das ausgehobene Erdreich davorliegt.

Ich komme gerade hinzu, als der Bagger wieder langsam in die Tiefe fährt. Während Waltraud aus respektvoller Entfernung ihre Aufnahmen macht, warten am Rand der Grube die Männer auf den nächsten Aushub. Über der ganzen Szenerie hängt der typische Geruch nach Fliegerbenzin.

Nach ein paar Minuten gehe ich wieder hinüber zu den Wrackteilen. Vielleicht lassen sich weitere markante Stücke finden. Da bemerke ich, wie mich jemand einzuholen versucht. Als ich mich umdrehe, steht ein älterer Mann vor mir — es ist Herr Tondorf, wie sich später herausstellt. Er streckt mir ganz aufgeregt ein Stück Papier entgegen. Eine alte Feldpostkarte, wie ich erkenne.

»Es handelt sich um den Flieger Gehring«, sagt Tondorf. »Damals, als er am selben Tag wie dieser Flieger hier abgestürzt war, habe ich auf der Karte die Daten aus seinen Papieren abgeschrieben. Später habe ich sie anscheinend verlegt und nie wieder gefunden.«

Plötzlich bin ich hellwach. Die von Tondorf auf der Feldpostkarte mit Kopierstift aufgetragenen Daten stimmen nämlich haargenau mit denen in der offiziellen Verlustliste des JG 54 überein. Somit besteht jetzt kein Zweifel mehr: Der auf dem Villiper Friedhof ruhende Klaus Gehring ist mit dem immer noch als vermißt geltenden Unteroffizier Klaus Gehring aus Königsberg in Ostpreußen identisch. Diese Tatsache kann mir später dann auch die WASt bestätigen.

»Wo haben Sie denn nun die Karte gefunden?« erkundige ich mich, und Tondorf, dem man die Freude über diese Aufklärung ansieht, erwidert: »Als hier bekannt wurde, daß man nach dem zweiten abgestürzten Flieger suchen wolle, hat mir das keine Ruhe gelassen, und ich habe das ganze Haus noch einmal auf den Kopf gestellt. Heute morgen fand ich die Karte schließlich zwischen den Seiten eines Buches wieder.«

Das ist also einer jener Zufälle, von denen ich immer wieder berichtet habe, und ich gebe immer noch nicht die Hoffnung auf, daß durch ähnliche Zufälle eines Tages vielleicht auch das eine oder das andere bislang ungewisse Vermißtenschicksal seine Klärung finden könnte.

»Ich möchte Sie bitten, mir diese Karte zu überlassen«, wende ich mich an Tondorf. »Nach meiner Rückkehr werde ich sie der WASt in Berlin übersenden.«

Bis zum Mittag wissen wir noch nicht mit Sicherheit, ob die sterblichen Überreste, die der Ackerboden hier freigibt, zu dem Ritterkreuzträger Bartels gehören. Bislang sind es nur Vermutungen, daß es der Gesuchte ist. Aber etliche Fakten, betrachtet man sie einmal alle zusammen, sprechen dafür: Absturzdatum, Verlustraum, Uhrzeit des Absturzes, Maschinentyp, gelbe Farbspuren des taktischen Zeichens, die Schulterstücke und das EK I. Außerdem finden wir schwarze Haarsträhnen an einem der Panzergläser der Kabine. Und Bartels war schwarzhaarig.

Doch dann, gegen 12 Uhr, machen wir eine Entdeckung, die unsere Vermutungen zu bestätigen scheint. Der Leiter des Räumkommandos ruft mir zu, daß soeben ein schwarzer Lederhandschuh im Aushub war. Kurz darauf kommt auch der zweite zum Vorschein. Und in diesem Handschuh steckt ein goldener Ehering.

»Da ist eine Gravur«, sage ich. »Marga 11. 12. 43!«

Ich erinnere mich gleichzeitig an ein Foto, auf welchem Bartels vor seiner Maschine steht. Unterhalb der Kabine kann man den weiß aufgemalten Namen »Marga« ganz deutlich lesen. Auch der eben aufgefundene Ring trägt den Namen »Marga«.

Die Männer haben in ihrer Arbeit innegehalten und kommen langsam näher. Ich bitte Waltraud, mir die Tasche zu bringen und die Unterlagen über Bartels herauszuholen. Ich selbst kann es nicht tun, weil meine Gummihandschuhe lehmverschmiert sind und ich sie im Augenblick gar nicht so schnell von den Fingern bekommen würde.

Waltraud hat jetzt die Papiere auseinandergefaltet. »Du mußt unter der Rubrik ›Anschrift der Angehörigen‹ nachsehen«, sage ich.

Um uns ist Schweigen. Dann endlich: »Ehefrau: Margarete Bartels, Linz (Donau)!«

Bürgermeister Bach kommt auf mich zu. Er, der durch seine Initiative die Suche nach dem gefallenen Flugzeugführer erst ermöglichte, schaut zunächst auf die Trümmer der Maschine und betrachtet sich dann den goldenen Ring. »Damit dürfen unsere Bemühungen erfolgreich gewesen sein!«

Aus Bonn kommen am frühen Nachmittag der ehemalige Fernaufklärer und heutige Journalist Walter Henkels und Ministerialrat Lüder vom Bundesvertriebenenministerium nach Villip. Sie sind von dem Bergungsverlauf sichtlich ergriffen und lassen sich den Hergang genau schildern, denn beide kannten den Gefallenen sehr gut. Henkels erinnert sich noch daran, wie Bartels in Petsamo das Ritterkreuz verliehen bekam, und Lüder war Bartels' Vorgesetzter beim JG 5.

Jetzt obliegt es der WASt, die weiteren Schritte zu unternehmen, um die Identität des Gefallenen endgültig festzustellen. Umfangreiche Ermittlungen werden nötig sein, denn die Angehörigen sind nicht so schnell aufzufinden. Aber dann, nach etlichen langen Wochen, teilt mir die Berliner Dienststelle mit, daß der Trauring dem Oberfeldwebel und Ritterkreuzträger Heinrich Bartels gehört hat und der Tote damit einwandfrei identifiziert werden konnte.

Im Anschluß an die Bergung in Villip spricht sich Bürgermeister Bach dafür aus, daß die sterblichen Überreste des geborgenen Jagdfliegers auf dem dortigen Gemeindefriedhof beigesetzt werden. »Er ist hier

vor mehr als zwanzig Jahren gefallen und sollte auch in unserer Erde weiterruhen!«
Später hören wir dann, daß Oberfeldwebel Bartels am 29. Januar 1968 unter großer Anteilnahme der Einwohnerschaft auf dem kleinen Villiper Ehrenfriedhof neben dem Unteroffizier Klaus Gehring seine letzte Ruhestätte erhalten hat.

War es schon erfreulich, während der geschilderten Bergung neben Bartels gleichzeitig auch das Schicksal des Unteroffiziers Gehring aus Ostpreußen klären zu können, so bin ich noch überraschter, zu erfahren, daß in diesem Zusammenhang noch die Identifzierung eines dritten vermißten Jagdfliegers gelingt.
Eines der zahlreichen Schreiben, die ich damals im Sommer 1967 abschickte, war an die Gemeindeverwaltung von Meckenheim gerichtet, jenen Ort, über dem einer der Kameraden Bartels' mit dem Schirm abspringen mußte.
Noch vor der Bergung in Villip erhalte ich die Antwort. Das Amt Meckenheim teilt mir mit, daß kurz vor Weihnachten 1944 ein Flugzeugführer abgestürzt war, dem man aber erst im Jahre 1953 auf die Spur kam. Es wurde sogar die Erkennungsmarke gefunden und diese sogleich der WASt übersandt. Doch leider war man in Berlin damals noch nicht in der Lage, den Träger dieser Marke zu ermitteln. Bis heute ist der Flieger in Meckenheim deshalb noch als »unbekannter Soldat« begraben.
Natürlich läßt mir das Schreiben keine Ruhe. Ich beginne sogleich, meine umfangreichen Unterlagen zu wälzen, obwohl ich eigentlich den Keller aufräumen und sonst noch einige Dinge viel dringender erledigen müßte.
»Hat denn das nicht bis morgen Zeit?« fragt Waltraud auch prompt.
Ich versuche so zu tun, als ob ich es nicht gehört hätte.
Es dauert ziemlich lange, aber dann habe ich einen Flieger gefunden,

der laut Suchliste des DRK der I. Ergänzungsjagdgruppe Nord angehörte und der im Dezember 1944 im Raum Bonn als vermißt gilt.
Den herausgesuchten Namen, Unteroffizier Rolf Burger, teile ich Mitte Januar 1968 der WASt »auf Verdacht« mit und bitte, noch einmal nachzuprüfen, ob mit dem genannten Flieger und der damals in Meckenheim aufgefundenen Erkennungsmarke eventuell eine Verbindung besteht.
Diesmal brauche ich nicht lange auf Nachricht zu warten. Am 2. Februar schreibt das Referat II: »Aufgrund Ihrer Angaben . . . konnten wir die Vermißtmeldung für den Unteroffizier Rolf Burger ermitteln. Ihr zufolge war Burger Träger der genannten Erkennungsmarke. Er wurde am 23. 12. 44 gegen 15 Uhr im Raum Bonn beim Feindflug als vermißt gemeldet. Der Gefallene war zu diesem Zeitpunkt Angehöriger der 12. Staffel des JG 2.«
In diesem Augenblick ziehen die Ereignisse der letzten Wochen und Monate in Gedanken noch einmal an mir vorüber. Mit ein paar Briefen hat es im Sommer 1967 angefangen. Ich wagte damals noch nicht zu glauben, daß mein Versuch einen solchen Ausgang nehmen würde. Zwar haben wir damit auch ein kleines Stück einer unglückseligen Vergangenheit wieder aufleben lassen müssen, aber es hat diesmal gelohnt. Denn drei Menschenschicksale fanden ihre Aufklärung.

FLIEGERGRAB IJSSELMEER

Der alte Wunschtraum, aus dem Ijsselmeer zusätzliches Land zu gewinnen, wird langsam wahr. Schon seit Jahrzehnten befaßte sich die niederländische Regierung mit diesem Problem und bis zum heutigen Zeitpunkt konnte ein Heer von Arbeitern und Technikern dem Ijsselmeer ganz beträchtliche Flächen Neuland abringen. Unser nordwestlicher Nachbar Holland hat eine Ausdehnung von rund 32 000 Quadratkilometern und weist eine zusätzliche Wasserfläche von etwas über 8000 Quadratkilometer auf. Die kleine Nation braucht dieses trockengelegte Land dringend.

Voraussetzung für die Errichtung der sogenannten Polder, die nach und nach entstehen sollten, war zunächst die Trennung der Zuidersee von der Nordsee. Das erreichten die Holländer durch den Bau des bekannten Abschlußdeiches, der bereits schon 1932 fertiggestellt werden konnte und der gleichzeitig auch die beiden Provinzen Nord holland und West-Friesland verkehrstechnisch verbindet.

Die Trockenlegung des ersten großen Polders wurde 1937 in Angriff genommen. Fünf Jahre später waren auf diese Weise 480 Quadratkilometer Neuland gewonnen. Im Jahre 1950 begannen weitere Arbeiten, die 1957 zu dem 540 Quadratkilometer großen Polder Ost-Flevoland führten.

Das alles hört sich sehr einfach an, doch es läßt sich wohl kaum vorstellen, mit welch enormen Aufwand und mit welcher Energie die Holländer darangingen, die See zu verdrängen. Hinter all den Anstrengungen verbergen sich der tatkräftige Wille, der Fleiß, die Zähigkeit und die Ausdauer dieses kleinen Volkes.

Nach und nach beginnt sich hinter den gezogenen Deichen das neue Land abzuzeichnen. Zunächst nur Schlamm und Sand, aber diese Flächen werden sofort mit Seegras bepflanzt. Danach sind die Bagger an der Reihe. Sie werden nach einem bestimmten System Gräben ausheben, welche anschließend die Drainagerohre aufnehmen, damit das Land endgültig trockengelegt und nutzbar gemacht werden kann. Einer jener Baggerfahrer ist es, der im Frühjahr 1960 auf etliche verrostete und verbogene Metallteile stößt, die sich schon bei flüchtiger Untersuchung als Wrackstücke eines Flugzeuges erkennen lassen.
Als die niederländische Luftwaffe von dem Fund unterrichtet wird, ist das der Beginn zu einer bis heute noch nicht abgeschlossenen Bergungsaktion. Denn je mehr Land trockengelegt wird, desto häufiger entdeckt man die Überreste von Flugzeugen im Schlamm.
Einer der Experten für das Luftkriegsgeschehen über Holland ist der junge Gerrie J. Zwanenburg aus Baarn. Er arbeitet eng mit dem von Major De Jong geleiteten Bergungsteam zusammen und kann oft genug wertvolle Hinweise über das Schicksal der gefundenen Maschinen geben. Es sind Flugzeuge sowohl alliierter als auch deutscher Herkunft, die der Polder immer wieder freigibt. Innerhalb kurzer Zeit werden unter anderem eine Spitfire, drei Messerschmitt Bf 109, mehrere Fortress, Lancaster und Halifax geborgen, die zum Teil noch die gesamte Bombenladung und die bis dahin als vermißt gemeldeten Besatzungen an Bord haben. Ja, sogar ein Gotha-Bomber, der im Ersten Weltkrieg hier in die See stürzte, befindet sich unter den Flugzeugwracks.
Tieflader bringen die Wrackteile zum Flugplatz Gilze-Rijen bei Breda, wo holländische Spezialisten darangehen, sie einer eingehenden Untersuchung zu unterziehen.
Die Arbeiten der Bergungstrupps sind jedoch weitgehend von den

Wetterverhältnissen abhängig. Praktisch sind die Räumfahrzeuge nur zwischen Juli und September draußen in den Poldern, denn nur ausgesprochen trockenes Wetter erlaubt es, schwerere Wrackteile aus dem zähen Schlammboden herauszuholen.
Im November 1962 stößt das Bergungsteam im Schlick des Polders Ost-Flevoland auf die verrotteten Trümmer einer deutschen Messerschmitt Bf 109, in deren Kanzel noch das Skelett des Flugzeugführers liegt. Noch wissen die Männer nicht, daß diese Maschine vor genau neunzehn Jahren, am 29. November 1943, nach einem Luftkampf hier abgestürzt und verschollen ist. Denn das, was die Holländer jetzt mühsam freilegen, ist die schwarze »9« des Uffz. Fritz Kostenbader von der 5. Staffel des JG 3. Und nur kurze Zeit später gelingt es auch, den seit damals als vermißt geltenden Unteroffizier zu identifizieren.
Wahrlich, die See gibt nun einige ihrer Geheimnisse preis. Relikte einer unseligen Zeit. Die Funde lassen die Menschen aufhorchen, denn trotz allem ist für viele der Krieg noch nicht zu Ende. Noch immer warten sie auf Nachricht von vermißten Angehörigen, hoffen noch immer, daß die Ungewißheit eines Tages ein Ende haben möge.
Seit Sommer 1964 stehe ich mit Gerrie Zwanenburg in brieflichem Kontakt, und er berichtet mir viel über die Bergungsarbeiten im Polder. »Wir vermuten«, so schreibt er, »daß noch eine ganze Menge Wracks gefunden werden. Dort, wo jetzt noch Wasser ist, haben wir schon etliche Maschinen orten können. Schätzungsweise hat allein die Royal Air Force rund 2500 Flugzeuge über Holland verloren, wovon über 130 Kampfmaschinen im Ijsselmeer verschwanden. Nicht zu vergessen die anderen, die amerikanischen und deutschen Flugzeuge.«
Anhand von Zwanenburgs Unterlagen läßt sich in den meisten Fällen der genaue Absturztag feststellen und auch, wer die Maschine flog und welcher Einheit sie angehört hat. Aber dies trifft fast ausschließlich auf die alliierten Flugzeuge zu.

Dem Ijsselmeer ist also eine recht beachtliche Anzahl von Maschinen zum Opfer gefallen, aber um sich die hohe Verlustzahl erklären zu können, muß man wissen, daß die Zuidersee, wie sie damals noch hieß, aus verschiedenen Gründen von beiden Seiten bevorzugt wurde. Einmal bedeutete Nordholland die Haupteinflugschneise alliierter Bomberströme auf ihrem Weg nach Deutschland, denn von Flak ungehindert, konnten sich die Pulks der Kampfflugzeuge vor und nach den Angriffen über der See sammeln. Das wußten natürlich auch die deutschen Tag- und Nachtjäger und schätzten dieses Gebiet ebenfalls als Treff- und Sammelpunkt. Über der Zuidersee tobten dann häufig genug die heftigsten Luftkämpfe, wobei unzählige Maschinen in das Wasser gestürzt und seitdem verschollen sind.
Zwanenburg ist erstaunt, daß es auch in Deutschland jemanden gibt, der sich aus Idealismus um die Auffindung von vermißten Fliegern bemüht. Er fragt mich deshalb, ob ich ihm technische Angaben übermitteln könnte, denn nicht immer ist eine Maschine bei der Bergung so erhalten, daß man sofort erkennen kann, um welchen Typ es sich handelt. Das gilt hauptsächlich für deutsche Maschinen, die immer wieder aufgefunden werden.
Während eines Besuches bei Hans Ring in München kommen wir auch auf die Bergungsarbeiten in Holland zu sprechen. »Da ich ja mit Zwanenburg in Verbindung stehe, wäre es doch denkbar, daß auch er uns helfen kann«, mache ich Ring aufmerksam. Er denkt einen Augenblick nach und sucht dann etwas in seinen Unterlagen.
»Hier«, sagt er schließlich. »Fragen Sie ihn doch mal nach dem Oberleutnant Heinrich Klöpper von der 7./JG 1. Er ist am 29. November 1943 über dem Westrand der Zuidersee abgeschossen worden. Nach Luftkampf mit mehreren P-38 wurde Klöpper nicht wieder gesehen.«
In meinem nächsten Brief teile ich Zwanenburg die genannten Daten mit. Da der Absturztag, Maschinentyp, die taktischen Zeichen, Einheit und auch der Name des Flugzeugführers bekannt sind, dürfte

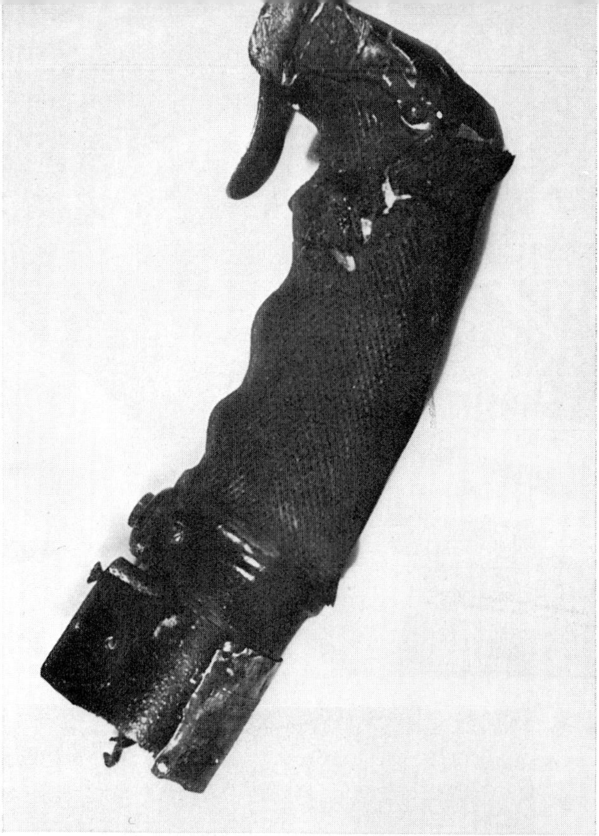

Das Oberteil des Steuerknüppels vom Baumuster KG 13 A mit den Bedienungsknöpfen für die Bordwaffen. Der abgebildete Steuergriff gehörte zu der von Ofw. Bartels geflogenen Messerschmitt.

Oberfeldwebel Heinrich Bartels von der 15./JG 27, der am 23. Dezember 1944 über Villip im Luftkampf fiel, nachdem er seinen 99. Gegner, eine Thunderbolt, besiegt hatte. Seit diesem Augenblick verlor sich die Spur des 26jährigen Österreichers.

Oben: Am 26. Januar 1968 gelang in Villip bei Bad Godesberg die Bergung des am 23. Dezember 1944 über Bonn vermißten Ritterkreuzträgers Oberfeldwebel Heinrich Bartels von der IV./JG 27. Das EK I auf einem Fetzen der Uniformbluse und der noch geschlossene Fallschirm des abgeschossenen Jagdfliegers wurden zuerst gefunden.

Rechts: Das ist die etwa sieben Meter tiefe Grube, aus der Ofw. Bartels' sterbliche Überreste und das Wrack seiner Bf 109 G–10 geborgen wurden.

das bei einer eventuellen Auffindung des Wracks ausreichen, um Flugzeugführer und Maschine sofort identifizieren zu können. Zwanenburg bestätigt mir sogar das Absturzdatum, denn auch in seinen Aufzeichnungen ist dieser Luftkampf festgehalten. Aber außer Klöpper müssen am 29. November noch weitere deutsche Maschinen über dem Ijsselmeer verlorengegangen sein, desgleichen auch ein oder zwei amerikanische.
Die Holländer haben Staffelkapitän Klöppers Messerschmitt Bf 109 G–6 mit der weißen »1« bis zum heutigen Tage noch nicht entdecken können, aber dafür gelingt es Major De Jongs Bergungsmannschaften, den seit dem 8. April 1944 vermißten Oberleutnant Karl Willius zu bergen und zu identifizieren. Willius, nach seinem Tode mit dem Ritterkreuz ausgezeichnet, gehörte der 2. Staffel des JG 26 an, die an diesem Tage über dem Ijsselmeer gegen amerikanische Viermot.-Verbände zum Einsatz gelangte. Aber lassen wir die Ereignisse jenes 8. April 1944 noch einmal an uns vorüberziehen.

Als etwa ab Mitte März 1944 die alliierten Luftstreitkräfte ihre Angriffe immer häufiger auf Verkehrsziele und Flugplätze konzentrierten, kann dies nur den Vorbereitungen für die im Juni geplante Invasion des europäischen Festlandes dienen. Noch immer ist die deutsche Luftwaffe dem Gegner ein Dorn im Auge; ihre Zerschlagung oder weitgehende Ausschaltung steht daher an der Spitze aller Angriffsplanungen.
Die deutsche Luftwaffe hat im Westen mit den Geschwadern JG 1, JG 2, JG 11, JG 26 und III./JG 54 die Hauptlast aller Kämpfe zu tragen, und nicht selten genug müssen sich diese Einheiten einer zahlenmäßig sechs- bis zehnfachen Übermacht entgegenstellen.
Seitdem nun die amerikanischen Jagdflieger, die bis dahin stur an den Bomberpulks klebten, um sie zu schützen, jetzt befehlsgemäß dazu übergehen, sich den angreifenden Deutschen entgegenzuwerfen und sie schon vorher zum Kampf zu stellen, ändert das die Situation noch-

mals. Die deutschen Maschinen kommen kaum, zumindest nur unter schwierigsten Bedingungen, an die Bomber heran. Mitunter steigt nun die Übermacht auf das Zwanzigfache an, und aus den Jägern sind plötzlich Gejagte geworden. Sowohl das »Richthofen«-Geschwader als auch die beiden anderen Jagdverbände verzeichnen hohe Ausfälle an Flugzeugen und fliegendem Personal.

Anfang April treffen beim JG 26 neue Verlegungsbefehle ein. Demnach soll Hauptmann Staigers I. Gruppe jetzt ihre Absprungplätze im Raum Vendeville beziehen. Am Sonnabend vor Ostern startet die 2. Staffel von Florennes in Belgien. Es ist 14.15 Uhr, 8. April 1944.

Die etwa aus zehn Maschinen bestehende Einheit nimmt Kurs Nordwest. In der Gegend von Brüssel ertönt es plötzlich im FT: »Achtung, feindlicher Kampfverband Nähe Zuidersee!« Die Staffel erhält den Befehl, sofort Kurswechsel vorzunehmen und die Bomberformation zum Kampf zu stellen.

Staffelkapitän Willius fliegt mit Leutnant Schild zusammen. Dicht hinter ihnen folgt Oberfeldwebel Babenz mit seinem Katschmarek, Unteroffizier Sandoz. Als sie über der See sind, sichten sie die eingeflogenen Amerikaner in etwa 8000 Meter Höhe und greifen sofort von vorn an.

Wie kleine Mücken schwirren die Begleitjäger um den gegnerischen Verband herum. Noch sind sie arglos, man hat die deutschen Maschinen noch nicht entdeckt. Beim ersten Angriff schießt Oberleutnant Willius eine Liberator brennend ab. Es ist sein 50. Luftsieg.

Doch jetzt scheint die amerikanische Eskorte aufgewacht zu sein, denn Sekunden später lösen sich die Jäger von ihrem Verband und stürzen sich auf die Deutschen. Beim Hochziehen sieht Leutnant Schild, daß hinter der Maschine des Staffelkapitäns eine Thunderbolt hängt. Der Amerikaner feuert aus allen Rohren.

»Einkurven, Charly!« ruft Schild hinüber durch das FT.

Aber da wirbeln auch schon einige Teile von Willius' Focke-Wulf durch die Luft. Kurz darauf zeigt sie eine lange Spritfahne. Nun wird

Schild selbst von etlichen Thunderbolt bedrängt, so daß er sich um Willius nicht mehr kümmern kann. Zwar schickt er dem hinter Willius sitzenden Gegner noch einige Garben in den Rumpf, muß aber dann sein Heil in der Flucht suchen. Er nimmt Kurs auf das Ruhrgebiet und kann so den Amerikanern schließlich entkommen. Inzwischen hat sich der Luftkampf bis in den Raum Zwolle gezogen. Auch Oberfeldwebel Babenz fällt in diesem Gefecht und wird von deutschen Truppen geborgen.
Über den Verbleib des Staffelkapitäns aber weiß man nichts. Keiner der Kameraden hat gesehen, wo seine »190« aufschlug. Karl Willius wird seit dem 8. April 1944 am Westrand der Zuidersee als vermißt gemeldet.

Die sterblichen Überreste des vor 23 Jahren gefallenen Staffelkapitäns werden am 23. Oktober 1967 etwa fünf Meter tief im schlammigen Polderboden in Kamperzeedijk aufgefunden. Erneut hat das Ijsselmeer eines ihrer so zahlreichen Opfer freigegeben. Der Volksbund Deutsche Kriegsgräberfürsorge läßt Willius nach Ijsselstein bei Venrai überführen, wo der Tote dann auf dem dort befindlichen großen Soldatenfriedhof ein würdigeres Grab erhält.
Natürlich wird man niemals alle Maschinen finden, die einst in das Ijsselmeer gestürzt sind. Ein großer Teil liegt in jenem Gebiet, welches auch späterhin Wasserfläche bleiben wird. Aber von denen, die im Bereich der geplanten Polder liegen, werden die Holländer in der kommenden Zeit sicherlich noch etliche aufspüren. Und somit ergibt sich die Möglichkeit, auf diese Weise vielleicht das eine oder andere Vermißtenschicksal noch aufklären zu können.
Aber nicht nur die See wurde damals vielen Fliegern zum Grab. Als die deutsche Luftwaffe am Morgen des Neujahrtages 1945 noch einmal zu ihrem letzten Großangriff, dem Unternehmen »Bodenplatte« startet, weiß man noch nicht, daß Stunden später nur ein Bruchteil der eingesetzten Maschinen wieder zurückkehren wird. Die Zahl der

am 1. Januar 1945 über Holland vermißten Flugzeugführer ist sehr hoch, doch vielleicht wird es den niederländischen Bergungseinheiten eines Tages gelingen, auch über den Verbleib einiger dieser Männer Gewißheit zu erlangen.

Gerrie Zwanenburg, immer noch einer der Aktiven bei der Bergung von Flugzeugen aus den Poldern, sagte einmal zu mir etwa folgende Worte: »Ganz gleich wie wir vorgehen, wir hier in Holland offiziell und mit allen Spezialgeräten, oder Du in Deutschland praktisch als Privatmann: Nicht die Anzahl der aufgespürten und geborgenen Soldaten ist ausschlaggebend, sondern der Versuch überhaupt, sie aufzuspüren. Nur das und die Bemühungen, den nach so langer Zeit gefundenen Toten einen letzten Dienst zu erweisen und auch ihren Angehörigen eine Gewißheit zu geben, stehen im Vordergrund. Dies allein ist es, was zählt.«

Während der letzten Jahre konnte ich viele Spuren aufnehmen, die teilweise später auch zu Erfolgen führten. Der nachfolgend aufgezeichnete Fall Bergisch Gladbach ist nun ein Beispiel dafür, daß man bei den Bemühungen, etwas über einen vermißten Jagdflieger zu erfahren, oft auch gänzlich in eine Sackgasse geraten kann. Diese Geschichte bereitete mir vor allen anderen das meiste Kopfzerbrechen.

RÄTSELHAFTE ZUSAMMENHÄNGE

Die Bergung in Sulzbach liegt schon Monate zurück, aber immer wieder stelle ich fest, daß viele Menschen sich mit dem Ereignis befaßt haben und auch noch befassen. Einige wenden sich an das »Höchster Kreisblatt«, welches im Frühjahr 1967 über die Bergungsarbeiten berichtet hatte, und machen zum Fall Sulzbach nachträglich noch Angaben aus eigener Erinnerung. Andere schreiben mich direkt an oder versuchen, auf andere Weise mich irgendwie zu erreichen.
So lerne ich Herrn Ing. Förster kennen, einen ehemaligen Waffenmixer des Jagdgeschwaders 27. Und da ich gerade mit der Geschichte dieser Einheit beschäftigt bin, freut sich Förster riesig, mit jemanden wieder einmal über schon fast längst vergessene Einzelheiten aus jener Zeit sprechen zu können. Namen tauchen auf, Erinnerungen werden wach, und so findet der damalige Unteroffizier einen Anlaß, der ihn mehrmals zu mir führt.
Anfang November 1967 erhalte ich einen Anruf von Förster: »Hören Sie«, sagt er ziemlich aufgeregt, »ich habe da etwas entdeckt, was Sie sicherlich interessieren wird.«
»Schießen Sie los!«
Ich hatte Förster von den Wrackbergungen erzählt und vermute nun unwillkürlich, daß er mit weiteren Informationen über den Vermißten von Sulzbach aufwarten wird. Aber das, was er mir jetzt erzählt, hat nichts mit diesem Jagdflieger zu tun. Vielmehr leitet Försters Telefonanruf die Nachforschungen zu einem neuen Vermißtenfall ein, der

so eigenartig und rätselhaft erscheint, daß alle Anstrengungen, ihn zu klären, von vornherein schon kaum Erfolg versprechen. Doch das alles weiß ich an jenem Novembertage noch nicht, und so höre ich gespannt zu, was Förster mir mitzuteilen hat.

»Vergangenes Wochenende war ich in Köln und entdeckte bei Bekannten eine Oktober-Ausgabe der »Bergischen Landeszeitung«, in der von einer Flugzeugbergung bei Paffrath in der Nähe von Bergisch Gladbach berichtet wird. Auch der Pilot wurde gefunden, doch man weiß noch nicht, wer dieser Mann ist. Am besten, ich schicke Ihnen mal den Zeitungsausschnitt zu.«

In Ruhe nehme ich mir dann den Presseartikel vor und studiere ihn eingehend. Schon recht bald merke ich, daß gleichzeitig mit der Auffindung des noch nicht identifizierten Flugzeugführers eine ganze Reihe von Tatsachen bekannt sind, zum Teil sogar wichtige Anhaltspunkte, die jedoch alle in verschiedene Richtungen weisen. Eine äußerst verwirrende Geschichte also. Daß sie noch komplizierter werden wird, als sie jetzt schon zu sein scheint, stellt sich erst später heraus. Aber zunächst einmal zurück zum 24. Oktober 1967.

Für den Leiter des Bombenräumkommandos Köln war auch dieser Tag wieder einmal recht arbeitsreich verlaufen, denn seine Aufgabe ist es, aufgefundene Munition aus dem Krieg durch Sprengung unschädlich zu machen. Auf der Rückfahrt führt ihn der Weg durch Paffrath. In der Kempener Straße sieht er, wie Bauarbeiter mit ihrer Planierraupe dabei sind, Erdmassen für einen Neubau wegzuschieben. Plötzlich erinnert sich Walter Reichmuth an jene Geschichte mit dem Flugzeugabsturz, die ihm vor langer Zeit ein Bekannter erzählt hatte. Auf demselben Gelände, auf dem jetzt gerade die Ausschachtungsarbeiten im Gange sind, stürzte am 25. Dezember 1944 eine deutsche Jagdmaschine ab.

Seit diesem Tage liegt auf dem Friedhof von Bergisch Gladbach ein unbekannter Flieger begraben. Man konnte die wenigen Überreste des Piloten, die am Absturzort bei der zerschellten Maschine gefunden wurde, damals nicht identifizieren, jedoch die Ereignisse an jenem frostklaren Weihnachtsfeiertag sind vielen Einwohnern Paffraths in guter Erinnerung.

Alliierte Bomberformationen strömen pausenlos nach Deutschland hinein. Eines der Haupteinflugsgebiete ist der Raum Köln—Bonn, und die deutschen Jäger versuchen dort, den Gegner mit allen noch zur Verfügung stehenden Kräften zu bekämpfen. Aber die Mustang und Thunderbolt treten in solcher Überzahl auf, daß die Deutschen alle Mühe haben, sich selbst ihrer Haut zu wehren. Auch am 25. Dezember 1944 zeichnet sich am Himmel Kölns wieder das gleiche Bild ab. Am Vormittag kommt es östlich der Stadt zu heftigen Luftkämpfen, die für die Deutschen sehr verlustreich ausgehen.
Unteroffizier Molitor, der sich gerade auf Heimaturlaub befindet und Augenzeuge dieser harten Gefechte wird, bemerkt plötzlich, wie eine Maschine fast senkrecht zur Erde stürzt. Molitor rennt in sein Haus und hört Sekunden darauf eine gewaltige Explosion. Als er wieder auf die Straße tritt, sieht er auf dem gegenüberliegenden Acker kleine Flämmchen aufflackern. Das Flugzeug selbst hat sich in den etwas sumpfigen Boden gebohrt. Nur ein paar Wrackteile liegen umher. Metallfetzen, die von einem deutschen Jagdflugzeug stammen. Auch von dem Piloten findet man später nur einige wenige Leichenteile.
Daß ein leitender Polizeibeamter in den Tagen dieser turbulenten Zeit eine äußerst sorgfältige Aktennotiz über den Absturz anlegt, ist heute erstaunlich für jeden, der die damaligen Verhältnisse kannte. Der Revierhauptmann Kuhlmann schreibt unter dem 25. 12. 44 folgendes nieder:
»Am gleichen Tage, gegen 11.30 Uhr, stürzte ein weiteres deutsches Flugzeug ab und fiel auf das Grundstück des Landwirtes Kissmer in Paffrath, gegenüber dem Haus Kempener Straße 42. Das Flugzeug war vollständig zertrümmert und in den sumpfigen Boden versunken. Eine Bergung war nicht möglich. Restliche Leichenteile wurden im

Gelände gefunden. Sehr wahrscheinlich sind der Rumpf, Arme und Beine des Fliegers mit der Maschine im Erdboden versunken. Die restlichen Teile sind auf dem Ehrenfriedhof der katholischen Pfarrgemeinde bestattet worden. Die Person des Fliegers ist bisher nicht identifiziert. Er ist vorläufig als ›unbekannter Soldat‹ bestattet worden. Ein Kreuz der Stadt Bergisch Gladbach ist durch den Hauptmann der Schutzpolizei Kuhlmann auf dem Grab niedergelegt worden.«
Wer aber ist dieser Gefallene? Gerade in den Weihnachtstagen des Jahres 1944 muß die Jagdwaffe einen ungeheuren Aderlaß erleben, und am 25. Dezember melden fast alle im Westen eingesetzten Jagdgeschwader Verluste: JG 1, JG 3, JG 6, JG 11, JG 26, JG 27, JG 54 und JG 77.

Feuerwerker Reichmuth handelt schnell, denn er weiß, daß dies die günstigste Gelegenheit ist, die Suche nach dem versunkenen Flugzeugwrack aufzunehmen. Außerdem müßte dort bestimmt noch Munition liegen. Wenn auf dem Gelände erst einmal Häuser stehen, ist es vorbei. Und schließlich kann es auch keinem Menschen zugemutet werden, möglicherweise mit einer Bombe unter dem Keller zu wohnen. Schon am Morgen des nächsten Tages, dem 25. Oktober, kommt Reichmuth mit Spezialfahrzeugen nach Paffrath zurück. Aber seit dem Absturz sind 23 Jahre vergangen; selbst die Augenzeugen von damals können nicht mehr exakt aussagen, wo der Aufschlag genau erfolgte. Mit Hilfe einer Förstersonde suchen die Männer des Bombenräumkommandos daraufhin sorgfältig jeden Quadratmeter Boden ab, bis dann endlich an einer bereits ausgehobenen Fläche der Zeiger des Gerätes ausschlägt.
Sofort setzt der Baggerführer an diesem Punkt an. Bereits in einer Tiefe von etwa zweieinhalb Meter lassen sich erste Anzeichen erkennen, daß man hier auf die richtige Stelle gestoßen ist. Der Kühler einer Messerschmitt Bf 109 kommt zum Vorschein, dann ein zer-

fetzter Reifen des Fahrwerks, wenig später zwei Metallblätter der Luftschraube.
Wie immer bei solchen Arbeiten, hat sich auch in Paffrath eine beachtliche Anzahl von Schaulustigen eingefunden. Mit Spannung verfolgen sie, trotz strömenden Regens, die Grabung nach dem Flugzeug. Natürlich werden auch bald die wildesten Vermutungen über diesen Absturz laut. So wendet sich der Friseur Anton Zensur an die Männer, die dort im aufgeweichten Boden stehen und immer mehr Wrackteile aus der Grube holen: »Nach dem Piloten braucht ihr nicht zu suchen, der ist mit dem Fallschirm abgesprungen!«
Gegen 14 Uhr findet man Fetzen einer Fliegerkombination. Die Reißverschlüsse der schwarzen Lederjacke sind noch zu. Und somit kann auch Zensurs Theorie nicht stimmen. Der Flugzeugführer muß beim Aufschlag noch in der Maschine gesessen haben. Allerdings ist am 25. Dezember über Paffrath noch ein weiteres deutsches Jagdflugzeug abgeschossen worden, so daß der Friseur eventuell den Piloten jener Maschine am Schirm hat hängen gesehen.
Dann wird der Fallschirm herausgeholt. Auch er ist noch verschlossen. Ein Stiefel mit Skelettresten kommt zum Vorschein, dann Uniformteile, die zur Hose des Gefallenen gehörten. Wenig später gibt der nasse Boden eine Fliegerkarte und ein Klappmesser frei.
Schweigend beobachten die Paffrather Bürger, was jetzt nach über 20 Jahren von dem deutschen Fliegersoldaten geborgen wird. Ein erschütterndes Erlebnis für viele, die vielleicht selbst noch auf Nachricht von einem vermißten Angehörigen warten.
Am nächsten Tag setzt das Räumkommando die Arbeiten fort. Jetzt sind bereits Zusatzgeräte erforderlich, denn in der Grube steht Grundwasser, das den Boden immer mehr aufweicht. Wieder holt der Bagger Blechstücke herauf, eine Pistole P 37 vom Kaliber 7,65 darunter. Und abermals finden sich Uniformfetzen in den klatschnassen Erdmassen.
Inzwischen hat man die Habseligkeiten des Gefallenen dem Ord-

nungsamt in Bergisch Gladbach übergeben und auch den VDK in die Ermittlungen eingeschaltet. Eine erste eingehende Untersuchung der gemachten Funde beginnt. Da die Erkennungsmarke fehlt, steht noch nicht fest, wer dieser Flieger ist.
In einer der Uniformtaschen entdecken die Beamten die Geldbörse des Toten. In ihr liegt ein Foto, das einen Ritterkreuzträger der Luftwaffe zeigt und das anschließend noch viele Rätsel aufgeben soll. Es scheint sich hierbei um einen Wochenschauausschnitt zu handeln. Die Aufnahme ist offensichtlich bei der Verleihung der Auszeichnung entstanden, denn der Luftwaffenoffizier trägt das Ordensband noch lose um den Hals.
Beim Vergleich der Aufnahme mit den Fotos der Ritterkreuzträger der Jagdwaffe kommt Hans Ring in München zunächst zu dem Schluß, daß der auf dem Filmausschnitt abgebildete Offizier mit dem Kommandeur der I. Gruppe des JG 3, Hauptmann Horst Haase, identisch ist, der am 26. November 1944 während eines Alarmstarts in Erkelenz mit seinem Rottenflieger zusammenstieß und dabei tödlich verunglückte. Der Gefallene von Bergisch Gladbach ist also nicht dieser Ritterkreuzträger, aber das Bild kann darauf hinweisen, daß der Flugzeugführer möglicherweise der gleichen Einheit angehört hat.
Ferner entdeckt man mehrere Posteinlieferungsscheine, die das Ordnungsamt sofort an das Bundeskriminalamt nach Wiesbaden schickt in der Hoffnung, daß man dort die unleserlichen Schriftzüge sichtbar machen kann. Die Beamten von der kriminaltechnischen Abteilung finden schließlich heraus, daß einer der Scheine gemäß Poststempel am 28. November 1944 in Stargard (Pommern), ein zweiter in Hermesdorf bei Breslau aufgegeben wurde. Der Name des Empfängers: Gefr. Altewischer, FFS 116, Göppingen. Demnach sind die Einsendungen an einen Angehörigen der dortigen Flugzeugführerschule gerichtet gewesen.
Mit viel Mühe machen die Journalisten der »Bergischen Landeszeitung« diesen ehemaligen Gefreiten Altewischer in Reckum ausfindig,

doch der Gesuchte kann sich beim besten Willen nicht mehr erinnern, von wem er damals 300 Reichsmark erhalten haben soll. Auch dieser Umstand führt dazu, daß die Suche nach dem Vermißten von Bergisch Gladbach in die verschiedensten Richtungen läuft, ohne daß dabei ein wichtiger Anhaltspunkt zu Tage tritt.
Außerdem sind dank des Bundeskriminalamtes jetzt auch auf der Rückseite der erwähnten Scheine mit Bleistift geschriebene Zahlen/Buchstaben-Kombinationen zu erkennen. In Bergisch Gladbach ist man davon überzeugt, daß es sich hierbei um Planquadrate handelt, die für irgendwelche Einsatzflüge Bedeutung hatten.
Eine der eigenartigsten Tatsachen ist jedoch, daß der abgestürzte Pilot neben seiner Kombination ein Koppel des Heeres getragen hatte, wie sich bei der Bergung herausstellte. Das wiederum ist der Anlaß — vielleicht aus Unkenntnis der Dinge und der Situation —, daß man in der abgeschossenen Maschine plötzlich eine zweisitzige Variante der Bf 109 sieht. Demnach soll ein Mann mit dem Fallschirm abgesprungen, der andere in der Maschine geblieben sein. Man vermutet sogar, daß der zweite Mann, wegen des Heereskoppels und des Wochenschaufotos, ein PK-Berichter gewesen sein müßte, der von einem der gestarteten Jagdflieger mitgenommen wurde.
Tatsachen, Vermutungen? Eine Menge Hinweise jedenfalls, die jedoch zu Widersprüchen führen und keinen Zusammenhang erkennen lassen. Hat der ganze Fall schon von Anfang an ein unzutreffendes Bild ergeben? Ist man einer Spur gefolgt, deren Ausgangspunkt schon falsch war?

Als ich die Berichte über den Flugzeugabsturz gelesen habe, steht es für mich sofort fest: Ich muß nach Bergisch Gladbach, um mich selbst von den Funden zu überzeugen. Denn irgend etwas stimmt hier nicht, sage ich mir.
Zuerst rufe ich Oberamtmann Hegemann vom Ordnungsamt an. In kurzen Worten bestätigt er mir noch einmal das, was ich auch schon

aus der Presse erfahren hatte. Ich frage ihn: »Ist etwas über den Maschinentyp bekannt? Und wo könnte ich die Trümmer besichtigen?«
»Ja, die Trümmer sind bereits weggeholt. Wir haben nur noch einige Dinge, die den Gefallenen betreffen.«
Ich habe das Gefühl, wieder einmal auf einen jener Umstände getroffen zu sein, die es hauptsächlich sind, daß eine ganze Reihe von geborgenen Gefallenen nicht identifiziert werden können, obwohl sich vielleicht eine Möglichkeit dazu bietet. Denn auch anhand des Maschinentyps, der taktischen Zeichen oder sogar der Werknummer ließe sich feststellen, zu welcher Einheit der Gefallene gehört haben könnte.
Hegemann nennt mir auf Wunsch die Bleistiftzeichnungen, welche die Planquadrate angeben sollen. Schnell notiere ich mir die Angaben, ehe ich mit dem Leiter der Bergisch Gladbacher Feuerwehr, Herrn Schütze, verbunden werde. Dieser Mann, so erfahre ich, war bei der Bergung dabei und hat auch alle anderen Funde gesammelt. Von Schütze könne ich weitere Hinweise erhalten.
Aber auch Schütze weiß nichts über den Maschinentyp, außer daß es eine Messerschmitt der G-Serie war, wie ein Typenschild mit der Motorbezeichnung bestätigt. Wir vereinbaren einen Termin, an dem ich nach Bergisch Gladbach kommen sollte, um mich selbst noch einmal umsehen zu können.
Bekanntlich hatte ich mich am 13. Dezember 1967 mit dem Bürgermeister Bach in Villip wegen der Bergung des Oberfeldwebels Bartels verabredet, und da ich mich dann schon im Kölner Raum befinden würde, will ich im Anschluß an die Unterredung in Villip gleich nach Bergisch Gladbach weiterfahren.
So geschieht es dann auch. Waltraud und ich erreichen die kleine, hübsche Stadt am frühen Nachmittag. Die Feuerwehrwache zu finden ist nicht schwer, zumal mir Schütze per Telefon eine gute »Lageskizze« gab. Als wir in Bergisch Gladbach einfahren, herrscht überall

in den Straßen ein buntes Treiben, denn es ist ja kurz vor Weihnachten, und auch hier wollen die Menschen ihre letzten Einkäufe für das kommende Fest tätigen.
Schütze begrüßt uns freundlich und führt uns in einen Nebenraum der Wache, in dem wir die geborgenen Sachen des gefallenen Flugzeugführers aufbewahrt finden. Wenig später treffen zwei Herren von der »Bergischen Landeszeitung« ein, die Schütze von unserem Besuch informiert hatte. Wir machen es uns bequem und unterhalten uns anschließend über den vorliegenden Bergungsfall, wobei ich versuche, weitere Einzelheiten herauszufinden, die vielleicht bisher als nicht so wesentlich erschienen sein mögen.
Wie ich höre, spukt noch immer die Version von der zweisitzigen Messerschmitt und dem PK-Mann herum. Aber bei der Durchsicht einiger in Paffrath gemachter Funde entdecke ich mehrere Bordgeschosse vom Kaliber 13 mm und 2 cm.
»Sehen Sie«, versuche ich zu erklären, »diesen Geschossen nach zu urteilen, dürfte die abgestürzte Maschine keine G–12, also die doppelsitzige Variante der Bf 109, gewesen sein. Die G–12 war ein Ausbildungsflugzeug, das bei den verschiedensten Jagdfliegerschulgeschwadern flog. Man hat diesen Typ in den letzten Kriegsmonaten sporadisch allerdings auch im Fronteinsatz gesehen. Normalerweise trug die G–12 keinerlei Bewaffnung, wurde aber mitunter mit zwei MG 17 ausgerüstet. Diese Waffen hatten ein Kaliber von 7,9 mm.«
»Und der zweite Mann, von dem hier immer wieder die Rede ist?« Einer der Journalisten deutet auf die vor ihm liegenden Zeitungsausschnitte. »Könnte denn nicht doch eine weitere Person in der Maschine gesessen haben? Das Vorhandensein eines Koppels von der Infanterie ist doch zumindest recht eigenartig.«
Obwohl ich zugeben muß, daß auch ich im Augenblick keine Erklärung für diesen Umstand finde, will ich nicht so recht an einen zweiten Flieger an Bord der Messerschmitt glauben. Das Mitnehmen eines Kameraden in der ohnehin schon sehr engen Kabine einer Bf 109

hätte während eines Einsatzfluges für beide Insassen sicherlich eine ungeheure Strapaze bedeutet und die Bewegungsfreiheit ungemein behindert. Auf einen möglicherweise zu erwartenden Luftkampf hätte sich der Flugzeugführer unter diesen Umständen niemals einlassen können, und das erst recht nicht in jenen Tagen des Jahres 1944 im Westen.

Gewiß, es sind genug Fälle bekannt, in denen die Messerschmitt zwei Flieger transportierten. Damals, 1943 beispielspeise, als die deutschen Jagdgruppen den Kampfraum Tunesien aufgeben mußten und ihre Piloten dabei versuchten, soviel Personal wie möglich nach Sizilien zu bringen. Oder beim Rückzug auf der Krim im Mai 1944. Hier kam es ebenfalls vor, daß Flugzeugführer des JG 52 einen ihrer Kameraden unter halsbrecherischen Bedingungen in ihre Maschine verfrachteten, um sich so über das Schwarze Meer nach Rumänien retten zu können.

Bei der Untersuchung der zerfetzten Uniformstücke stelle ich fest, daß der Flieger eine ganz normale Pilotenausrüstung getragen haben mußte: Blaue Fliegerhose, blaues Hemd, blauer Wollschal in der typischen Strickart, schwarze Lederjacke, schwarze Fliegerstiefel. Doch ohne Frage paßt der Ledergurt mit dem Infanterie-Koppelschloß in diesem Zusammenhang nicht dazu.

Wochen darauf, als ich wieder einmal Kurt Ebener im Taunus besuche, höre ich von ihm zwei interessante Dinge. Ebener erzählt mir nämlich folgendes: »Das mit dem Heereskoppel mag eine ganz harmlose Bedeutung haben. Ende 1942, als ich mit der Platzschutzstaffel auf Pitomnik vor Stalingrad lag, trug ich eine Heereshose meines Bruders. Er hatte sie mir gegeben, als ich ihn dort wieder traf.«

Auf meinen Hinweis, daß sowohl in Sulzbach als auch in Bergisch Gladbach keine Erkennungsmarke aufgefunden wurde, erwähnt Ebener, daß auch er diese Marke kaum getragen hatte. »Es war zwar Vorschrift, aber mir war sie am Hals zu lästig, daß ich oft das Ding einfach nicht umhängte.«

Beides, die Sache mit dem Heeresuniformstück und der Erkennungsmarke, konnte also in ähnlicher Form ohne weiteres auch für den Flieger in Bergisch Gladbach zutreffen. Möglicherweise mag es für die verworrenen und eigenartigen Tatsachen hier in Bergisch Gladbach eine gleichfalls harmlose Erklärung geben. Noch aber liegt über dem Fall zuviel Dunkelheit, und es wird recht schwierig sein, herauszufinden, welcher Weg einzuschlagen ist oder welcher Spur man nachgehen müßte, um genauere Hinweise auf die Identität des Gefallenen zu erhalten.

Wieder zu Hause, beschäftige ich mich als nächstes mit den Bleistiftaufzeichnungen auf den Rückseiten der Einlieferungsscheine, denn bisher hatte ich mich um diese Schriftzeichen nicht gekümmert. Schon bei der ersten Durchsicht und dem Vergleich der Eintragungen untereinander mache ich eine Entdeckung, von der ich bis heute noch nicht weiß, ob sie von großer Wichtigkeit ist oder ob alles nur ein Zufall bedeutet.

Jedenfalls scheint sich eine ganz neue Verbindung zu ergeben, und zwar die Verbindung mit einer Flugzeugführerschule, der der Gefallene vorher angehört haben könnte. Die Zahlen/Buchstaben-Kombinationen müssen nämlich mit den Radio-Rufzeichen, wie sie Maschinen von Flugzeugführerschulen am Rumpf aufgemalt hatten, identisch sein. Und da fällt mir ein, daß die Postabschnitte die Anschriften solcher Schulen tragen. Eine davon ist die FFS A/B 116 in Göppingen.

Hastig krame ich in meinem Archiv nach geeignetem Bildmaterial und hole schließlich das Foto einer erbeuteten North American NAA 64 von der FFS 116 hervor. Dieser Maschinentyp wurde auf den Schulen viel verwendet.

»Sieh Dir das mal an«, rufe ich Waltraud zu, die erschrocken in das Zimmer eilt und anscheinend nichts Gutes ahnt. Hoffentlich nicht wieder ein vom Tisch gefallener Aschenbecher, wird sie gedacht haben.

Aber diesmal will ich ihr etwas anderes zeigen. Ich lege ihr das Foto von der amerikanischen NAA 64 vor. »6 DR + XD«, liest sie.
»Und jetzt hier«, fordere ich Waltraud auf, indem ich ihr nun die Kopien der Postabschnitte zuschiebe. Sie entziffert weiter: »10 KE + GB, 16 Cn + CB . . .«
»Ist das nicht auffallend? Die Zeichen auf den Abschnitten haben sicherlich etwas mit einer Flugzeugführerschule zu tun.«
Aus welchem Grund mag der Flieger von Bergisch Gladbach sich diese Bezeichnungen notiert haben? Hat er Maschinen mit solchen Kennungen selbst geflogen? War er kurz vor seinem Absturz noch auf einer Flugzeugführerschule und ist dann zu einem Frontverband versetzt worden? Vielleicht ist es ein ganz junger Flieger gewesen, der gerade seine Ausbildung hinter sich hatte und den es dann gleich beim ersten Einsatz erwischte.
An diesem Abend setze ich mich tief in den Sessel zurück, eine Tasse starken Kaffee vor mir, und fasse in Gedanken noch einmal die ganzen bisherigen Ergebnisse zusammen. Bis zu jenem Zeitpunkt gibt es, so glaube ich, zwei wichtige Spuren. Die erste läßt eine Verbindung zu einer Jagdfliegerschule erkennen. Die zweite ist das Foto des Hauptmanns Haase. Daß es ein PK-Mann, also ein Kriegsberichter war, der diese Abbildung als »Belegfoto« in der Tasche trug, möchte ich zunächst ausschließen, obwohl man auch das als Hinweis annehmen muß. Vielmehr teile ich die Ansichten vieler anderer Befragten, daß der Flugzeugführer entweder mit Hauptmann Haase bekannt war, vielleicht sogar in einem verwandtschaftlichen Verhältnis zu ihm stand, oder aber, und das scheint wohl am ehesten zuzutreffen, er gehörte der gleichen Einheit an wie Haase: dem JG 3. Beim Jagdgeschwader »Udet« sollte man auch die Untersuchungen fortsetzen, überlege ich.
Bereits im März 1968 werden jedoch alle diese Theorien wieder über den Haufen geworfen, als plötzlich der Fall einen völlig neuen Aspekt erhält. Oberregierungsrat Dr. Schütze vom Versorgungsamt Köln, der

Links: Das Grab des Uffz. Heinz Zimkeit von der 12. Sturm/JG 3 auf dem kleinen Soldatenfriedhof in Pflach bei Reutte in Österreich. Am 3. August 1944 tobten über den Lechtaler Alpen heftige Luftkämpfe mit »Liberator« der 15. amerikanischen Luftflotte aus Italien, wobei vier amerikanische und sechs deutsche Maschinen abgeschossen wurden. Drei Flugzeugführer der Sturmgruppe gelten noch als vermißt.

Unten: Messerschmitt Bf 109 G–14. Die beiden Jagdflugzeugtypen FW 190 und Bf 109, bis Kriegsende bei der Luftwaffe als Standardjäger eingesetzt, waren ständig Neuerungen und Verbesserungen unterworfen. Die Verwendung schwererer Bordwaffen erfolgte schließlich auf Kosten der Geschwindigkeit, was nur durch den Einbau stärkerer Triebwerke ausgeglichen werden konnte. Mit rund 680 km/h war die G–10 die schnellste aller G-Varianten. Die G–14, welche ab Sommer 1944 zum Einsatz kam, besaß serienmäßig die neue Kabinenabdeckung für bessere Sichtverhältnisse, »Galland-Haube« genannt.

Links: Diesen Ausschnitt aus einem Filmstreifen fand man in der Tasche des noch unbekannten Gefallenen von Bergisch Gladbach. Das Foto zeigt einen Ritterkreuzträger der Luftwaffe, von dem man annimmt, daß er möglicherweise in einem verwandtschaftlichen Verhältnis zu dem toten Flugzeugführer stand oder ein Bekannter von ihm war. Erst im September 1970 konnte die Identität dieses Ritterkreuzträgers gelüftet werden.

Unten: Noch immer ist nicht genau bekannt, wieviel deutsche Jagdflugzeuge während der Ardennen-Offensive um die Jahreswende 1944/1945 abgeschossen wurden. Die Zahl der seit damals vermißten Flugzeugführer ist noch sehr hoch. Auf der Abbildung zeigt die mit den Bordwaffen gekoppelte Kamera eines amerikanischen Jägers den Abschuß einer Bf 109.

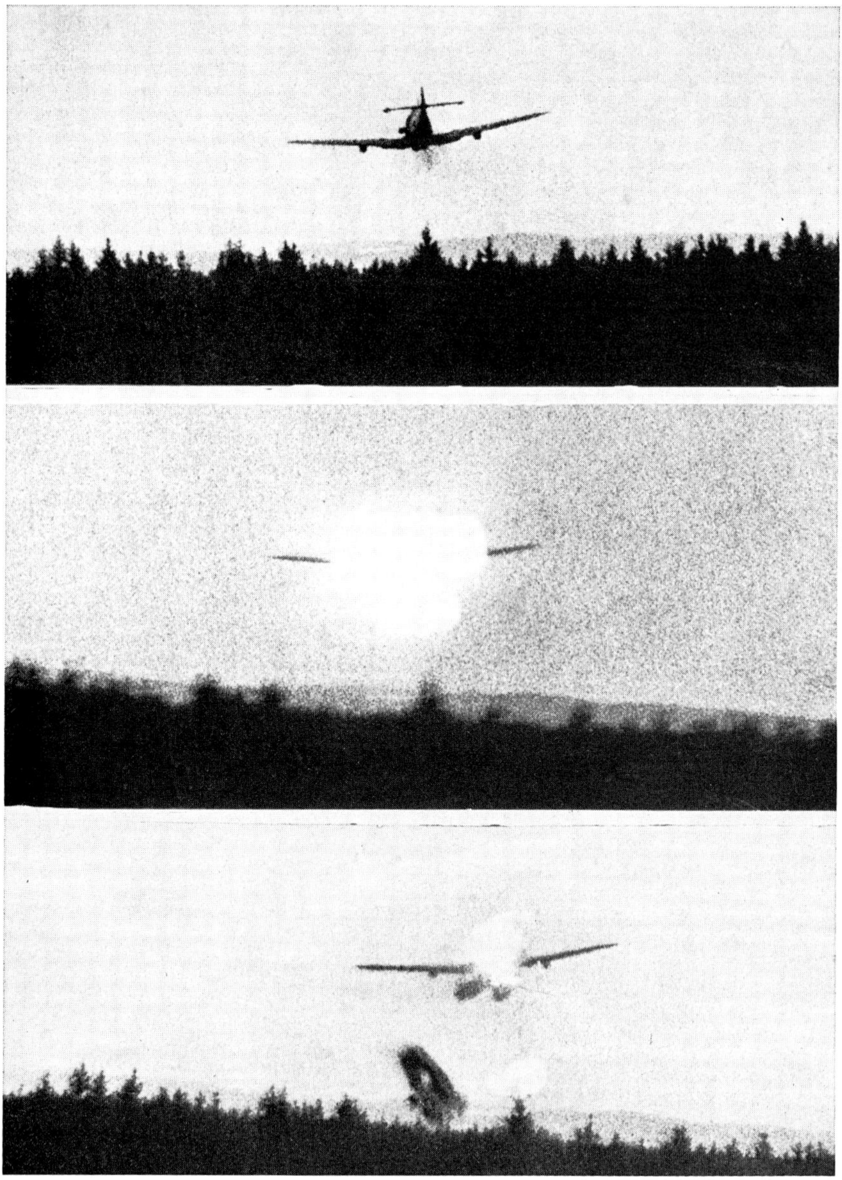

sich als ehemaliger Jagdflieger gleichfalls um die Aufklärung des Paffrather Flugzeugabsturzes bemüht, hat nach etlichen Schwierigkeiten die Witwe des im November 1944 gefallenen Hauptmanns Haase ausfindig gemacht. Frau Haase, die heute unter anderem Namen in den USA lebt, glaubt nicht, daß das ihr vorgelegte Foto des Ritterkreuzträgers der Luftwaffe ihren Mann, Hauptmann Horst Haase, zeigt. Wer aber ist nun dieser Offizier auf dem Wochenschaufoto?

Der Fall Bergisch Gladbach wird noch undurchsichtiger, als mir im Juni der Schriftleiter des von der Gemeinschaft der Jagdflieger herausgegebenen »Jägerblatts«, Hans-Joachim Kroschinski, schreibt, daß er das besagte Foto kürzlich dem in Hamburg lebenden Bruder Horst Haases vorgelegt hatte. Dieser wiederum will den Fliegeroffizier eindeutig wiedererkennen. Nun muß man berücksichtigen, daß die Bildqualität des bei Bergisch Gladbach aufgefundenen Fotos nicht gerade als gut zu bezeichnen ist. Allerdings zeigt es eine gewisse Ähnlichkeit mit dem in unserem Besitz befindlichen Foto von Hauptmann Haase. Es ist tasächlich nicht leicht, eine solche Aufnahme zu identifizieren, zumal auf der einen die Kopfbedeckung fehlt und beide aus verschiedenen Blickwinkeln aufgenommen wurden.

Anfang Juni habe ich meine Unterlagen so weit zusammen, daß ich eine Einladung aus Berlin mit einem kurzen Besuch bei der WASt verbinden kann. Gut vorbereitet und mit prall gefüllter Tasche lasse ich mich von Waltraud zum Rhein-Main-Flughafen fahren, denn ich will einmal die Reise nicht nur in der Luft, sondern schon von Anfang an ungestört genießen können. Sollten jetzt einige Leser Zweifel daran haben, ob dem tatsächlich auch so war, weil ich mich den Fahrkünsten meiner Frau auslieferte, so kann ich sie beruhigen. Waltraud fährt ausgezeichnet.

An jenem Sonntag hängen die Wolken sehr tief. Auch der seit dem Vormittag niedergehende leichte Nieselregen trägt dazu bei, der allgemeinen Stimmung, die angesichts der miesen Wetterlage der letzten Wochen ohnehin schon fast den Nullpunkt erreichte, noch mehr Niedergedrücktheit zu verleihen. Erst kurz vor Berlin reißen die brodelnden Wolkenschichten auf, so daß sich die Stadt den Fluggästen in einem fahlen Licht präsentiert.

Als die Boeing 727 über Neukölln einschwebt und tiefer geht, um zur Landung anzusetzen, weiß ich, daß mein Freund Kurt dort unten in der Ankunftshalle bereits auf mich wartet. Kurt Nörenberg kenne ich schon seit unserem ersten Schultage, und unsere Freundschaft hat sich, was in der heutigen Zeit nicht sehr oft zu finden ist, bis zum gegenwärtigen Tage ungetrübt gehalten. Ich freue mich, Kurt wiedersehen zu können. Schade nur, daß die Zeit ein wenig knapp bemessen ist.

Auch Kurt kennt meine nebenberufliche Beschäftigung, da ich ihm stets darüber berichte, wenn ich wieder einmal »auf fremder Leute Äcker moderne Archäologie betreibe«, wie sich kürzlich jemand in bezug auf meine Unternehmungen ausdrückte.

Am nächsten Morgen nimmt mich Kurt auf den Weg zu seiner Arbeitsstätte im Wagen bis zum Fehrbelliner Platz mit. Hier steige ich in den Omnibus, der mich in einer guten halben Stunde nach Borsigwalde bringt. Schließlich stehe ich vor den Toren der WASt, jener Stelle, von der ich so oft schon wertvolle Hilfe erhalten habe. Auch jetzt hoffe ich, daß die Durchsicht bestimmter Unterlagen für die noch ungeklärten Vermißtenfälle, insbesondere aber den von Bergisch Gladbach, neue Spuren erkennen läßt.

Einige Minuten muß ich warten, bis mich Herr Wank vom Referat VII persönlich am Tor abholt. »Wir kennen uns ja schon eine ganze Zeit lang, wenn auch nur durch unseren Schriftverkehr mit Ihnen«, werde ich begrüßt. Anschließend führt er mich in sein Dienstzimmer.

»Ich habe Sie mir eigentlich viel älter vorgestellt«, meint Wank. »Beachtenswert, daß ein Mann in Ihrem Alter sich für solch eine Tätigkeit bereitfindet, zumal Sie ja eigentlich mit dem Krieg gar nichts mehr zu tun hatten. Jedenfalls wissen Sie, und das haben wir schon oft betont, daß Ihre Arbeit für uns sehr nützlich ist.«

Dann fragt mich der Referatsleiter, was ich vorhabe. Als die Bergisch Gladbacher Geschichte zur Sprache kommt, unterbricht er mich sogleich: »Das scheint in der Tat ein besonders unglücklicher Fall zu sein. Meiner Meinung nach ist da eine Menge Unfug getrieben worden. Leider hat man auch uns viel zu spät von der Sache in Kenntnis gesetzt. Die Leute dort haben aus eigener Initiative einen zu großen Rummel um diesen Absturz gemacht, so daß ständig bei uns angerufen wird, um zu hören, was da eigentlich wirklich los ist.«

Ich weiß, daß Wank hauptsächlich auf die vielen Pressenotizen anspielt, in denen sich die tollsten Vermutungen widerspiegelten. Andererseits kann man verstehen, daß eine Lokalzeitung bemüht ist, ein nicht alltägliches Ereignis wie dieses zu erhellen, sich Gedanken darüber macht oder von sich aus Schritte unternimmt, was unter Umständen aber zu voreiligen Schlüssen führt. Offenbar scheinen noch andere Vorgänge zu bestehen, von denen ich bislang keine Ahnung habe, die aber der WASt Anlaß geben, an ihnen Kritik zu üben.

»Als erstes möchte ich mir die Verlustlisten des JG 3 ›Udet‹ ansehen«, bitte ich. Wenig später sitze ich in einem riesigen, mit hohen Regalen ausgestatteten Saal und lasse mir von dem zuständigen Gruppenleiter der WASt die gewünschten Unterlagen heraussuchen. Währenddessen schaue ich mich ein wenig um. Tausende von Akten in den verschiedensten Farben füllen die Regale bis obenhin. »Alles nur von der Luftwaffe!« erklärt man mir.

Ich bin erschüttert. Natürlich weiß ich von der schier unübersehbaren Anzahl noch vermißter Flieger. Aber jetzt, da ich die Unterlagen darüber einmal gesammelt vor mir sehen kann, kommt es mir erst richtig zum Bewußtsein, welche Arbeit hier geleistet wurde und wird. Ob alle diese Fälle jemals Aufklärung finden?

In den paar Stunden bei der WASt suche ich aus den Verlustmeldungen die Namen der Flugzeugführer heraus, die allesamt seit dem 25. Dezember 1944 vermißt sind. Dabei gilt mein Augenmerk nicht nur dem JG 3, sondern auch den anderen an jenem Tag im Kampf-

raum Köln — Bonn — Ardennen eingesetzten Geschwadern und Jagdgruppen. Einige dieser Fliegerschicksale sind bereits geklärt, wie sich später herausstellt, aber es bleiben noch mehr als genug übrig. Ist einer der herausgesuchten Männer mit dem Piloten von Bergisch Gladbach identisch?
Um das herauszufinden, beginne ich, die Unterlagen jeder einzelnen Person einzusehen und vor allem auch die Hinweise auf die Truppenteilzugehörigkeit zu prüfen. Aber die Zeit ist zu kurz; ich finde keinen Flieger, der im Zusammenhang mit der Flugzeugführerschule in Göppingen oder Stargard steht. Da es zu viele Namen sind, wird die WASt nun weiterforschen. Es wird schwierig, wenn nicht sogar unmöglich sein, nur mittels des Verlustdatums den unbekannten Piloten herauszufinden, da die Ortsangaben in den Meldungen nicht immer mit dem wirklichen Absturzort übereinstimmen müssen. Als bestes Beispiel dafür ist der Fall des Unteroffiziers Klaus Gehring. Wie an anderer Stelle schon beschrieben, galt dieser Flieger im Raum Eupen als vermißt, wurde jedoch über Villip bei Bad Godesberg abgeschossen.
Viel zu schnell gehen die wenigen Stunden in Berlin vorüber. Mein Besuch bei der WASt ist nicht ganz so erfolgreich verlaufen, wie ich mir gewünscht hatte. Und auch von der Stadt selbst, durch deren Straßen ich zuletzt vor Jahren gebummelt bin, um ein wenig heimatliche Atmosphäre einzufangen, habe ich diesmal nicht viel gesehen. Als ich die Spreemetropole verlasse, überkommt mich zum erstenmal ein Gefühl der Unzufriedenheit.

In der Zwischenzeit ist Dr. Schütze, den ich anläßlich des Jagdfliegertreffens in Geisenheim persönlich kennenlerne, auch nicht untätig gewesen. Wie schon erwähnt, gelang es ihm nach langem Bemühen, die Witwe des Hauptmanns Haase ausfindig zu machen, doch sie schrieb ihm: »Der auf dem Foto abgebildete Ritterkreuzträger ist nicht mein Mann.« Frau Lehmann, wie sie heute heißt, kommt später

selbst nach Deutschland und trifft sich mit Dr. Schütze in Köln, um den Fall »Hauptmann Haase« nochmals an Ort und Stelle zu besprechen. Der Deutschlandbesuch Frau Lehmanns und der Vergleich mit früheren Aufnahmen, die sie mitbringt, ergeben nun einwandfrei, daß das Foto, welches der unbekannte Flugzeugführer bei sich trug, tatsächlich nicht Hauptmann Horst Haase darstellt.
Das wäre vielleicht eine Erklärung, warum bisher nicht der geringste Anhaltspunkt sichtbar wurde, aus dem man eine Verbindung zwischen dem Foto und dem gefallenen Flugzeugführer hätte ableiten können. Wir besitzen praktisch von allen Ritterkreuzträgern der Jagdwaffe ein Foto. Ich weiß nicht, wie oft ich schon diese Aufnahmen mit dem Filmausschnitt verglichen habe, und auch andere Personen werden sich die gleiche Mühe gemacht haben. Wie es scheint, erfolglos.
Aber ist es denn tatsächlich ein Jagdflieger? In Geisenheim sprechen Dr. Schütze und ich mit Hans-Joachim Kroschinski darüber. »Vielleicht trug die von Anfang an ausgesprochene Vermutung, der abgebildete Offizier sei Hauptmann Haase, dazu bei, daß man nicht schon früher an eine andere Möglichkeit gedacht hat . . .«
». . . Nämlich, daß es auch ein anderer Luftwaffenangehöriger sein könnte«, beendet Dr. Schütze meinen Satz. »Vielleicht hat der unbekannte Jagdflieger einen Bruder, einen Onkel oder sonst einen Verwandten bei den Kampffliegern, bei der Flak oder bei der Luftnachrichtentruppe gehabt.«
»In diesem Fall sieht die Sache noch schwieriger aus«, hält uns jetzt Kroschinski vor, »denn wir müßten nun alle Ritterkreuzträger der eben genannten Verbände nachprüfen, und hierfür fehlen uns leider die notwendigen Unterlagen.«
Eines steht jetzt fest. Bis zu diesem Zeitpunkt sind alle Recherchen, die zur Klärung des Jagdfliegerschicksals von Bergisch Gladbach angestellt wurden, ergebnislos verlaufen, und es bleibt nur noch ein Weg offen, die rätselhaften Zusammenhänge aufzudecken. Das Foto des Ritterkreuzträgers ist der Schlüssel zu dem vorliegenden Ver-

mißtenfall. Kennen wir den Mann, den diese Aufnahme darstellt, so kann sicherlich auch die Identität des gefallenen Jagdfliegers gelüftet werden.

Am späten Abend des Jagdfliegertreffens besprechen wir einen letzten Versuch, den wir überhaupt noch unternehmen können. Zunächst werde ich das Foto des Ritterkreuzträgers im »Jägerblatt« noch einmal in Großformat veröffentlichen lassen. Erhalten wir hierauf keine konkreten Informationen, so werden wir uns an das Fernsehen wenden mit der Bitte, das Foto auszustrahlen, damit es einer breiten Öffentlichkeit zugänglich gemacht werden kann. Gehen dann von seiten der Bevölkerung keine Hinweise ein, würde das bedeuten, daß der Fall Bergisch Gladbach wohl für immer ungeklärt bleiben wird.

Die Antwort der Fernsehanstalten läßt nicht lange auf sich warten, und obwohl wir unserem letzten Versuch von vornherein mit Skepsis begegneten, können wir dennoch eine gewisse Enttäuschung jetzt nicht verbergen. Aber die Gründe für die Ablehnung einer Veröffentlichung des Fotos sind nur zu verständlich. Das Fernsehen, rechtlich nicht in der Lage, uns zu helfen, darf nur im Falle von Kapitalverbrechen oder bei öffentlicher Gefahr Suchmeldungen verbreiten. Und was ich selbst schon vermutete, bekommen wir bestätigt: Ginge man auf unser Anliegen ein, so würde dies außerdem mit Sicherheit eine Lawine auslösen; unzählige ähnliche Wünsche müßten berücksichtigt werden, doch angesichts der großen Fülle der immer noch nicht aufgeklärten Vermißtenschicksale überstiege dies zweifelsohne die Möglichkeit und auch die Aufgaben des Fernsehens.

So heißt es, wieder auf den Zufall zu warten. Vielleicht erinnert sich der ehemalige Gefreite Altewischer doch noch daran, wer ihm im Herbst 1944 Geld überwiesen hatte. Vielleicht wird auch das Foto des Ritterkreuzträgers in einigen Angehörigen der Luftwaffenverbände noch Erinnerungen wachrufen. Und möglicherweise melden sich noch Flugzeugführer der Jagdgeschwader oder der Ergänzungsgruppen, die alle am 25. Dezember 1944 im Kampfraum West zum Einsatz gelangten und die etwas über ihren Kameraden aussagen können, der neben ihnen gegen 11.30 Uhr über dem Gebiet Köln — Bonn von den Geschossen gegnerischer Jabos getroffen wurde und mit seiner Maschine in den Boden der Gemeinde Paffrath stürzte.

Nur wenige Tage nach Erscheinen des vorliegenden Buches erhalte ich die erste Zuschrift. Amtsgerichtsdirektor Horst Berlin aus Berlin-Wilmersdorf gibt mir den Hinweis, daß es sich bei dem Ritterkreuzträger auf dem aufgefundenen Foto um den Kommandeur der I. Gruppe des Schlachtgeschwaders 2 »Immelmann«, Hauptmann Kurt Lau, handeln könne. Er fügt seinem Schreiben eine Aufnahme bei, die den Offizier während der Ritterkreuzverleihung zeigt. Schon der Vergleich des Originalfotos mit der weniger deutlichen Aufnahme von Paffrath läßt erkennen, daß der Abgebildete nur Hauptmann Lau sein kann.

Um ganz sicher zu gehen und um in Erfahrung zu bringen, ob Lau zurückgekehrt ist, rufe ich noch am gleichen Abend unseren Experten für die Ritterkreuzträger der fliegerischen Verbände der Luftwaffe, Ernst Obermaier, an.

»Kurt Lau lebt noch«, kann Obermaier mir mitteilen. »Er ist heute Oberstleutnant bei der Bundeswehr.«

Nachdem ich jetzt auch die Anschrift von Lau habe, wende ich mich sogleich an ihn und bin fast überzeugt, daß im Fall Bergisch Gladbach endlich eine positive Wendung eintreten wird. Bereits Mitte Oktober 1970 halte ich das Antwortschreiben in den Händen, aber es fällt mir sehr schwer, meine Enttäuschung zu verbergen. Zunächst bestätigt mir Kurt Lau, daß er tatsächlich der Ritterkreuzträger auf dem gefundenen Foto ist. Der Wochenschaustreifen wurde übrigens im April 1944 in Rumänien gemacht. Doch dann schreibt er weiter: »Leider kann ich Ihnen nicht sagen, wie das Bild in den Besitz des Gefallenen gekommen ist. Ich habe weder Verwandte, die Jagdflieger waren, noch ist mir ein Bekannter erinnerlich, auf den die geschilderten Umstände zutreffen könnten.«

Eine vielleicht letzte Möglichkeit ausschöpfend, wende ich mich an Josef Schalber, den damaligen Kriegsberichter beim SG 2. Mit Hilfe von Kurt Lau gelingt es mir, ihn in Linz (Österreich) ausfindig zu machen. Schalber war es, der das Foto von Hptm. Lau im April 1944 aufgenommen hatte, jedoch auch er findet keine Erklärung dafür, warum der Gefallene von Bergisch Gladbach diese Aufnahme bei sich trug. »Selbstverständlich haben mich viele Angehörige des Geschwaders um Bilder gebeten«, schreibt er mir. Doch diese Personen zu ermitteln, dürfte sehr schwierig, wenn nicht sogar unmöglich sein.
So bleibt der Fall weiterhin von Ungewißheit umgeben, denn auch die Kenntnis des Namens jenes Offiziers auf dem Wochenschauabschnitt vermochte nicht, wie erhofft, dazu beizutragen, den deutschen Jagdflieger von Bergisch Gladbach zu identifizieren. Und obwohl ich nicht aufgebe, nach weiteren Zusammenhängen und Verbindungen zu suchen, wird nur noch ein Zufall das Schicksal dieses Vermißten klären können.

EINER VOM UNTERNEHMEN »BODENPLATTE«

Die weiten Gebiete hinter der nordfranzösischen und belgischen sowie einem Teil der niederländischen Nordseeküste, Flandern genannt, stellen eine Landschaft von historischer Bedeutung dar. Vorwiegend der größte, zu Belgien gehörende Teil ist ein mächtiges Land mit blühenden Städten wie Gent, Brügge und Ypern. Nicht zuletzt bleibt der Name Flanderns eng verbunden mit der heimischen Tuchindustrie als bedeutendstem Wirtschaftszweig, dem die Provinzen im Westen Belgiens auch ihren guten Ruf in der ganzen Welt verdanken. Doch wahrscheinlich mehr noch durch die Kriegsgeschichte ist Flandern zu einem Begriff geworden. Langemark und Ypern waren im 1. Weltkrieg oft genannte und hartumkämpfte Orte. Praktisch ist der gesamte Boden Flanderns mit Blut getränkt, und auch der nächste große Krieg ließ seine unglückseligen Spuren hier zurück. Riesige Soldatenfriedhöfe, auf denen Tausende von Gefallenen beider Seiten endlich ihre Ruhe gefunden haben, zeugen von dem erbitterten und grauenvollen Ringen, das dort stattgefunden hat.
Einer dieser großen Ehrenfriedhöfe ist Lommel, südlich des Maas-Schelde-Kanals, nicht weit von der holländisch-belgischen Grenze entfernt. Eine weite Fläche mit vereinzeltem Laub- und Nadelbaumbestand, dazwischen unübersehbare Reihen von Steinkreuzen.
Behutsam hole ich das Stück Papier aus der Tasche hervor, auf das ich mir die Angaben über Feldwebel Harrys Klints notiert hatte. »Block 37«, lese ich halblaut vor und schaue dann über das Meer

von Grabkreuzen hinweg. Eine Reihe gleicht der anderen. Da ist kein Unterschied gemacht worden. Offiziere neben Mannschaftsgraden, Alliierte und Deutsche. Und sie alle mahnen. Doch nur, wenn wir ihre Mahnung auch ernst nehmen und wenn dadurch diese in jeder Hinsicht verabscheuungswürdigen Ereignisse sich nicht nochmals wiederholen, nur dann könnte das vielleicht ihren Opfergang rechtfertigen.
Nach einiger Zeit komme ich zum Block 37 und blicke auf die einzelnen Tafeln an den Steinkreuzen, denn ich suche das Grab mit der Nummer 470. Fröstelnd ziehe ich meinen Mantelkragen hoch. Es ist ein sehr diesiger Tag, und feuchtes, verwelktes Laub klebt an meinen Schuhen.
Endlich stehe ich vor dem Grab von Feldwebel Klints. Der in Lettland geborene Flugzeugführer ist eines der vielen Opfer, die das Unternehmen »Bodenplatte« gefordert hatte. Jener Verzweiflungseinsatz der deutschen Jagdwaffe am Morgen des 1. Januar 1945, bei dem weit über 200 Flugzeugführer nicht zurückkehrten. Die meisten wurden auf dem Rückflug von der eigenen Flak abgeschossen, als sie Sperrgebiete der V-2-Abschußbasen überflogen.
Wieder ein typisches Versagen seitens der Luftwaffenführung, wie es in jener Zeit leider nur zu oft deutlich wurde. Befehle waren mitunter so abgefaßt, daß der eine nicht wußte, was der andere zu tun hatte, so daß sich die betreffenden Kommandeure kein klares Bild vom Gesamtgeschehen machen konnten, da sie entsprechende Order nur für ihren Bereich erhielten. Der 1. Januar 1945 war nur ein Grund mehr, unter den Jagdfliegern Verbitterung hervorzurufen, denn wieder einmal hatte sie ihr Gefühl, sinnlos verheizt zu werden, nicht betrogen. Koordinierte man im Falle des Unternehmens »Bodenplatte« den bevorstehenden Großeinsatz mit den Flakbereichen, so unterließ man es, als verschiedentlich Verzögerungen beim Start auftraten, die Flak ebenfalls von dieser Tatsache zu unterrichten. Daher befanden sich, bedingt durch Startverschiebungen, etliche Einheiten erst auf dem Rückflug, als der für die Flak angegebene Zeitraum

längst überschritten war. Diese eröffnete dann befehlsgemäß ein schweres und konzentriertes Feuer auf alles, was sich über dem Sperrgebiet blicken ließ. Und dabei fing das Unternehmen gar nicht so unheilvoll an.

31. Dezember 1944. Etwas Außergewöhnliches muß in der Luft liegen, das merken die Flugzeugführer der im Westen und im Reich stationierten Jagdgeschwader schon seit Tagen. Obwohl bisher keinerlei Einzelheiten durchdrangen, bleibt natürlich die auffallend ungewöhnliche Aktivität auf den Plätzen, eine Zusammenziehung der Jagdverbände durch Verlegung und Konzentration der verschiedensten Einheiten auf Horste nahe der Westfront nicht verborgen.

Sollte jetzt noch einmal ein großer Schlag erfolgen? Warum diese Geheimnistuerei überall? Am Silvesterabend, in den letzten Stunden des Jahres 1944, wird über die Jagdflieger Alkoholverbot und Ausgangssperre verhängt. Und auch jetzt erfahren noch nicht sehr viele von dem am frühen Morgen des 1. Januar stattfindenden Großeinsatz der Jagdwaffe, der sich gegen Flugplätze der Alliierten in Holland, Belgien und Frankreich richten wird. Alle verfügbaren und einsatzbereiten Jagd- sowie ein Teil Schlachtflugzeuge stehen zu diesem Zweck bereit. Fast der gesamte flugklare Bestand der Jagdwaffe im Westen also. Etwa 800 Maschinen.

In den meisten Fällen wird den Flugzeugführern der einzelnen Geschwader am 1. Januar 1945 erst kurz vor dem Start das eigentliche Angriffsziel bekanntgegeben. In den frühen Morgenstunden wissen dann auch die Männer des JG 1, was ihnen bevorsteht und welche Ziele man ihrem Geschwader zudachte.

»Die I. und II. Gruppe hat den Auftrag, den Flugplatz Gent-St. Denis anzugreifen. Bis zu den Zielräumen ist absolute Funkstille einzuhalten. Nur dadurch kann ein Überraschungseffekt gewährleistet sein, und nur dann dürfte das gesamte Unternehmen überhaupt Aussicht auf Erfolg versprechen!«

Ähnliche Wortlaute tragen auch die Befehle der Verbandsführer der anderen Geschwader. So soll das JG 2 St. Trond, JG 3 Eindhoven, JG 6 Volkel angreifen, während das JG 11 Maastricht zum Ziel hat. Die Flugplätze Brüssel-Evère, Woensdrecht und Grimberghen sind für das JG 26, die Basen Gilze-Rijen und Melsbroek für das JG 27 vorgesehen. Und dem JG 53 »Pik As« ist der in Frankreich liegende Flugplatz Metz-Frescaty zugedacht. Ferner greift das JG 54 Nijmwegen, JG 77 Antwerpen an.

Mit dem ersten Büchsenlicht lassen die I. und II. Gruppe des JG 1 unter der jeweiligen Führung ihrer Kommandeure Hptm. Hackbarth und Hptm. Leonhardt den Platz Twenthe, nördlich von Enschede, hinter sich. Es ist lange her, seit die Geschwader in solch eindrucksvoller Gefechtsstärke sich in der Luft versammelten.

In westlicher Richtung jagen die Focke-Wulf und Messerschmitt über den holländischen Raum hin, kurz vor Rotterdam werden die beiden Gruppen nach Südwesten einschwenken. Verdammt ruhig da unten, denken die Flugzeugführer, und es sieht tatsächlich so aus, als ob die Alliierten noch nichts von dem Großeinsatz der Luftwaffe bemerkt haben. Jedenfalls nicht im Bereich der Operationen des JG 1. Erst in der Gegend von Rotterdam wird es lebendig. Die Flak ist erwacht und versucht nun, die Angreifer mit schweren Salven einzudecken.

Dann geht es über die Osterschelde hinweg, über die Inseln der Provinz Zeeland. Und bald kommt Gent in Sicht. Vom Westen her erblicken die Deutschen den Fluß Leie, der sich in zahlreichen Windungen im Süden der Stadt vorbeischlängelt, um in die Schelde zu münden.

Auf dem Flugplatz Gent-St. Denis hat man ebenfalls noch keine Ahnung, was da heranzieht. Ganz früh am Morgen war eine Staffel Spitfire des dort stationierten 131. polnischen Geschwaders der RAF nach Holland gestartet. Die Maschinen der zurückgebliebenen Staffeln stehen säuberlich in Reih und Glied auf dem Platz oder vor und in den tarnfarbenen Hallen.

Kurz vor 9 Uhr ist über St. Denis die Hölle los. »Achtung, schwarm-

weise Angriff auf die abgestellten Maschinen!« quarrt eine befehlende Stimme durch den Kopfhörer. »Auf Platzflak achten!«
Aber diese Warnung kommt schon fast zu spät, denn während die ersten Schwärme im Tiefstflug über den gegnerischen Horst hinwegfegen, um die Spitfire unter Bordwaffenbeschuß zu nehmen, hat sich die leichte und mittlere Flak ringsherum schnell von der Überraschung erholt und erwidert jetzt das Feuer aus allen Rohren. Unterdessen versuchen britische Jäger aus dem Chaos herauszustarten. Einige kommen hoch, andere werden nur wenige Meter über dem Boden oder sogar noch beim Rollen von den deutschen Garben getroffen. Brände lodern auf, Maschinen explodieren. Doch auch die ersten deutschen Jagdflugzeuge erhalten Treffer und stürzen ab.
Inzwischen hat der Gegner die sich auf dem Feindflug befindlichen Spitfire eiligst zurückbeordert. Sie treffen in dem Augenblick ein, als die Deutschen erneut über dem Platz sind. Längst ist es mit der Überraschung vorbei, die FW 190 und Bf 109 werden jetzt in heftige Luftkämpfe verwickelt, wobei beide Seiten Verluste hinnehmen müssen.
Die Bilanz ist schrecklich. Das JG 1 vernichtet eine komplette Spitfirestaffel am Boden, verliert jedoch bei diesem Unternehmen gegen Gent-St. Denis selbst 25 Flugzeugführer, davon 13 Vermißte. Unter den Gefallenen befindet sich auch der Kommandeur der I. Gruppe, Hptm. Georg Hackbarth.
Eine der wahrscheinlich im Luftkampf über St. Denis getroffenen Focke-Wulf stürzt etwa gegen 9 Uhr zur Erde. Es ist die blaue »5« des Kriegsfreiwilligen Harrys Klints, für den die Gruppe wenige Tage nach dem Neujahrseinsatz eine Vermißtenmeldung ausstellt.
Erik Claeys ist damals noch ein kleiner Junge, als der Angriff vom 1. Januar 1945 stattfindet. Sein Elternhaus steht keine 1500 Meter von dem heutigen großen Sportflugplatz St. Denis entfernt, und so wird er Zeuge des Geschehens, das sich unmittelbar vor seinen Augen abspielt.

Dort drüben, wo der Platz ist, erheben sich dunkle Rauchpilze, folgt Detonation auf Detonation. Flaksplitter schwirren durch die Luft. Erschreckt und bestürzt verfolgen die Einwohner der umliegenden Gemeinden den Schlag gegen Gent-St. Denis. Daß die Deutschen überhaupt noch einmal zu derartigen Aktionen fähig waren, daran hat kaum einer der Belgier gedacht.
Dann plötzlich dieses heulende Motorengeräusch. Eine Focke-Wulf hat sich auf den Kopf gestellt und stürzt mit zunehmender Geschwindigkeit der Erde zu. Kein Kabinendachabwurf folgt, kein Fallschirm ist zu sehen. Mit ungeheurer Wucht zerschellt die deutsche Maschine auf einer Wiese im Dorf Zwynaarde, südlich von St. Denis. Metallteile fliegen umher. Einigen Augenzeugen fällt auf, daß das Flugzeug in der Luft keine Rauchfahne zeigte und auch jetzt am Boden nicht in Brand geraten ist.
Als Erik Claeys später Gelegenheit hat, sich die Trümmer anzusehen, hat man den toten Flugzeugführer schon fortgebracht. »Die Leute sagten, daß er beim Aufprall aus der Maschine geschleudert wurde. Schrecklich zerrissen lag er einige Meter von dem Wrack entfernt«, berichtet mir später einmal Dr. Claeys.
Grauen überkommt mich. Ich wünsche nur, daß meine Vermutung richtig ist und daß der deutsche Flugzeugführer schon in der Luft tödlich getroffen war, da die Maschine offensichtlich beim Absturz nicht gebrannt hatte. So dürften dem unglückseligen Feldwebel wenigstens die letzten schrecklichen Sekunden, die er vielleicht in der Kabine eingekeilt und ohne Aussicht auf den rettenden Fallschirmabsprung miterlebt hätte, erspart geblieben sein. Was war das doch für ein gräßlicher Krieg gewesen. Wir sollten tatsächlich alles daransetzen, daß maßgebliche Stellen nicht noch einmal eine so hoffnungsvolle junge Generation, wie sie beispielsweise Klints angehört hatte, dazu zwingt, sich einer unverantwortlichen Kriegsspielerei verschreiben zu müssen. Nicht zuletzt deshalb soll dieses Buch den Zweck erfüllen, jedem klar zu machen, daß aus derartigen Auseinandersetzungen nur

Unheil und Leid resultieren muß. Ich habe das anhand einiger weniger Jagdfliegerschicksale zu dokumentieren versucht.
Noch oft schleicht Erik Claeys heimlich zu den Trümmern der im Nachbardorf heruntergekommenen deutschen Maschine. Nicht zuletzt treibt ihn die Neugier dorthin, denn hierin unterscheidet er sich nicht von den anderen Jungen der Welt. Welcher Bub hätte da nicht ein Auge zu riskieren versucht, zumal in diesem Alter kaum einer die wirklichen Zusammenhänge richtig zu begreifen vermocht hätte.
An einem der folgenden Tage gelingt es dem kleinen Claeys, im Dunkeln eine Höhenflosse der Maschine mitzunehmen. Seitdem bewahrt er sie als Andenken an jenen 1. Januar 1945 auf und ist ganz stolz auf sein Wrackteil. Im Jahre 1963 übergibt Dr. Erik Claeys diese Höhenflosse dem Luftwaffenmuseum in Uetersen, wo sie heute noch ausgestellt ist.
Harrys Klints von der 2. Staffel des JG 1 wird am 2. Januar 1945 auf dem Friedhof von Zwynaarde als unbekannter Flieger beerdigt und am 29. September 1948 auf den großen Ehrenfriedhof von Lommel überführt. Wir haben es unserem Dr. Claeys zu verdanken, daß das Schicksal des bis dahin als vermißt geltenden Feldwebels geklärt werden konnte. Nach dem Krieg beginnt Claeys, immer wieder auch durch die als Andenken gehütete Höhenflosse der Focke-Wulf daran erinnert, den Fall des unbekannten Toten von Zwynaarde zu verfolgen. Dazu sind umfangreiche Nachforschungen nötig, doch Claeys schafft es. Ein reger Schriftwechsel, der zwischen Gent, Lommel, dem Volksbund Deutsche Kriegsgräberfürsorge in Kassel und der WASt in Berlin hin und her geht, führt schließlich zum Erfolg. Man kann den unbekannten Flieger identifizieren.
Immer noch ist die Zahl der seit dem Einsatz vom 1. Januar 1945 vermißten Jagdflieger sehr groß. Einer, von diesem Unternehmen »Bodenplatte«, war der Feldwebel Harrys Klints, der jetzt seine letzte Ruhestätte im Block 37 auf dem Soldatenfriedhof von Lommel gefunden hat. Im Grab mit der Nummer 470.

DIE MESSERSCHMITT IM DIEBURGER FORST

Die folgenden Begebenheiten passen, streng genommen, nicht ganz in den eigentlichen Rahmen dieses Buches, da es sich hier nur um die Bergung der Maschine selbst handelte. Der Pilot, um es gleich vorwegzunehmen, ist vor dem Absturz mit dem Fallschirm abgesprungen. So fanden wir in Dieburg ein deutsches Jagdflugzeug, das in den letzten Kriegswochen im Luftkampf abgeschossen wurde, doch der Mann, der hinter dem Knüppel dieser Maschine saß, gehört zu den Glücklichen, die das Inferno der Luftschlachten einigermaßen heil überlebten und zurückgekehrt sind.
Damals wußten wir das alles natürlich noch nicht, zumal verschiedene Hinweise für das Vorhandensein eines Toten vorlagen. Es ging nach wie vor darum, möglicherweise einen Vermißtenfall aufzuklären, und das ist der Grund, warum auch der Hergang dieses Unternehmens erzählt sei.
Im großen und ganzen ähnelten Nachforschungen, Vorbereitungen und Ablauf der Bergung denen anderer Fälle, doch es ergab sich hierbei zusätzlich ein Gesichtspunkt, der auch für noch kommende Bergungsarbeiten wichtig sein kann: Ich erhielt nämlich Hilfestellung von seiten der Bundesluftwaffe.
Es gibt Personen, die vom Ergebnis der letzten Ausgrabung ein wenig enttäuscht zu sein schienen, was in Anbetracht der Erfolge früherer Unternehmen sogar verständlich sein mag. Diese Personen sollten sich jedoch vor Augen führen, daß man nicht bei *jeder* Gele-

genheit einen toten Fliegerkameraden findet. Wie schon aus vorangegangenen Kapiteln ersichtlich, sind Zeugenaussagen nicht immer oder vielfach nur bedingt als zuverlässig anzusehen; erst die eigentliche Bergung wird dann endgültig Gewißheit geben, ob ein Vermißtenschicksal vorliegt oder nicht. Auch Gerrie Zwanenburg in Holland oder Keith Rundle im Pazifik stoßen bei ihren Suchaktionen nach verschollenen Fliegern in nicht wenigen Fällen nur auf die leeren Trümmer der Maschinen.
Für uns jedenfalls ist die Bergung in Dieburg insofern ein Erfolg gewesen, als wir mit absoluter Sicherheit sagen können, daß hier *kein* Mensch mehr in der Erde ruht. Denn angesichts der immensen Verluste, welche die deutsche Jagdwaffe in den letzten Kriegsmonaten erlitten hatte, und der Vielzahl noch vermißter Flugzeugführer, war das Auffinden eines solchen nicht so ohne weiteres auszuschließen.

Im Frühjahr 1967, bereits noch während der Sulzbacher Bergungsaktion, steht es fest, daß sich bei Messel im Raum Dieburg die Absturzstelle eines weiteren Jagdflugzeuges der Luftwaffe befindet. Augenzeugen wollen auch hier einen Fallschirmabsprung gesehen haben, während andere wiederum den Flugzeugführer in der Maschine zu wissen glauben. Weder Tag noch Flugzeugtyp sind bekannt, jedoch soll der Absturz im Frühjahr 1945 erfolgt sein.
Diese Tatsachen erfahre ich durch den Volksbund Deutsche Kriegsgräberfürsorge, und als Ort nennt mir Herr Kahlo die Gemeinde Messel bei Dieburg, so daß ich hier auch mit meinen Nachforschungen beginne. Am 25. Februar 1945 hatte das JG 2 bei Groß-Umstadt, nur wenige Flugminuten von Messel entfernt, Verluste. Daher ist meine Überlegung, daß es sich hier um den gleichen Einsatz handeln könnte, wohl nicht ganz falsch.
Messel antwortet jedoch negativ auf meine Fragen. Man schreibt mir, daß außer einem 1943 oder 1944 abgestürzten englischen Flugzeug hier weiter keine Maschinen heruntergekommen sind. Mein nächstes

Schreiben geht daher direkt nach Dieburg, und vom dortigen Bürgermeisteramt erhalte ich kurze Zeit darauf die Nachricht, daß sich im Frühjahr 1945 dort tatsächlich Luftkämpfe abgespielt hatten, wobei drei deutsche Maschinen abgeschossen worden sein sollten. Ein Fallschirmabsprung konnte sicher beobachtet werden. Der zuständige Revierförster, Herr Böhle, könnte mir Näheres darüber berichten.
Das geschieht im Sommer 1968. Zusammen mit Herrn Vetter, einem jungen Bekannten von der Frankfurter Lufthansawerft, mache ich mich eines Sonnabends auf den Weg, um dem Förster einen Besuch abzustatten. Böhle führt uns in den Wald, wo wir gemeinsam die Absturzstelle lokalisieren. Sie liegt etwa 30 Meter rechts von einer Wegschneise und in unmittelbarer Nähe der Bahnstrecke Dieburg — Darmstadt.
»Der Bahnwärter hätte Ihnen den genauen Tag sagen und den Hergang des Absturzes exakt schildern können. Er ist leider vor einigen Jahren gestorben«, so berichtet uns Böhle. »Ich selbst habe eine Maschine abstürzen sehen, aber es scheint nicht diese hier gewesen zu sein. Auch einen Fallschirm konnte ich beobachten, nahm aber an, daß es sich um den Flugzeugführer einer weiteren Maschine handelte. Wenn es also zwei Jagdflugzeuge gewesen sind, so glaube ich nicht, daß aus dieser hier jemand abgesprungen ist. Aber ganz sicher kann ich das natürlich nicht sagen.«
Böhle selbst hat schon oft versucht, von anderen Einwohnern Dieburgs etwas über den Absturz zu erfahren, jedoch vergebens. Es schien sich niemand mehr so richtig daran erinnern zu können.
Wir stehen nun vor einem mit Wasser gefüllten Loch mit einem Durchmesser von etwa eineinhalb Metern. Es liegen viele Äste und Unrat darin. »Man hatte zur Zeit des blühenden Schrotthandels natürlich schon versucht, hier etwas herauszuholen. Das Leitwerk soll ja herausgesteckt haben«, meint der Förster. »Was nun im einzelnen schon geborgen wurde, weiß ich nicht.«
Währenddessen fischen wir in dem Loch herum. Natürlich war das

hoffnungslos, aber dann halte ich doch eine Geschoßhülse, Kaliber 13 mm, von einem MG 131 in den Händen. Also ohne Zweifel eine deutsche Maschine, die hier liegen muß.
Jetzt geht es darum, wie man eine Bergung bewerkstelligen könnte. Der Volksbund, den ich mehrmals daraufhin anspreche, will nicht so recht an die Sache herangehen. Warum, weiß ich nicht. Ich denke schon daran, vielleicht eine amerikanische Pioniereinheit zu aktivieren, lasse aber dieses Projekt fallen, da mir während eines Zusammentreffens des Jägerkreises Mitte der Gedanke kommt, daß vielleicht die Bundeswehr eine derartige Bergung durchführen könnte. Deshalb wende ich mich an Herrn Gutowski, der lange Jahre Vorsitzender unseres Kreises war. Ich frage ihn: »Sehen Sie einen Weg, diese und eventuell auch kommende Bergungsfälle durch die Luftwaffengruppe Süd im Rahmen eines Übungseinsatzes in Angriff nehmen zu lassen?« Herr Gutowski ist sofort bereit, mir zu helfen, und dafür sei ihm an dieser Stelle für seine Bemühungen nochmals Dank gesagt.
Gutowski hat nicht zuviel versprochen, denn zwei oder drei Wochen darauf erhalte ich vom Luftwaffenführungsstab die Nachricht, daß man mein Vorhaben unterstützen und die betreffende Einheit sich mit mir direkt in Verbindung setzen werde.
Einer der sich ebenfalls für die Bergung in Dieburg sehr interessiert, ist Herr Lux aus Offenbach. Wir kennen uns bereits einige Jahre und haben die gleichen Interessen, die uns auch schließlich durch Zufall zusammenführten. Lux, der zur Zeit an einer Dokumentation über den Luftkrieg von Frankfurt und Umgebung, speziell aber von Offenbach arbeitet, empfängt mich während einer meiner Besuche gleich mit den Worten: »Na, wie sieht es aus? Was macht Dieburg?« Und so kann ich diesmal sofort mit brandneuen Informationen aufwarten: »Der nächste Schritt wird eine Geländeerkundung von seiten der Luftwaffenpionierkompanie in Fürstenfeldbruck sein. Es kommen zwei Offiziere, mit denen ich mich in Dieburg treffe, um an Ort und Stelle über eine Bergung zu beraten.«

Die verabredete Begegnung findet dann an einem der folgenden Tage statt. Vom Bahnhof Dieburg aus fahre ich mit meinem Wagen voran, der olivfarbene VW mit den beiden Offizieren folgt. Im Forst angekommen, wird das Gelände um die Absturzstelle einschließlich der Zufahrtswege einer eingehenden Inspektion unterworfen. »Scheint mir kein allzu großes Problem zu sein«, erklärt Major Möllmann im Anschluß daran.

Die Luftwaffe sieht also keine Schwierigkeiten in der Heranschaffung der erforderlichen Geräte und auch in den Arbeiten selbst. So wird der Beginn der Bergung auf den 16. Juni 1969 festgesetzt. An diesem Tage würde sich die Einheit von Fürstenfeldbruck in Marsch setzen, um dann nach Beendigung der Vorbereitungen am 18. Juni mit der eigentlichen Grabung anzufangen.

Da mich Herr Gutowski darum bat, informiere ich ihn sofort über den Ausgang der Verhandlungen mit der Bundeswehr, damit er dabei sein kann, wenn es losgeht. Natürlich bin ich selbst auch nicht wenig ungeduldig, und so fahre ich am 17. Juni nach Dieburg, um zu sehen, wie weit die Vorbereitungen schon gediehen sind, da wir ja am nächsten Morgen beginnen wollten. Als ich die Schneise erreiche, stelle ich mit Erstaunen fest, daß man bereits schon die ersten Aushebungen vorgenommen hat. Die Vorbereitungen waren, wie mir die anwesenden Offiziere erklären, so schnell vorangegangen, daß man jetzt schon den Versuch unternehmen kann, das Loch auszuheben.

Auch Herr Gutowski ist inzwischen eingetroffen, obwohl ich ihm auch den 18. als Bergungsbeginn nannte. Wahrscheinlich ging es ihm ebenso wie mir, daß er jetzt schon sehen wollte, wie weit die Sache angelaufen war.

Ich ärgere mich ein bißchen, denn ich hatte auch unserem guten Kurt Ebener versprochen, ihn zu benachrichtigen. Jetzt ist es zu spät, denn wir alle sind überrascht über den schnellen Fortschritt, den die braven Pioniere gemacht hatten. Es sind durchweg junge Leute, denen die Bergung einmal etwas nichts Alltägliches zu bieten scheint, und sie freuen sich ohne Ausnahme, diesen Auftrag durchführen zu können, Selbstverständlich ist auch Herr Lux mit dabei. Bereitwillig borgt er mir seine Gummistiefel, da ich heute ohne meine übliche Ausrüstung nach Dieburg kam, weil ich nicht an die Möglichkeit gedacht habe, daß man mit den Arbeiten schon einen Tag früher beginnen könnte. Waltraud hat, wie ich mir am Abend sagen lassen muß, diese Tatsache kommen sehen. Ich bin überzeugt davon, daß ich jedenfalls das nächstemal komplett ausgerüstet das Haus verlasse, weil sie in Zukunft dafür sorgen wird.

Inzwischen macht die Bergung Fortschritte. Nach und nach holt der Greifer die Teile heraus: Hydraulik- und Treibstoffleitungen, kleinere Verkleidungsbleche, Schläuche und viel Kleinteile, mitunter fast noch fabrikneu. Auch etliche Schuß Bordmunition sind darunter. Dann kommt die noch sehr gut erhaltene Nockenwelle zum Vorschein. Es ist das erste Teil, welches mir mit Sicherheit zu sagen erlaubt, daß es sich um eine Messerschmitt Bf 109 handelt, denn diese Nokkenwelle gehörte einmal zu einem Daimler-Benz-Motor, mit dem die »109« ausgerüstet war.

Gleichzeitig überlege ich mir, daß also mit dem abgeschossenen Flugzeugführer bei Groß-Umstadt am 25. Februar 1945 hier nicht so ohne weiteres ein Zusammenhang bestehen muß, denn die Maschine, die der Uffz. Kamman von der I. Gruppe JG 2 damals geflogen hatte, war eine Focke-Wulf 190 D–9. Aber welche Ordnung galt denn in diesem Stadium des Krieges eigentlich noch? Es konnte sich trotzdem um die gleiche Einheit handeln, es konnte eine Überführungsmaschine sein, es konnte ein ganz anderer Verband gewesen sein, der mit dem JG 2 im Einsatz war.

»Wir haben bis jetzt noch nichts gefunden, was auf das Vorhandensein eines Flugzeugführers hindeutet«, meint einer der die Arbeiten leitenden Offiziere. »Es sieht so aus, als ob sich der Pilot nicht mehr in der Maschine befand, als sie abstürzte.«

»Ja, stimmt«, erwidere ich, »er muß vorher abgesprungen sein. Blieb

er damals unverwundet, so wird es schwierig sein, ihn ausfindig zu machen, denn die Verlustlisten der betreffenden Geschwader enthalten entweder nur Gefallene oder Verwundete, jedoch leider keine reinen Maschinenverluste.«
Als letztes holen wir den DB-605-Motor aus dem steifen Boden heraus. Soweit es der Dreckbelag zuläßt, ist kaum eine Deformierung zu bemerken, und er scheint obendrein noch recht gut erhalten zu sein. Sogar die Zahnkränze sind nicht verbogen.
Mit der Freilegung des Motors ist für uns dann die Bergung in Dieburg abgeschlossen. Herr Lux, der die ganze Zeit über den Grabungsablauf interessiert verfolgt hat, sieht mich an: »Besteht denn eine Möglichkeit, um festzustellen, wer der Flugzeugführer war?«
»Es kommt auf einen Versuch an«, antworte ich. Tatsächlich hatte ich mir schon vor Bergungsabschluß vorgenommen, nach dem Verbleib des Flugzeugführers zu forschen.

Wer war der Flieger, der in der Dieburger Messerschmitt gesessen hat? Überlebte er den Krieg oder hat es ihn kurz vor Beendigung des wahnsinnigen Völkerstreites doch noch erwischt? Im Juni 1969 weiß ich noch keine Antwort auf diese Frage, als ich beginne, nach dem noch unbekannten Flugzeugführer zu suchen. Nicht nur aus historischem und dokumentarischem Interesse, sondern auch, um den Fall Dieburg mit dem Bekanntwerden des Namens dieses Fliegers sowie der Umstände, die zum Absturz im Dieburger Forst führten, mehr oder weniger komplett zu den Akten legen zu können. Aber wo fange ich an? Als erstes durchforsche ich wieder einmal mein Archiv und suche alles heraus, was mit den Luftoperationen im Raum Frankfurt — Darmstadt in Zusammenhang steht.
Bald versinkt der Tisch im Wohnzimmer unter der Papierflut. Es ist ein regnerischer Sonntag, und so plagt mich das schlechte Gewissen heute etwas weniger, denn auch die restliche Familie verspürt an einem solchen Regentag keine Lust zu Exkursionen in freier Natur.

Irgendwie schafft es Waltraud, inmitten der Unordnung auf dem Tisch einen Platz für eine Tasse Kaffee freizubekommen. »Schon etwas gefunden?« fragt sie. Ich nicke und lasse dabei zwei Kekse auf einmal im Mund verschwinden. »Reiche mir doch bitte mal die Sulzbacher Akte aus dem Schrank. Ich glaube, da habe ich einen Anhaltspunkt entdeckt.«

Wie ich den Gefechtsunterlagen und den Verlustmeldungen der Truppe entnehmen kann, waren es die beiden Jagdgeschwader 2 und 53, die im Frühjahr 1945 im Raum Frankfurt Einsätze flogen. Zu diesem Zeitpunkt war das Richthofen-Geschwader (JG 2) mit der FW 190 D–9 ausgerüstet. Sie hatte als Triebwerk den Jumo 213, was der Focke-Wulf auf beiden Seiten der Front den Namen »Langnasen—190« einbrachte. Das JG 53 »Pik As« hingegen flog die Messerschmitt Bf 109 G–10, G–14 und K–4. Da es sich bei der in Dieburg aufgefundenen Maschine ohne jeden Zweifel um eine Bf 109 handelt, konzentriere ich mich jetzt bei der Suche nach dem Piloten auf das JG 53. Auch die am 16. März 1945 abgeschossene und in Sulzbach aufgefundene Messerschmitt war eine Bf 109 G–14 der II. Gruppe dieses Geschwaders.

Bei der Auswertung der verschiedenen Berichte stoße ich auf einen Unteroffizier Ernst, der am 16. März 1945 bei Bensheim im Odenwald im Luftkampf verwundet und abgeschossen wurde. Es gelingt mir auch, den einstigen Jagdflieger nach längerer Zeit in Bochum ausfindig zu machen. Von Erich Ernst erhalte ich die Anschriften einiger seiner Kameraden von der 6./JG 53, darunter die ehemaligen Leutnants Karl Heinz Trettau und Hans Harms, die beide am 14. März 1945 über dem Raum Darmstadt im Einsatz waren. An diesem Tag verzeichnete die 6. Staffel einen Verlust: Lt. Harms, der mit dem Fallschirm bei Richen unweit Dieburg herunterkam und sich dabei einen Fußknöchel brach.

Zunächst versuche ich es mit Trettau, der in Garmisch-Partenkirchen wohnt. »Harms wurde von einer Thunderbolt abgeschossen. Meiner

Erinnerung nach hatten wir damals nur den Verlust einer Maschine gemeldet, und zwar die von Harms«, sagt er und bestätigt damit die Angaben in der Verlustmeldung der 6. Staffel, so daß ich mich jetzt an Harms wende. Leider weiß ich nur, daß er zur Zeit bei der Bundesluftwaffe in Münster Dienst tut.

Aber ich habe Glück. Ein Schreiben an die Luftwaffengruppe Nord gelangt, wie ich später von ihm selbst erfahre, ohne Umwege direkt auf den Tisch des jetzigen Oberstleutnant Hans Harms.

Inzwischen ist es Oktober geworden, und das Jagdfliegertreffen in Geisenheim steht vor der Tür. Es beginnt am 18. mit einer Feier am Ehrenmal. Wohl jeder, der Geisenheim einmal besucht, wird von dem schlichten Bauwerk beeindruckt sein, welches 1958 als Ehrenmal für die toten und verschollenen Jagdflieger aller Nationen nahe des Rheinufers errichtet wurde. So schreibt die Mutter eines während der Luftschlacht um England über dem Kanal abgeschossenen und vermißten Flugzeugführers an den Vorsitzenden der Gemeinschaft der Jagdflieger, Werner Andres, etwa die folgenden Worte: »Es wird mir nie vergönnt sein, das Grab meines Sohnes zu besuchen, weil ich nicht weiß, wo er gefallen ist. Nun habe ich aber eine würdige Stätte gefunden, an der ich ihm gedenken kann.« —

Im Anschluß an die Feier ist »Freie Jagd« in den Räumen des Hotels Germania. Es sind diesmal besonders viel Ehemalige und deren Angehörige, Freunde und Bekannte erschienen. Im Verlauf des turbulenten Abends frage ich Hans-Joachim Kroschinski von der Schriftleitung des »Jägerblattes«, ob vielleicht auch Hans Harms zugegen wäre. Möglicherweise bin ich schon mehrmals an ihm vorbeigelaufen, da ich ihn ja nicht persönlich kenne.

»Harms, Harms . . . warten Sie mal . . . ja, der ist da. Kommen Sie in ein paar Minuten nochmals zu mir. Ich werde versuchen, ihn hier festzunageln.«

Zehn Minuten später reicht mir Oberstleutnant Harms die Hand. Wir finden sogar einen freien Tisch und setzen uns. Dann erzählt er mir

bei einem Glas Bier, wie überrascht er war, als er erfuhr, daß wir seine »Beule« wiedergefunden haben. Ich höre seine Schilderungen über den Einsatzflug des 14. März 1945, wir vergleichen sie mit den mir schon bekannten Informationen und kommen zu dem Schluß: Harms ist tatsächlich der gesuchte Flugzeugführer.
»Mensch, war das ein Rabatz damals«, fährt er fort. »Ich sehe heute noch das verdutzte Gesicht unseres Kommandeurs, Hauptmann Meimberg, vor mir, als ich mit dickverbundenem Fuß wieder auftauchte...«

Anfang März 1945 verlegt Hauptmann Meimberg mit Teilen seiner II. Gruppe des Jagdgeschwaders 53 nach Zellhausen bei Hanau, während der Rest im Württembergischen Raum auf den Plätzen Malmsheim bei Stuttgart und Huchenfeld bei Pforzheim verbleibt. Der Krieg nähert sich dem Ende, aber noch kämpfen die Jagdgruppen im Reich verzweifelt gegen die zahlenmäßig überlegenen alliierten Luftwaffen an. Und noch ein Vorteil bietet sich hauptsächlich dem amerikanischen Gegner: Den kampferprobten und sich durch eine nur den Amerikanern zuzuordnenden Unbekümmertheit auszeichnenden Piloten haben die deutschen Jagdflieger kaum noch Gleichwertiges entgegenzusetzen. Mangel an Flugzeugführern scheint man auf der gegnerischen Seite nicht zu kennen, der Personalbestand kann ohne Schwierigkeiten aufgefüllt werden.
Bei den Jagdverbänden der Deutschen sind nur noch wenige »alte Hasen« zu finden. Ohne Unterbrechung im Einsatz und unter dem Aspekt, von der obersten Luftwaffenführung als Versager und als verantwortlich für die in vergangener Zeit erlittenen Mißerfolge angesehen, wird es ihnen nicht leicht gemacht, sowohl den ihnen anvertrauten Neulingen als auch den anderen Flugzeugführern ihrer Einheiten ein Mindestmaß an Überlebenschance einräumen zu können. Ständige Verluste und die Erkenntnis, daß diese nicht immer nur aus der Unfähigkeit resultieren, sondern vielmehr sinnloses Opfer bedeuten, tragen nicht dazu bei, den Versuch zu fördern, ihren Männern

beizubringen, wie man Unerfahrenheit auch durch gewisse Taktik und durch besonneneres Handeln ausgleichen kann. Zumal es an Kampfeswillen wirklich nicht fehlt.
Hauptmann Meimberg, einer der wenigen vom alten Stamm der Jagdfliegerelite und dem Leser schon aus einem vorangegangenen Kapitel bekannt, sieht zu den Maschinen hinüber, deren Motoren gerade warmlaufen. Es ist der 14. März 1945. Auf dem kleinen Einsatzhorst Zellhausen werden die letzten Startvorbereitungen getroffen. Die 5. und 6. Staffel des »Pik As«-Geschwaders haben den Befehl zur Freien Jagd im Großraum Darmstadt erhalten.
An fehlender Aktivität können sich die deutschen Jagdflieger nicht beklagen, denn zu jenem Zeitpunkt hängen die gegnerischen Jabos oder die kleinen, von Jägern geschützten Kampfverbände ständig in der Luft. Und auch die endlos erscheinenden Bomberpulks lassen sich immer wieder sehen. Praktisch jeden Tag demonstrieren jetzt die Alliierten in voller Stärke ihre Luftüberlegenheit über dem Reich.
Die deutschen Maschinen starten nacheinander und röhren in südwestlicher Richtung davon. Leutnant Harms fliegt mit seinem Katschmarek Uffz. Ernst und zwei weiteren Piloten der 6. Staffel zusammen. Ihnen folgt der zweite Schwarm unter der Führung von Leutnant Trettau. Zunächst bleibt alles ruhig, am Himmel ist weit und breit nichts Auffälliges zu entdecken. Doch das wird erfahrungsgemäß nicht lange so bleiben.
»Fragezeichen 11 Uhr!« ertönt unvermittelt eine Stimme. Jemand hat also Flugzeuge noch unbekannter Herkunft ausgemacht. Aber plötzlich sind die deutschen Piloten hellwach und machen ihre Maschinen gefechtsklar. Die Sicherungsbügel am Steuerknüppel klappen nach vorn, die linke Hand liegt auf dem Gashebel.
Die Deutschen erreichen jetzt den Raum Dieburg, als sich die gesichteten Flugzeuge schnell als Thunderbolt entpuppen. Auch der Gegner hat den herannahenden Verband als deutschen erkannt. Leutnant Harms sieht noch, wie die P-47-Formation rechts und links ausein-

andergeht und die Maschinen Höhe zu gewinnen versuchen. Dann hat auch er den Knüppel angezogen und stößt mit seiner gelben »1« ebenfalls nach oben. Im Steigen sind wir euch doch noch überlegen, denkt er. Immerhin vermag die Messerschmitt G–14 mit ihrem DB 605 AS-Motor in drei Minuten auf etwa 5000 Meter zu klettern; die amerikanischen P–47 mit einer Steigleistung von rund 700 Metern pro Minute brauchten die doppelte Zeit dazu.

Immer noch steigend, sieht sich Harms nach seinem Rottenflieger um, aber Uffz. Ernst ist nicht mehr hinter ihm. Auch die anderen Maschinen seiner Staffel sind nicht zu sehen. Die gelbe »1« fliegt jetzt ganz allein in einigen Tausend Metern Höhe.

»Na, das kann ja heiter werden«, murmelt der Leutnant. Er legt die Maschine in eine Kurve und entdeckt schließlich tief unter sich den wild kurbelnden Verband, Freund und Feind. Gerade entschließt sich Harms, wieder hinunterzusteigen, um aus der Überhöhung einen Angriff fliegen zu können, als er beobachtet, wie sich zwei oder drei Thunderbolt zu ihm emporschrauben. Sie sind bereits schon zu hoch und zu nahe heran, als daß er ihnen noch entgehen hätte können.

Während unten die Jäger Katze und Maus spielen, entscheidet sich in den nächsten Minuten das Schicksal der einzelnen deutschen Maschine hoch oben. Die ersten Treffer schlagen ein, und plötzlich hat Harms das Gefühl, im Freien zu sitzen. Die »Galland«-Haube ist weg, so daß er nur noch die zu beiden Seiten am Rahmen des vorderen Teils der Kabine angebrachten Haltegriffe vor sich sieht. Gleichzeitig scheppert es erneut gefährlich in seiner »Gustav«. Treffer auf Treffer folgt, die Maschine beginnt zu rauchen.

»Jetzt nichts wie 'raus!«

Wenig später pendelt der deutsche Flugzeugführer am Schirm, und es ist plötzlich eine unheimliche Stille um ihn herum. Harms sieht die Thunderbolt wegziehen und erblickt gleichzeitig seine abtrudelnde Messerschmitt. Er weiß nicht, wo sie aufkommt, registriert jedoch.

daß es nicht weit von dem Ort ist, an dem er selbst mit dem Fallschirm niedergeht.
Die gelbe »1« aber schlägt in einem Waldstück auf, nur wenige Meter neben einer Eisenbahnlinie, im Forst von Dieburg.

EINE POLNISCHE MÜNZE

Möglich, daß das hier beschriebene Schicksal eines vermißten Jagdfliegers vielleicht von den zuständigen Instanzen, obwohl keinerlei Zweifel über die Identität des Gefallenen bestehen, letzthin den Vermerk »Nicht absolut aufgeklärt« erhalten wird. Gewiß, das folgende Ereignis erscheint im ersten Augenblick mehr als undurchsichtig, aber das nur, wenn man die gründliche Auswertung aller mit diesem Fall zusammenhängenden Fakten nicht berücksichtigen würde.

Schon zu Beginn wußte ich, daß wir es hier wieder mit einem reinen »Schreibtischfall« zu tun haben werden, aber ich hoffte auch diesmal, Licht hinter den Vermißtenfall bringen zu können. Als sich dann nach recht aufwendigen und umfangreichen Recherchen tatsächlich ein ganz klares Bild abzeichnete, hielt ich das erneut für eine Bestätigung, daß man einen Gefallenen auch zu identifizieren vermag, wenn beispielsweise die zweifelsohne als sicherstes Merkmal anzusehende Erkennungsmarke fehlt. Kann ein eindeutiger Beweis in Form der Erkennungsmarke nicht erbracht werden, so schreibt aber das Gesetz ganz bestimmte Richtlinien vor, wie ein solcher Vermißtenfall von den Behörden zu behandeln ist. Auch wenn alles dafür spricht, daß ein aufgefundener unbekannter Flieger mit der gesuchten Person, deren Namen feststeht, auch wirklich identisch sein muß, ist es nicht in jedem Fall gewährleistet, daß eine Todeserklärung erfolgen kann. Hierfür gibt es verschiedene Gründe, wie zum Beispiel eine Erbschaftsangelegenheit oder sonstige, noch nicht abzusehende Familienprobleme.

Zwar trifft das im vorliegenden Fall nicht zu, aber das Gesetz kann hier keine Ausnahme machen. So bleibt abzuwarten, ob eines Tages dieses Schicksal nicht doch noch seinen endgültigen Abschluß findet.
Den Beweis zu führen, daß es sich bei dem toten Jagdflieger um eine ganz bestimmte Person handeln muß, war nur noch aufgrund von Indizien möglich. Indizien, die im gesamten betrachtet, einen ziemlich genauen Ereignisablauf erkennen lassen. Das Ergebnis ist die Aufzeichnung des Schicksals von Unteroffizier Walter Silwester, der am 23. Dezember 1944 als Angehöriger der III./JG 77 im Luftkampf gefallen ist.

Schon seit einigen Jahren verbindet mich ein mehr oder weniger reger Schriftverkehr mit Herrn Lilienthal aus Ahrweiler, denn auch er befaßt sich mit dem Luftkriegsgeschehen über dem Gebiet seiner Heimatstadt und ist unter anderem mit erstaunlicher Akribie darangegangen, den Absturz einer amerikanischen Fortress und den Verbleib deren Besatzung zu rekonstruieren und aufzuklären. In den Briefen erwähnt Lilienthal öfter seinen Freund Günter Schmitz, ebenfalls in Ahrweiler wohnend und damit beschäftigt, während seiner sonntäglichen Spaziergänge nach Absturzstellen von Flugzeugen aus dem Zweiten Weltkrieg zu suchen und die Bewohner über nähere Einzelheiten darüber zu befragen. Schmitz benutzt dazu ein selbstgebautes Suchgerät, mit dessen Hilfe er schon manches Typenschild sowie Bordmunition und sonstige Flugzeugkleinteile entdeckt hat. Die Eifel, Hauptkampfgebiet während der Jahreswende 1944/45, ist praktisch übersät mit solchen Relikten, denn in keinem anderen Areal unserer Heimat sind so viele Flugzeuge abgestürzt wie gerade im linksrheinischen Gebiet entlang der belgischen und luxemburgischen Grenze.
Im Sommer 1970 ergibt sich endlich die Gelegenheit, die beiden persönlich kennenzulernen. Günter Schmitz scheint, wie ich vorher erfahre, auf eine interessante Sache gestoßen zu sein und hält es für richtig, daß wir uns einmal darüber unterhalten. Das ist also der Anlaß ihres Besuches am kommenden Wochenende.

Wie nicht anders zu erwarten, kommen wir auch sogleich auf den schon erwähnten »undurchsichtigen Fall«, wie Schmitz erklärt, zu sprechen. »Ich habe auf dem Friedhof von Altenahr, einige Kilometer westlich von Ahrweiler, das Grab eines noch unbekannten Jagdfliegers entdeckt«, beginnt Schmitz mit seinen Ausführungen. »Er ist am 23. Dezember 1944 gegen 15.30 Uhr außerhalb der Gemeinde in Richtung Houverath abgeschossen worden. Der Totengräber Lahr, der die sterblichen Überreste des Piloten bestattete, lebt noch und konnte mir genaue Angaben zu diesem Absturz machen.«
Was Schmitz dann weiterberichtet, klingt unglaublich, und obwohl ich selbst schon etliche böse Überraschungen erleben mußte, kann ich jetzt wiederum nur den Kopf schütteln. Der Totengräber, erst viel später durch Schrottsucher darauf aufmerksam gemacht, begab sich mehrere Monate nach den Dezemberereignissen zur Absturzstelle, wo er den Flugzeugführer neben den Trümmern der Maschine total verbrannt vorfand. Immerhin entdeckte er die Erkennungsmarke. Er nahm sie an sich und hob anschließend die Überreste des Gefallenen in einen mitgebrachten Holzkasten, um diesen dann auf den Friedhof zu bringen. Bevor das Grab geschlossen wurde, so versicherte der Totengräber, mehrmals, habe er die eine Hälfte der Marke wie üblich abgebrochen und zu dem Toten gelegt. Die andere Hälfte habe er einem Angestellten des Polizeiamtes Altenahr zwecks Weiterleitung übergeben.
Schmitz machte eine Pause und lehnte sich im Sessel zurück. Bevor er mit seiner Schilderung fortfährt, frage ich ihn: »Hat man denn das Grab nicht noch einmal öffnen können, um die Marke herauszuholen?«
»Das ist es ja eben«, erwidert Schmitz fast erregt. »Das Grab wurde von irgendeiner Dienststelle in den fünfziger Jahren aufgemacht, allerdings im Zusammenhang mit weiteren Graböffnungen. Jedenfalls gelang es nicht, die Hälfte der Erkennungsmarke wiederzufinden, und auch die andere Hälfte ist wahrscheinlich nicht weitergegeben worden.«
Aber es wird noch ominöser. Die Amtsverwaltung Altenahr fertigte eine Aktennotiz über das Absturzereignis an und vermerkte die Num-

mer der Erkennungsmarke. Da man aber ebenso auch alliierte Fliegerschicksale registrierte, wurde irgendwann einmal – den genauen Zeitpunkt weiß niemand mehr – möglicherweise von einer Dienststelle der Militärregierung der komplette Ordner für eine Auswertung angefordert oder sogar selbst abgeholt. Die Gemeinde besaß damals mehr als 120 Ordner, aber ausgerechnet dieser eine ist und bleibt verschwunden.

Wieder einer jener unglücklichen Umstände, die uns schon so oft von einer verheißungsvollen und sicheren Fährte haben ablenken lassen. Aber was wäre im vorliegenden Fall zu unternehmen, frage ich mich. Als ob Günter Schmitz meine Gedanken erraten hätte, sagte er: »Ich sehe im Augenblick drei Möglichkeiten, um eventuell weiterkommen zu können. Herr Bungard, welcher die andere Markenhälfte in Empfang nahm, lebt eventuell noch. Ich werde ihn ausfindig machen. Ferner existiert ein Augenzeuge, der an der Absturzstelle ein Typenschild gefunden hat mit dem Aufdruck: Messerschmitt AG. Das wäre also etwas, was in Ihren Bereich hineinfällt.«

»Immerhin ein sehr brauchbarer Hinweis, der schon eine Menge anderer Möglichkeiten ausschließen läßt«, antwortete ich, doch Schmitz winkt ab.

»Leider hat der Mann das Typenschild an der Absturzstelle wieder weggeworfen, weil er es damals nicht für wichtig hielt.«

Es ist eigenartig, daß schon in so vielen Fällen markanten Beweisstücken in Form von Typenschildern, Blechteilen mit Nummern oder sonstigen für eine sichere Auswertung heranzuziehenden Gegenständen keine Beachtung geschenkt wurde. Gewiß, man darf dabei die Situation der letzten Kriegsmonate nicht unberücksichtigt lassen. Nicht immer brachten die Einwohner, Augenzeugen oder andere Beteiligten zu dieser Zeit noch das nötige Verständnis für derartige Begebenheiten auf, einfach deswegen, weil jeder mit sich selbst zu tun hatte und in Anbetracht des sich dem Ende zuwendenden Krieges ganz andere Sorgen mit sich herumtrug, als sich zusätzlich noch mit Typenschildern oder dergleichen abzugeben. Andererseits, und das trifft hauptsächlich für die erst viele Jahre nach dem Krieg gemachten Funde zu, ist als Grund für eine oberflächliche Untersuchung vorwiegend die Unkenntnis der Materie anzusehen. Nicht abzuschätzen, wie viele wichtige Merkmale auf den Höfen der Schrotthändler verlorengingen. Ich habe schon in den vorangegangenen Kapiteln darauf hingewiesen, daß unter Umständen eben auch kleine Wrackteile zur Aufklärung eines Vermißtenschicksales führen können, falls es nicht gelingt, den Flugzeugführer selbst zu identifizieren.

Inzwischen aber hat Günter Schmitz einen weißen Umschlag hervorgeholt, in dem ich einige Fotos zu erkennen glaube. Bevor er aber den Umschlag vollends öffnet, höre ich seine weiteren Erklärungen:

»Die dritte Möglichkeit, um einhaken zu können, bietet sich durch die Tatsache, daß der Totengräber außer der Erkennungsmarke noch eine polnische Münze neben dem Toten gefunden hat. Hier ist diese Münze und ein paar Fotos davon, die ich für eventuelle Nachforschungen für Sie angefertigt habe.« Mit diesen Worten überreicht mir Schmitz das erwähnte Geldstück zusammen mit den Aufnahmen.

Noch lange, nachdem mein Besuch wieder in Richtung Ahrweiler abgefahren ist, sitze ich über einem Stück Papier mit den Notizen, die ich mir zwischendurch gemacht hatte. Ein neuer Fall also, von dem ich noch nicht genau weiß, wie man ihn anpacken kann. Bleibt zunächst erst einmal festzuhalten, was an konkreten Einzelheiten bekannt ist: Wir haben eine genau lokalisierte Absturzstelle, ferner das exakte Datum und die ungefähre Uhrzeit, die Grabstätte eines unbekannten Jagdfliegers sowie die polnische Münze und schließlich die Aussage, daß es sich bei dem Flugzeug laut aufgefundenem Typenschild um eine Messerschmitt handelt. Hier jetzt schon einen Zusammenhang zu erkennen oder eine Vermutung aufzustellen, liegt natürlich noch fern. Dennoch bin ich optimistisch genug, um mich wieder auf Kosten der Familie sogleich an die Arbeit zu machen.

Wieder einmal ist das Wohnzimmer recht bald nur noch an der Deckenbeleuchtung und an den Vorhängen als solches zu erkennen. Abermals habe ich meine Akten vor, hinter und neben mir ausgebreitet und meinem Sohn beruhigend erklären müssen, daß wir sein Flugzeugmodell — diesmal eine Fairey Firefly — erst in der nächsten Woche zusammenbauen werden.

Da der Absturz in Altenahr am 23. Dezember 1944 erfolgte, vertiefe ich mich in die Verlustaufstellungen dieses Tages. Es sind, wie ich schnell und ganz grob abschätze, rund 100 Flugzeuge, ausschließlich der Maschinen, deren Piloten unverletzt davonkamen. Jetzt geht es darum, die als vermißt gemeldeten Jagdflieger herauszusuchen. Einige kann ich bereits ausklammern, da ihr Verlustort mit Sicherheit nicht im Raum des Ahrgebirges liegt, und so stehen nach Tagen unentwegter Kleinarbeit insgesamt 15 Namen auf meinem Schreibblock. Mehr als die Hälfte dieser Flugzeugführer flog eine FW 190, so daß schließlich noch sechs Messerschmittpiloten übrigbleiben, die für unseren Fall in Frage kommen könnten. Um sicher zu sein, ob inzwischen nicht eines der sechs Schicksale aufgeklärt wurde, setze ich mich mit der WASt in Verbindung und bitte um Mithilfe.

Wie oft schon habe ich über meinen Aufstellungen gesessen, und speziell die langen Kolonnen der Verluste der letzten Dezemberwochen des Jahres 1944 bringen mich immer wieder zum Nachdenken. Es ist unvorstellbar, was sich in jenen Tagen über dem damals als »Kampfraum West« bezeichneten Gebiet zwischen Rhein und Maas abgespielt haben muß. Für die Mehrzahl der jungen Flieger hat es die Hölle bedeutet. Es widerfuhr ihnen hier ihr Langemarck. Denn auch diesmal traten sie unerfahren den Kampf an, wenngleich auch vielleicht mit weniger Patriotismus als vor 30 Jahren.

Unterdessen bemüht sich Günter Schmitz darum, noch zusätzliche Informationen über den Absturz in Altenahr in Erfahrung zu bringen. Er läßt sich vom Totengräber Lahr nochmals bestätigen, daß dieser die Erkennungsmarkenhälfte mit in das Grab des Gefallenen gegeben hat. Während er mich über den Stand seiner Recherchen auf dem laufenden

hält, kann ich ihm etwas später auch meinerseits eine interessante Mitteilung machen, denn als ich die in Frage kommenden Vermißten übersichtlich geordnet vor mir liegen habe, glaube ich eine mögliche Verbindung zwischen der polnischen Münze und einer der vermerkten Personen entdeckt zu haben. Von den deutschen Jagdfliegereinheiten hat im Raum des Ahrtales nur das JG 77 Verluste gemeldet. Auf meiner Liste steht einer der Flugzeugführer dieser Einheit: Unteroffizier Walter Silwester von der III./JG 77, geboren in Teschen. Und Teschen liegt im polnisch-deutschen Grenzraum.
»Wir sollten versuchen, eine erneute Graböffnung zu erwirken«, schlage ich vor. »Mit Ihrem Suchgerät müßten wir doch die Marke finden, falls sie tatsächlich vorhanden ist. Sprechen Sie doch mal mit den örtlichen Behörden.«
Schmitz stimmt diesem Vorschlag zu und verspricht, sich sofort darum zu kümmern. Ich bin sehr überrascht, schon wenige Tage darauf am Abend einen Anruf zu bekommen: »Es ist soweit«, höre ich aus Ahrweiler. »Am nächsten Dienstag wird das Grab geöffnet. Die Gemeinde hat die Genehmigung dazu erteilt und auch zwei Mann von der Friedhofsverwaltung dafür abgestellt. Bitte versuchen Sie, auf alle Fälle dabeizusein.«

Dienstag, 1. Dezember 1970. Seit etwa fünf Uhr morgens regnet es in Strömen. Ich komme trotz der langen Lastwagenkolonnen auf der Autobahn recht zügig voran, muß aber dann eine Umleitung in Kauf nehmen, da die Abfahrt nach Koblenz am Dernbacher Dreieck gesperrt ist. Gegen sieben Uhr liegt das Rheintal vor mir, und nach Verlassen der Autobahn geht es dann weiter an Andernach vorbei in Richtung Sinzig, wo ich links nach Ahrweiler einbiege. Es ist noch stockdunkel, als ich kurz vor acht Uhr neben dem kleinen Friedhof von Altenahr halte.
Nur wenige Minuten später trifft auch Günter Schmitz ein. Da die beiden Friedhofsarbeiter noch nicht anwesend sind, gehen wir schon

hinüber zu dem Grab des unbekannten Jagdfliegers. Lange starre ich auf das braune Holzkreuz, und meine Gedanken wandern wieder zurück bis zu den schrecklichen Ereignissen jener leidbringenden Wintertage im Dezember 1944. Ich merke nicht, daß währenddessen die beiden Totengräber eingetroffen sind.

Noch immer regnet es, und wir errichten über dem Grab mittels eines Rohrgerüstes und großen Plastikabdeckungen eine Art Dach, unter dem wir wenigstens einigermaßen wettergeschützt unsere Arbeit aufnehmen können. Zunächst wird die obere Erdschicht abgetragen und auf ein großes Holzviereck neben der Grabstelle gehäuft. Schmitz hat bereits den Ohrhörer aufgesetzt und sein Suchgerät eingeschaltet. Jetzt stimmt er die Tonfrequenz ab, bis er einen Dauerton findet, der auch ganz kleine Metallstücke durch eine Frequenzänderung anzuzeigen vermag.

Da der Körper des gefallenen Jagdfliegers beim Absturz fürchterlich zerschmettert wurde, gelang es dem Totengräber Lahr schon damals nicht, die gesamten Überreste einzusargen, und so sind wir darauf vorbereitet, nur wenige Knochen vorzufinden. Nach einer halben Stunde höre ich einen der das Erdreich behutsam aushebenden Männer rufen: »Jetzt sind wir an der Holzkiste. Hier sind die ersten Reste, vermutlich vom Deckel.«

»Vorsichtig jetzt«, erwidere ich, und zu Schmitz gewandt: »Nehmen Sie bitte auch jeden Krümel unter das Gerät.«

Das erste, was wir entdecken, sind etliche mit oxidierter Masse stark durchsetzte Erdklumpen, wie wir sie schon bei vorangegangenen Bergungen oft vorgefunden haben. Außerdem ist auch wieder der so typische Geruch von verbrannten Aluminiumteilen, Treibstoffresten und durchgeschmorten elektrischen Leitungen vorhanden. Alle Stücke legen wir gesondert auf einen bereitgestellten Platz ab, damit wir sie später noch genauer untersuchen können.

»Mir scheint, der Totengräber hat damals mehr Teile vom Flugzeug als vom Piloten erwischt«, sagte ich zu Schmitz, als ich aus dem nächsten

Aushub den Schraubstutzen mit den Resten von irgendeiner Zuleitung herausziehe. »Aber sehen wir weiter. Wir sind ja noch nicht fertig.«
Dann kommen einige Lederreste zum Vorschein, die ursprünglich einmal zum Bund der Fliegerjacke gehört haben: Und schließlich finden wir einen Gelenkknochen. Als die Männer später noch weitere Skelettteile freilegen, bin ich erschüttert, denn noch nie habe ich solch zerfetzte menschliche Knochen gesehen wie hier im Grab von Altenahr.

Günter Schmitz hebt fast bei jeder Schaufel den Arm, um die Grabung zu stoppen, und holt mit seinem Gerät die verschiedensten Metallteile, sogar winzige Schrauben ans Tageslicht. Aber das, wonach wir so dringend suchen und was uns eine Bestimmung der Identität des toten Jagdfliegers ermöglichen würde, finden wir nicht: die Hälfte der Erkennungsmarke.
Bis zum Mittag versuchen wir es weiter und hören erst auf, bis eine Tiefe erreicht ist, in der mit Gewißheit keine weiteren Teile mehr zu finden sein würden. Da erst nimmt Schmitz seinen Ohrhörer ab und sieht, wie alle anderen auch, schweigend auf das ausgehobene Grab und die kärglichen Funde.
Wir alle sind enttäuscht. »Wenn die Marke dagewesen wäre, hätte ich sie entdeckt«, sagte Schmitz tonlos.
»Aber vielleicht ist sie schon bei der ersten Graböffnung abhanden gekommen«, werfe ich ein. »Damals wurde kein Suchgerät benutzt, und so ist ein winziges Metallstückchen schnell übersehen.«
»Außerdem wurden damals gleichzeitig fünf andere Gräber geöffnet«, erklärt jetzt einer der Friedhofsarbeiter. »Bei allen scheint aus Zeitgründen nicht sehr viel Sorgfalt aufgewendet worden zu sein.«
Schmitz und ich sehen uns an. Wenn dann noch der Erdboden auf alle fünf Gräber wieder gleichmäßig verteilt wurde, ist die Marke auf diese Weise bestimmt verschwunden, denn Totengräber Lahr hat immer nachdrücklich versichert, die Hälfte bei der Bestattung des Gefallenen mit in die Kiste gelegt zu haben. »Ich weiß noch genau, wie ich die

Marke abbrach, denn es war ja so üblich, und wir verfuhren bei allen Soldatenbeisetzungen so.«

Jetzt bliebe also nur noch der Versuch, die Ereignisse des 23. Dezembers mit den bekannten Fakten von Altenahr zu kombinieren, um eine Klärung des Vermißtenschicksals aufgrund von Indizien herbeiführen zu können.

Meine Gedanken kann ich nur sehr schwer ordnen, und ich frage mich immer wieder, warum in diesem Falle sämtliche konkreten Merkmale verlorengehen mußten. Die Marke war vorhanden, doch wir fanden die eine Hälfte nicht, und die andere scheint nie ihren Bestimmungsort erreicht zu haben. Dann die Eintragungen über den Absturz mit Erwähnung der Nummer der Erkennungsmarke, aber gerade dieser Ordner ist verschwunden.

Als ich mich von Günter Schmitz verabschiede, danke ich ihm nochmals für seine unermüdliche Unterstützung. »Versuchen Sie doch nochmals, den Aktenraum in Altenahr zu inspizieren«, schlage ich vor. »Vielleicht steht der Ordner nur falsch, vielleicht ist er tatsächlich noch vorhanden.«

Ich weiß, daß es Zeitverschwendung ist, denn Schmitz hat mehr als einmal den bewußten Raum mit Hilfe der Gemeinde durchsucht.

Die Sache mit dem weggeworfenen Typenschild und der nicht mehr aufzufindenden Hälfte der Erkennungsmarke läßt Schmitz nicht ruhen. Mit seinem Suchgerät im Wagen fährt er bei nächster Gelegenheit nach Altenahr und steigt den rechts an der Bundesstraße 257 gelegenen Hang hinauf, um die Absturzstelle noch einmal genauer zu inspizieren. Was er an diesem Tag an Kleinteilen findet, gibt uns einen zusätzlichen Beweis in die Hand, den Maschinentyp einwandfrei zu bestimmen.

Noch am Abend desselben Tages meldet Schmitz sich bei mir. »Ich habe das Teil eines Ruderhorns vom Höhenruder entdeckt«, verkündet er stolz. »Dazu noch einige 3-cm-Geschosse sowie Gummiteile der Kabinenabdichtung. Ich werde Ihnen von den Funden sofort eine Zeichnung machen und sie Ihnen zuschicken.«

»Großartig«, erwidere ich. »Damit läßt sich möglicherweise sogar die genaue Untervariante der Maschine feststellen.«
Die erwähnten Stücke bringen uns tatsächlich einen wesentlichen Schritt vorwärts, denn das Ruderhorn ist für die Messerschmitt Bf 109 typisch. Kein anderes deutsches Jagdflugzeug besaß ein Horn mit diesen Profilen. Wir wissen nun mit Bestimmtheit, daß es eine Messerschmitt gewesen ist, und ich kann wenig später auch behaupten, daß es sich um eine Bf 109 K–4 handeln muß, da die G–14 keine 3-cm-Waffen besaß und ohne Druckkabine ausgestattet war.
Von den mit Hilfe der WASt festgestellten, noch effektiv als vermißt geltenden sechs Messerschmittpiloten flogen nämlich drei eine Bf 109 G–14, die anderen drei eine K–4. Unter diesen zuletztgenannten Flugzeugführern nahmen zwei, Angehörige des JG 4, am großen Abwehreinsatz gegen den amerikanischen Angriff auf Trier und Ehrang teil. Das JG 4 und JG 11 stellten sich den Viermotorigen bereits über dem belgischen Raum entgegen, und da der Angriff in den Vormittags- und Mittagsstunden stattfand, die beiden genannten Piloten deshalb sowohl zeitlich als auch räumlich nicht für den Fall Altenahr in Frage kommen, bleibt nur noch der dritte K–4-Flugzeugführer: und das ist Unteroffizier Silwester von der III./JG 77.
Das alles mag sich etwas verwirrend anhören, aber für jemanden, der sich ständig mit den technischen Details der heute schon als historisch zu bezeichnenden Jagdmaschinen aus dem Zweiten Weltkrieg beschäftigt, sind die Unterschiede zwischen den einzelnen Versionen noch geläufig und erkennbar. Da jedoch nicht zu erwarten ist, daß ein Großteil der Leser mit dieser Materie vertraut ist und selbst manche Ehemaligen nicht mehr so recht wissen, welche Varianten sie eigentlich geflogen haben, möchte ich zum besseren Verständnis einmal ganz kurz auf die wichtigsten Merkmale der Messerschmitt Bf 109 eingehen.
Das letzte halbe Jahr vor Kriegsende sah praktisch nur drei Baumuster der Bf 109 im Einsatz: die G–10, G–14 und die K–4. Gerade bei der G-Reihe hatten die einzelnen Messerschmitt-Werke und auch die Truppe

selbst so viele Veränderungen in Form von Rüstsätzen und Umrüstungen vorgenommen, daß die Maschine schließlich immer klobiger und schwerer wurde, was sich natürlich auf die Flugeigenschaften sehr negativ auswirken mußte. Durch den Einbau der beiden über dem Motor liegenden schweren MG 131 erhielt die Messerschmitt ab der G–5 auf beiden Seiten notwendigermaßen eine Ausbuchtung für den elektrischen Schußgeber, und diese Ausbuchtung brachte der Maschine übrigens auch den Namen »Beule« ein. Man versuchte die Änderungen und die damit verbundene Minderung der Leistungen durch stärkere Motoren und durch abgewandelte Seitenleitwerke auszugleichen, was jedoch wegen fehlender Triebwerke und Ersatzteile nicht in jedem Fall möglich war. So entstand als letztes Serienmuster die Bf 109 K–4, die alle vorangegangenen Abänderungen in sich vereinigte und auch ein entsprechendes Triebwerk, einen 1550 PS starken Daimler-Benz-Motor DB 605 ASCM besaß. Während bei der G–10 nur vereinzelt die fälschlicherweise als »Galland-Haube« bezeichnete Vollsicht-Kanzelabdekkung zum Einbau kam, hatte die G–14 und die K-Muster diese Haube serienmäßig. Auch das hohe Holzleitwerk, mit welchem nur einige Untervarianten der vorangegangenen Muster versehen wurden, erhielt die K-Reihe serienmäßig, hier allerdings zusätzlich mit kleinen Trimmklappen.

Auch die Bewaffnung war unterschiedlich. Für die G–10, mit dem DB 605 D-Motor die schnellste aller G-Varianten, waren vom Hersteller zwei MG 131 (Kal. 13 mm) sowie eine durch die Propellernabe schießende MK 108 (Kal. 3 cm) vorgesehen, doch letztere wurde dann durch das MG 151/20 (Kal. 2 cm) ersetzt. Bei der G–14, die vorwiegend mit dem DB 605 AS-Höhenmotor ausgerüstet war und aus diesem Grund auch einen wesentlich größeren Lader besaß, wurden standardmäßig zwei MG 131 und ein MG 151/20 eingebaut. Die Bordwaffen der K–4 sollten aus zwei MG 151/15 (Kal. 15 mm) über dem Motor und einer MK 108 bestehen, aber anstelle der beiden MG 151/15 wurden dann doch noch die bewährteren MG 131 ver-

wendet. Als letzte Unterversion erhielt die seltenere K–6 zwei zusätzliche Maschinenkanonen vom Typ MK 103 (Kal. 3 cm), die in je einer Waffengondel unter den Tragflächen hingen.
Rein äußerlich waren die einzelnen Varianten der G–10, G–14 und K–4 untereinander nicht so leicht zu unterscheiden. Geräte, wie beispielsweise die zur kurzfristigen Leistungssteigerung dienende Wasser/Methanol-Einspritzanlage und die verschiedenen Triebwerkarten, waren von außen nicht zu erkennen, und oft ist es heute auch für mich noch schwierig, auf Fotos den exakten Maschinentyp zu bestimmen.

Die Auswertung der Einsatzabläufe des 23. Dezembers 1944 nimmt einige Zeit in Anspruch, und erst im März 1971 habe ich meine Unterlagen darüber so gründlich geordnet, daß sich ein eindeutiges Bild abzeichnet. Es konzentriert sich alles auf das JG 77 und somit auch auf den schon genannten Unteroffizier Silwester von der 12. Staffel.
Am Tag vor Weihnachten 1944 ist über dem Eifelgebiet seit langem wieder eine sehr starke Einsatzaktivität sowohl des Gegners als auch der eigenen Luftwaffe zu verzeichnen. Seit Beginn der Ardennenoffensive am 16. Dezember herrscht über dem gesamten westlichen Kampfraum eine Schlechtwetterfront vor, die es den alliierten Luftstreitkräften nicht gestattet, gegen das Vordringen der deutschen Truppen einzugreifen. Erst der 23. Dezember bringt eine Wetterbesserung, so daß der Gegner auch sofort mit überlegenen Kräften über dem Kampfgebiet erscheint, um v. Rundstedts Vormarsch aufzuhalten und den eigenen Truppen Unterstützung zu geben.
Starke Bomberverbände der 8. amerikanischen Luftflotte greifen unter dem Schutz von über 400 Jägern wichtige Verkehrsknotenpunkte in der Eifel an, während Marauder der 9. Luftflotte taktische Ziele im Hinterland der deutschen Offensive bekämpfen. Auch die RAF nutzt die Wetterlage aus und bombardiert mit einem Viermot.-Verband Köln. Bereits in den Vormittagsstunden wird ein Großteil der zur Abwehr eingesetzten deutschen Jagdeinheiten über den Ardennen und

der Eifel in heftige Luftkämpfe verwickelt, wobei es zu hohen Verlusten kommt.
Südlich von Bonn trifft die von Achmer aus gestartete IV./JG 27 auf eine Formation Thunderbolt der 56. Fighter Group. In dem sich anschließenden Luftgefecht fällt Ritterkreuzträger Oberfeldwebel Heinrich Bartels, nachdem er seinen 99. Gegner abschießen konnte.
Die Jagdgeschwader 1, 2, 3, 4, 11, 26 sowie die III. und IV. JG 54 sind über dem Raum St. Vith – Bastogne im Einsatz und versuchen dort, den eigenen Truppen Entlastung zu bringen, indem sie sich den alliierten Kampf- und Jagdverbänden entgegenwerfen. Aber die Übermacht ist zu überwältigend, die Kräfte reichen nicht aus, und überdies gehen viele junge Jagdflieger fast ohne ausreichende Einsatzerfahrung in den Kampf. So bleibt es nicht aus, daß sich an diesem Tag die Verlustmeldungen häufen.
Am Nachmittag das gleiche Bild. Um 13.45 Uhr startet Hauptmann Armin Köhler mit der 11. und 12. Staffel seiner III./JG 77 vom Flugplatz Düsseldorf-Unterrath. Die Gruppe hatte zuvor den Auftrag erhalten, die Bewegungen der feindlichen Panzerspitzen im Raum St. Vith zu überwachen. Köhler läßt den Verband in südliche Richtung fliegen, um dann mit Westkurs den Kampfraum zu erreichen. »Es sollte ein schwarzer Tag für uns werden«, berichtet mir der ehemalige Gruppenkommandeur.
Als die grauen Bf 109 K–4 des JG 77 das Ahrgebirge erreichen, werden sie plötzlich von starken gegnerischen Jagdformationen angegriffen. In kurzer Zeit haben die Deutschen sieben Ausfälle, denn der Angriff muß für sie völlig überraschend erfolgt sein. Der Adjutant der III. Gruppe, Oberleutnant Kleber, ist einer der wenigen, die ungeschoren wieder zurückkehren. »Nicht ein einziger von uns hat den befohlenen Einsatzraum erreichen können«, erinnert er sich später. »Nach den Luftkämpfen landeten wir teils in Düsseldorf und teils auf anderen Ausweichplätzen.« Hauptmann Köhler selbst bringt seine Messerschmitt um 15.15 Uhr in Köln-Wahn herunter.

Noch am gleichen Tag meldet sich Leutnant Unverzagt bei seiner Einheit zurück. Er konnte unverletzt mit dem Schirm über dem Ahrtal abspringen. Leutnant Wildenauer von der 11. Staffel wird über Bad Neuenahr verwundet, das gleiche Schicksal erleiden drei weitere Flugzeugführer der 12. Staffel zwischen Münstereifel und Bad Neuenahr. Die blaue »8« von Feldwebel Rössner und die blaue »11« von Unteroffizier Silwester bleiben ebenfalls aus. Beide Flugzeugführer werden als vermißt eingetragen.
Der Kommodore des JG 77, Major Johannes Wiese, wird übrigens einen Tag später, am 24. Dezember 1944, über Bottrop abgeschossen und schwer verwundet. Auch sein Nachfolger, Ritterkreuzträger Major Erich Leye, kehrt aus dem Krieg nicht zurück. Er fällt am 7. März 1945 bei Schwarzwasser, nachdem er eine Jak–9 abgeschossen hatte und mit deren Trümmer kollidierte.
Während Feldwebel Rössner, einer der Vermißten vom 23. Dezember 1944, später bei Houverath tot aufgefunden wird, bleibt das Schicksal von Unteroffizier Silwester weiterhin ungewiß. Bis jetzt die Absturzstelle bei Altenahr entdeckt wird. Von Altenahr bis Houverath sind es nur rund sieben Kilometer. Die Tatsache, daß sich in den Nachmittagsstunden des 23. Dezember 1944 über dem Ahrgebirge erwiesenermaßen nur die 11. und 12. Staffel des JG 77 befand und nur Unteroffizier Silwester als einziger Flugzeugführer der III./JG 77 nach diesem Einsatz noch vermißt wird, läßt mir keine Ruhe. Datum, Uhrzeit und der Ort, an dem der Jagdflieger von Altenahr abstürzte, stimmen ohne jeden Zweifel mit dem Einsatzablauf der III./JG 77 überein. Da in jenem Gebiet am 23. Dezember keine weiteren noch ungeklärten Flugzeugabstürze bekannt sind und die niedergegangene Maschine einwandfrei eine Bf 109 K–4 gewesen ist, glaube ich ganz sicher, daß der Gefallene, der die polnische Münze bei sich trug, mit dem Unteroffizier Silwester aus Teschen identisch ist.

Gleich nach dem Krieg stellt Frau Else Silwester einen Suchantrag an das Deutsche Rote Kreuz, welches die Daten ihres Sohnes in die Bildliste LH 278 aufnimmt. Frau Silwester, deren Anschrift ich später ermittle, kann mir natürlich nicht mit Sicherheit bestätigen, ob ihr Sohn damals noch polnische Münzen besaß, »da er ja seit 1939 kaum mehr mit Polen in Verbindung kam«. Jedoch berichtet sie mir von der Aussage eines Herrn Karl Spanner aus Peißenberg, der sich genau erinnert, daß ihr Sohn, der Unteroffizier Walter Silwester, am 23. Dezember 1944 im Raum Ahrweiler vermißt ist.

Andererseits erhält Frau Silwester Ende 1946 von irgendeiner Person aus Teschen die Nachricht, daß beim Durchzug eines Gefangenentransportes ihr Sohn erkannt worden wäre. Das JG 77 wurde allerdings ab Mitte Januar 1945 an die Ostfront verlegt und flog im März noch von der heutigen CSSR aus Einsätze in den Raum Beneschau – Leobschütz. Wenn aber Unteroffizier Silwester zu diesem Zeitpunkt wieder bei seiner Einheit gewesen wäre, dann hätte die Gruppe seine Vermißtenmeldung vom 23. Dezember 1944 ganz sicher berichtigt, aber es liegt weder vom Dezember 1944, noch von den ersten drei Monaten des Jahres 1945 eine Nachmeldung vor.

Anfang Mai 1971 kann ich der WASt eine detaillierte Aufstellung zum Fall Altenahr übermitteln und hoffe, aufgrund der gemachten Angaben und Gegenüberstellungen das Schicksal des im Ahrtal ruhenden Flugzeugführers endgültig zu klären: das Schicksal des Unteroffiziers Walter Silwester.

Wann das Holzkreuz auf dem Grab von Altenahr mit dem Namen des Gefallenen versehen werden kann, vermag ich heute nicht zu sagen. Aber auch die WASt schließt sich den vorgebrachten Argumenten an, obwohl die sehr exakt durchgeführte Prüfung des Falles dort noch nicht restlos abgeschlossen ist. Übrig bleibt eine polnische Münze. Ein kleiner und unwesentlich erscheinender Gegenstand, der, so hoffen alle Beteiligten, diesmal jedoch ein Vermißtenschicksal endgültig zu klären helfen wird.

Diese unscheinbare Münze würde wohl noch heute in irgendeiner

Schublade herumliegen, wenn nicht Günter Schmitz auf jene Grabstätte an der Ahr gestoßen wäre. Ihm ist es zu verdanken, daß ich meine Auswertung in eine ganz bestimmte Richtung lenken konnte.

DIE NICHT ZURÜCKKEHRTEN

Im letzten Krieg meldete die deutsche Jagdwaffe rund 2700 Mann fliegendes Personal als vermißt, wobei die Zahl der im April und Mai 1945 noch vermißten Flugzeugführer hinzuzurechnen wäre, deren Verlustmeldungen verloren gingen oder nicht mehr ausgeschrieben wurden. Obwohl in den folgenden Jahren viele Schicksale noch geklärt werden konnten, warten in den Karteischränken des DRK-Suchdienstes, des Volksbundes und der WASt bis zum heutigen Tag eine große Anzahl unerledigter Vermißtenfälle auf einen endgültigen Abschluß. Hauptsächlich die im Osten Verschollenen sind es, deren Aufklärung die meisten Schwierigkeiten bereitet, aber auch von den anderen Kriegsschauplätzen liegen noch genug Vermißtenmeldungen vor. Manche Schicksale werden wohl niemals restlos geklärt werden können. Greifen wir uns nur drei davon heraus.

Oberleutnant Ludwig Becker, erfolgreicher Nachtjäger mit insgesamt 46 Nachtluftsiegen. Als man die Nachtjagdverbände im Hinblick auf die sich steigernden Einflüge gegen das Reich notgedrungen auch am Tage einsetzt, merkt man recht schnell, daß dies eine gänzlich andere Angriffstaktik erfordert, mit der die Männer der Nachtjagd nicht vertraut sind. Das trifft auch für Oblt. Becker zu, der als hervorragender Kampfesexperte am nächtlichen Himmel gilt. Schon vom ersten Tageseinsatz am 26. Februar 1943 kehrt er mit seinem Bordfunker nicht mehr zurück. Abgeschossen irgendwo über der Nordsee.

Unteroffizier Heinrich May, erfahrener Flugzeugführer im Jagdgeschwader 3 »Udet«. Am 22. Februar 1943 sehen seine Kameraden, wie die Messerschmitt mit der gelben »3« nach Luftkampf mit russischen Jägern über dem Mius im Donezgebiet abstürzt. Ist er gefallen oder geriet er in Gefangenschaft? Niemand weiß es. Man hat nie wieder etwas von Unteroffizier May gehört.

Oberleutnant Hans-Arnold Stahlschmidt, Staffelkapitän der 2./JG 27 und engster Freund des unvergessenen Hans-Joachim Marseille. Er verbucht die meisten Feindflüge, über 400, in Afrika und erzielt dabei 59 Luftsiege. Am 7. September 1942 startet Stahlschmidt mit seinem Schwarm zur freien Jagd in den Raum El Alamein. Nach heftigen Luftkämpfen mit zahlreichen britischen Jägern kehren zwei Messerschmitt zurück, die dritte macht hinter den eigenen Linien eine Notlandung. Nur der Schwarmführer fehlt noch. Schon einmal war es Stahlschmidt gelungen, aus gegnerischer Gefangenschaft zu entkommen, doch diesmal behält ihn die Wüste zurück. Das Schicksal eines der besten deutschen Jagdflieger auf dem nordafrikanischen Kriegsschauplatz ist bis heute noch unbekannt.

Mein Bemühen, Schicksale verschollener Jagdflieger aufzuklären, kennt noch kein Ende, denn immer wieder ist von Flugzeugfunden zu lesen, und nicht selten befindet sich ein unbekannter Gefallener in den Trümmern. Aber auch die Maschinen etlicher bereits damals geborgener und identifizierter Piloten werden zu Tage gefördert, und alle diese Nachrichten versetzen den Leser für kurze Zeit in die schrecklichen Kriegsjahre zurück, verdeutlichen noch einmal den ungleichen Kampf der Jagdwaffe gegen einen material- und zahlenmäßig überlegenen Gegner oder regen die Öffentlichkeit zum Nachdenken an.

Eine solche Meldung erscheint am 10. Januar 1964 in der Harzburger Tagespresse: »LANGELSHEIM. Die vor einer Woche beim Bau der Innerstetalsperre aufgefundenen Überreste eines am 21. Februar 1944 abgeschossenen deutschen Jagdflugzeuges sind jetzt von dem Bombenräumkommando aus Hannover geborgen worden. Eine größere Menge hochbrisanter Bordmunition sowie zwei noch scharf geladene Maschinengewehre wurden sichergestellt. Das Jagdflugzeug war bei einem Angriff britischer Bomber auf Braunschweig nach Luftkampf abgeschossen worden und unmittelbar an der Oberharzbahnstrecke Goslar — Altenau im Innerstetal abgestürzt. Gerade an dieser Stelle soll der 750 Meter lange Staudamm der Talsperre entstehen.«

Der Flugzeugführer dieser Messerschmitt mit der gelben »6« war Unteroffizier Walter Rothammel aus Thüringen. Er gehörte zur 9. Staffel des JG 54 und hatte nach seinem Abschuß am 21. Februar 1944 noch mit dem Fallschirm abspringen können. Jedoch erst am nächsten Tag fand man ihn im hohen Schnee tot auf.

Dann sind diejenigen Vermißtenfälle bekannt, bei denen wir durch Auswertung erreichbarer Einsatzberichte oder sonstiger Unterlagen und Publikationen die Identität des Gesuchten herausfinden konnten und somit wissen, um welche Person es sich handelt. Leider reichen diese Erkenntnisse nicht aus, um die betreffenden Schicksale als eindeutig geklärt zu betrachten, weil der WASt in Berlin, dem Volksbund oder dem DRK-Suchdienst dafür auch der letzte Beweis vorliegen muß. Ich werde versuchen, derartige Fälle anhand zweier Beispiele wiederzugeben.

Im Sommer 1969 stößt man in Laggenbeck, Kreis Tecklenburg, auf die Wrackteile einer Messerschmitt Bf 109 G. Nach Augenzeugenberichten wurde die Maschine um den 9. Februar 1944 im Luftkampf abgeschossen, und der Pilot, ein Angehöriger des JG 11, soll damals von einem Kommando dieses Geschwaders geborgen worden sein. Außer dem Fallschirm, der laut Packzettel zuletzt am 26. 1. 44 gepackt worden ist, findet man in den Trümmern eine Offiziers-Skimütze. Demnach muß es sich bei dem Flugzeugführer um einen Oberfähnrich oder Offizier handeln, doch es gelingt vorerst nicht, den Namen des gefallenen Jagdfliegers in Erfahrung zu bringen.

Die Recherchen, die ich wenige Tage nach Erhalt der in der Presse veröffentlichten Information anstelle, führen zu einer ganz bestimmten Person: Oberfähnrich Helmut Winter von der 4. Staffel des

JG 11. Doch das allein genügt nicht, um einen Suchfall behördlicherseits zum endgültigen Abschluß zu bringen. Aber wie wir auf den Oberfähnrich Winter gekommen sind, sei hier kurz geschildert.
Wie aus Gefechtsberichten hervorgeht, muß es sich bei dem obengenannten Luftkampf um den Großeinsatz des 10. Februar 1944 handeln. In den Mittagsstunden dieses Tages fliegen amerikanische Verbände viermotoriger Kampfflugzeuge unter starkem Jagdschutz ein, um unter anderem Ziele in Mitteldeutschland und insbesondere die Stadt Braunschweig anzugreifen. Über Holland, weite Gebiete Oldenburgs und Niedersachsens kommt es zu harten Gefechten zwischen den Amerikanern und den Jagdstaffeln des JG 1, JG 3, JG 11 und der III./JG 54. Die Luftkämpfe entwickeln sich bei 40 Grad unter Null in Höhen von 6000 bis 8000 Metern zu einer Großluftschlacht, in deren Verlauf beide Seiten schwere Verluste hinnehmen müssen. Während die Zahl der abgeschossenen amerikanischen Bomber nicht exakt feststeht, da auch die Flak einen hohen Anteil am Abwehrerfolg hat, liegen von den einzelnen Jagdgeschwadern genauere Verlustmeldungen vor: Insgesamt sechzehn Gefallene, sieben Vermißte und zehn Verwundete. Allein das JG 11 verliert an jenem frostklirrenden Februartag über Oldenburg und Niedersachsen neunzehn Maschinen und verzeichnet dabei acht Gefallene.
Von den sieben Vermißten gehören zwei zum JG 3, welches über dem holländischen Raum kämpft und dort acht Maschinen einbüßt. Die restlichen fünf Vermißten sind Angehörige des JG 11, und unter diesen befindet sich der Oberfähnrich Winter als einziger Offizier. Er fliegt die Messerschmitt Bf 109 G–6 mit der weißen »7« am Rumpf. Die 4. Staffel, der Winter angehört, meldet noch einen weiteren Gefallenen sowie zwei Fallschirmabsprünge bei Rheine und Achmer. In der offiziellen Verlustmeldung, die das Geschwader in den folgenden Tagen ausschreibt, wird Winter als vermißt eingetragen. Man kann also mit an Sicherheit grenzender Wahrscheinlichkeit annehmen, daß die in Laggenbeck aufgefundene Maschine mit Win-

ters Messerschmitt identisch ist. Wo sich das Grab des Oberfähnrichs befindet, weiß niemand.

Der zweite Fall datiert bis in das Jahr 1941 zurück. Eine Zeit, in der man längst noch nicht an einen Rückzug auf allen Fronten denkt und in der die wenigsten unter den Jagdfliegern sich vorstellen können, einmal in die Defensive gedrängt zu werden. Noch findet das große Sterben nicht statt, noch liegen die schwarzen Tage der Reichsverteidigung, der Kämpfe über Ardennen und Eifel in weiter Ferne.

Kriegsschauplatz Griechenland. Am 15. April 1941 kommt es fünf Kilometer ostwärts des Flugplatzes Larissa zu einem Luftkampf zwischen britischen Hurricane und Messerschmitt Bf 109 E des JG 77. Nachdem der Leutnant Hans Jacob Arnoldy von der 4. Staffel eines der gegnerischen Jagdflugzeuge bezwungen hat, erhält seine weiße »5« ebenfalls Treffer. Arnoldys Kameraden sehen kurz darauf, wie er die Kabinenhaube öffnet und anschließend mit dem Fallschirm abspringt, doch von dem Zeitpunkt an gilt Leutnant Arnoldy als vermißt und wird heute noch in den Bildlisten des DRK-Suchdienstes geführt. Er hatte bis dahin sechs Luftsiege errungen, und auf dem Leitwerk seiner »Emil« zeugten sechs Balken von diesen Erfolgen.

Im Jahre 1965 erscheint in England das Buch »Pattle; Supreme Fighter in the air«, welches sich unter anderem auch mit den Ereignissen jener Phase des Luftkrieges über Griechenland beschäftigt. Aus den jetzt bekanntwerdenden Aufzeichnungen erfahren wir zum erstenmal Einzelheiten über den besagten 15. April 1941. Arnoldy erzielt im Verlauf des Luftkampfes über Larissa seinen 7. und letzten Luftsieg, ehe er selber in etwa 300 Meter Höhe aussteigen muß. Seine Maschine schlägt fast unbeschädigt am Platzrand flach auf, doch während der Leutnant noch am Schirm pendelt, nehmen ihn griechische Soldaten vom Boden aus unter gezieltes Gewehrfeuer.

Nach der Landung suchen die englischen Piloten den gesamten Flugplatzkomplex ab und finden Arnoldy, der kurz darauf im Offizierszelt seinen Verwundungen erliegt. Die Briten geben im genannten Buch auch eine genaue Beschreibung der abgeschossenen deutschen Maschine: Eine Messerschmitt E mit dem Querbalken der II. Gruppe, einer »5« in heller Farbe (weiß oder gelb) am Rumpf und sechs Abschußmarkierungen am Ruder.

Diese Einzelheiten beweisen deutlich, daß es sich bei dem abgeschossenen und gefallenen deutschen Jagdflieger nur um Leutnant Arnoldy handeln kann, zumal das JG 77 am 15. April 1941 auch nur einen einzigen Verlust meldet. Arnoldy wird noch am gleichen Tag von den Engländern beigesetzt, doch sie müssen kurz darauf den Platz räumen. Den deutschen Bergungskommandos gelingt es nicht, das Grab Arnoldys zu finden; möglicherweise geht das Kreuz bei der überstürzten Flucht verloren, so daß nichts mehr auf eine Grabstätte hindeutet. Auch der von Arnoldy abgeschossene britische Flugzeugführer bleibt bis heute ebenfalls vermißt.

Hans Ring gibt mir Anfang 1969 die Einzelheiten über den Fall bekannt und fragt, ob ich nicht einmal Nachforschungen darüber anstellen könne, da dieser Jagdflieger ja immer noch als vermißt geführt wird. Ich sage sofort zu und richte sogleich ein Schreiben an das Polizeiamt in Wittlich, dem Heimatort Arnoldys. Von dort erfahre ich, daß von den Angehörigen des Vermißten keiner mehr lebt, außer einer Tante, die heute in Berlin wohnt und dort verheiratet ist. Nach längerer Zeit gelingt es mir, diese Tante ausfindig zu machen, deren Ehemann mir dann mitteilt, daß von damals eine Nachricht des Staffelkapitäns Helmut Henz vorliegt, wonach Leutnant Arnoldy seit dem 15. April 1941 vermißt wird. Außerdem existiert noch eine Heimkehrererklärung, die besagt, daß Arnoldy erst Ende Mai/Anfang Juni 1941 über der Insel Kreta abgeschossen worden sein soll. Weitere Informationen kann ich nicht erhalten, und auch die folgenden Anfragen, ob Flugbücher oder Fotos von Arnoldys Maschine vorhanden sind, bleiben unbeantwortet. Der Fall Arnoldy kann somit bis heute noch nicht als abgeschlossen gelten, obwohl kein Zweifel dar-

über besteht, daß der genannte Jagdflieger am 15. April 1941 gefallen ist.
Ostern 1970 berichten etliche Tageszeitungen von einem Wrackfund in Isingdorf bei Bielefeld. Demzufolge sollen dort die Trümmer eines Kampfflugzeuges vom Typ He 111 entdeckt worden sein, doch handelt es sich bei der Maschine, wie später festgestellt werden kann, um eine relativ seltene Heinkel He 219. Der Leiter des Kampfmittelräumkommandos, Herr Hans-Joachim Ulmer, berichtet mir ausführlicher über diesen Bergungsfall. Ulmer ist seit Jahren bemüht, in seinem zuständigen Regierungsbezirk Detmold die Kampfmittel aus dem letzten Krieg zu beseitigen und ist in diesem Zusammenhang auch auf das Flugzeug bei Isingdorf aufmerksam gemacht worden.
Aufgrund einer Meldung des Amtes Werther (Westfalen), daß am 29. März 1945 gegen 12.30 Uhr auf dem Grundstück Struck in Isingdorf ein unbekanntes Flugzeug abgestürzt ist, läßt Feuerwerker Ulmer das Wrack mit einer Förstersonde orten, und da die Polizeistation von Werther vermutet, daß sich in den Trümmern auch noch Besatzungsmitglieder befinden könnten, werden die Bergungsarbeiten entsprechend sorgfältig in Angriff genommen.
Am 26. März 1970 finden Ulmers Männer in den vielen Wrackteilen die Leichen von zwei Fliegern sowie eine Erkennungsmarke, zwei Fallschirme, Lederzeug und eine noch recht gut erhaltene Pistole. Als man schließlich auch die zweite Erkennungsmarke entdeckt, bereitet es keine Schwierigkeiten mehr, die Identität der beiden Gefallenen zu lüften. Nachträgliche Ermittlungen ergeben, daß die He 219 während eines Überführungsfluges von Dortmund nach Hildesheim bei Isingdorf aus nicht mehr erkennbaren Gründen abgestürzt war, wobei die beiden Flieger, Angehörige der 8./NJG 1, ums Leben kamen.
Der Pilot der He 219, Unteroffizier Adam Holl, und der Bordfunker Helmut Walter ruhen jetzt auf dem Friedhof von Weiterode bei Bebra, dem Heimatort von Adam Holl.
Als Abschluß dieses Buches habe ich eine Begebenheit ausgewählt, die erschütternd und eindrucksvoll zugleich ist, und es zeigt sich hier

das ganze Ausmaß der von ungeahnter Tragik gekennzeichneten Zeit kurz vor dem Zusammenbruch. Der Name des Jagdfliegers, dessen Opfergang ich niederschreiben werde, bleibt unbekannt.
5. April 1945. Zu diesem Zeitpunkt, da der Krieg in sein letztes Stadium eingetreten ist, hat die deutsche Jagdwaffe praktisch bereits aufgehört zu existieren. Und unaufhörlich fliegen alliierte Kampfverbände über dem verbliebenen Restdeutschland hinweg, um den letzten Widerstand mit Bomben zu brechen. Die Aufgaben der viermotorigen Streitmacht sind jetzt nur noch taktischer Natur.
Gegen Mittag nähern sich etwa 40 Boeing Fortress der Stadt Salzwedel mit dem Ziel, den Bahnhof und die Anlagen der Reichsbahn auszuschalten. Kein Flakwölkchen trübt den Himmel, keine deutschen Jäger weit und breit. Plötzlich wird ein schwarzer Punkt über dem Fortress-Verband sichtbar. Eine Focke-Wulf 190, die aus der Überhöhung auf die Viermotorigen hinabstürzt. Eine einzelne Maschine wagt da den Angriff auf einen waffenstarrenden Kampfverband! Jetzt müßte die FW 190 das Feuer eröffnen, aber das Rattern der Bordkanonen bleibt aus, und auch die Amerikaner reagieren nicht. Haben sie das einzelne Jagdflugzeug nicht erkannt?
Sekunden später hängt die deutsche Maschine unmittelbar hinter der letzten Fortress. Gleich einer Fräse schneiden die Propellerblätter das hohe Leitwerk des gegnerischen Bombers in Stücke, bevor sich der Motor in den Rumpf des Amerikaners hineinbohrt. Beide Maschinen stürzen, langsam erst und dann in schneller werdenden Spiralbewegungen in die Tiefe und zerschellen mit einer gewaltigen Explosion westlich von Salzwedel.
Hat der unbekannte Jagdflieger bewußt den Tod gesucht? Hatte er mit seinem Einsatz die einzige Möglichkeit zu demonstrieren versucht, wie man dem übermächtigen Gegner noch Verluste zufügen könnte? Wir werden den Grund dieses Opfertodes nie erfahren, aber sein Schicksal sollte jeden von uns nachdenklich stimmen.
Auch für diesen Flugzeugführer steht am Geisenheimer Rheinufer das Jagdflieger-Ehrenmal, wie für alle, die nicht zurückkehrten.

Der letzte Einsatz des Unteroffiziers Gröbke

Daß die Zahl derer, die nach so vielen Jahren seit Beendigung des Zweiten Weltkrieges auch heute noch als vermißt und verschollen gelten, sehr hoch ist, geht immer wieder aus den Berichten hervor, die der Suchdienst des Deutschen Roten Kreuzes der Öffentlichkeit zugänglich macht.
So manchen Leser wird es nicht so sehr verwundern, wenn er erfährt, daß im letzten Kriegsstadium, also in den Wochen vom Januar 1945 bis zum Abschluß der Kämpfe, gerade die Luftwaffe hohe Verluste zu erleiden hatte, wobei speziell bei der Jagdwaffe sehr viele Namen von Piloten zu verzeichnen sind, deren Verbleib immer noch unbekannt ist. Bemerkenswert ist vielmehr die Tatsache, daß alle diese Flugzeugführer fast ausschließlich über dem Reichsgebiet gefallen sind. Es lag in der Natur der damaligen Ereignisse, daß die ohnehin schwergeprüfte und vom Kampfgeschehen unmittelbar berührte Bevölkerung nur in ganz wenigen Fällen noch die Möglichkeit und auch das Interesse hatte, sich um niedergehende, abgeschossene oder notgelandete Flugzeuge und deren Besatzung – ob Freund oder Feind – eingehend zu kümmern. Andere Sorgen standen im Vordergrund, denn in jenen Tagen hatte das eigene Durchkommen, der Wille zum Überleben, Priorität. Tagtäglich wurden Abstürze registriert – man nahm solche Ereignisse kaum noch wahr. Und so konnte es geschehen, daß sich die Spuren von abgeschossenen Flugzeugen auf den Fluren der Gemeinden im Laufe der Zeit verloren.
Eines der vielen Beispiele für die soeben geschilderte Situation ist auch der Fall des 21jährigen Unteroffiziers Werner Gröbke. Ihn,

den Flugzeugführer der III. Gruppe des »Pik As«-Geschwaders, ereilt das Schicksal in den Märztagen des Jahres 1945.

*

Feldflugplatz Kirrlach, 9. März 1945. Auf dem Horst im Südosten von Speyer werden einige Schwärme Messerschmitt-Jagdflugzeuge vom Muster Bf 109 G-14 und K-4 der III. Gruppe des JG 53 frisch aufgetankt und zum Start vorbereitet. Ihre Piloten haben den Auftrag, heute nach Darmstadt-Griesheim zu verlegen.

Seit die Gruppe, von Neuhausen ob Eck kommend, Ende Dezember 1944 in Kirrlach eingefallen war, besteht ihre Aufgabe vornehmlich darin, die jeden Tag über dem südwestdeutschen Raum erscheinenden Jabos der 9. taktischen US-Luftflotte zu bekämpfen. In die gleiche Zeit hinein fällt auch der letzte große Einsatz der deutschen Luftwaffe, das Unternehmen »Bodenplatte«, den auch die III. Gruppe des »Pik As«-Geschwaders mit erheblichen Ausfällen bezahlen muß. Im Frühjahr 1945 verlagert sich die Einsatztätigkeit insofern, als die Gruppe dann gegen die aus dem Raum Hagenauer Forst in Lothringen vordringenden amerikanischen Truppen eingesetzt und zu Erdkampfoperationen herangezogen wird. Die Abwehreinsätze führen dabei mitunter auch in den Moselraum bis Koblenz. Hauptgegner jedoch bleiben die unzähligen Thunderbolt und Mustang, denen gleich beim ersten Einsatz des Jahres, am 10. Januar 1945, drei Flugzeugführer der Gruppe zum Opfer fallen.

Währenddessen hat sich der gegnerische Druck an der Mosel verstärkt, die Amerikaner sind im Begriff, im Hunsrück vorzudringen, um an den Rhein zu gelangen. Das ist einer der Gründe, weshalb Teile der III. Gruppe von nun an tageweise auf den Platz Darmstadt-Griesheim verlegt werden, welcher vor dem »Bodenplatte«-Einsatz schon der I./JG 4 unter Major Steinmann als Absprunghorst dient.

Wie aus den Gefechtsunterlagen der III./JG 53 hervorgeht, erschweren die ungünstigen Witterungsverhältnisse in den folgenden Tagen zunächst jede weiteren Unternehmungen:

10. und 11. März: Schlechtwetter, kein Einsatz
12. März: Schlechtwetter, dennoch Artilleriefliegerbekämpfung mit drei Schwärmen.

Der nächste Tag sieht die 10. und 11. Staffel in der Luft. »Begleitschutz für FW 190 des JG 2!« lautet der Auftrag. Es wird ein schwerer Einsatz, an dem auch Teile der IV./JG 53 aus Nellingen beteiligt sind. Zwischen Koblenz und Darmstadt kommt es zu einem heftigen Luftkampf mit über 30 Lightning und Mustang, welche einen Marauder-Verband zu schützen versuchen. Zwei Piloten fallen, ein anderer muß jenseits der eigenen Linien notlanden und wird zunächst als vermißt gemeldet.

Am 14. März zieht wieder ein verlustreicher Tag für die Gruppe herauf. Oberleutnant Bernhard, Adjutant der III./JG 53, startet mit den Maschinen von Griesheim aus: »Es war freie Jagd im Raum Wiesbaden-Mainz befohlen. Südlich davon bekamen wir Feindberührung mit etwa 14 Thunderbolt. Ich selbst erhielt Treffer und mußte gegen 16.10 Uhr bei Oppenheim mit dem Fallschirm aussteigen.« Unteroffizier Dröge und Unteroffizier Tesarik, beide von der 11. Staffel sowie Leutnant Henkell vom Gruppenstab, fallen in diesem Luftgefecht.

Inzwischen können die Amerikaner im Hunsrück weiter vordringen und stehen am 16. März 1945 vor Bad Kreuznach. Am selben Tag wird der Platz Griesheim von 18 Thunderbolt im Tiefflug angegriffen. Für Sonnabend, den 17. März, ist die Rückverlegung nach Kirrlach vorgesehen, da erreicht die Gruppe zuvor noch der Auftrag, einen im Raum Bad Kreuznach herumkurvenden Artilleriebeobachter zu bekämpfen. Ein Einsatz, von dem der erst zu Weihnachten 1944 zum Unteroffizier beförderte Werner Gröbke nicht mehr zurückkehren soll.

In den Vormittagsstunden erhält ein Schwarm der 11./JG 53 den Startbefehl. Im Tiefflug jagen die grauen Messerschmitt in den befohlenen Einsatzraum. Doch plötzlich kommt es mit überraschend aufgetauchten amerikanischen Jagdflugzeugen zu einem Luftkampf. Es geht alles viel zu schnell, und Feldwebel Friedrich Scheer erinnert sich nur noch daran, daß der Schwarm auseinandergerissen wurde, und er sich mit seinem Rottenflieger, Unteroffizier Gröbke, dann allein über dem Gebiet der Nahe befand. »Danach

sichteten wir den feindlichen Artillerieflieger, griffen aus dem Tiefflug heraus an und wurden von einer hinter einem großen Waldstück auf freiem Feld aufgefahrenen amerikanischen Panzereinheit mit einem bis dahin nie erlebten Flakfeuer eingedeckt, das uns zum sofortigen Abdrehen zwang«, berichtet Scheer später.
Die amerikanische Panzerflak rings um den westlich von Bad Kreuznach gelegenen Lohrer Höfen schießt genau. Feldwebel Scheer erhält einen Treffer in die rechte Fläche, gleichzeitig verhüllt eine grauschwarze Wolke die Maschine seines Rottenfliegers, die gelbe »3«. Volltreffer! Gröbkes Bf 109 K-4 fliegt noch ein kurzes Stück, einen Rauchschweif hinter sich herziehend, und stürzt dann aus geringer Höhe flach in die bewaldete Höhe der Hardt. Der Pilot hatte keine Chance, seine Maschine noch verlassen zu können.

*

Mitte Oktober 1971 erreicht mich ein Brief aus Guldental bei Bad Kreuznach. Er stammt von Otto Schmitt, den ich noch als einen prächtigen, unkomplizierten Menschen und zuverlässigen »Mitstreiter« kennenlernen soll. Ebenfalls, wie ich, ein Idealist in dieser Beziehung, wird er mir später uneigennützig dabei helfen, umfangreiche Nachforschungen anzustellen und auch den noch zu schildernden Fall in Reich bei Simmern zum positiven Abschluß zu bringen.
Zurück zu Schmitts Brief vom Oktober. »Ich habe in Ihrem Buch von der Bergung in Sulzbach und dem in diesem Zusammenhang erwähnten Einsatz des JG 53 im Raum Bad Kreuznach gelesen«, so schreibt er. »Hierzu kann ich Ihnen noch von einer weiteren, für Sie sicherlich wichtigen Begebenheit mitteilen, die sich bei uns abgespielt hat.« Und dann führt er an, daß ihm aufgrund einer Umfrage der Absturz einer deutschen Jagdmaschine bekanntgeworden ist, die am 17. März 1945, also einen Tag nach dem Abschuß der Messerschmitt in Sulzbach, von amerikanischer Flak über dem Hardtwald bei Bad Kreuznach getroffen wurde. »Der Motor und eines der Maschinengewehre sollen noch im Jahre 1947 an der Absturzstelle herumgelegen haben. Über den Verbleib des Piloten ist nichts bekannt, man hat ihn jedenfalls nicht gefunden.«

Es ist gewissermaßen schon zu einer Reflexbewegung geworden, daß ich bei Erhalt solcher Mitteilungen gleich nach den dicken Ordnern in meinem Schrank greife, in denen ich die immer wieder zu vervollständigenden und zu berichtigenden Daten über den Einsatz der Jagdwaffe sammle und aufbewahre. Meine Familie weiß dann schon, daß ich anschließend meistens für den Rest des Abends nicht mehr ansprechbar bin – und sie trägt es mit bewundernswerter Fassung. Ich darf mich an Mangel solch großzügigen Verständnisses wirklich nicht beklagen!
Für den Einsatz im Großraum Rhein-Main kommen, soviel ist bekannt, zum genannten Zeitpunkt eigentlich nur die beiden Jagdgeschwader 2 und 53 in Frage, und als ich die im März stattgefundenen Operationen näher studiere, gelange ich zu der Überzeugung, daß es sich bei dem von Otto Schmitt geschilderten Absturz nur um einen Flugzeugführer des JG 53 handeln kann. Die eingesetzten Jagdverbände hatten am 17. März einen Verlust gemeldet: einen Flugzeugführer der II./JG 53, der bei Bad Kreuznach nach Luftkampf von Flak abgeschossen worden war und noch als vermißt gilt. Nach Rücksprache mit der Deutschen Dienststelle in Berlin bestätigt mir diese, daß am genannten Tag wirklich nur ein einziger Verlust eingetreten ist.
»Das nächste Wochenende ist für Bad Kreuznach reserviert«, höre ich mich sagen, und meine Frau ist sich nicht lange darüber im Zweifel, daß ich mit meinem Ortungsgerät versuchen werde, irgendeinen Beweis zu erbringen, um meine Auswertung bestätigt zu erhalten. So antwortet sie mir nur: »Also zuerst zu Herrn Schmitt, der die Stelle kennt, und dann mit üblicher feldmarschmäßiger Ausrüstung in die Wälder.«
Am 30. Oktober sind wir früh unterwegs. Schmitt hatte uns die zu fahrende Strecke eindeutig beschrieben: Erst an Kloningersmühle vorbei, nach Langenlonsheim, und von dort links ab Richtung Guldental. Otto Schmitt erwischen wir in seinem außerhalb des Ortes gelegenen Weinberg. Ich lasse den Wagen am Straßenrand stehen, hetze den Hang hinauf – und komme tatsächlich ein bißchen außer Atem. So dauert es einige Minuten, bis ich vor Schmitt stehe, der mich lachend begrüßt: »Nicht so eilig, wir haben doch noch den ganzen Tag vor uns!«

Danach informiert er mich nochmal, diesmal ausführlicher, über den Sachverhalt. »Man will den Absturz auf der Hardt damals beobachtet haben«, fügt er hinzu, »doch da die Amerikaner bereits die Stadt einzunehmen im Begriff waren, wird sich wohl kaum einer mehr um das Flugzeug gekümmert haben. Fahren wir mal hin. Ich selbst war schon einmal oben.«
Der Weg führt uns zunächst quer durch Bad Kreuznach. Dann biegen wir in Richtung Kauzenberg ab, überqueren den Ellerbach und befinden uns auf der Hüffelsheimer Straße, die wir nach einer Weile verlassen, um den Weg zum Teufelskopf im Hardtwald einzuschlagen. An einer Weggabelung parken wir unsere Fahrzeuge, steigen aus und blicken uns um. Der Wald ist hügelig. Auf der linken Seite, die etwas steil abfällt, führen zwei Wege zu unserem Standort herauf, während rechts nur ein, allerdings recht breiter, Weg abzweigt. Schräg vor uns steigt das Gelände an. Der Boden ist steinig. »Da bleibt nicht sehr viel übrig«, wende ich mich an Otto Schmitt, »wenn hier eine Maschine hineinschlägt.«
Schmitt nickt und deutet nach links. »Dort unten, unweit des Weges, lag der Motor, sagte man mir. Und gleich hier vorn soll sich eine Kanone befunden haben.«
»Suchen wir also zunächst den unteren Teil ab!«
Mit eingeschaltetem Gerät gehe ich zu der angegebenen Stelle, gefolgt von Schmitt, der schon seinen Feldspaten und einen kleinen Rechen bereithält, um den Unterboden freilegen zu können. Nach verhältnismäßig kurzer Zeit lassen sich tatsächlich ein paar Metallteile finden, die zweifelsohne zu dem Motor gehört haben. Jedoch ist es unmöglich, diese einem bestimmten Triebwerktyp zuzuordnen. Dann finden wir weiter oben am Weg ein längeres Stück von einer Treibstoffleitung mit der üblichen Argus-Leichtmetallverschraubung, die praktisch bei fast allen deutschen Flugzeugmustern Verwendung fand.
»Zumindest schon ein Beweis, daß es sich um eine deutsche Maschine handelt.« Ich überlege mir, daß der Motor, da die Maschine vermutlich aus nicht allzu großer Höhe abgestürzt sein dürfte, beim Aufprall abgerissen und als schwerstes Teil des Flugzeuges nach vorn geschleudert worden sein konnte. Die eigentliche Absturz- oder Aufschlagstelle mußte demnach weiter oben, rechts von

dem Platz, auf dem unsere Wagen stehen, zu suchen sein. Ich rufe deshalb Schmitt zu, daß wir anschließend das aufsteigende Gelände in Augenschein nehmen wollen.
Mit dem Gerät am Boden suche ich zuerst den Rand des Weges ab. Da verändert sich die Frequenz wieder und zeigt einen neuen Fund an. Als Otto Schmitt die betreffende Stelle freilegt, entdecken wir ein 3 cm-Geschoß! Und dann noch eines. »Bf 109 G-6 oder K-4! Falls es eine Messerschmitt ist.«
»Die Richtung stimmt«, meint mein Begleiter. »Mal sehen, ob sich dann da oben noch etwas finden läßt.«
Etwa fünfzig Meter oberhalb des Weges weist der Boden eine Vielzahl mehr oder weniger tiefe Mulden auf. Der Untergrund besteht aus blankem Gestein. Auch der Baumbestand ist hier ziemlich niedrig, im Gegensatz zu dem Waldgelände links des Hauptweges. Die Mulden sind vor langer Zeit entstanden und haben sicherlich mit einem Flugzeugabsturz nichts zu tun, aber wieder finden wir Metallteilchen und eine Anzahl von Bordgeschossen der Kaliber 13 mm und 3 cm, an denen teilweise noch Glieder des Patronengurtes hängen. Starke Verkrustungen an der Oberfläche zeigen deutlich, wie sehr der feuchte Waldboden das jahrelang darin verborgene und jetzt freigelegte Metall angegriffen und verwittern lassen hat.
In einer der zahlreichen Mulden stoße ich auf weitere Flugzeugteile. Unter diesen läßt sich etwas erkennen, das wie eine Aufhängung aussieht. Von Waltraud lasse ich mir einen Lappen reichen, um das verrostete Gebilde abzuwischen. Es ist eine Heißöse, jetzt gut zu erkennen. Die Form ist typisch. »Hier!« rufe ich aus. »Das ist einwandfrei die Aufhängung für einen Daimler-Benz-Motor.« Und als wir unweit davon noch ein kleines, tropfenförmiges Ausgleichsgewicht aus dem von vielen Wurzeln durchzogenen Boden zutage fördern, bin ich sicher: Es war eine Messerschmitt. Es muß die K-4 von Unteroffizier Gröbke sein.
Während dieses ersten Besuches der mutmaßlichen Absturzstelle im Hardtwald bei Bad Kreuznach finden wir noch eine ganze Reihe anderer Teile, doch ein konkreter Anhaltspunkt für das Vorhandensein des Piloten läßt sich nicht erkennen.
»Vielleicht ist der Flugzeugführer damals doch aufgefunden wor-

den, eventuell sogar von den Amerikanern selbst«, meint Otto Schmitt. »Ich werde mal diesbezüglich herumhorchen.« Kurz vor Weihnachten 1971 schreibt er mir dann, daß er die beiden in der Nähe liegenden Ortschaften Traisen und Hüffelsheim aufgesucht habe. Von einem Gastwirt in Hüffelsheim kann Schmitt erfahren, daß die Amerikaner am 17. März 1945 die Dörfer westlich von Bad Kreuznach eingenommen hätten und dort verhielten. Da sei der Angriff deutscher Jagdflieger erfolgt und er, der Gastwirt, habe beobachten können, wie eine der Maschinen in die Hardt gestürzt ist. Der Pilot wäre nicht mehr herausgekommen.

Ein weiterer Augenzeuge also, der den betreffenden Absturz an diesem Tag bestätigen kann. Und der Pilot müßte sich noch in dem Flugzeug befunden haben.

Gleich zu Beginn des neuen Jahres wende ich mich an die Stadtverwaltung von Bad Kreuznach, um anhand der geschilderten Umstände in Erfahrung zu bringen, ob noch andere Augenzeugen zu ermitteln wären und ob vielleicht auf dem Ehrenfriedhof im Lohrer Wald ein unbekannter Flieger bestattet worden ist. Die Antwort, welche ich auf meine Anfrage hin erhalte, fällt zunächst negativ aus. Doch dann, Ende März 1972, teilt mir das Polizeiamt in Bad Kreuznach mit, daß ein gewisser Robert Hahn ebenfalls den Abschuß des deutschen Flugzeuges beobachtet hätte und anschließend, wahrscheinlich als einer der ersten überhaupt, zur Absturzstelle geeilt wäre. Am 8. April suche ich Herrn Hahn auf. Ich will ihn bitten, mit mir noch einmal in den Hardtwald zu gehen, damit er mir die exakte Aufschlagstelle zeigen kann.

Hahn ist, wie er mir unterwegs erzählt, zum Zeitpunkt des Geschehens 13 Jahre alt. Mit zwei gleichaltrigen Bekannten steht er an jenem 17. März zwischen 11 und 11.30 Uhr auf einer Anhöhe an der Rüdesheimer Straße. Da fliegen fünf oder sechs deutsche Jagdmaschinen* über den Lohrer Wald, wo auch die amerikanische Flak ringsherum Stellung bezogen hatte. Plötzlich erhält das dritte Flugzeug, von ihm aus gesehen rechts, einen Volltreffer, explodiert und geht senkrecht in das Gebiet des Teufelskopfes nieder. Zu

* Nach Scheers Aussage soll jedoch nur ein Schwarm (= vier Maschinen) nach Bad Kreuznach unterwegs gewesen sein, und nach dem Luftkampf sich nur noch die Rotte Scheer/Gröbke über dem genannten Gebiet befunden haben.

dritt machen sich die Jungen sofort auf den Weg und gelangen, etwa eine Dreiviertelstunde später an die Absturzstelle. Dort glaubt Hahn anhand des abgefetzten Leitwerkes zu erkennen, daß es eine Messerschmitt gewesen ist. Andere Teile liegen weit verstreut im Wald umher, über dem Rest der Maschine züngeln noch einzelne Flammen. »Vom Piloten selbst war nichts zu sehen gewesen. Ich nehme an, daß dieser schon bei der Explosion ums Leben gekommen ist.«

Unterdessen sind wir an der schon beschriebenen Weggabelung angelangt. Auch Robert Hahn führt mich an dieselbe Stelle, wo etwa der Motor gelegen haben soll. Danach weist er auf einen viel weiter bergauf liegenden Weg, der aber nicht in der Richtung liegt, in der wir damals die Bodenmulden abgesucht hatten. »Dort oben lag das Leitwerk, und noch weiter oberhalb haben sich die brennenden Reste befunden.«

Mir will das zwar nicht ganz einleuchten, denn die Anflugrichtung würde demnach eine andere gewesen sein. Die Lohrer Höfe, aus deren Richtung die Maschine den bisherigen Aussagen nach am 17. März die Hardt überflog, liegen praktisch im Winkel von 90 Grad rechts davon. Aber man soll nichts unversucht lassen, vielleicht hat die getroffene Messerschmitt noch einen Bogen geflogen und der Pilot eventuell sogar eine Notlandung versucht.

Während wir im unteren Bereich abermals eine Anzahl 3 cm-Geschosse aufspüren, läßt sich an der von Hahn vermuteten Stelle nicht das geringste Metallteilchen finden. Und das wäre an der eigentlichen Absturzstelle mit Sicherheit der Fall gewesen, auch wenn die Wrackteile seinerzeit von Schrotthändlern abgeholt wurden. Leider ist es in der Zwischenzeit nicht gelungen, herauszufinden, von wem die Trümmer einmal abtransportiert worden waren. Eine Jagdmaschine ist immerhin auch als Wrack nicht zu übersehen, und es muß eine große Anzahl von Teilen vorhanden gewesen sein. Allerdings trugen sowohl die vermutlich vorausgegangene Explosion als auch der steinige Waldboden dazu bei, daß diese Teile dann auf einer größeren Fläche verstreut gelegen haben mußten. Nun sind außerdem mehr als 25 Jahre vergangen, so daß auch damalige Augenzeugen – Robert Hahn war seitdem nicht wieder an dieser Stelle – sich im Gelände irren können, zumal der Wald

im Laufe der vielen Jahre sich gewandelt und einen anderen Charakter angenommen hat.
Der neuerliche Besuch auf der Hardt bringt uns keinen Schritt weiter, die genaue Aufschlagstelle bleibt unbekannt, doch neige ich zu der Vermutung, daß sie eigentlich nur in dem Bereich der vielen Bodenvertiefungen rechts vom Hauptweg liegen muß. Im Mai bin ich dann mit dem von mir über das Bad Kreuznacher Polizeiamt benachrichtigten Munitionsräumkommando der Bezirksregierung Koblenz noch einmal im Wald. Ich hatte darauf aufmerksam gemacht, daß inmitten des jetzigen Ausflugsgeländes und oft sogar unweit neben den Wegrändern noch etliche scharfe Geschosse zu finden sind, die jetzt von berufener Seite aus geräumt werden sollen.
Mein Versuch, einen der am Einsatz des 17. März 1945 beteiligten Flugzeugführer des JG 53 ausfindig zu machen, führt zunächst zu keinem befriedigenden Ergebnis. Der damalige Adjutant der III. Gruppe, Ernst Dieter Bernhard, schreibt mir, daß er an jenem Tag von Darmstadt-Griesheim wieder nach Kirrlach zurückverlegt hatte, daß jedoch der Staffelkapitän 11./JG 53, Günther Landt, möglicherweise etwas zu diesem Flug aussagen könnte. Auch Siegfried Luckenbach, seinerzeit Gruppenkommandeur, verweist mich an Landt. Dieser nun kann sich tatsächlich an den Unteroffizier Gröbke erinnern. Von ihm erhalte ich die Anschrift von Friedrich Scheer sowie einen weiteren Namen aus der 11. Staffel, Unteroffizier Fröschmann.
Am 19. Juli 1972 endlich steht es fest, wie der Einsatz des 17. März über Bad Kreuznach verlaufen ist. Ich habe darüber eingangs berichtet. »Ich muß jedoch gestehen«, so antwortet mir Scheer, »daß mir der Name meines Rottenkameraden entfallen war, und erst beim Lesen seines Namens in Ihrem Brief fiel mir wieder ein, daß Gröbke als Obergefreiter der 11. Staffel zugeteilt wurde und in der Volksschule, unser Quartier in Kirrlach, zum Unteroffizier befördert wurde.« Hingegen scheidet Unteroffizier Fröschmann als Mitflieger aus, da er sich zur fraglichen Zeit bereits als Jagdlehrer bei der Ergänzungsjagdgruppe in Straußberg befand. Kein Zweifel aber, daß der im Hardtwald von Bad Kreuznach abgestürzte Jagdflieger nur der Unteroffizier Werner Gröbke gewesen ist. Den Ab-

sturzort haben wir lokalisiert, Teile seiner Bf 109 K-4 gefunden. Was aber ist mit dem Piloten geschehen?
»Solange nichts von ihm gefunden ist, und wäre es auch nur ein Fetzen seiner Uniform oder ein menschlicher Knochen, solange wird dir nichts anderes übrigbleiben, als die umfangreiche Arbeit aufzunehmen, den Fall wiederum anhand von Indizien zu klären versuchen«, meint Waltraud, mit der ich diese Probleme schon mehr als einmal besprochen habe. »Bei dem Unteroffizier Silwester im Ahrtal ist das doch auch gelungen.«
»Du hast recht«, gebe ich zurück, »immerhin gibt es doch wohl keinen Zweifel mehr. Bei Bad Kreuznach hat zu jener Zeit nur ein Flugzeugabsturz stattgefunden. Die Uhrzeiten stimmen, die unabhängig voneinander gemachten Aussagen sowohl der Augenzeugen des Absturzes als auch der am Einsatz Beteiligten gleichen sich. Die Ortsangaben und der Ablauf des Geschehens sind in allen Aussagen identisch.«
Immer wieder frage ich mich, ob Gröbke nicht doch noch aus seiner Maschine herausgekommen sein könnte. Hätte er überlebt, dann wäre später eine entsprechende Rückkehrmeldung erfolgt. Unwillkürlich muß ich an die traurige Geschichte von Rott denken. In der Umgebung dieses kleinen Ortes nahe der belgischen Grenze südlich von Aachen mußte am 19. Dezember 1944 Leutnant Schlegel von der II./SG 4 nach Flaktreffer aus seiner Maschine abspringen. Die Amerikaner hatten anschließend auf den am Fallschirm niederschwebenden deutschen Piloten ein wahres Scheibenschießen veranstaltet. Regelrecht durchsiebt kam er am Boden an – tot. Als man daranging, den Mordfall rasch aus der Welt zu schaffen und die Leiche des Flugzeugführers auf einen Jeep lud, um sie »verschwinden« zu lassen, kam glücklicherweise ein beherzter Einwohner des Ortes dazwischen und konnte auf diese Weise den deutschen Flieger seiner Identifizierung zuführen, weil er sich den Namen auf dem Fallschirmpack gemerkt hat. Auch Leutnant Schlegel wäre ein Suchfall geblieben. C'est la guerre!
Nach den vorliegenden Aussagen hat niemand einen Fallschirmabsprung am 17. März bei Bad Kreuznach beobachten können. Auch wenn der Pilot kurz vor dem Aufschlag der Maschine noch freigekommen wäre und beim Absprung aus geringer Höhe den

Tod gefunden hätte, müßte man seine Leiche später irgendwo in unmittelbarer Nähe des Flugzeugwracks entdeckt haben. Das kann, wie einige andere Begebenheiten beweisen, unter Umständen erst Jahre danach der Fall gewesen sein. Diese Tatsache aber wäre sicherlich bekannt und aktenkundig gemacht worden. Dennoch, man weiß nie so recht, was sich in jenen letzten Kriegstagen allerorts im einzelnen abgespielt hat. Das Geschehen war nicht mehr überschaubar, zu viele Spuren sind im Zuge der Kampfhandlungen verwischt worden. Zu sehr konzentrierte sich alles auf den Einmarsch der gegnerischen Truppen und auf das damit verbundene eigene Schicksal.
Ende Januar 1975 fahren wir mit Otto Schmitt nochmals auf den Teufelskopf. Der gute Schmitt hatte vor längerem eine große Tafel angefertigt, die seitdem an einem der Bäume hängt, gut sichtbar für jeden, dessen Weg an der Gabelung vorüberführt. Und es sind nicht wenige Spaziergänger, die hier vorbeikommen. Vielleicht ist doch noch jemand darunter, der sich an die näheren Umstände erinnert, wenn er liest: »An dieser Stelle stürzte am 17. März 1945 ein deutsches Jagdflugzeug ab. Der Pilot ist noch vermißt. Wer etwas über den Absturz aussagen kann, wende sich bitte an die untengenannte Anschrift.« Ein Versuch nur, um weitere Informationen über den Verbleib des Flugzeugführers Werner Gröbke zu erhalten.
Es ist ein klarer, aber kalter Sonntag. Dort, wo die Sonne die Bäume nicht durchdringen kann, ist der Boden sehr feucht, und nach kurzer Zeit schon spüren wir die Kälte an unseren Beinen heraufkriechen. Außerdem wird es bereits schummrig, so daß wir die Suche bald abbrechen. Wiederum haben wir Munition und Kleinteile des Flugzeuges gefunden, und zwar alles im Bereich der schon erwähnten Mulden. Diesmal entdecke ich sogar ein Ausgleichsgewicht, die typische »Haifischflosse« des rechten Höhenruders sowie eine der schmalen Stabilisierungskanten. Die hellblaue Farbe ist tadellos erhalten geblieben. Und dann, wir sind schon im Aufbruch begriffen, spricht das Gerät nochmals an. Der laubbedeckte Boden gibt ein rundes Blechstückchen frei, welches ich sogleich mit dem Lappen säubere. »Hier, seht mal«, rufe ich aus. »Das Zifferblatt des Höhenmessers!«

Doch auch heute läßt sich wieder nichts entdecken, was zu dem Piloten der hier abgestürzten Messerschmitt gehört haben mag. Wir spüren zwar einige winzige Lederstückchen auf; sie sind jedoch nicht markant genug, um sie als Uniformteile anzusprechen. Und da auch ähnliches Material wie Stoffreste, die vom Fallschirm, von den Gurten oder anderen Ausrüstungsgegenständen herrühren könnten, einfach nicht zu finden sind, verstärkt sich in mir der Verdacht immer mehr, daß der Flugzeugführer, da ihm wegen des fast aus Baumwipfelhöhe erfolgten Absturzes kein Fallschirmabsprung mehr gelang, aus der Maschine herausgeschleudert worden ist und an einer anderen Stelle viel weiter vom eigentlichen Aufschlagort entfernt gelegen hat. Nicht gänzlich auszuschließen ist auch die Möglichkeit, daß in dem Zeitraum unmittelbar nach dem Absturz und dann später in den »Schrottjahren« von unbekannt bleibenden Personen Spuren entdeckt oder sogar verwischt worden sein mögen, welcher Umstand – wie es augenblicklich aussieht – auch nicht dazu beiträgt, die Hintergründe des eigentlichen Schicksals und den Verbleib des toten Jagdfliegers zu erhellen.
Noch mehrmals haben wir in den letzten Monaten die Hardt von allen Richtungen her untersucht und auch wieder Trümmerteile gefunden. Wir haben weitere Einwohner befragt, sind dem Flugweg der abgeschossenen Maschine gefolgt, konnten den Hergang des Absturzes rekonstruieren: Das Ergebnis ist gleich Null. Vielleicht sind wir wegen des unwegsamen Geländes an jene Stelle, an der der Pilot ums Leben kam, noch nicht herangekommen, aber vielleicht auch ist man bereits damals schon auf sterbliche Überreste dieses Fliegers gestoßen und hat sie irgendwo begraben – auch das haben wir ja schon erlebt.
Dennoch werden wir die Suche fortsetzen, werden wir weitere Recherchen anstellen, denn eines steht mit Sicherheit fest: Der Unteroffizier Werner Gröbke von der 11./JG 53 ist am 17. März 1945 hier im Gebiet des Hardt-Waldes bei Bad Kreuznach gefallen.

Iffezheim – Ahrweiler – Tiefenbach

In meinem ersten Buch habe ich bereits deutlich gemacht, daß es *vor* einer Bergung in einigen Fällen nicht möglich ist, mit Bestimmtheit sagen zu können, ob das Wrack auch noch den gefallenen und vermißten Flugzeugführer verbirgt. Ich bemühe mich deshalb, mein Bestreben jeweils in die Richtung zu lenken, alles zu unternehmen, wenigstens den *Versuch* einer Grabung in Gang zu bringen, um dadurch absolute Gewißheit zu erlangen, ob ein Vermißtenschicksal aufgeklärt werden kann oder nicht. Denn auch ein leeres Flugzeugwrack gilt für mich als ein positives Ergebnis, weil dann mit Sicherheit anzunehmen ist, daß die betreffende Besatzung zumindest die Maschine verlassen konnte und vielleicht den Absturz überlebt hat. Größere Schwierigkeiten bereitet es hingegen, wenn wir einen Piloten suchen, über dessen Identität mit an Sicherheit grenzender Wahrscheinlichkeit kein Zweifel herrscht, die Beweise hierfür aber nicht ausreichen, um den Fall aus verschiedenen und nicht unwesentlichen Gründen behördlicherseits abschließen zu können.

Daß es dennoch gelingt, ein solches Schicksal mitunter zu erforschen, ist das Ergebnis intensiver Kleinarbeit, Beharrlichkeit und die Auswertung aller erreichbaren Daten und Fakten. Ein Beispiel hierfür ist der schon im vorangegangenen Buch beschriebene Fall des Unteroffiziers Silwester, den ich nach Monaten und nur aufgrund von vielen, unumstößlichen Indizien einer amtlichen Beurkundung durch die Deutsche Dienststelle in Berlin zuführen konnte.

Bei anderen Begebenheiten muß ich feststellen, daß der Verbleib

des Flugzeugführers keineswegs ungewiß ist. Aber erst im Verlauf einer Bergung oder im Anschluß daran wird das Erinnerungsvermögen vieler Einwohner wieder geweckt. Plötzlich findet sich ein Augenzeuge oder Informant, der den genauen Hergang des Absturzes zu schildern weiß, und so erfährt man von abgesprungenen oder nahe dem Wrack aufgefundenen Gefallenen. Nicht immer darf man den Aussagen trauen. Zu viele Jahre liegen dazwischen, zu viel ist unterdessen geschehen, um die Ereignisse von damals noch exakt wiedergeben zu können. Aber so gegensätzlich manche Berichte ausfallen, so detailliert und präzise wiederum lauten die Angaben etlicher anderer Personen.
Ich möchte aus diesem Grunde einmal einige solcher Fälle, wie sie oben angeführt sind, auf den folgenden Seiten aufzeichnen.

*

Pferderennen in Iffezheim – wer denkt da nicht an das bunte Treiben an dieser, über unsere Grenzen hinaus bekannten Stätte des Pferdesports, wenn sich dort alljährlich das internationale Publikum einfindet, um den Wettkampf der Jockeys in farbenfrächtigem Dreß, der schlanken Pferde aus allen bekannten Rennställen zu beobachten und zu bewundern. Aber im Jahre 1973 soll ein ganz anderes, kein sportbezogenes Ereignis die Aufmerksamkeit auf den badischen Ort lenken.
Es beginnt damit, daß ein Bauunternehmer aus Iffezheim das dortige Bürgermeisteramt aufsucht und zu Protokoll gibt, daß im Gewann Lehmlöcher, der heutigen Pferdetrainingszentrale, im Jahre 1945 ein Flugzeug abgestürzt sei. »Nach langer Zeit habe ich mich dieser Tage an den Vorfall wieder erinnert.« Damals, 15 Jahre alt, war er an der Absturzstelle gewesen und konnte feststellen, daß das Flugzeug völlig in der Erde verschwunden war.
Aber es sollen zwei Jahre vergehen, bis sich dem Landratsamt in Rastatt, dem die Aussagen zugeleitet worden sind, eine Möglichkeit bietet, entsprechende Schritte zu unternehmen und mit Hilfe einer Pioniereinheit der Bundeswehr eine Bergung anzusetzen. Am 15. Januar 1973 ist Oberstleutnant Roschach vom Wehrbereich V in Stuttgart mit geeignetem Gerät zur Stelle, ebenfalls zwei Ange-

hörige des Volksbundes Deutsche Kriegsgräberfürsorge. Unterdessen liegt auch die Aussage eines anderen Augenzeugen vor, wonach der Pilot der im kiesigen Erdreich verborgenen Maschine nicht mehr aussteigen konnte und sich noch in dem Wrack befinden müßte. Doch die nun beginnende Bergungsaktion widerlegt diese Vermutung.
Unter der Aufsicht der Luftwaffenoffiziere und des VdK schaufelt sich der Bagger in den Erdboden hinein. Im lehmigen, nassen Grund kommen Teile eines, so glauben die Beteiligten zu erkennen, Messerschmitt-Jagdflugzeuges zum Vorschein. Feldjäger haben das Gelände abgesperrt und halten die Schaulustigen fern, damit man ungestört die jetzt schon tief hinunterführende Grube nach menschlichen Überresten absuchen kann. Aber an keiner Stelle, an keinem der gefundenen Gegenstände läßt sich erkennen, daß der Flugzeugführer sich noch in der Erde befindet. Die geborgenen Trümmer, darunter der komplette Motor, gut erhaltene Instrumente sowie Bleche von Rumpf und Tragflächen läßt Oberstleutnant Roschach in die Bundeswehrkaserne von Achern transportieren, um vielleicht anhand eingestanzter Nummern und Buchstaben etwas über die Maschine und somit über den Absturz in Erfahrung bringen zu können.
Ein ehemaliger Flaksoldat einer damals in der Nähe in Stellung gegangenen Batterie der Eisenbahnflak meldet sich nach Bekanntwerden der Bergung und sagt aus, daß er im November 1944 einen Luftkampf zwischen deutschen Jägern und amerikanischen Flugzeugen – Marauder und Thunderbolt – über dem Raum Baden-Baden beobachten konnte, wobei zwei deutsche Maschinen abgeschossen worden sind. Der Pilot des einen Jägers stieg aus, doch sein Fallschirm öffnete sich nicht. Und dieser Pilot wäre auf dem Friedhof von Iffezheim bestattet worden. Allerdings, so kann Roschach herausfinden, lassen sich im Gräberverzeichnis des genannten Friedhofes keine Unterlagen darüber finden.
Als Oberstleutnant Roschach zu seiner Dienststelle zurückkehrt und sich dort weiter mit dem Fall Iffezheim beschäftigt, legt ihm Hauptmann Möllmann ein Buch auf den Schreibtisch. Es ist mein Buch »Die nicht zurückkehrten«. Möllmann leitete im Juni 1969 die Bergung der Reste der von Leutnant Harms, II./JG 53, geflo-

genen Messerschmitt im Forst von Dieburg und hatte mich bei dieser Gelegenheit dort auch kennengelernt. Roschach genügt es schon, das Buch nur grob zu überfliegen, ehe er zum Telefonhörer greift.

Es muß etwa gegen zehn Uhr abends des 24. Januar gewesen sein, als mich der Anruf des Oberstleutnants erreicht. So erfahre ich von der Bergung in Iffezheim. »Schade«, meint Roschach, »daß Hauptmann Möllmann mir Ihr Buch nicht früher zeigen konnte, denn dann hätte ich Sie eher informiert, damit Sie an der Bergung hätten teilnehmen können.« Roschach sagt mir, daß er die gefundenen Teile aufbewahrt habe und fragt mich gleichzeitig, ob ich nicht bald nach Achern kommen könnte, um diese Trümmer zu begutachten und auszuwerten.

Rasch entschlossen verabrede ich sofort einen Termin für den kommenden Sonnabend, und militärisch kurz gibt mir Roschach noch den Hinweis: »Autobahn bis Abfahrt Achern, Richtung Osten, Schild mit schwarzer Schrift: Kaserne. Treffpunkt 10 Uhr Hauptwache!«

Der Himmel ist noch dunkel, als Waltraud und ich auf der Autobahn Karlsruhe nach Süden fahren. Ein unfreundlicher Tag scheint das zu werden: Schneeregen, stellenweise dichte Nebelbänke und Glatteis lassen uns nur zögernd vorankommen. Zudem ist es bitterkalt. Die Wolken hängen tief, die Sicht ist miserabel. Kurz vor zehn Uhr befinden wir uns auf dem Zubringer, der zu den Kasernen führt. Vor uns erhebt sich der Schwarzwald mit schneebedeckten Kuppen, die höchste davon die Hornisgrinde. Auf die Minute genau zur vereinbarten Zeit stehen wir auf dem Parkplatz vor dem Haupteingang des Heeresstandorts und wollen uns gerade bei der Wache melden, als auch schon der Oberstleutnant erscheint. Was sonst Zivilpersonen Schwierigkeiten bereiten dürfte, geht jetzt reibungslos vor sich: Ein Wink, wir passieren mit unserem Wagen den Schlagbaum und fahren Roschach nach. Es geht um viele Ecken herum, bis wir endlich vor einer langgestreckten Halle halten.

Die Trümmer der Iffezheimer Maschine befinden sich noch auf der Ladefläche eines großen LKW, dessen Rückplanke wir jetzt herunterlassen. Der schon hinreichend bekannte »Bergungsdunst« –

Treibstoff- und Ölgeruch, der noch an den Teilen haftet – schlägt uns entgegen. Ich klettere auf den Wagen. Vor mir liegt die fast komplette, lange Kurbelwelle eines Daimler-Benz-Motors, dahinter eines der beiden Kolbengehäuse des V-förmigen Triebwerkes, ein DB 605. Rechts davon, eingekeilt in der Blechmasse, ein verbogenes MG 131, in dem sich noch zwei Geschosse befinden. Und da auch zwischen den anderen Teilen immer wieder Bordmunition sichtbar wird, lege ich diese separat in die eine Ecke des Lastwagens und bitte den Oberstleutnant, zu veranlassen, daß sowohl MGs – die beiden anderen Waffen sind ebenfalls vorhanden – als auch die Munition in Sicherheit gestellt und von Experten vernichtet oder unbrauchbar gemacht werden.
An einem Teil, welches von der Rumpfseite vor der Kanzel stammt, läßt sich noch ein Stück der stromlinienförmigen Abdeckung des Laders erkennen, so daß ich mit Bestimmtheit sagen kann, daß die Maschine mit einem DB 605 AS-Motor ausgerüstet gewesen war. Den zusätzlichen Beweis dafür liefern die Zündkerzen, die zum Teil noch sehr gut erhalten geblieben sind. Die Gravur der Bosch-Kerzen und die Art der vorgefundenen Munition lassen nun keinen Zweifel: Die Maschine ist eine Messerschmitt Bf 109 G-14/AS, also eine Version mit Höhenmotor.
Unter den Blechresten, die ich eingehend untersuche, finde ich schließlich ein größeres Teil der Rumpfabdeckung mit weißen Farbresten, die der Größe nach zum taktischen Zeichen des Flugzeuges gehört haben müssen. Ein geradliniger Farbstreifen, obwohl an vielen Stellen abgeplatzt, deutet auf eine »1« hin, und daneben, sich farblich von der Oberfläche der übrigen Metallhaut abhebend, eine Rundung, eine »3«, »8« oder »9«.
»Mit dieser Ausbeute kann ich schon etwas anfangen«, wende ich mich an Roschach. »Ich werde nach unserer Rückkehr sofort nachsehen, ob ich eine Bf 109 mit ähnlicher Kennung als Verlust verzeichnet finde.«
Oberstleutnant Roschach, mit dem wir zum Abschluß im Seehotel Achern noch eine Tasse Kaffee trinken, ist an der Auswertung sehr interessiert und bittet mich, ihm gleich das Ergebnis meiner Recherchen mitzuteilen. Danach verabschieden wir uns, nicht bevor mir Roschach ein Angebot macht, welches ich nur zu gern zu ak-

zeptieren bereit bin: »Wenn Sie in unserem Bereich wieder einmal einen Bergungsfall haben sollten, dann benachrichtigen Sie mich umgehend. Wir haben alle Geräte zur Verfügung, und wir werden sofort zur Stelle sein, um Ihnen zu helfen!«

Bleibt nur noch zu erwähnen, daß ich die Maschine tatsächlich identifizieren kann. Die Aussage des Flaksoldaten, wonach der Absturz im November stattgefunden hat, bestätigt sich. Am 25. November 1944 startet die einen Monat zuvor aus der II./JG 5 (Eismeer) hervorgegangene IV. Gruppe JG 4 des Hauptmann Wienhusen zu einem Abwehreinsatz gegen die 9. taktische US-Luftflotte in den Raum Straßburg. Über Baden-Baden, Rastatt und Iffezheim kommt es mit amerikanischen Thunderbolt zu einem schweren Gefecht, in dessen Verlauf drei Flugzeugführer der Gruppe fallen. Einer dieser Piloten, der Feldwebel Siegfried Lautenschläger, wird direkt über Iffezheim abgeschossen, der Absprung gelingt ihm nicht, da sich vermutlich der Fallschirm nicht öffnet. Man findet den Piloten unweit der Stelle, an der seine Bf 109 G-14/AS, die weiße »13«, in den Erdboden eingeschlagen ist. Feldwebel Lautenschläger, dessen Flugzeugreste wir nach mehr als 28 Jahren in Achern untersuchen, wird zunächst in Iffezheim bestattet, um ein Jahr später in seine Heimat nach Schwandorf/Oberpfalz überführt zu werden.

Die beiden anderen Piloten der IV./JG 4, Unteroffizier Müller und Oberfähnrich Schmill, die am 25. November 1944 die weiße »20« und die blaue »2« flogen, haben auf den Friedhöfen von Bietigheim und Stollhofen ihre letzte Ruhestätte gefunden.

*

Der letzte große Gegenstoß der deutschen Wehrmacht im Westen, die Ardennenoffensive, beginnt am 16. Dezember 1944. Unter Ausnutzung der schlechten Wetterverhältnisse brechen die Truppen und Panzerverbände aus den Bereitstellungen der Eifel hervor, durchstoßen die amerikanischen Frontlinien und zwingen den überraschten und verwirrten Gegner stellenweise zum Rückzug. Doch dann, am 23. Dezember, klart das Wetter auf, die alliierten

Luftstreitkräfte können zum erstenmal seit acht Tagen wieder wirkungsvoll in Aktion treten, und es sind immer wieder die Jabos, die ihren eigenen Truppen jede nur mögliche Entlastung bringen. Zur gleichen Zeit starten Marauder-Verbände der 9. USAAF zum Angriff auf die hinter der deutschen Front liegenden Verkehrsziele und Nachschubwege. Es gilt, vor allem die zur Ardennenfront führenden Eisenbahnlinien zu zerschlagen. Zu einem der wichtigen Bahnknotenpunkte in diesem Raum zählen die Anlagen bei Ahrweiler, welche die zweimotorigen Kampfflugzeuge am 23. Dezember auszuschalten versuchen. Verlustreiche Einsätze, bei denen 36 Maschinen abgeschossen werden.
Auf der eigenen Seite hat das Luftwaffenkommando West Verbände des JG 2, JG 3 und des JG 11 in den Abwehrkampf geworfen. Auch hier treten hohe Ausfälle auf. So verliert die III. Gruppe des Jagdgeschwaders 2 über dem genannten Gebiet fünf Flugzeugführer, einer davon ist der Unteroffizier Burger, dessen Schicksal wir im Jahre 1968 im Zusammenhang mit der Bergung von Heinrich Bartels vom JG 27 aufklären konnten. Burger war bei Meckenheim abgestürzt und galt als vermißt.
Eine zweite Focke-Wulf aus Burgers Staffel, der 12./JG 2, ist am 23. Dezember über Ahrweiler das Opfer gegnerischen Abwehrfeuers geworden. Albert Kurth aus Bachem, unweit von Ahrweiler, beobachtet gegen 15 Uhr, wie diese Jagdmaschine in ein nur wenige Kilometer vom Ort entferntes Waldgelände hineinstürzt. »Am nächsten Morgen konnte ich noch immer nicht an das Flugzeug heran, da die Maschine brannte und die Munition explodierte«, berichtet er später. Der 17jährige Kurth wartet über eine Stunde lang, ehe er es wagt, sich dem ausgeglühten Wrack zu nähern. Am Sternmotor und am Hakenkreuz auf dem Leitwerk erkennt er, daß es eine deutsche Maschine gewesen ist. Der gefallene Pilot steckt noch in den Trümmern, aber sein Oberkörper ragt seitlich daneben heraus – verbrannt. Da es inzwischen dunkel geworden ist, verläßt Albert Kurth die Stelle und begibt sich gleich am Vormittag des folgenden Tages erneut dorthin. Sein Interesse gilt dem toten Flieger. Kurth entdeckt in der Uniformtasche ein Soldbuch. Als er es öffnet, erblickt er das Foto des unglücklichen Fliegers. Hans oder Heinz Schneider steht darunter, und auch auf einem Taschentuch, wel-

ches er bei dem Gefallenen findet, lassen sich die Initialien H. Sch. erkennen. Die Funde übergibt Kurth nach seiner Rückkehr aus dem Wald einem älteren Einwohner der Gemeinde Bachem, damit sie über das Bürgermeisteramt ordnungsgemäß weitergeleitet werden sollen, aber wie wir späterhin erfahren, ist diese Person nicht mehr zu ermitteln. »Was weiterhin mit den Überresten des Piloten geschehen ist, wo sie begraben wurden, kann ich leider nicht sagen.«

Es ist mein guter Freund Günter Schmitz, der diesen Vorfall Ende des Jahres 1972 wieder gegenwärtig werden läßt. Im weiteren Umkreis von Ahrweiler, immer wieder auf der Suche nach Absturzstellen, hat er auch das betreffende Waldstück durchkämmt, wobei er auf kleinere Reste einer Focke-Wulf stößt. Schmitz ist es auch, der den Augenzeugen Kurth ausfindig macht und ihn zu diesem Ereignis befragt. Mitte Januar 1973, nachdem Schmitz nochmals den Ort des Absturzes untersucht hat und dort sogar noch einige Skelett-Teile auffinden konnte, wendet er sich an mich, um zu erfahren, ob mir ein Jagdflieger H. Schneider als Verlust bekannt wäre. Und das ist tatsächlich der Fall.

Feldwebel Heinz Schneider, Angehöriger der 12./JG 2, Pilot einer FW 190 A-8, gilt seit dem 23. Dezember 1944 im Großraum Bonn als vermißt. Von der Deutschen Dienststelle erhalte ich auch gleich die Bestätigung: Schneider wird noch als Suchfall geführt.

Wohin gelangte aber das Soldbuch? Diese Frage beschäftigt mich, als ich wieder einmal meine Unterlagen im Zimmer ausgebreitet habe und die Einsatzabläufe studiere. Jetzt kennen wir den Namen, doch kein Mensch weiß, was mit dem Gefallenen nach seinem Absturz geschehen ist, denke ich. Wieder so ein tragischer Fall, dessen Aufklärung wohl erhebliche Schwierigkeiten bereiten wird. Denn solange es nicht gelingt, den Verbleib des Toten festzustellen, solange bleibt es ein Vermißtenfall – auch wenn der Name bekannt ist. Angestrengt überlege ich, ob man noch einen zusätzlichen Beweis erhalten könnte, daß es sich bei dem gefallenen Flugzeugführer auch wirklich um den Feldwebel Heinz Schneider handelt, und während ich mich in meine Aufzeichnungen vertiefe, habe ich einen Einfall. Eine Idee nur, die sicherlich nicht zur vollständigen Klärung führen wird, jedoch ein zweifelsfreies Indiz sein würde.

Am 7. April 1973 fahren wir zu Schmitz. Mit unserem schon lange angekündigten Besuch in Ahrweiler will ich eine Besichtigung der Absturzstelle verbinden und will ferner versuchen, zusammen mit Günter Schmitz den Augenzeugen noch einmal zu befragen. Zu diesem Zweck habe ich aus der Bildliste des DRK-Suchdienstes eine Reihe Fotos von vermißten Jagdfliegern zusammengestellt. Doch zunächst führt uns der Weg hinauf in den Wald. Die Stelle, an der die Focke-Wulf aufgeschlagen war, liegt ein paar Meter unterhalb des schmalen, wohl fast ausschließlich für Holzfuhrwerke vorgesehenen Waldweges. Schmitz zeigt mir den Ort, wo sich der gefallene Pilot befunden haben mußte, und mit dem Suchgerät horchen wir das Gelände noch einmal ab; es könnte ja immer sein, daß man doch noch einen brauchbaren Fund macht, der der Klärung des Falles einen Schritt näher bringt.
Anschließend fahren wir zurück nach Bachem und suchen Quirin Knieps auf, den wir in seinem Garten antreffen. Leider kann uns der Genannte auch nicht mehr berichten als das, was schon früher ausgesagt wurde. Es soll jedoch von einigen Einwohnern beobachtet worden sein, wie man den Körper des toten Fliegers aus dem Wald abtransportiert hat. Wann und wohin, daß weiß niemand mehr. Ich hole die mitgebrachten Abbildungen hervor, die Namen darauf habe ich wohlweislich weggelassen. »Bitte, schauen Sie sich einmal diese Fotos an«, fordere ich Knieps auf, und Schmitz fügt hinzu: »Sie haben doch auch das Foto im Soldbuch gesehen.«
Der Mann nickt stumm, tritt näher heran, betrachtet sich die Vorlagen genau und deutet mit dem Finger sofort auf eines der Bilder: »Das hier ist er!« kommt die Antwort. Es ist das Foto von Feldwebel Heinz Schneider!
»Kein Zweifel?« frage ich zurück.
»Nein. Ich erkenne den Mann wieder. Das Foto, welches ich damals im Soldbuch gesehen habe, ist mir nur zu gut in Erinnerung geblieben. Der hier abgebildete Flieger ist dieselbe Person.«
Ich bitte Herrn Knieps, mir eine entsprechende schriftliche Erklärung anzufertigen und füge hinzu, daß er seine Angaben vielleicht zu gegebener Zeit beeiden müßte. Denn das hier scheint mir ein eindeutiger Beweis dafür zu sein, daß der bei Bachem abgestürzte Flugzeugführer Feldwebel Schneider vom JG 2 gewesen ist.

Wie schon im Fall des Unteroffiziers Silwester schreibe ich in den nächsten Tagen einen Bericht für die Deutsche Dienststelle, um von dort anhand der bisherigen Nachforschungen prüfen zu lassen, ob der Suchfall Heinz Schneider abgeschlossen werden kann. Aber, wie schon erwähnt, es fehlt eine der wichtigsten Prämissen für eine solche Beurkundung: Wir wissen nicht mit Sicherheit, wo sich die sterblichen Überreste des Piloten heute befinden, wohin man sie gebracht haben mag und an welcher Stelle jetzt endlich seine Gebeine ruhen. Zwar anerkennt auch die WASt die vorliegenden Ergebnisse; sie reichen leider nicht aus, um behördlicherseits und den Vorschriften nach den Vermißtenfall zu den Akten legen zu können.
Günter Schmitz und ich werden weiterforschen. Schmitz, der ja in unmittelbarer Nähe des Absturzgebietes wohnt, hofft doch noch jemanden in Bachem oder Umgebung ausfindig zu machen, der den Abtransport des Jagdfliegers beobachtet hat oder sogar selbst daran beteiligt war. Viele der alten Einwohner leben nicht mehr, und so wird es schwer sein, Gewißheit über den endgültigen Verbleib von Feldwebel Heinz Schneider zu erlangen.

*

Der Landwirt Rudolf Göhl ist der erste, der an jenem Wintertag Anfang Dezember 1944 aufgeregt aus dem Haus stürzt, zu seinem Feld rennt und schließlich vor einem etwa zwei Meter tiefen Krater stehenbleibt, in dem vor wenigen Minuten der Rumpf eines deutschen Jagdflugzeuges verschwunden war. Mit unvorstellbarer Wucht hatte sich die Maschine in den lehmigen Boden gebohrt, Tragflächen und Leitwerk waren zum Teil abgebrochen, die Blechfetzen liegen verstreut um den Trichter. Von einem Piloten keine Spur. Vergeblich versucht Göhl späterhin immer wieder, etwas über diesen Absturz zu erfahren. Auch andere Einwohner der Soonwaldgemeinde Tiefenbach im Kreis Simmern hatten die Maschine niedergehen gesehen; sie war ziemlich niedrig herangeflogen und soll am Ortsrand noch ein Haus gestreift haben, ehe sie dann auf dem Acker aufschlug.
Indes, die Alliierten sind im Vormarsch, der Krieg neigt sich dem

bitteren Ende zu, das Geschehen um den Absturz in Tiefenbach gerät in Vergessenheit. Längst hat Rudolf Göhl den entstandenen Trichter wieder eingeebnet und Getreide darüber wachsen lassen. Das Leben mußte weitergehen.
Otto Schmitt aus Guldental kommt diesem Ereignis vom Dezember 1944 wieder auf die Spur, als er, angeregt durch meine Nachforschungen, im Sommer 1973 von dem Absturz in Tiefenbach Kenntnis erhält. Ich mache ihm den Vorschlag, im Ort nach Personen zu suchen, die sich eventuell noch an den Tag erinnern können, an dem die Maschine abgestürzt ist. Vielleicht wäre es mir dann möglich, eine bestimmte Einheit oder sogar einen bestimmten Flugzeugführer zu ermitteln, der in diesem Gebiet als gefallen oder vermißt in Frage kommt.
Nur einige Tage darauf ruft mich Schmitt an: »Landwirt Göhl war Augenzeuge des Absturzes. Die Stelle ist genau bekannt. Ich ging selbst auf das Feld und konnte noch die Mulde erkennen, die Göhl damals zugeschüttet hatte. Allerdings, über den Piloten weiß keiner etwas zu sagen.«
»Gut«, erwiderte ich. »Wir sollten auf alle Fälle eine Bergung anzusetzen versuchen, damit man weiß, ob sich noch jemand in der Maschine befindet oder nicht.«
Ich setze mich mit der der Gemeinde Tiefenbach nächstliegenden Bundeswehreinheit in Rheinböllen in Verbindung, erkläre den Sachverhalt und bitte um Unterstützung. Von Rheinböllen wird, da man nicht über geeignetes Gerät verfügt, mein Ansuchen an das Pionierbataillon 850 nach Koblenz weitergeleitet. Und von dort erhalte ich dann auch verhältnismäßig schnell die Antwort. Oberstleutnant Woite, der Kommandeur, reagierte rasch: Am 26. September 1973 wird eine Pioniereinheit die Bergung in Tiefenbach in Angriff nehmen.
Bei schönem, sonnigen Herbstwetter beginnen wir an der von Rudolf Göhl bezeichneten Stelle zu graben, nachdem die Pioniere vorsorglich das Terrain mit Stacheldraht gesichert hatten, so daß ein ungestörtes Arbeiten gewährleistet ist. Es dauert auch nicht lange, da fördert der Raupenbagger die ersten Teile der Maschine aus dem jetzt etwa vier Meter tiefen Erdloch ans Tageslicht, und ich dirigiere die Schaufel so, daß sie jeden Aushub nebeneinander-

setzt, damit wir das Erdreich gründlich untersuchen können. In ihm stecken zerrissene und verbogene Bleche des Rumpfes, ein Propellerblatt, viele kleine Stücke Verstrebungen, Drähte und Gestänge, Teile vom Motor.

Die Maschine – eine Focke-Wulf, wie die Fahrwerkbeine nun eindeutig aussagen – ist schwer bewaffnet gewesen. Wir finden zwei MG 151 vom Kaliber 2 cm sowie zwei MK 108 vom Kaliber 3 cm, jedoch keine Munition, von wenigen, bereits abgefeuerten Hülsen abgesehen. Könnte ein Sturmjäger gewesen sein, überlege ich mir. Die Bewaffnung deutet darauf hin.

Kein Anzeichen hingegen für das Vorhandensein des Flugzeugführers. Am späten Nachmittag haben die Pioniere praktisch das in der Erde verborgen gewesene Wrack einschließlich des BMW-Sternmotors komplett gehoben, und die sorgfältige Untersuchung ergibt zweifelsfrei: Die Maschine ist leer, der Pilot muß die Focke-Wulf vor dem Absturz verlassen haben, ein vorliegender Vermißtenfall in Tiefenbach ist mit Sicherheit ausgeschlossen. Unser Dank aber gilt an dieser Stelle den Koblenzer Pionieren, die uns Hilfestellung gegeben und in vorbildlicher Weise die Bergung durchgeführt haben.

Aufgrund der Tatsache, daß sich nachweislich niemand mehr in dem Flugzeug befunden haben mußte, als dieses auf dem Acker zerschellte, tritt plötzlich ein neuer Aspekt in den Vordergrund. Der Gemeindeinspektor Böhmer vom Amt Stromberg, von uns bei der vorangegangenen Ortsbesichtigung über die Bergungsaktion informiert, verweist jetzt noch einmal auf den mysteriösen Fall von Dörrebach, denn in dieser Ortschaft bei Stromberg liegt seit dem Herbst 1946 ein unbekannter deutscher Flieger begraben, dessen wenige Überreste man im genannten Zeitraum im Walde aufgefunden hatte und von dem man nicht weiß, wann und unter welchen Umständen er gefallen ist. Lediglich ein Schloß, vermutlich vom Fallschirm, mit deutscher Aufschrift, war der einzige brauchbare Anhaltspunkt. Und so richten sich natürlich die Spekulationen automatisch auf Dörrebach. Könnte der dort liegende unbekannte Flieger der vorher abgesprungene Flugzeugführer von Tiefenbach gewesen sein?

Meine Bemühungen, in der Bergung von Tiefenbach und dem

Toten in Dörrebach einen Zusammenhang zu finden, verlaufen fruchtlos. Aber ich erfahre dabei etwas anderes. Nach langen Wochen harter Puzzlearbeit und umfangreicher Recherchen weiß ich, daß in den Orten Kellenbach und Henau, nicht allzu weit von Tiefenbach entfernt, am 2. Dezember 1944 zwei Jagdflieger der IV. Sturmgruppe des JG 3 gefallen sind. Der Oberleutnant Wilhelm Volkmann, Staffelkapitän der 16./JG 3, wurde erst Monate später im Wald bei Henau tot aufgefunden, der zweite Pilot, Oberfähnrich Emmerich Sarley, der heute auf dem Friedhof von Simmern ruht, stürzte nach Luftkampf bei Kellenbach tödlich ab. Und jetzt glaube ich auch, eine Parallele erkennen zu können.
Die Sturmgruppen flogen fast ausschließlich die schwerer bewaffneten und gepanzerten Versionen der Focke-Wulf, wobei sich die Bordwaffen hauptsächlich in den Tragflächen befanden. Normalerweise waren die FW 190 A-8 mit zwei über dem Motor liegenden MG 131 ausgerüstet, die bei der Sturmjägerausführung oft fehlten und man dafür zusätzlich zu den in den Flügelwurzeln angeordneten MG 151/20 eine 3 cm-Kanone in jeder Tragfläche unterbrachte. Als ich bei der Bergung in Tiefenbach feststellte, daß unter den vier aufgefundenen Waffen kein MG 131 war, neigte ich dort bereits zu der Annahme, daß es ein Sturmjäger gewesen sein müßte, eventuell eine FW 190 A-8/R 2.
»Wenn nur wenige Kilometer vom Bergungsort entfernt zwei Flugzeugführer der Sturmgruppe mit ihren Maschinen abgestürzt sind«, so schreibe ich an Otto Schmitt, »dann liegt es doch nicht außerhalb der Möglichkeit, daß auch die in Tiefenbach heruntergekommene Focke-Wulf dieser Einheit angehört hat. Wenn Sie das nächste Mal nach Kellenbach und Henau kommen, forschen Sie doch noch einmal nach, ob das Datum der Abstürze übereinstimmt und einwandfrei zutrifft.«
Unterdessen habe ich die genannten Piloten auch in meinen Aufstellungen herausfinden können. Sie sind beide tatsächlich am 2. Dezember 1944 abgeschossen worden, an einem Sonnabend, der für das JG 3 ein schwarzer Tag gewesen ist.
Die 8. amerikanische Luftflotte führt an diesem Tag großräumige Angriffe gegen Verkehrsziele zwischen Köln und Bingen durch, und es sind vorwiegend die Einheiten des Jagdgeschwaders 3

»Udet«, die den Abwehreinsatz bestreiten. So startet um die Mittagszeit auch die IV. Sturm/JG 3 von dem bei Paderborn gelegenen Flugplatz Geseke, versammelt sich mit den anderen Gruppen des Geschwaders, die den Jagdschutz übernehmen sollen, und fliegt in Richtung Süden. Gegen 13.30 Uhr stoßen die Deutschen auf den gemeldeten Viermot.-Verband, der in etwa 7000 Meter Höhe über das Gebiet des Hunsrücks dahinzieht. Von hinten greifen die Sturmjäger aus der Überhöhung kommend an – und werden sofort von der gegnerischen Jagdeskorte abgewehrt.
Von der Sturmgruppe fallen vier Flugzeugführer. Unteroffizier Karg, der im Luftkampf verwundet wird, muß bei Kirn an der Nahe notlanden, und auch Unteroffizier Buchholz springt mit Verletzungen aus seiner Focke-Wulf ab. Heute wissen wir, daß Unteroffizier Gerhard Buchholz der Flugzeugführer der in Tiefenbach abgestürzten Maschine gewesen ist.
Es dauert etwa vier Wochen, bis ich diesen Piloten über etlichen Umwegen anhand einer alten, nicht mehr zutreffenden Anschrift ausfindig machen kann, und über Bonn führt die Spur schließlich nach Lübeck, wo Buchholz heute wohnt. Er ist über die Nachricht von dem Fund seiner schwarzen »4« natürlich überrascht; von ihm erfahre ich folgende Einzelheiten zu dem betreffenden Einsatz: »Die Maschine, mit der ich am 2. Dezember aufstieg, wurde mir im September zugewiesen. Am genannten Tag stießen wir zum Angriff auf die Viermotorigen hinunter und bekamen sogleich Luftkampf mit zahlreichen Mustang, wobei meine Nr. 4 kurz darauf von mehreren Geschossen getroffen wurde. Ein Sprenggeschoß schlug von oben hinten in die Kabine ein, Splitter verletzten mich am Bauch und an den Oberschenkeln. Ich drückte die Maschine nach links weg und bin in ca. 6000 Meter Höhe ausgestiegen.«
Die führerlose Maschine fängt sich noch einmal und schlägt bei Tiefenbach auf, während der Unteroffizier einige Kilometer weiter südostwärts, bei Spabrücken, in einem Waldstück in der Nähe eines größeren Bauernhofes herunterkommt. Von dort hatte man den Fallschirmabsprung offensichtlich beobachtet, denn Bewohner des Hofes sowie dort beschäftigte Kriegsgefangene durchstreifen sofort den Wald und finden den verwundeten Piloten auf einer Lichtung. Nach einstündiger Fahrt gelangt Unteroffizier

Buchholz schließlich in das Standortlazarett Bad Kreuznach, wo man feststellt, daß er außer den erwähnten Verletzungen noch weitere Prellungen, Verstauchungen und Rippenbrüche erlitten hat. Buchholz kann das Lazarett erst am 6. Januar 1945 verlassen und zu seiner inzwischen nach Harsewinkel bei Gütersloh verlegten Staffel zurückkehren.
So hat sich das Bild um den Fall Tiefenbach schließlich abgerundet. Uns, dem Volksbund und dem DRK-Suchdienst hingegen bleibt immer noch das Schicksal eines unbekannten deutschen Fliegers in Dörrebach zu klären übrig.

»... und wird nach Feindeinsatz vermißt!«

Die ersten Tage im März verbringen wir in Eschwege. Ein immer wieder verschobener und nun längst fälliger Besuch. Der Kalender zeigt Sonnabend, den 2. 3. 74. Noch vor dem Morgenkaffee reicht mir Waltrauds Cousine, bei der wir zu Gast sind, eine Seite der umfangreichen Wochenendausgabe: »Hast du schon davon gehört? Wieder ein Flugzeugfund. Wird dich sicher interessieren.«
»Wo war das?« frage ich und habe gleichzeitig die betreffende Notiz schon erblickt. Dann lese ich: »Jülich (dpa). Knapp 29 Jahre nach Kriegsende haben Bauarbeiter auf einem Feld bei Jülich das Wrack eines Flugzeuges der ehemaligen Luftwaffe vom Typ Me 109 und die Gebeine des verunglückten Piloten gefunden. Außerdem entdeckten die Männer jede Menge scharfe Munition und einen fast ganz erhaltenen Flugzeugmotor. Die Polizei vermutet, daß das einsitzige Jagdflugzeug in den letzten Kriegstagen abgeschossen wurde.«
Soweit die Meldung in der Presse. Sicherlich stehen in den für den Raum Jülich zuständigen Lokalzeitungen nähere Angaben über dieses Ereignis. Sobald wir wieder zu Hause sind, werde ich mich um weitere Informationen bemühen, zumal anzunehmen ist, daß es den toten Flugzeugführer inzwischen zu identifizieren gelang.
Leider soll sich diese Annahme nicht bestätigen, denn jener Wrackfund wird, wie später festzustellen ist, von einigen bedauerlichen Umständen begleitet sein. Und das liegt zu einem Teil daran, daß seit Kriegsende nun fast drei Jahrzehnte vergangen sind, in denen die Menschen von den unglückseligen Geschehnissen Distanz ge-

wonnen haben und deshalb nicht immer wissen, wie sie sich verhalten sollen, wenn sie mit damaligen Kriegsereignissen abrupt wieder konfrontiert werden. Das Leben, die Entwicklung ist eben weitergegangen. Man hat vergessen oder zumindest jenes schreckliche Geschehen in den Hintergrund zu drängen versucht. Aber damit bin ich meinen Aufzeichnungen ein Stück voraus. Blenden wir deshalb zurück.

Wir sind noch keine Viertelstunde wieder zu Hause angelangt – es ist der Abend des 3. März – da läutet auch schon das Telefon: »Ich versuche schon mehrmals, Sie zu erreichen«, vernehme ich eine weit entfernte Stimme. »Mein Name ist Schmitz, ich rufe aus Jülich an. Kommen Sie so rasch wie möglich nach Aldenhoven, es handelt sich um das gefundene Flugzeug. Wenn Sie nicht bald kommen, wird der Mann nicht mehr zu identifizieren sein.«

Was ist in Aldenhoven geschehen? In einer Tiefe von nicht mehr als zwei Meter stoßen Bauarbeiter mit ihren Planierraupen am Freitag, dem 1. März 1974, auf einem ehemaligen Wiesengelände in Aldenhoven bei Jülich auf die Reste eines deutschen Jagdflugzeuges. In der Nähe des Hallenbades soll ein neuer Sportplatz angelegt werden, wobei während der dazu notwendigen Ausschachtungsarbeiten sich plötzlich größere Metallteile finden lassen, von denen man zunächst annimmt, daß es sich um Brandbomben handelt. Erst beim weiteren Freilegen der Stücke ist zu erkennen, daß diese zu einem Flugzeug gehören müssen. Dann legen die Männer einen großen Motorblock frei, sie finden weiterhin Fetzen von Stiefel und Lederjacke, dazwischen eine Anzahl zersplitterter Knochen.

Am liebsten hätte ich sofort meine Ausrüstung zusammengepackt und wäre in das Rheinland gefahren, aber das läßt sich nicht so schnell bewerkstelligen. Ich überlege gerade, wie ich einen Ausweg finden könnte, da schellt das Telefon erneut. Andreas Weise aus Aachen ist am Apparat. Weise, ebenfalls Spezialist auf dem Gebiet der Flugzeuge aus dem Zweiten Weltkrieg und maßgeblich an der Restaurierung einer Messerschmitt Bf 109 in der Technischen Hochschule in Aachen beteiligt, kann mir etwas mehr von Aldenhoven berichten. Demnach ist das zum Vorschein gekommene Triebwerk einwandfrei ein Jumo 213, also ein Motor, mit der die letzte in Großserie gebaute Focke-Wulf-Version, die FW 190 D-9 ausgerüstet war. Leider hatte man die betreffende Fundstelle nicht sorgfältig genug abgesichert. Der Kampfmittelräumdienst war nach kurzer Anwesenheit wieder verschwunden. Daß in diesen Tagen eine Schar Neugier dem aufgeweichten Gelände einen Besuch abstattet, ist zwar zu verstehen, da es sich immerhin um ein nicht alltägliches Ereignis handelt. Nicht wenige aber stochern in den Trümmern herum, eignen sich Teile an, halten Munition in den Händen. Und der gefallene Jagdflieger ist noch nicht endgültig geborgen! Ich höre jedoch, daß Weise veranlassen konnte, wenigstens die bis dahin gefundenen Teile auf den Betriebshof der Stadtverwaltung zu schaffen. Auch die entdeckten, wenigen Überreste des Piloten sollen sich unter Aufsicht befinden.

Am Montag ruft mich Günter Schmitz aus Ahrweiler an: »Ich bin draußen gewesen. Die Planierraupen haben wieder mit der Arbeit begonnen, der Fall scheint bereits abgeschlossen zu sein«, erstattet er Bericht, und ich merke seiner Stimme an, wie entsetzt er ist.

Als Günter Schmitz an der Absturzstelle eintrifft, findet er dort etwa ein Dutzend Personen vor. Ein erster Blick zeigt ihm, daß keine Absperrung vorhanden ist. Wenn eine solche aufgestellt worden war, so ist am Montag jedenfalls nichts mehr davon zu bemerken. Zwei Raupenfahrer planieren mit ihren Fahrzeugen das betreffende Gelände. Schmitz beobachtet einen Hauptmann der Bundesluftwaffe im Kampfanzug sowie mehrere Kinder, die allesamt im Erdreich herumstochern und die verschiedensten Gegenstände aus dem nassen, breiigen Boden herausziehen. Hauptsächlich die Kinder scheinen Spaß an der Sache zu haben, sie bringen die aufgesammelten Teile dem Offizier, um sie ihm zu zeigen. Der Hauptmann selbst muß dann irgendwo auf diesem Platz einen Teil des Fliegerpullovers sowie ein paar Knochen gefunden haben. Was mit diesen Überresten geschieht, wo sie abgeblieben sind, kann Schmitz nicht feststellen.

Im Laufe des Nachmittags erscheinen weitere Personen, die sich gleichfalls an den noch herumliegenden Wrackteilen zu schaffen machen. Aber wer weiß denn, daß man einen vermißten Piloten eventuell auch anhand des technischen Geräts, also der Wrack-

Uffz. Werner Gröbke (2. v. r., mit Kameraden der 11. Staffel JG 53 in Kirrlach) wurde am 17. März 1945 bei Bad Kreuznach aus geringer Höhe abgeschossen. Der Verbleib des Flugzeugführers ist noch nicht restlos geklärt – nur Trümmer seiner Maschine konnten bisher aufgefunden werden. *(via Heinz Polak)*

Kurz nach dem Abheben: Messerschmitt Bf 109 K-4 einer nicht bekannten Jagdstaffel. Mit einer Maschine dieses Typs startete Uffz. Gröbke zu seinem letzten Flug. *(via Friedrich Trenz)*

Am 15. Januar 1973 wurde bei Iffezheim das Wrack einer Bf 109 G-14 geborgen. Wie sich später nach Untersuchung der Trümmer herausstellte, ist der Pilot, Fw. Lautenschläger von der 13./JG 4, Ende November 1944 im Luftkampf gefallen; man fand ihn damals unweit der abgestürzten Maschine. *(via Julius Roschach)*

Bf 109 G-14 der II./JG 3 »Udet«. Auch die IV./JG 4, mit der Fw. Lautenschläger zu seinem letzten Einsatz aufstieg, war mit diesem Flugzeugmuster ausgerüstet. *(Rudolf Wahl)*

Ausgleichgewicht des rechten Höhenruders, eine Heißöse vom DB-605-Motor, Zifferblatt des Höhenmessers sowie eine Stabilisierungskante und ein Gurtglied der 3-cm-Munition – nur einige Reste der bei Bad Kreuznach abgestürzten Bf 109 K-4 des Uffz. Gröbke.

Fundstücke, die für die Klärung von Vermißtenschicksalen unter Umständen von äußerster Wichtigkeit sein können: Das Typenschild mit der Werknummer einer FW 190 D-9, welche im März 1945 im Hunsrück notgelandet war und deren Pilot – vermutlich vom JG 2 – unverletzt in Gefangenschaft geriet. Ferner das zu einem BMW-801-Sternmotor gehörende Typenschild, ausgegraben in Tiefenbach, Krs. Simmern. Gleichfalls von einer Focke-Wulf stammt das Typenschild vom Sicherungs- und Verteilerkasten der Bordwaffenanlage, welches Auskunft über die Art der Bewaffnung (MG 151 und MG 131) gibt. Mitunter aber führen die Recherchen auch auf die Spuren abgestürzter alliierter Maschinen, wie das Typenschild des Sauerstoff-Regulators einer am 25. September 1944 bei Bad Soden/Ts. abgeschossenen Fortress beweist.

Focke-Wulf FW 190 D-9. Auf die Trümmer eines solchen Flugzeugmusters stieß man Anfang März 1974 bei Planierungsarbeiten in Aldenhoven bei Jülich. Das Schicksal des gefallenen Flugzeugführers konnte hingegen noch immer nicht aufgeklärt werden.

Der wuchtige Jumo 213 A der FW 190 D-9 von Aldenhoven. Leider war es nicht möglich, dieses Triebwerk anhand der Motornummer einer bestimmten Maschine zuzuordnen, um den Piloten auf diesem Umweg identifizieren zu können. *(Günter Schmitz)*

stücke zu identifizieren vermag. Farbreste eines taktischen Zeichens, eine Werknummer, all das könnte einen Hinweis auf eine bestimmte Einsatzmaschine und somit auf einen bestimmten Piloten ergeben. Ich habe auf diese Weise schon Erfolg damit gehabt. Und gerade die unbewußte Achtlosigkeit mancher Bürger hat mehr als einmal die Klärung eines Vermißtenfalles gefährdet oder verzögert.
Nun läßt mir die Angelegenheit keine Ruhe mehr. Ich verabrede mich telefonisch mit dem Ordnungsamt und fahre, die Daten der noch vermißten D-9-Piloten in der Mappe, nach Aldenhoven. Es ist inzwischen Dienstag, der 5. März. Schneeregen, Nebel und naßkaltes Wetter versprechen, die Fahrt nicht gerade als angenehm empfinden zu lassen. Ich nehme das in Kauf, denn jetzt geht es mir nur noch um die tatsächlich übriggebliebenen Reste des Piloten, zumal es hieß, daß Teile der Lederjacke aufgefunden worden sind. Einer Begutachtung sind diese Gegenstände sicher noch nicht unterworfen worden.
Ich hatte vorher mit Günter Schmitz vereinbart, daß er mich noch einmal begleitet. Gegen acht Uhr bin ich in Ahrweiler und hole ihn dort ab, um gemeinsam die nebelverhangene Straße in Richtung Jülich weiterzufahren. »Das kann ja heiter werden«, rufe ich aus. »Bin mal gespannt, was uns heute erwartet.«
In Aldenhoven angekommen, erfahren wir, daß heute auch zwei Angehörige des Volksbundes Deutsche Kriegsgräberfürsorge aus Essen eingetroffen wären. »Dann kann ja die Untersuchung der Überreste des Piloten nun endlich von berufener Seite aus durchgeführt werden«, sage ich, während wir uns auf dem Weg zur Absturzstelle befinden.
Auf dem aufgeweichten Feld, über das soeben ein Schneeregen hinwegstöbert, sehen wir die beiden gelben Planierraupen arbeiten. Dazwischen eine kleine, längliche Grube, in der wir die VdK-Leute erblicken. Gemeinsam machen wir uns an die Arbeit. Wir finden in dem gewalzten Boden hier und da noch einen Wirbelknochen, Munition und, wohl fünfzig Meter weiter entfernt, im Verlauf der Kettenspuren abermals zwei Rippenknochen, dann ein Stück vom Fallschirmgurt, Splitter eines Panzerglases, Teile von Armaturen. Alles Fragmente aus dem Bereich der Flugzeug-

kabine, in der sich der Pilot befunden hatte. Um in den weggeschobenen und verteilten Erdmassen vielleicht doch noch die Erkennungsmarke oder wenigstens andere, nicht minder wichtige Identifizierungsmerkmale auffinden zu können, hätte man das gesamte Terrain noch einmal gründlich durchsuchen müssen. Dazu ist es jetzt, nach fünf Tagen, bereits zu spät.

»Die Nummer des Motors ist doch bekannt«, spricht mich Herr Ziegler von der BILD-Zeitung an. »Läßt sich denn daraus nichts entnehmen?«

»Leider nein«, ist meine Antwort. »Es existiert, soviel ich weiß, kein Verzeichnis der Motornummern, schon gar nicht, wenn das Herstellerwerk heute in der DDR liegt, in diesem Fall die ehemaligen Junkers-Werke in Dessau.«

Auch ich hatte, als Andreas Weise mir die Nummer des Motors mitteilte, darüber nachgedacht, was man mit dieser anfangen könnte. Sicherlich hat man die Jumo-213-Triebwerke nicht nur in Dessau produziert, sondern auch in verschiedenen anderen Werken in Lizenz. Aber auch wenn mir der Hersteller des gefundenen Motors bekannt wäre, so wird es nicht möglich sein, die Maschine und somit den Piloten, der sie zuletzt geflogen hat, anhand der Motornummer zu identifizieren. Nur in ganz wenigen Fällen nämlich waren in den Verlustmeldungen der Truppen auch die Motornummern mit vermerkt. Zudem ist heute wohl niemand mehr in der Lage, festzustellen, ob nicht gerade dieser Motor werkstattseitig schon einmal ausgetauscht worden war. Die Lebensdauer hochentwickelter und im Einsatz überaus stark beanspruchter Flugmotoren – gerade bei den Jagdflugzeugen – betrug, wie auch zahlreiche Werkmeister der Frontwerften bezeugen können, mitunter nur ganz kurze Zeit, oft nur Stunden. Dann war ein Austauschtriebwerk fällig.

Ächzend und knirschend kommt eine der Planierraupen auf mich zugefahren, hält kurz, wendet. Da sehe ich in der lehmverschmierten Kette etwas, das mein Interesse sofort erweckt. Ich gehe heran und ziehe ein etwa 20 Zentimeter langes Lederstück heraus.

»Das ist ja ein Stück vom Koppel«, ruft Günter Schmitz, der neben mir steht.

»Jetzt wissen wir, daß es kein Offizier war!«

Schmitz nickt. »Soweit bekannt, trugen die Offiziere braune Koppel ...« »... und das hier ist schwarz. Also dürfte es einem Mannschaftsdienstgrad gehört haben.«
Durch diesen Fund etwas ermutigt, beschließen wir, die VdK-Leute, der BILD-Reporter, Schmitz und ich, erst einmal eine ordentliche Stärkung zu uns zu nehmen. Nach einem kräftigen, im Restaurant des benachbarten Hallenbades bestellten Mittagessen, welches unsere Lebensgeister nach stundenlangem Aufenthalt im eisigen Wind wieder einigermaßen erwecken kann, begeben wir uns mit den Vertretern des Volksbundes auf den Friedhof, wo die am ersten Tag aufgefundenen sterblichen Überreste des Gefallenen aufbewahrt sind. Uns angeschlossen hat sich ein ehemaliger Jagdflieger des JG 54, Kurt Wuppermann, der aus Linnich herüberkam, um mich zu begrüßen. »Kroschinski, unser Geschäftsführer der Jagdfliegergemeinschaft hat die Vermutung ausgesprochen, daß ich Sie bestimmt hier antreffen werde.«
»Diese Vermutung war ja dann auch richtig«, erwidere ich seinen Gruß. »Aber was halten Sie von der ganzen Geschichte hier?«
»Schon gleich nach den ersten Berichten in der hiesigen Tageszeitung war ich an der Fundstelle«, meint er. »Daß man keine konkreten Hinweise fand, lag wohl viel, oder auch in der Hauptsache daran, daß eben durch die Planierarbeiten viele Einzelteile auf eine große Fläche verteilt worden waren. Besonders verhängnisvoll ist die verständliche, aber unverantwortliche Sammlerwut der Souvenir-Jäger.«
Unterdessen stehen wir vor einer großen Holzkiste, welche zersplitterte Knochen, Teil eines Fliegerstiefels sowie Lederreste und Knöpfe, kleinste Blechstückchen und Erdklumpen enthält – die spärlichen Überbleibsel eines Flugzeugführers der Jagdwaffe. Keine Erkennungsmarke, keines der vorhandenen Stücke lassen auch nur den geringsten Anhaltspunkt erkennen, der zu einer Identifizierung des Piloten führen könnte.
Schon gleich, nachdem Andreas Weise mir mitgeteilt hatte, daß es sich bei dem Wrack um eine FW 190 D-9 handelt, habe ich in meinen Unterlagen nach Flugzeugführern gesucht, die mit dem genannten Maschinentyp vom Einsatz nicht mehr zurückkehrten. Gegenüber den anderen Focke-Wulf-Varianten ist die Zahl der im

Westen verlorengegangenen D-9 verhältnismäßig gering, denn nur wenige Einheiten waren mit diesem Baumuster ausgerüstet: Die Jagdgeschwader 2 und 26 sowie die III. Gruppe des JG 54. Rund 30 Piloten waren damals als vermißt gemedelt worden, wobei ich noch nicht feststellen kann, wieviel davon auch heute tatsächlich noch als Suchfall gelten.

»Sehen wir uns einmal die Trümmer auf dem Bauhof an«, fordere ich Günter Schmitz auf. »Vielleicht läßt sich dort noch etwas erkennen, was uns weiterhelfen könnte.« Eine Hoffnung, die sich gleichfalls zerschlagen soll.

Der Bauhof der Stadtverwaltung Aldenhoven liegt in der Nachbargemeinde Siersdorf. Als wir den Platz betreten, sehen wir mitten darauf den Motorblock liegen. Wahrlich, ein gewaltiger Brokken! Die Typenschilder sind inzwischen von unbekannter Hand abgeschlagen worden. In der Propellernarbe stecken noch die abgefetzten Stümpfe der drei Holzluftschraubenblätter. Irgendjemand schleppt plötzlich eines der vorher nicht auffindbar gewesenen beiden MG 131 herbei. Kaum notwendig zu betonen, daß diese Bordwaffen von ihrer Gefährlichkeit noch immer nichts eingebüßt haben können. Auch hier. Auf den ersten Blick erkenne ich, daß in der Patronenzuführung zwei scharfe Geschosse liegen. Ein weiteres steckt im Lauf.

Niedergeschlagen treten Schmitz und ich die Heimfahrt an. Es sieht vorerst nicht danach aus, daß der Fall Aldenhoven doch noch eine positive Wendung erhalten soll. Doch dann, am 8. März, bekommt die Aachener Volkszeitung einen äußerst wichtigen Hinweis. Kurz vor Redaktionsschluß meldet sich der ehemalige Bürgermeister des Ortes Pattern, Herbert Frings: »Der Absturz erfolgte am Vormittag des 1. Januar 1945!«

Der Frontraum Jülich–Düren war damals, im November 1944, fast menschenleer. An der Ruhr stand die 9. US-Armee unter General Simpson zwei Korps der 15. Armee der Heeresgruppe B des Generalfeldmarschalls Model gegenüber. Die Bevölkerung war evakuiert worden. Zu den wenigen, die zurückblieben, gehörte der damals 14jährige Heribert Frings, der damit beschäftigt war, auf Anordnung der Amerikaner das herrenlose Vieh auf den Weiden zusammenzutreiben. »An jenem Neujahrsmorgen«, so erin-

nert er sich, »brauste plötzlich ein Pulk von 13 deutschen Jägern im Tiefflug in Richtung Westen über uns hinweg. Wir sprangen von unserem Lkw in Deckung, die amerikanische Flak eröffnete das Feuer aus allen Rohren. Nach einiger Zeit bemerkte ich noch einmal zwei Flugzeuge, von denen eines eine Rauchfahne hinter sich herzog. Die andere Maschine schien intakt zu sein, doch plötzlich kippte sie ab und stürzte bei Aldenhoven zu Boden. Das war zwischen 10 und 11.30 Uhr.«
Frings hat später nach den Resten dieser Maschine gesucht, aber nie etwas gefunden. Das Ordnungsamt in Aldenhoven setzt mich von der Aussage Frings' sofort in Kenntnis, und ich gehe unverzüglich daran, diese frisch erhaltenen Fakten auszuwerten. Der abgestürzte Pilot ist also einer der rund 170 gefallenen oder vermißten Flugzeugführer, die der so umstrittene Neujahrseinsatz 1945 gefordert hatte. Zu diesem Zeitpunkt hatten jedoch erst insgesamt fünf Jagdgruppen auf die FW 190 D-9 umgerüstet, so daß für den 1. Januar 1945 folgende Einheiten in Frage kommen: Stab, I. und III./JG 2, Stab, I. und II./JG 26 und die III./JG 54, welche Ende Februar dem JG 26 als IV. Gruppe angegliedert wird. Von diesen waren nur die Gruppen des JG 2 am 1. Januar über dem fraglichen Gebiet im Einsatz. Acht Flugzeugführer sind es schließlich, die das »Richthofen«-Geschwader als vermißt melden muß. Von sieben dieser Piloten liegt ein Suchantrag vor.

*

Über den Horsten im Rhein-Main-Gebiet ist es noch fast stockdunkel. Mit etwa hundert Maschinen steht das Jagdgeschwader »Richthofen« mit allen drei Gruppen für den Überraschungsangriff gegen die alliierte Bodenorganisation im Westen bereit. Noch ahnt niemand, daß das Unternehmen »Bodenplatte« zu der wohl verlustreichsten Operation in seiner Einsatzgeschichte werden wird. Es ist der 1. Jahuar 1945. In Merzhausen. Nidda und Ettingshausen laufen die Motoren warm. Die Piloten in den graugefleckten »langnasigen« Focke-Wulf, Messerschmitt Bf 190 G-14 und K-4 warten auf das Startsignal. Für den kommenden Flug ist absolute Funkstille befohlen; eine der Voraussetzungen für den überraschend durchzuführenden Schlag gegen das vorgesehene Ziel, den belgischen Flugplatz St. Trond. Ähnlich sieht es auf allen Plätzen in den Bereitstellungsräumen im Reichsgebiet aus, in denen die deutsche Jagdwaffe noch einmal zu einem letzten Großangriff im Westen aufsteigen wird. Dann blinken die grünen Lichtzeichen – Hunderte von BMW-, Daimler-Benz- und Jumomotoren heulen auf. Auch für das JG2 nimmt »Bodenplatte« seinen Anfang.

Über dem Raum Koblenz sammeln sich die drei Gruppen und formieren sich zum Verband, streben dröhnend und im Tiefflug mit nordwestlichen Kursen den Ardennen zu. Die im Rhein-Main-Gebiet gestarteten Einheiten stehen unter dem Befehl des Jagdabschnittsführers Mittelrhein, Oberst Handrick. Außer dem JG 2 unterstehen ihm ferner die drei Gruppen des von Major Michalski geführte JG 4 sowie die drei Gruppen des JG 11 unter Major Specht. Auch das JG 4 und JG 11 haben Ziele in Belgien anzufliegen und zwar die Plätze Le Culot und Asch. Beide Geschwader sammeln gleichfalls über Koblenz.

Zwar wird es auf fast allen Horsten der Alliierten ein böses Erwachen geben, aber im grenznahen Bereich werden zahlreiche gegnerische Flakeinheiten und Panzerflak durch die starken Motorengeräusche auf die ungewöhnlich massive Ansammlung in der Luft alarmiert. Die amerikanischen Geschützbedienungen sind in letzter Sekunde gefechtsbereit.

Vor Aachen, bereits seit Ende Oktober 1944 als erste deutsche Stadt in amerikanischer Hand und seitdem Frontgebiet, stoßen, aus dem Kölner Raum kommend, die Focke-Wulf von Oberst Druschels Schlachtgeschwader 4 zu den Verbänden des JG 2, um gemeinsam gegen St. Trond vorzustoßen. Kurz danach, zwischen Jülich, Düren und Aachen, fliegen die deutschen Maschinen dann direkt in die gegnerische Flaksperre hinein. Und ehe noch der eigentliche Einsatzauftrag durchgeführt werden kann, muß das »Richthofen«-Geschwader den ersten Blutzoll entrichten. Allein neun der in Gefangenschaft geratenen zehn Flugzeugführer werden bereits auf dem Hinflug abgeschossen, etwa die gleiche Anzahl Piloten fällt oder wird vermißt bleiben. Das SG 4 verliert sogar seinen Kommodore, der im Raum Aachen von Flak abgeschossen wird. Oberst Druschel gilt auch heute noch als Suchfall. Von der 4. Staffel des JG 2 fällt Unteroffizier Optenhostert im Hagel des gegnerischen Abwehrfeuers. Man findet den Piloten tot in seiner Maschine und bestattet ihn später in Margraten, südostwärts von Maastricht.

Das Jagdgeschwader 2 befindet sich im Winter 1944 noch in der Umrüstung auf die Focke-Wulf D-9. Stab, I. und III. Gruppe fliegen bereits mit diesem schnelleren Jagdflugzeugmuster, während die II./JG 2 des Hauptmann Schröder immer noch mit der Bf 109 ausgerüstet ist. Erst im Februar 1945 wird das gesamte Geschwader die D-9 besitzen.

Unterdessen hält das Neujahrsunternehmen an. Noch versuchen die einzelnen Formationen des JG 2, durch den Flaküberfall schon stark dezimiert und auseinandergerissen, ihr Ziel zu finden und anzugreifen. Längst ist jedoch der Zusammenhalt verlorengegangen, von einem Überraschungsangriff kann nun keine Rede mehr sein. Auch über dem belgischen Raum erleidet das Geschwader nochmals Verluste. Hauptmann Schröder wird bei St. Trond abgeschossen und findet sich in amerikanischem Gewahrsam wieder.

Von Schröders Gruppe fallen Oberfähnrich Aickelin und Unteroffizier Keppler, die Maschine von Unteroffizier Bollwerk wird nicht mehr gesehen. Allein die I./JG 2 verzeichnet fünf Flugzeugführer, die an diesem Morgen in Gefangenschaft geraten. Unteroffizier Dost wird mit seiner Messerschmitt von gegnerischer Flak tödlich abgeschossen, von sechs weiteren Piloten fehlt jede Spur. Nicht viel besser sieht es bei der III. Gruppe aus. Sie zählt acht Gefallene, darunter den Unteroffizier Altpeter, der schon kurze Zeit nach dem Start über dem Westerwald wegen Motorschaden abstürzt und dabei ums Leben kommt. Feldwebel Peschak und Unteroffizier Binger befinden sich in Gefangenschaft, von zwei Piloten der 12. Staffel ist der Verbleib ungewiß.

Als die angeschlagenen Reste des Geschwaders schließlich wieder zurückkehren, hat das JG2 dreiunddreißig seiner Flugzeugführer verloren. Sieben davon bleiben vermißt. Und einer davon ist der unglückliche Flieger, der mit seiner FW 190 D-9 auf die Wiesen von Aldenhoven stürzte. Erst dreißig Jahre später gibt der Boden diese Überreste frei. Die Namen der sieben noch gesuchten Piloten sind bekannt, aber welcher davon gehört zu dem Gefallenen von Aldenhoven?

*

Nachdem die Aussage von Heribert Frings in der Tageszeitung veröffentlicht wurde, erhalte ich mehrere Anrufe aus allen Teilen der Bundesrepublik: Angehörige von Jagdfliegern, die im letzten Stadium des Krieges vom Einsatz nicht zurückgekehrt sind, fragen mich, ob diese mit dem Gefallenen von Aldenhoven identisch sein können. In allen Fällen gelingt es mir aufgrund der Tatsache, daß die genannten Piloten an jenem Tag einen anderen Maschinentyp geflogen hatten, in einem ganz anderen Raum oder überhaupt zu einem anderen Zeitpunkt vermißt wurden, mit Sicherheit darüber Auskunft zu geben, daß zu dem Absturz bei Aldenhoven kein Zusammenhang besteht.
Auch Richard Bollwerk aus Geilenkirchen liest über den Wrackfund und meldet sich. Er ist fast überzeugt, daß es sich um seinen Bruder, den Unteroffizier Helmut Bollwerk, der als Angehöriger der 5. Staffel JG 2 seit diesem Einsatz des 1. Januar verschollen ist, handeln könnte. Der Vermißte hatte dem Bruder in einem Brief vom November 1944 mitgeteilt, daß er versuchen werde, irgendwann einmal mit seiner Maschine über den Heimatort Übach-Palenberg hinwegzufliegen.
Wie oft aus solchen Anlässen heraus, greifen so viele der Angehörigen, die noch immer auf eine Nachricht von den Vermißten hoffen, verständlicherweise auch die geringsten Hinweise auf, die eine Parallele oder eine Verbindung zu finden versprechen, daß es sich um den Vater, Sohn oder Bruder handeln könne. So sieht die Mutter von Helmut Bollwerk am 1. Januar 1945 über Übach-Palenberg tatsächlich ein deutsches Jagdflugzeug und sie denkt sofort an ihren Sohn. Sie macht sich mit einem großen Bettlaken bemerkbar und glaubt zu erkennen, daß der Flugzeugführer jenes Zeichen erwidert, indem er mit den Tragflächen der Maschine wackelt. Ein Ereignis, welches ohne Zweifel stattgefunden haben könnte. Hingegen verliefen aber die Einsätze des 1. Januar so außergewöhnlich, waren die Piloten der Jagdverbände angesichte der Groß-

offensive an diesem frühen Morgen vollauf mit dem unbemerkt bleiben sollenden Frontüberflug beschäftigt – Tiefflug und Fühlungshaltung verlangten ihnen die äußerste Konzentration ab – daß wohl kaum einer der Jagdflieger die Möglichkeit und die Zeit gefunden haben dürfte, an jenem Neujahrstag eine Begrüßungstour zu fliegen.

Wenige Tage darauf ruft mich Richard Bollwerk selbst an: »Ich habe alle Berichte von Aldenhoven studiert. Ist es nicht doch möglich, daß es sich hier um meinen Bruder handelt?«

»Ich bin ganz sicher, daß dies nicht der Fall ist«, kann ich ihm antworten. »Helmut Bollwerk flog am 1. Januar 1945 eine Bf 109 G-14 mit der Werknummer 462781. Die II. Gruppe des JG 2, welcher Ihr Bruder angehörte, war zu diesem Zeitpunkt noch mit der Messerschmitt ausgerüstet.«

Das Grab Nr. 8a auf dem Ehrenfriedhof von Aldenhoven bleibt vorläufig ohne Namen. »Die Fußballer des niederrheinischen Kreisklassenvereins ›Teutonia‹ Aldenhoven spielen auf einem Fliegergrab«, so steht es noch am 26. August 1974 in der Lokalpresse. »Der Volksbund Deutsche Kriegsgräberfürsorge hat sich bemüht, den Namen des toten Fliegers zu ermitteln. Bisher ohne Ergebnis.«

Eine Folge unglücklicher Verkettungen und der Hilflosigkeit. Man sollte daraus lernen, denn längst sind nicht alle noch unbekannten Absturzstellen in unserer Heimat aufgefunden worden.

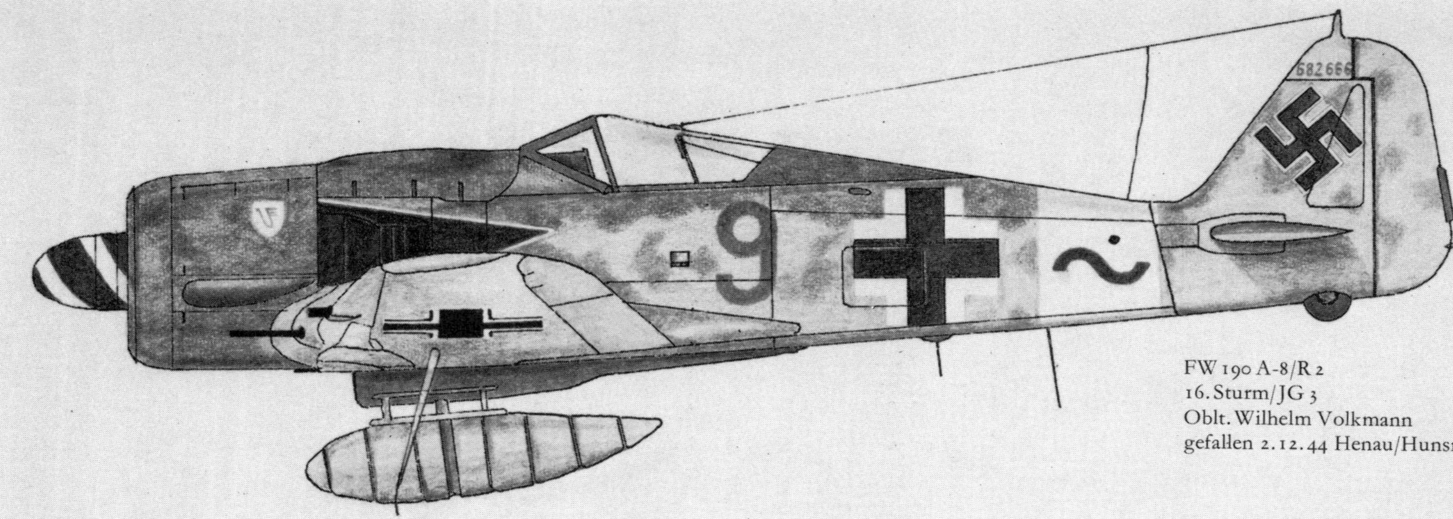

FW 190 A-8/R 2
16. Sturm/JG 3
Oblt. Wilhelm Volkmann
gefallen 2.12.44 Henau/Hunsrück

Bf 109 G-14/AS
13./JG 4
Fw. Siegfried Lautenschläger
gefallen 25.11.44 Iffezheim

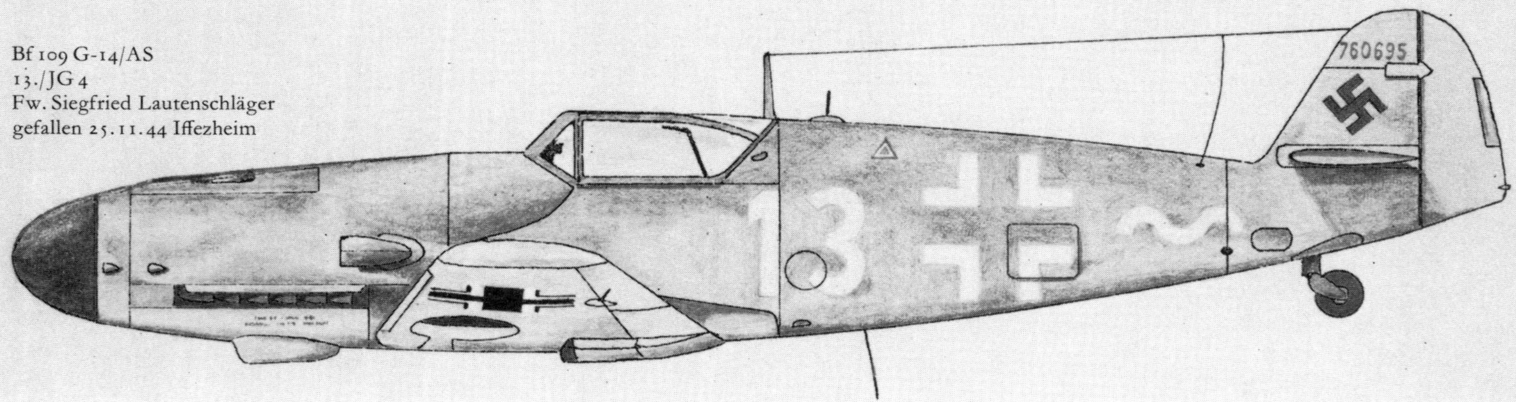

FW 190 A-7/R 2
8./JG 11
Hptm. Ernst Maack
gefallen 8.4.44 Raderhorst/Minden

FW 190 A-6
7./JG 26
Gefr. Alfred Teichmann
gefallen 29.1.44 Reich b. Simmern

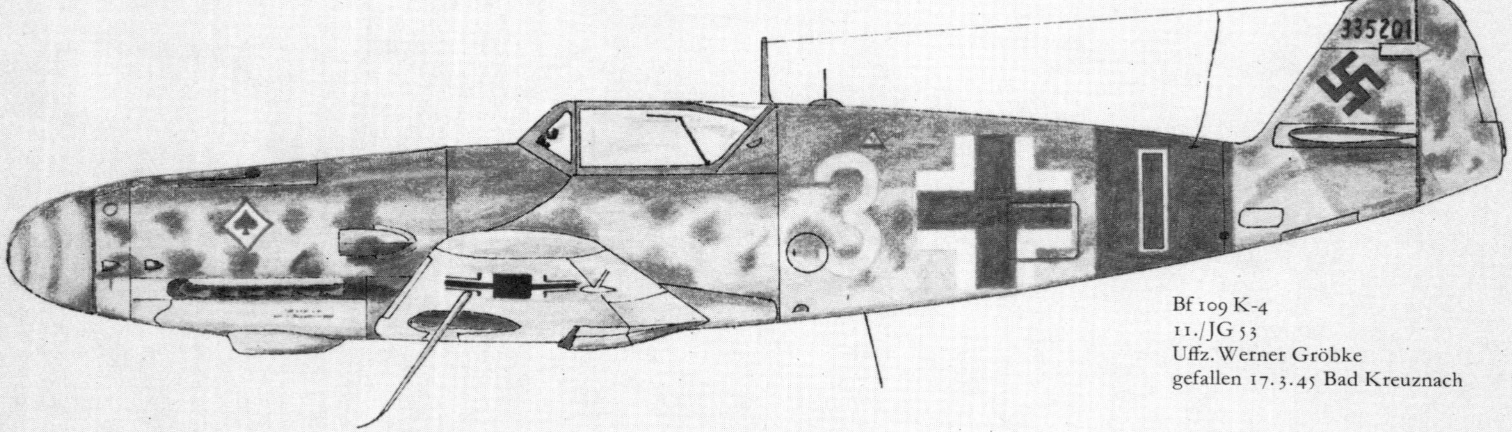

Bf 109 K-4
11./JG 53
Uffz. Werner Gröbke
gefallen 17.3.45 Bad Kreuznach

Bf 109 G-6
7./JG 54
Fw. Gerhard Raimann
gefallen 20.2.44 Duingen/Alfeld

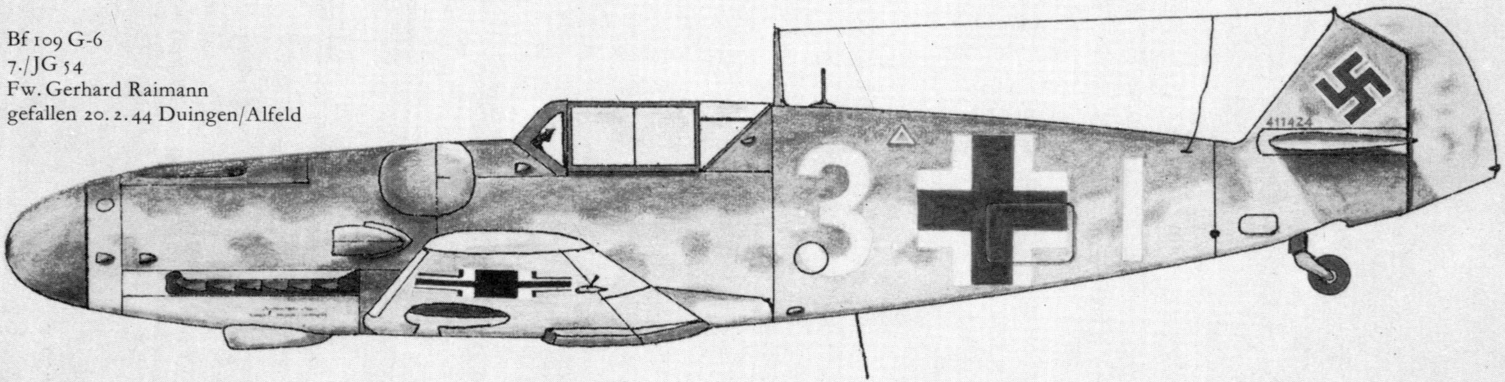

Hauptmann Maack

Seit vielen Jahren hat es sich Hans Joachim Ulmer als Cheffeuerwerker des Kampfmittelbeseitigungsdienstes zur Aufgabe gemacht, in dem für ihn zuständigen Regierungsbezirk Detmold zahlreich vorhandene, heute immer noch gefährliche Überbleibsel des letzten Krieges aufzuspüren. Nicht explodierte Sprengkörper – Blindgänger und Langzeitzünderbomben – der alliierten Luftflotten, deren An- und Abflugwege fast täglich und Nacht für Nacht über dieses Gebiet hinwegführten. Munition aller Kaliber zu räumen und den Regierungsbezirk auf diese Weise von den oft noch scharfen Explosivkörpern so vollständig wie möglich zu säubern, daß ist zur Haupttätigkeit des umsichtigen Detmolders geworden. Immer wieder zeugt seine Arbeit von einer beispielhaften Eigeninitiative, die bisher leider ohne Parallele geblieben ist, denn nicht nur im Teutoburger Wald, sondern überall in Deutschland verbirgt sich noch Munition unter der Erde. Und was vielleicht als fast noch wichtiger erscheint – Ulmer stößt bei seinen Unternehmen nicht selten dabei auf Flugzeugtrümmer, was mehr als einmal zu der Aufklärung von Schicksalen noch vermißter Flieger führt, die sich in diesen Wrackresten befinden.

Es beginnt mit einer Dornier Do 17, deren Wrack Ulmer in Altenhagen bei Detmold räumen kann. Und dann, wieder im Zusammenhang mit der Suche nach Munition, erhält er einen Hinweis, der Mitte Januar 1963 zwischen den Gemeinden Bornholte und Österwiehe, ostwärts von Gütersloh, die Grabung nach vier deutschen Jagdmaschinen zur Folge hat. Alle vier Flugzeuge waren am 31. Mai 1944 dort praktisch auf kleinstem Raum auf eine Weise

gestürzt. Wie sich herausstellt, konnten die Piloten damals mit dem Fallschirm abspringen. Der Boden aber gibt so viel Bordmunition frei, daß man sich erst jetzt bewußt wird, lange Jahre einen kleinen Vulkan vor der Haustür der Gemeinde gehabt zu haben.
Ulmer bedient sich bei der Fahndung nach Sprengstoffen alter Luftaufnahmen, welche die Alliierten kurz vor und unmittelbar nach Beendigung der Kampfhandlungen vom gesamten Reichsgebiet angefertigt hatten. Diese Aufnahmen stellen eine äußerst wichtige Hilfe dar, denn auf ihnen lassen sich noch die jüngsten Kriegsspuren deutlich erkennen: Trichter, bei denen ein erfahrener Feuerwerker wie Ulmer sofort feststellen kann, ob die Bomben explodiert sind oder ob sich ein Blindgänger darin befindet, sowie Kriegsgerät aller Art. Da die Aufnahmen noch vor Belaubung der Bäume gemacht worden sind, bereitet es keine Schwierigkeiten, auch Waldgelände auf derartige Spuren hin auszuwerten.
Eine solche Luftaufnahme ist es auch, die schließlich im März 1970 zur Identifizierung zweier deutscher Flieger führt, die seit Ende März 1945 verschollen geblieben sind. Ihre Maschine, eine zweimotorige Heinkel He 219 der III./NJG 1, war in einen Löschteich in Isingdorf bei Werther gestürzt, wo sie dort von Ulmer geborgen wird, wobei man auch die Überreste der beiden Luftwaffenangehörigen entdeckt.
Durch den Fall Isingdorf aufmerksam geworden, meldet der Gastwirt Linnenkamp aus Ummeln bei Steinhagen der Bezirksregierung den Absturz einer deutschen Jagdmaschine, die am 22. Februar 1944 im Luftkampf abgeschossen worden ist. Der Pilot der Maschine konnte sich durch Fallschirmabsprung retten, aber sein Flugzeug bohrte sich in ein sumpfiges Wiesengelände. Auch dieses Wrack und die darin befindlichen großen Mengen Munition werden im Februar 1971 von Ulmer und seinen Helfern geborgen.
Noch weitere Aktionen folgen. Ulmer hat inzwischen eine ganze Reihe von Original-Luftschutzunterlagen auswerten können, welche in einigen Gemeinden des Regierungsbezirks die Kriegswirren überstanden hatten. Auch mein erstes Buch »Die nicht zurückkehrten« gelangt um diese Zeit in Ulmers Hände. Ein Anlaß, mit mir sofort in Kontakt zu treten. Auf diese Weise erfahre ich

etwas über den vollen Umfang von Ulmers Tätigkeit, die ja auch für meine Nachforschungen von nicht geringer Bedeutung sind. Ulmer fragt an, ob ich ihm bei seiner schwierigen Arbeit behilflich sein kann, da ich doch viele Absturzdaten gesammelt hätte, und so ergibt es sich, daß ich im März 1971 damit beginne, für ihn eine Aufstellung der mir im Regierungsbezirk Detmold bekannten Abstürze und Verluste deutscher Flugzeuge anzufertigen. Eine langwierige, nicht gerade einfache Arbeit, wie der Leser sich vorstellen mag. Im Laufe der Zeit aber kann ich Ulmer rund 70 solcher Absturzorte nennen, von denen es, wie er mir immer wieder berichtet, nach und nach einige zu orten und auch zu räumen gelingt.
Am 28. Mai 1971 lerne ich Ulmer persönlich kennen. Auf der Fahrt nach Bremen machen wir in Detmold Zwischenstation. Ulmers Haus steht in Hiddesen, unmittelbar an der zum Hermann-Denkmal hinaufführenden Straße. Und so können wir bei dieser Gelegenheit das nur aus grauer Schulzeit und von Fotos her bekannte, gewaltige Bauwerk auch einmal selbst in Augenschein nehmen. Erst dann suchen wir das Anwesen der Ulmers auf. Es ist leicht zu finden gewesen, denn am Grundstückseingang steht weithin sichtbar ein Propellerblatt. »Hier sind wir richtig!« folgert unser Sohn Frank, da dieses Relikt eigentlich keinen Zweifel übrig läßt, daß wir unser Ziel erreicht haben.
Die Aufnahme ist sehr herzlich, und wir haben uns im Verlauf der nächsten Stunden viel zu erzählen. Erfahrungen werden ausgetauscht. Doch viel zu schnell vergeht die Zeit, wir müssen weiterfahren. Während wir uns schließlich verabschieden, verspreche ich Ulmer, weiterhin alle Daten, die seinen Bezirk betreffen, herauszusuchen, damit er diese Stellen lokalisieren und eventuell eine Räumung vornehmen kann.
In der nächsten Aufstellung, die ich im Oktober nach Detmold schicke, ist der Absturz einer Me 262 bei Bünde dabei. »Das wäre doch eine seltenere Sache«, schreibe ich. »Vielleicht gehen Sie den Angaben einmal nach.« Es gelingt mir auch, die Anschrift des damals abgesprungenen und verwundeten Piloten zu ermitteln: Der jetzt in Hamburg lebende Walter Wehking. Und Anfang November 1974 ist es soweit. Ulmer holt die Reste dieses Düsenjagdflugzeuges von der II./KG(J) 51 aus dem Uferrand der Else bei Bünde.

Oberfeldwebel Wehkings Maschine war am 27. Dezember 1944 wegen Brand des rechten Triebswerks abgestürzt, der Flugzeugführer selbst konnte abspringen, aber er schlug gegen das Leitwerk und verletzte sich an beiden Beinen.
Im August 1972 ist Ulmer mit dem Kampfmittelbeseitigungsdienst in Raderhorst bei Minden auf der Suche nach Munition, die in der Nähe der ihm durch Hinweise aus der Gemeinde bekanntgewordenen Absturzstelle eines Flugzeuges vermutet wird. Schon bei der ersten Ortung wird man gewahr, daß sich in dem zu räumenden Kornfeld größere Metallteile verbergen. Ulmer beginnt daraufhin mit einer Grabung. Am 14. August holt der Greifer zwei Bordkanonen sowie eine Sauerstoff-Kugelflasche aus dem Erdreich. Die ersten Anzeichen für das Vorhandensein eines Flugzeugwracks der Luftwaffe. Aber noch weiß man nicht, um welchen Maschinentyp es sich handelt, der morastige Boden läßt vermuten, daß die Trümmer des Flugzeuges in tieferen Lagen zu finden sind.
Sorgfältig gehen Ulmers Männer zu Werk. Ein Propellerblatt kommt zum Vorschein, doch dann muß die Aktion wegen höhersteigendes Grundwasser unterbrochen werden. Man holt die Feuerwehr aus Lahde zu Hilfe, sie wird eine etwa fünf Meter tief reichende Saugrohrleitung verlegen, um das Wasser auf diese Weise wieder aus der Grube entfernen zu können.
Als sich die Suche nach dem Wrack schnell herumgesprochen hat, kann sich einer der Raderhorster Einwohner erinnern, wie am Ostersonnabend des Jahres 1944 nach einem Luftkampf plötzlich eine deutsche Jagdmaschine steil nach unten stürzte. Auf der Wiese fand man späterhin Teile von den Tragflächen und des Leitwerkes, das Flugzeug aber war in einem Krater verschwunden. Der Bürgermeister des Ortes hatte damals die Stelle mit einem Pfahl gekennzeichnet, doch der Absturz sollte in Vergessenheit geraten, zumal die Bevölkerung nach Kriegsschluß für lange Zeit aus ihrem Dorf evakuiert worden war, weil die Alliierten dort ein Lager für polnische Zwangsarbeiter einrichteten.
Nachdem das Wasser abgesaugt werden konnte, nimmt Ulmer am 16. August die Arbeiten wieder auf. Zwei weitere Bordkanonen, die verbogenen und zerfetzten Bleche der Maschine werden nach und nach geborgen. Das Spezialgerät fördert große Mengen von

Blick auf die Armaturen in der Kanzel einer D-9. Ganz links unten das nebenstehend abgebildete, in Aldenhoven aufgefundene Bedienungsinstrument für das Kenngerät FuG 25 a.

Aufnahmen von der Bergung in Reich bei Simmern am 19. November 1974. In dieser, etwa 4–5 Meter tiefen Grube lagen die zerfetzten Reste einer FW 190 A-6 des JG 26. Im unteren Bild das Kurbelgehäuse des Sternmotors BMW 801. *(Graf)*

Gefreiter Alfred Teichmann, Flugzeugführer der 7./JG 26, wurde am 29. Januar 1944 während eines verlustreichen Abwehreinsatzes über dem Rhein-Main-Gebiet abgeschossen und galt seitdem als vermißt. Erst 30 Jahre später konnten Pilot und Maschine in der Gemeinde Reich bei Simmern geborgen werden. *(via W. Teichmann)*

Nicht oft lassen sich bei einer Bergung eindeutige Identifizierungsmerkmale finden wie hier in Reich. Ein bißchen Glück war natürlich auch dabei: Der Autor mit der Erkennungsmarke des Gefreiten Teichmann. *(Graf)*

Ein Propellerblatt, zerfetzte Bleche und Kleinteile, das sind nur einige Überreste, die von der Focke-Wulf FW 190 des Gefreiten Teichmann stammen.

Bordmunition zutage, und später gelingt es, auch das Triebwerk zu heben, den Sternmotor einer Focke Wulf. Schließlich lassen sich zwischen den geborgenen Trümmern ein Fallschirm sowie eine Anzahl menschlicher Knochen entdecken. In der Kanzelregion findet man Uniformfetzen, Teile einer Kombination. Am Kragen ein gelber Spiegel mit Silberkranz und drei Schwingen: Er muß einem Hauptmann der Luftwaffe gehört haben.

In der Innentasche steckt ein Tuch mit den Initialien E.M., und schließlich entziffern die Männer, darunter ein Mitarbeiter des VdK aus Kassel, ein Wäschezeichen mit dem Namenszug: Hptm. Maack, L 55886.

Noch am selben Abend ruft mich Ulmer an und berichtet von dem Fund: »Kennen Sie einen Hauptmann Maack? Haben Sie nähere Angaben über ihn?«

Nur drei Minuten dauert es, bis ich ihm die gewünschte Auskunft geben kann: »Hauptmann Ernst Maack, Staffelkapitän der 8./JG 11, gilt seit dem 8. April 1944 als vermißt. Er flog eine FW 190 A-7, Kennzeichen: schwarze »15«. Verlustort ist nicht angegeben, aber kein Zweifel: Der von Ihnen gefundene Pilot ist Hauptmann Maack, geboren am 6. November 1914.«

»Donnerwetter, das ging schnell«, erwiderte Ulmer. »Also dürfte dieser Fall wohl einwandfrei geklärt sein und aktenkundig gemacht werden können.«

Hauptmann Ernst Maack ist für uns kein Unbekannter, denn vor seiner Versetzung zum JG 11 in die Reichsverteidigung war er Angehöriger des JG 27, dessen Geschwadergeschichte vor einigen Jahren veröffentlicht wurde. Maack, von April bis Juli 1942 Kapitän der 2. Staffel, hatte in Afrika sechs Luftsiege erzielen können. Und obwohl ein hervorragender Flugzeugführer, schrieb er im Frühjahr 1944, als die Luftüberlegenheit immer eindeutiger an die Alliierten überging, seiner Mutter einmal: »Ich fürchte, daß es mich eines Tages trotz meiner Jagderfahrung erwischen wird. Ich habe nicht mehr die Sicherheit und Kaltblütigkeit, einem zahlenmäßig und materiell überlegenen Gegner standzuhalten.«

Was geschah nun an jenem Tag, der Hauptmann Maack zum Schicksal werden sollte? Blenden wir deshalb zurück und lassen uns die damaligen Ereignisse noch einmal in das Gedächtnis rufen.

*

Sonnabend, 8. April 1944. Für die in Holland und Norddeutschland stationierten Jagdverbände ist seit etwa der elften Mittagsstunde Sitzbereitschaft befohlen. Wieder einmal scheint ein Großeinflug des Gegners bevorzustehen, und es soll dann tatsächlich auch zu einem der schweren Abwehreinsätze kommen, zu denen die deutschen Jagdflieger im Frühjahr 1944 aufsteigen.
Zunächst sind es starke amerikanische Jagdstreitkräfte, die gegen Mittag bis nach Hannover–Bremen und Trier–Koblenz vordringen, um die in diesen Räumen befindlichen Flugplätze der Luftwaffe mit Bordwaffen zu bekämpfen. Auf rund zwanzig Horsten gehen im Verlauf der Tiefangriffe mehr als 70 Flugzeuge durch Bordwaffenbeschuß verloren, ein Großteil abgestellter Maschinen wird beschädigt. Vier Plätze müssen anschließend wegen nicht mehr intakter Start- und Landepisten gesperrt werden, darunter die Flugplätze Quakenbrück und Hustedt, auf denen die amerikanischen Jäger allein etwa 30 Maschinen am Boden zerstören können.
Unabhängig davon überfliegt, ebenfalls um die Mittagszeit, ein aus nahezu 500 Viermotorigen bestehender Verband der 8. US-Luftflotte mit starken Jagdschutz die holländische Küste und nimmt Kurs auf Braunschweig. Inzwischen ist auf den deutschen Plätzen der Startbefehl längst erfolgt: Die Verbände des JG 1, JG 3, der I./JG 5, I. und III./JG 11, JG 26, II./JG 27 und III./JG 54 sind in der Luft, um an den Gegner herangeführt zu werden.
Als erste stellen sich die Focke Wulf der 2. Staffel des JG 26 den einfliegenden Kampfformationen entgegen, die sich zu diesem Zeitpunkt über der Zuidersee und dem Raum Zwolle befinden. Kaum am Bomberpulk werden die Deutschen von den Begleitjägern erfaßt. Leutnant Willius, der Staffelführer, wird abgeschossen und bleibt vermißt, bis man seine Überreste und die Maschine im Jahre 1967 entdeckt und bergen kann.
Zur eigentlichen Luftschlacht aber kommt es erst im Raum Hannover–Braunschweig; sie verläuft für beide Seiten verlustreich. Das JG 1 gerät zwischen Stendal, Salzwedel und Gardelegen an die Amerikaner und setzt ihnen hart zu. Oberleutnant Eder, Kapitän der 6. Staffel, erzielt dabei um 13.51 Uhr südwestlich von Salzwedel seinen 34. Abschuß, eine B-24. Doch die I. Gruppe kommt

nicht ungeschoren davon. Ein Flugzeugführer fällt im Luftkampf, zwei andere springen verwundet mit dem Fallschirm ab, und ähnlich verläuft der Abwehreinsatz beim JG 3, dessen 8. Staffel bei Wagenfels zwei Piloten im Gefecht mit zahlreichen Thunderbolt einbüßt.
Die langgezogenen Pulks der amerikanischen Kampfflugzeuge sind kaum zu überblicken. Sich über Kilometer hin erstreckend dröhnen sie heran, abgesetzt in hoch- und niedrigerfliegenden Formationen und an keiner Stelle ungeschützt von der Jagdeskorte. Dennoch, immer wieder stoßen die eigenen Staffeln zu den Bombern vor, bringen viermotorige Kolosse zum Absturz oder schießen sie aus dem Verband heraus. Das bleibt nicht ohne Folgen. Überall hängen die Pilze von Fallschirmen am Himmel, an denen nicht nur abgesprungene amerikanische Besatzungen zur Erde pendeln. Die II./JG 27 meldet drei Gefallene und zwei Absprünge, von der III./JG 54 werden fünf Flugzeugführer tödlich abgeschossen, der Feldwebel Hecker rammt bei Löhne einen Bomber und erleidet bei der Kollision schwere Verwundungen.
Unter der Führung von Oberstleutnant Graf ist das JG 11 mit dem Stab, der I. und III. Gruppe aus dem Raum Oldenburg gestartet. Die Zeit: Wenige Minuten vor 13 Uhr. Die Staffeln werden in Richtung Salzwedel–Uelzen befohlen, und bei Gardelegen hat die I./JG 11 Feindberührung mit amerikanischen Jägern, wobei der erfolgreiche Oberleutnant Zwernemann, Eichenlaubträger und Sieger in 126 Luftkämpfen, seinen Gegnern diesmal unterliegt. Schwer verwundet springt er aus seiner weißen »11« ab, aber er überlebt diesen Tag nicht mehr. Und mit ihm fallen an diesem Tag noch vier weitere Flugzeugführer der Gruppe.
Währenddessen verfolgen die Focke Wulf des JG 11 die sich schon zum Rückflug formierenden Amerikaner bis in den Raum Minden, wo nochmals ein Gefecht entbrennt. Ungeachtet der vielen Begleitjäger hält Hauptmann Maack, der heute die schwarze »15« fliegt, auf eine Liberator-Formation zu. Über der Gemeinde Ilse bei Minden hat er sich einem der Bomber auf Schußentfernung genähert und betätigt die Waffenknöpfe. Doch auch der Schütze im Heckstand der B-24 erwidert das Feuer, und wie sich Jahre später feststellen läßt, weist eines der Propellerblätter von Maacks

FW 190 einen glatten Durchschuß auf. Der Hauptmann kann die Liberator zum Absturz bringen, es ist sein 7. Luftsieg – sein letzter. Denn nur Augenblicke darauf sitzt ihm die Meute der Feindjäger im Nacken. Ein dichter Hagel von Bordwaffengeschossen überschüttet seine Maschine, Maack hat keine Chance mehr. Mit leichter Rauchfahne neigt sich die Focke Wulf nach unten, der Sturz wird steiler, dann schlägt sie bei Raderhorst auf dem Boden auf, der dem Hauptmann für 28 Jahre lang zu einem unbekannten Grab werden soll. Mit elf gefallenen und vermißten sowie drei verwundeten Flugzeugführern hat übrigens das JG 11 die höchsten blutigen Verluste von allen Verbänden der Jagdwaffe zu verzeichnen, welche am 8. April zum Abwehreinsatz gestartet sind.
Zur Zeit seines tödlichen Absturzes war Hauptmann Maack fast 30 Jahre alt; für einen Jagdflieger ein schon wesentlich über dem Durchschnitt liegendes Alter. Maack, der nach dem Abitur zunächst in die Marineschule Mürwick eintrat, hatte von Anfang an den Wunsch Offizier zu werden. Erst später meldete er sich zur Luftwaffe und erhielt eine jagdfliegerische Ausbildung. Während des Einsatzes beim Jagdgeschwader 27 auf dem nordafrikanischen Kriegsschauplatz gelang es den Engländern, Hauptmann Maack zweimal abzuschießen, beide Male glückte der Fallschirmabsprung, wobei er zuletzt aus dem Mittelmeer gerettet werden konnte. Beim dritten Abschuß am 8. April 1944 aber ereilte ihn dann das Schicksal. Der Landwirt Heumann aus Raderhorst hat den Absturz des Hauptmanns als Augenzeuge erlebt, als er am frühen Nachmittag jenes Tages sein Feld pflügte und plötzlich in einiger Entfernung einen Luftkampf beobachtete: »Ich sah deutlich das Mündungsfeuer der feindlichen Jäger!« Dann stürzte die deutsche Maschine in den morastigen Grund.
Hauptmann Ernst Maack ist nach seiner Bergung im August 1972 in seine Heimat überführt worden und fand auf dem Friedhof von Kummerfeld, Kreis Pinneberg, seine letzte Ruhestätte. Und bis zu dem Tag, an dem Cheffeuerwerker Ulmer Maacks sterbliche Überreste fand, hatte seine in Prisdorf bei Pinneberg wohnende 79 Jahre alte Mutter immer noch gehofft, daß ihr Sohn Ernst noch einmal zurückkehren würde. Eine Hoffnung, die sich nicht erfüllte.

Erkennungsmarke 59741-241

»Nur einen halben Tag«, ruft Otto Schmitt in das Telefon, »nur einen halben Tag früher hätte ich die Information bekommen müssen!« Seine Stimme klingt mutlos. Und es ist in der Tat ein wenig schade, daß die Sache in Reich nicht schon im September 1973 geklappt hat. Denn nachdem wir die Focke-Wulf in Tiefenbach geborgen hatten, erfuhr Schmitt aufgrund der bekanntgewordenen Bergungsaktion am nächsten Tag von einer zweiten Absturzstelle, diesmal in der Gemeinde Reich bei Simmern. Oberstleutnant Woites Pioniere hätten, da sie sich ja mit dem geeigneten Gerät noch in Tiefenbach, also unweit des neuen Fundortes befanden, eventuell am folgenden Tag eine zweite Bergung durchführen können. In der Gemeinde Reich nämlich war nach Aussagen des Landwirtes Land jr. im Frühjahr 1945 eine deutsche Maschine abgestürzt. An der Aufschlagstelle sei damals nur ein Ohr des Piloten gefunden worden – eine Bergung aber sei nicht erfolgt. Ob dieser Absturz im Jahre 1945 oder schon 1944 stattgefunden habe, sei augenblicklich nicht mit Sicherheit zu sagen.
Ich versuche, Otto Schmitt zu beruhigen. Waren die Pioniere auch bereits wieder nach Koblenz abgerückt, so kann doch ein weiteres Unternehmen erneut geplant und angesetzt werden. So denke ich jedenfalls und bin überzeugt, vielleicht bis zum kommenden Frühjahr alles vorbereiten zu können, um eine Bergung in die Wege zu leiten. Doch es kommt anders. Über ein Jahr soll vergehen, ehe wir über den Fall Reich endgültige Gewißheit erlangen werden.
Am 31. März 1974 finde ich endlich Zeit, Suchgerät und Gummistiefel im Wagen zu verfrachten und zu einem Ausflug in den

Hunsrück zu starten. Selbstverständlich sind Waltraud und Frank wieder mit von der Partie, und besonders mein Sohn, der sich mit seinen elf Jahren inzwischen schon erstaunlich gut mit den Flugzeugen und Flugzeugdetails auskennt, ist mit Feuereifer dabei. »Diesmal möchte ich aber auch einmal mit dem Suchgerät arbeiten«, sagt er. »Vielleicht finde ich ein größeres Stück von der Focke-Wulf. Nicht wahr, es ist doch eine Focke-Wulf?«
Ich muß lachen. »Kann sein, muß aber nicht«, gebe ich zurück, »so etwas kann man vorher nie beurteilen.«
»Aber in Tiefenbach war es auch eine Focke-Wulf!«
»Wenn Du damit sagen willst, daß Tiefenbach und Reich nicht weit voneinander entfernt liegen und daß die Abstürze eventuell im gleichen Zeitraum stattgefunden haben, die Maschinen vielleicht also ein und derselben Einheit angehörten, dann magst du recht haben. Aber noch ist dies alles eine reine Vermutung.«
Zunächst geht die Fahrt über Bingen, wo wir in Richtung Bad Kreuznach abbiegen. Dann führt uns die schon bekannte Straße nach Langenlonsheim und schließlich nach Guldental, dem früheren Heddesheim, wo Otto Schmitt sein Domizil hat. Wir halten uns nicht lange auf, denn das nun gemeinsame Ziel heißt Reich. Schmitt fährt voraus, bis Tiefenbach kenne ich zwar den Weg, aber diesmal geht es vorher rechts ab, nach Simmern. Und wenig später, nur ein paar Kilometer nordwestlich der Stadt, taucht Reich auf. Schmitt hält vor dem Anwesen des Bauern Land. Dieser schildert uns nach der allgemeinen Begrüßung und Vorstellung – Schmitt ist ja dort bereits bekannt – noch einmal den Flugzeugabsturz aus seiner Sicht, denn er und sein Vater waren damals die ersten an der Absturzstelle. »Nur ein paar Trümmer, ein kleines Teil vom Motor und das Ohr, das war alles, was man seinerzeit vorfand. Es war ein trüber Tag, kein Sichtwetter. Die Maschine muß plötzlich aus den Wolken gekommen sein. Den Absturz und den Aufschlag selbst hat niemand beobachtet.«
Weiter berichtet er, daß das betreffende Ackerland ihm heute nicht mehr gehört. »Das bewirtschaftet jetzt der alte Rössel mit seiner Familie als Pächter.« Also suchen wir, bevor es auf das Feld geht, den Landwirt Herbert Rössel auf, denn diesen muß ich, falls eine Bergung zustande kommen soll, um sein Einverständnis bitten.

Nach etwa einer Stunde zieht eine bunte Gesellschaft am Waldrain entlang und macht vor einem mit Stoppeln bedeckten Ackerstreifen halt: Rössel, Land, Schmitt, und ich, etwas langsamer nachkommend, meine restliche Familie. Langsamer einfach deshalb, weil wir wieder nur ein Paar Gummistiefel mitgenommen hatten und die Wege zum Teil sehr schlammige Furchen aufweisen.
Rössel und Land deuten auf das Feld. Etwa zwanzig Meter vom Weg entfernt zeichnet sich, noch ganz deutlich sichtbar, eine flache Vertiefung im Ackerboden ab. »Dort war es«, sagt man mir. »Und hier lagen noch ein paar kleinere Metallbrocken umher.« Ich habe bereits die Kopfhörer aufgesetzt und das Suchgerät eingeschaltet. Sicherlich waren durch die jahrelange Bearbeitung des Feldes einige Metallstücke zutage gefördert worden, und ich bin gespannt, ob auch hier in Reich noch etwas davon zu finden ist.
Während wir den Boden Furche um Furche systematisch absuchen, erzählen mir die Landwirte, daß kurz nach dem Absturz ein Trupp Soldaten – Wehrmacht, Hilfsdienst oder O.T., das ist nicht mehr so genau festzustellen – eintrafen, um sich mit den wenigen Resten der Maschine zu befassen. Dabei ist man auch auf das Ohr gestoßen. Man versuchte, in dem Krater ein wenig nachzugraben, doch wurde diese Aktion sehr bald wieder eingestellt. »Ein Teil des Motors, wahrscheinlich ein Zylinderkopf, wurde dort drüben aufgefunden«, fügt Land hinzu und deutet dabei auf eine Stelle, die weit von unserem jetzigen Standort entfernt liegt.
Fast bei jedem Schritt spricht das Suchgerät an. Nach dem tieferliegenden Metall können wir jetzt noch nicht graben, aber wir lesen zunächst die praktisch obenauf oder in geringerer Tiefe befindlichen Teile auf. Es sind mehr oder minder große Aluminiumstückchen, darunter etliche, die von den Kühlrippen eines Sternmotors stammen. Also doch eine »190«? Wir suchen weiter. Plötzlich kommt eine noch gut erhaltene Verriegelung zum Vorschein, und dieses rechteckige Teil ist so typisch, daß ich Gewißheit habe: »Das gehört einwandfrei zu einer Focke-Wulf!« erkläre ich den Umstehenden.
Unterdessen haben wir aufgrund der bisher gemachten Funde, darunter auch einige 2 cm-Geschoßhülsen, den Absturzort exakt lokalisieren können. Otto Schmitt, schon auf der Suche nach einem ge-

eigneten Stecken, findet einen dickeren Ast, den er dann als Markierung in das Zentrum des abgesuchten Areals aufstellt. Damit hätten wir die genaue Lage fixiert, die weiteren Einzelheiten können wir unten im Ort besprechen.
Landwirt Rössel, der Pächter des Ackers, erteilt mir die Genehmigung, eventuell eine Bergung durchführen zu lassen. »Das ist selbstverständlich, wenn es darum geht, möglicherweise einem unbekannten Flieger den Namen zu geben«, meint er anschließend. »Nur müßte das bis spätestens Mai erfolgen, weil ich dann wieder einsäen muß.«
Demnach bleiben uns knapp zwei Monate Zeit. Bis dahin, so glaube ich, müßte es gelungen sein, das uns schon bekannte Pionierbataillon von Koblenz im Verein mit dem Volksbund Deutsche Kriegsgräberfürsorge zu aktivieren. Mit diesen Überlegungen und mit dem Hinweis, Herrn Rössel umgehend über die weiteren Ergebnisse zu informieren, verlassen wir die Gemeinde Reich. Nicht unerwähnt soll bleiben, daß Frank selbstverständlich »seine« Teile mit dem Suchgerät aufgespürt und sie mir voller Stolz präsentiert hat.
Wer meine Arbeitsweise kennt, wird nicht zu Unrecht vermuten, daß ich nicht lange zögere in dieser Angelegenheit. Ich richte ein entsprechendes Schreiben nach Koblenz, während der gute Otto Schmitt vorab schon mündlich den Landesverband des VdK von dem Vorgang in Kenntnis setzt und darum bittet, eine Bergung in die Wege leiten zu helfen. Und damit fängt erneut die lange Zeit des Wartens an, in der meine Familie abermals darunter zu leiden hat, daß ich mich stundenlang in meine »gesammelten Werke« vertiefe, um unter den vermißten Jagdfliegern diejenigen herauszusuchen, die für den Absurz in Reich in Frage kommen könnten. Das muß jedoch auf Schwierigkeiten stoßen, da ja das genaue Datum nicht bekannt ist. Immerhin kann ich dabei die Messerschmitt-Piloten außer acht lassen, was sicher schon eine Einschränkung bedeutet, letzthin jedoch leider zu keinem Ergebnis führt. Man müßte zudem noch die genaue Serienbezeichnung der abgestürzten Maschine feststellen können, überlege ich.
Woche um Woche vergeht, der von Rössel angegebene Termin rückt immer näher. Ich rufe Koblenz an. Oberstleutnant Woite ist,

wie ich erfahre, inzwischen versetzt worden, doch sein Nachfolger weiß über den Fall Reich Bescheid: »Wir warten nur auf Nachricht des Wehrbereichskommandos in Mainz«, ist die Antwort. Aber in Mainz ist man etwas reservierter: »Wir können und dürfen nichts unternehmen, bevor uns nicht ein entsprechender Auftrag des Volksbundes vorliegt!«

Ich bin verwundert, denn ich nahm an, daß der VdK längst mit den Pionieren wegen einer Bergung verhandelt hat. Noch im Mai eröffnet mir der betreffende Bezirksverband in Koblenz auf telefonische Anfrage hin, daß vor Herbst nichts zu unternehmen sei. Ich würde Nachricht erhalten. Einen Grund für diesen Aufschub nennt man mir nicht.

Auf alle Fälle lasse ich Herrn Rössel wissen, daß er seinen Acker vorerst termingerecht bestellen kann, und frage ihm gleichzeitig, wann das Feld wieder frei sein würde. Seine Antwort: »Ab Ende Oktober, und dann nur für etwa zwei bis drei Wochen. Dann ist die Wintersaat fällig.« Also heißt es erneut zu warten. Jetzt muß ich an die Worte von Otto Schmitt denken, als er mir am Telefon sagte: »Nur einen halben Tag früher ...« In der Tat, vielleicht wäre dann der Fall Reich schon im vergangenen Jahr gelöst worden und man hätte Gewißheit über den Verbleib des Flugzeugführers. Denn dieser, so bin ich nach den gemachten Erfahrungen überzeugt, befindet sich noch in der Erde. Alle Anzeichen sprechen dafür. Dennoch, vorher einen 100%igen Beweis zu führen, ist wohl niemand in der Lage.

Sicher, ich habe auch schon nach Flugzeugführern gefahndet, bei denen es sich erst im Verlauf der Nachforschungen oder nach Bergung einer Maschine herausstellte, daß sie noch am Leben sind oder zumindest den Krieg heil überstanden haben. Der Versuch einer Ausgrabung sollte immer unternommen werden – erst dann kann es mit absoluter Sicherheit feststehen, ob die Aktion zum Erfolg geführt hat oder nicht. Für mich allerdings bedeutet, wie wiederholt gesagt, auch ein negatives Ergebnis insofern einen Erfolg, als darüber Gewißheit herrscht, daß in solchen Fällen dem Piloten tatsächlich der rettende Fallschirmabsprung gelungen sein müßte und dieser somit überlebt hat.

Wir wissen heute, wie sich die Kämpfe der Jagdflieger auf den verschiedenen Kriegsschauplätzen, besonders aber über dem Reich abspielten, unter welchen Bedingungen die jungen Piloten diese Einsätze durchstehen mußten, welchen Belastungen sie ausgesetzt waren und gegen welche Übermacht sie den aussichtslos gewordenen Kampf führen mußten. Damals jedoch, vor 30 Jahren, neigte die Oberste Wehrmachtsführung aus Unkenntnis der realen Situation heraus dazu, an »Verrat« und »Fahnenflucht« zu glauben, wie noch in der Lagebesprechung am Abend des 23. März Hitlers Äußerungen zu entnehmen ist: »Was mich an der Luftwaffe erschüttert«, bekundet er, nachdem ihm die Verlustmeldungen vorgelegt wurden, »sind die sogenannten Vermißtenzahlen der Flugzeuge, wo es einfach heißt: vermißt – über dem Reichsgebiet! Daß sie völlig zerplatzt sind und man gar nichts findet, kann man sich nicht vorstellen. Der Dings hat heute einen bestimmten Verdacht ausgesprochen, ganz unabhängig von mir – das ist aber auch meine Überzeugung ...«

Heute, dreißig Jahre danach, finden wir sie auf den Äckern und Feldern, in Waldstücken und Hängen. Längst nicht alle! – –

Da ich auch bis zum Ende des Sommers im Fall Reich nichts mehr gehört habe, setze ich mich nun mit der Bundesgeschäftsstelle des VdK in Kassel in Verbindung. Von dort geht eine Anweisung an den Landesverband Rheinland-Pfalz in Mainz, und dieser läßt mich Mitte September wissen, daß man das Wehrbereichskommando eingeschaltet habe. Nun kann also nichts mehr schiefgehen, denke ich und warte täglich auf weitere Nachricht, wann das Pionierbataillon nach vorhergehender Ortsbesichtigung mit der Ausgrabung beginnen würde. Otto Schmitt sucht unterdessen noch einmal den Landwirt Rössel auf, damit er uns das betreffende Ackerstück freihalten möge. Und Rössel verspricht uns das auch großzügigerweise.

Aber wieder verrinnen die Wochen. Nichts rührt sich. Das regnerische Wetter zwingt Rössel schließlich dazu, die Wintersaat schon früher auszulegen als geplant, und somit scheint eine Bergung für dieses Jahr wiederum in Frage gestellt. Schmitt und ich sind fast verzweifelt, wie man sich vorstellen kann. »Ich verstehe nicht«, meint Schmitt während eines seiner vielen Telefongespräche mit mir, »daß das alles so lange dauert. Die Pioniere stehen, wie man

mir versicherte, auf Abruf bereit. Woran liegt denn das nun eigentlich?«
»Wenn es eben so nicht klappt, dann machen wir das allein«, kann ich nur erwidern. »Wir versuchen eine Privatfirma zu finden – wäre ja nicht das erste Mal – die uns einen Bagger zur Verfügung stellt. Die Unkosten übernehmen wir.«
Ein paar Tage darauf finde ich ein Schreiben des VdK-Bezirksverbandes in Koblenz vor, datiert vom 23. Oktober. Ich überfliege es hastig und lese die wichtigste Passage: »... versuchen, die Maschine am 4. November zu bergen.« Na, endlich!
Als ich zwei Tage später nach Hause komme, reicht mir Waltraud wortlos ein weiteres Schreiben des VdK in Koblenz: »Wir haben am 24. Oktober«, so lese ich, »das fragliche Gelände mit einem Munitionsräumtrupp abgesucht. An der fraglischen Stelle konnte kein Fund registriert werden ... besteht der Verdacht, daß der Ort nicht stimmt ... Augenzeugen sagen aus, daß die Maschine obenauf lag und damals vollkommen ausgebrannt war und daß die Trümmer abtransportiert wurden. ... Somit dürfte erwiesen sein, daß die Suche nach der Maschine eingestellt werden kann. Entsprechend wurde heute das PiBat. in Koblenz informiert.« Peng!
Das darf doch nicht wahr sein! Ich fühle, wie mir das Blut in den Kopf schießt. »Das ist doch einfach nicht möglich!« mache ich mir Luft. Die Stelle ist genau bekannt, wir selbst haben diverse Trümmerteile gefunden. In dem Trichter hat es gebrannt, sagte uns Land seinerzeit. Abtransportiert wurden nur die wenigen obenauf liegenden Teile. Nach dem Piloten wurde nie mehr geforscht und das Ohr ist ein ziemlich eindeutiger Beweis dafür, daß er sich noch in der Maschine befinden muß.
Umgehend rufe ich Otto Schmitt an, bitte ihn, so schnell wie möglich nach Reich zu fahren, um zu hören, was das alles zu bedeuten hat. Das Ergebnis ist so, wie ich es befürchtet habe: Man hat mehrere hundert Meter von der eigentlichen Stelle die Suche angesetzt, obwohl kein Zweifel über die richtige Absturzstelle herrschte. Und mit dem Bauern Land hatte niemand gesprochen.
Otto Schmitt ist es, der anschließend sofort nach Simmern weiterfährt. Dort gelingt es ihm, eine Baufirma auf den Fall hin anzusprechen und sie für das Projekt zu gewinnen. Noch am selben

Abend teilt er mir mit: »Die Firma Dilling hat sich bereiterklärt, uns zu helfen. Ein Bagger steht zur Verfügung, wir brauchen nur den Baggerführer zu bezahlen.« In Gedanken sehe ich Schmitts strahlendes Gesicht.

Am nächsten Sonntag treffen wir uns in Reich und sprechen mit Rössel. »Tja, ich habe inzwischen die Saat drin, aber es soll mir nicht auf die paar Zentner Frucht ankommen, die dabei verlorengehen«, meint er. »Wenn Sie das in dieser Woche noch schaffen, bin ich einverstanden, daß ihr da grabt, zumal es ja fast am Weg oben ist.«

Mit Land jr. fahren wir dann auf das Feld. Ganz weit unten kann man die vom Räumtrupp gebohrten Löcher sehen. »Mir unverständlich, warum die da unten gebuddelt haben«, schüttelt Land den Kopf. »Hätte doch einer mal zu mir kommen können!«

Noch einmal gehe ich mit dem Suchgerät über die von uns gekennzeichnete Stelle hinweg. Wieder lassen sich zahlreiche Metallteilchen finden, darunter diesmal eine Geschoßhülse vom Kaliber 7,9 mm. Das ist natürlich etwas Besonderes, denn aufgrund dieser Munitionsart muß es eine Focke-Wulf der früheren A-5- oder A-6-Serie gewesen sein, da erst ab der FW 190 A-7 die schwereren MG 131 Verwendung fanden. Der Absturz dürfte demnach mit Sicherheit nicht später als Sommer 1944 erfolgt sein. Nach diesem Zeitpunkt war kaum noch eine A-6 im Einsatz, soweit es aus den Einsatzunterlagen der Jagdwaffe hervorgeht.

Die Absturzstelle wird nun nochmals eindeutig markiert, ehe wir uns nach Simmern begeben, um mit Wilhelm Dillig, der uns seine Hilfe angeboten hat, zu verhandeln. Als ich ihm in seiner Wohnung gegenüberstehe, merke ich sofort, daß wir einen Mann vor uns haben, welcher unser Unternehmen ohne zu zögern zu unterstützen bereit ist. Noch relativ jung, dynamisch und aufgeschlossen. Mit ihm fahren wir erneut nach Reich, damit er das Gelände selbst in Augenschein nehmen kann, um den richtigen Bagger auszuwählen. »In Ordnung«, sagt er dann. »Ich schlage vor, gleich am Dienstag zu beginnen. Der Bagger wird gegen acht Uhr hier sein.«

*

19. November 1974. Dieser Dienstag ist einer der wenigen Tage, an denen die Sonne für ein paar Stunden dominiert. Gegen 8.30 Uhr bin ich auf dem Feld, nachdem ich bei Nieselregen von zu Hause losgefahren und deshalb nicht allzu schnell vorangekommen war. Die nötigen Ausrüstungsgegenstände und die entsprechenden Akten – gewissermaßen schon zur Standardausrüstung des Wagens gehörend – befinden sich im Kofferraum. Waltraud hat mir vorsorglich eine gehörige Portion Marschverpflegung mit auf den Weg gegeben, da es ja nicht abzusehen ist, wie lange das Unternehmen andauern und wann ich wieder zurückkehren würde. Bedauerlicherweise kann ich Frank nicht mitnehmen, die Schule geht nun einmal vor. Er wäre eben gern einmal dabeigewesen.

Otto Schmitt ist bereits anwesend, und der Bagger hat schon den Mutterboden zur Seite geschoben. Aufgrund der bisher gemachten Erfahrungen mit Schaulustigen und allerlei »sachkundigem« Publikum hatten wir vorher bewußt nur wenige Personen in die bevorstehende Aktion eingeweiht. Ein solches Ereignis würde sich ohnehin rasch genug herumsprechen.

Die ersten Wrackteile, Trümmer vom Motor – ein BMW 801 – kommen zum Vorschein. Steuergestänge, Blechfetzen, eine dreikugelige Sauerstoff-Flasche, Teile des Leitwerkes. Und wieder, wie schon immer bei den vorangegangenen Bergungen, hängt der typische Geruch von einem Gemisch aus Treibstoff und Öl über dem schweren Boden. Eine Dreiviertelstunde ist vergangen, da stoßen wir auf eine schwarzverkohlte Stelle, in der kleinere Uniformfetzen und ein paar zersplitterte Knochen zu finden sind. Sofort gebe ich dem Baggerführer einen Wink, damit er den Motor seines Gerätes abstellt: »Wir müssen von Hand weiterarbeiten!«

Jetzt heißt es vorsichtig zu sein. Behutsam legen wir Teil um Teil auf einen dafür hergerichteten Platz und unterziehen die Funde einer genauen Untersuchung: Kleine, verkohlte Reste von Fallschirmseide und Uniformstoff, ein Stück des Gurtes, dann eine ausgeglühte Leuchtpistole. Ich sage zu Schmitt, daß er die Stelle in der nächsten Viertelstunde nicht verlassen und auf die Gegenstände aufpassen soll, da ich den VdK benachrichtigen will. »Anschließend gehen Sie dann los und holen die Polizei, damit jemand von der Ordnungsbehörde die Sicherung übernimmt.«

Doch zuvor hebe ich nach sorgfältigem Freilegen einen Teil der Schulterpanzerplatte hoch, Schmitt greift darunter und holt ein verbogenes, ovales Stück Stahlblech hervor – die Erkennungsmarke! 59741-241. Ein großer Glücksfall, angesichts des in kleinste Teile zerrissenen Flugzeuges und wenn man bedenkt, daß es bisher nicht sehr oft gelang, auch die Marke aufzuspüren, um die Identität des Vermißten ohne Schwierigkeiten lüften zu können.
Und genau in diesem Augenblick, während wir die Relikte des Zweiten Weltkrieges, Pilot und Maschine, nach 30 Jahren bergen, während für uns und die zahlreichen Neugierigen, die sich inzwischen um das ausgehobene Loch im Acker drängen, jene schrecklichen Kriegstage wieder gegenwärtig sind, donnern zwei »Phantom« der neuen Luftwaffe über uns hinweg. Die Erkennungsmarke in der Hand richte ich mich auf und schaue der Rotte nach. Es bleibt nur sehnlichst zu hoffen, daß diesen jungen Fliegern dort oben ein ähnlicher Opfergang für immer erspart bleiben wird.
Ich begebe mich in den Ort und rufe den VdK-Landesverband Mainz an, um mitzuteilen, daß wir den unglücklichen Piloten mit seiner Maschine nun doch gefunden haben.
»Das ist ja großartig«, höre ich am anderen Ende. »Was machen wir nun? Von uns kann im Augenblick niemand nach Reich kommen!«
»Dann übergebe ich die Marke und die sterblichen Überreste dem Bürgermeister von Reich. Dort können Sie dann alles übernehmen.«
»Gut, das geht in Ordnung.«
Ein zweiter Anruf gilt der WASt in Berlin, der ich die Nummer der Erkennungsmarke durchgebe. Am nächsten Tag werden wir wissen, wer der vermißte Flieger von Reich ist. Unterdessen erscheint ein von Schmitt verständigter Funkstreifenwagen. Einer der Beamten bleibt am Ort, während die anderen sich bald wieder entfernen, nachdem sie die Kriminalpolizei angerufen haben. Wir gehen indes daran, die vielen Trümmer zu inspizieren. Eigenartig, manche Gegenstände sind so total zerborsten, daß man kaum oder nur mit großer Mühe noch feststellen kann, zu welchem Teil des Flugzeuges sie einmal gehört haben mögen. Andere, wie beispielsweise Kugellager, Motor, Federbein, sind recht gut erhalten.

Hochwertiger, blitzender Stahl, wie fabrikneu. Soeben ist Schmitt damit beschäftigt, den Rest eines MG 17 vom klebrigen Lehm zu befreien. Überhaupt scheint der zähe Hunsrückboden die Trümmer nur widerwillig hergeben zu wollen.
Gegen 15 Uhr treffen zwei Beamte der Kriminalpolizei sowie zwei Vertreter des DRK-Suchdienstes an der Absturzstelle ein. Sie sind allesamt von der Bergung und dem Ergebnis sehr beeindruckt. »Daß es so etwas überhaupt noch gibt«, äußert sich der Kripohauptmeister, »ich meine, daß jemand privat und derart uneigennützig solche Vermißtenforschung betreibt!«
Schließlich gibt die Kripo, die den Fall ja nur routinemäßig behandelt, die Bergungsstelle offiziell wieder frei, der Bagger geht sofort daran, das ausgehobene Loch wieder zuzuschütten und einzuebnen, damit dem guten Rössel kein größerer Schaden entsteht als notwendig. Land hat sich übrigens bereiterklärt, das durch die Arbeiten vernichtete Saatgut zu liefern und einzusäen. Hervorragend!
Die Erkennungsmarke sowie die sterblichen Überreste des gefallenen Piloten übergebe ich den Angehörigen des Suchdienstes, die sich um alles Weitere kümmern wollen. Und damit ist die Bergung in Reich für uns endgültig abgeschlossen. Als am späten Nachmittag auch Herr Dillig noch einmal auf das Feld kommt, um sich von dem Ergebnis der Arbeiten zu überzeugen, frage ich, was wir ihm für die Bereitstellung des Baggers schuldig sind.
»Das ist gut so«, lautet seine Antwort. »Ich will nichts dafür haben. Ein Vermißter konnte geklärt werden – das ist wichtiger!«
Ich bin stark beeindruckt. Wie selten widerfährt einem solche Hilfe. Schmitt und ich werden uns aber auf alle Fälle dem Baggerführer erkenntlich zeigen. Und an dieser Stelle sei Herrn Dillig nochmals dafür gedankt, daß er uns so spontan und uneigennützig seine Hilfsbereitschaft zeigte und uns somit zu diesem Erfolg verholfen hat.
Tage später, nachdem die aufgefundene Erkennungsmarke von der Deutschen Dienststelle in Berlin entschlüsselt werden konnte, ist das Schicksal des Piloten von Reich einwandfrei geklärt: Es ist der 21jährige Gefreite Alfred Teichmann aus Bad Lausick in Sachsen, Flugzeugführer in der 7. Staffel des Jagdgeschwaders 26, abge-

schossen und vermißt während eines Abwehreinsatzes am 29. Januar 1944. Was an jenem Tage geschah, darüber will ich anschließend berichten.

*

Bereits ab 8.30 Uhr des 29. Januar 1944 registriert die deutsche Funkaufklärung einen immer lebhafter werdenden Flugbetrieb über den südostenglischen Basen, demzufolge die 8. amerikanische Luftflotte im Begriff ist, sich zu einem großen Angriffsverband zu formieren. Es ist ein diesiger Tag, fast über dem gesamten Reichsgebiet liegt eine tief hinunterreichende, geschlossene Wolkendecke. Kein Hindernis für die Alliierten jedenfalls, ihre Luftaktivität zu vermindern. Insgesamt rund 800 Viermotorige und etwa die gleiche Anzahl Begleitjäger stoßen eine Stunde später über den Kanal vor und fliegen in der Höhe von Vlissingen–Ostende–Dünkirchen in das Festland ein.
Ein Verband von etwa 400 Kampfflugzeugen fliegt mit direktem Kurs über die Eifel das Rhein-Main-Gebiet an. Sein Ziel: Frankfurt am Main. Zwischen 10.00 und 11.30 Uhr muß dann die Mainmetropole einen ihrer schwersten Tagesangriffe über sich ergehen lassen, wobei die Amerikaner ihre Bomben ohne Erdsicht abwerfen.
Die schlechten Wetterverhältnisse führen dazu, daß nur ein Bruchteil der eingesetzten eigenen Jagd- und Zerstörereinheiten Feindberührung hat. Die geplante Vereinigung der 2. und 3. Jagddivision über Osnabrück und Mönchengladbach schlägt fehl, dem Großteil dieser Verbände gelingt es nicht, die über 3000 Meter dicke Wolkenschicht nach oben zu durchstoßen. Lediglich die II./JG 11 über Holland sowie die II./ZG 26 westlich über Hannover stoßen durch, aber da befinden sich die amerikanischen Formationen bereits auf dem Abflug. Beide Gruppen erhalten wegen des knappen Treibstoffvorrates den Befehl zum Landen, ohne den Gegner angegriffen zu haben.
Währenddessen sind einige Staffeln des JG 2, JG 26 und JG 27 zum Abwehreinsatz gestartet. Gegen 10 Uhr erhält auch die III./JG 3 den Startbefehl und wird von der Bodenstelle in den

Raum Mannheim geleitet. Major Dahl führt die aus 28 Messerschmitt bestehende Formation, die dann kurz vor 11 Uhr über Mannheim-Ludwigshafen an die Amerikaner gerät. Die Luftkämpfe dehnen sich bis nach Trier aus, wobei die Gruppe insgesamt zwölf Abschüsse und drei Herausschüsse erzielt. Nur zwei Verluste stehen diesem Erfolg gegenüber: Leutnant Bolowski fällt über Kusel nach Abschuß einer B-17 »Fortress«, Unteroffizier Bloch wird bei Hermeskeil vom Gegner abgeschossen, drei weitere Flugzeugführer können unverletzt mit dem Fallschirm abspringen.
Auch das JG 27 bleibt mit fünf Luftsiegen an diesem Tag erfolgreich, doch die 6. Staffel verliert ihren Kapitän, Oberleutnant und Ritterkreuzträger Willy Kientsch. Teile des JG 2 haben ebenfalls über dem ostbelgischen Raum Luftkampf mit den Begleitjägern, die in unübersehbarer Zahl die Bomberverbände zu schützen versuchen. Das Resultat: mindestens drei Gefallene sowie drei Verwundete, darunter der Kapitän der 5./JG 2, Oberleutnant Schaedle, der bei Bastogne von einer Thunderbolt abgeschossen wird und sich durch Fallschirmabsprung retten kann.
Von den französischen Absprungplätzen um Cambrai ist auch die 7. Staffel des »Schlageter«-Geschwaders JG 26 mit ihren FW 190 A-6 aufgestiegen. Der Einsatz hat die Maschinen gleichfalls bis in das Gebiet zwischen Mosel und Rhein gebracht. Über dem Hunsrück kommt es mit zahlreichen Lightning der 20. Fighter Group zu einem Gefecht, welches sich teilweise in den Wolken abspielt. Die Deutschen sind dem Gegner hoffnungslos unterlegen, die wenigsten Piloten besitzen genügend Schlechtwettererfahrung, so daß sie alle Mühe haben, sich der Vielzahl der Feindjäger erwehren zu können. Die braune »5« von Unteroffizier Lissak geht mit dunkler Rauchfahne nach unten weg, ihr Pilot springt verwundet ab. Und es muß etwa zur gleichen Zeit sein, da die aus allen Rohren feuernden Lightning auch die Focke-Wulf des Gefreiten Alfred Teichmann voll treffen.
»Im Raum Trier«, so etwa berichtet Unteroffizier Stahnke nach dem Einsatz, »wurden wir plötzlich von vielen P-38 gestellt. Mein Rottenflieger war Teichmann. Um den Gegnern zu entkommen, kurvte ich in eine Wolkenbank ein und bemerkte aber, daß Teich-

mann nicht dran blieb. Wenig später sah ich seine Maschine, die von zwei Amerikanern verfolgt und beschossen wurde. Dann verschwand sie mit Rauchfahne in den Wolken.«

Später, bei der Bergung in Reich, haben wir uns gewundert, auffallend wenig Munition zu finden. Keine zwanzig Geschosse waren es, die wir zwischen den Trümmern heraussuchten. Dafür gibt es eigentlich nur zwei Erklärungen. Entweder hatten die Warte keine Zeit mehr gehabt, die Maschine zum Alarmstart frisch aufzumunitionieren, dann wäre der letzte Flug des Gefreiten Teichmann von vornherein sinnlos gewesen, weil ihm die Voraussetzungen zu einem Abschuß, aber auch zur eigenen Abwehr gefehlt hätten. Oder der Pilot hat seine Munition während des Einsatzes nahezu verschossen. Letzteres ist wahrscheinlich.

Es wird nicht mehr bekannt werden, ob der unglückliche junge Flugzeugführer der deutschen Maschine noch an einen Ausstieg denken konnte. Die FW 190 stürzt plötzlich aus den Wolken und schlägt mit unvorstellbarer Wucht auf dem Acker der Gemeinde Reich auf. Die Tragflächen brechen ab, Teile des jäh verstummten Sternmotors fliegen umher. Es bleibt nur ein kleiner, etwa drei Meter Durchmesser aufweisender Krater, aus dem die Flammen des sich entzündeten Treibstoffes züngeln.

Einige wenige Metallfetzen und vom Flugzeugführer ein Ohr – das ist alles, was der Bauer Land und sein Sohn an jenem 29. Januar 1944 auf dem aufgewühlten Acker zwischen Reich und Reckershausen in den Hunsrückhöhen finden. Teichmanns Rottenführer aber überlebt nur um wenige Wochen. Am 15. März ereilt auch ihn das Schicksal während eines Verlegungsfluges der 7. Staffel nach Rheine. Unteroffizier Kurt Stahnke wird dabei im Luftkampf tödlich abgeschossen.

Ein Feldwebel aus Forst/Lausitz

Die Tatsache, daß die strategischen Luftflotten der Alliierten in England Mitte Februar 1944 einen großangelegten Einsatz gegen die deutsche Flugzeugindustrie planen, ist allgemein bekannt. Nach Ankündigung in Presse und Rundfunk verwirklicht der Gegner diese Großoffensive in der Woche vom 20. bis 25. Februar 1944, die unter der Bezeichnung »Große Woche« (Big Week) in der Luftkriegsgeschichte Eingang gefunden hat.
Am Sonntag, den 20. Februar, formieren sich ab 8.30 Uhr über der britischen Insel die ersten Kampffliegerwellen zum Einsatzflug gegen Deutschland. Gegen 11 Uhr stehen die Spitzen eines aus rund 450 Viermotorigen bestehenden und von starkem Jagdschutz umgebenen Verbandes über dem Kanal, um später mit Ostkursen die Festlandküste zwischen Hoek van Holland und Ijmuiden zu überfliegen. Das Hauptangriffsziel der Amerikaner: Die Flugzeugwerke in Braunschweig, Bernburg und Gotha.
Über Mitteldeutschland liegt an jenem Februartag eine von 4/10 bis 9/10 reichende Wolkenschicht mit Obergrenzen bei 1500 Metern. Darüber milchiger Dunst. Für die Tagjagdeinheiten der Reichsluftverteidigung kommt dieser Großangriff der Amerikaner nicht überraschend, man ist auf die Einflüge vorbereitet. Mindestens 16 Jagd- und Zerstörergruppen, die dem Gegner in der kommenden Woche schwere Verluste zufügen werden, stehen zum Abwehreinsatz bereit, und schon am 20. Februar, dem ersten Tag der Luftoffensive, starten über 360 Maschinen, von denen etwa 150 Feindberührung haben. Aber auch hier treten nicht unerhebliche Ausfälle auf; rund 50 eigenen Flugzeugeinbußen steht der sichere

Abschuß von 27 viermotorigen Bombern und acht Jägern gegenüber, 21 weitere Feindflugzeuge werden als wahrscheinliche Luftsiege verbucht.
Wegen der über einigen Gebieten herrschenden ungünstigen Wetterverhältnisse gelingt es nicht, größere Verbände zu koordinieren, so daß dort jeweils nur Teileinheiten an den Gegner gelangen und dabei vorwiegend mit den amerikanischen Jägern in schwere, verlustreiche Gefechte eintreten. Hauptlast der Kämpfe tragen die Gruppen des JG 1, JG 3, JG 11 und des ZG 26.
Um die Mittagszeit des 20. Februar erhält auch Hauptmann Sinners III./JG 54 den Startbefehl. Die Gruppe, die im Dezember 1943 von Schwerin nach Ludwigslust verlegte, untersteht der 1. Jagddivision in Döberitz. Ihre drei Staffeln entdecken zwischen Hameln und Hildesheim die Spitzen des gegen Bernburg angesetzten Bomberverbandes und greifen an. 13 Uhr! Dem Staffelkapitän der 7./JG 54, Oberleutnant Klemm, gelingt es, aus dem geschlossenen Feindverband eine Viermotorige herauszuschießen, doch er muß noch weitere zwei Angriffe fliegen, ehe er im Verein mit seinem Rottenflieger, Feldwebel Raimann, das gegnerische Kampfflugzeug endgültig zum Absturz bringen kann. Und dann passiert es: Plötzlich sind die Jäger des Begleitschutzes heran.
»Achtung, Jäger hinter Ihnen!« warnt Klemm über F.T., aber für den Feldwebel muß der Ruf zu spät gekommen sein. Mit starker Trefferwirkung stellt sich Raimanns Messerschmitt, die weiße »3«, auf den Kopf und verschwindet mit Rauchfahne in den Wolken nach unten.
Die Luftkämpfe dehnen sich unterdessen bis an die Nordseite des Harzes aus, wobei die 7. Staffel im Raum Goslar nochmals zwei Maschinen einbüßt. Unteroffizier Penka und der Obergefreite Anke fallen. Oberleutnant Patzaks 8./JG 54 hat den Gegner über Quedlinburg gestellt, doch auch hier sind die Begleitjäger schließlich im Vorteil. Zwei Messerschmitt werden abgeschossen, Feldwebel Herrmann und Unteroffizier Romeis springen mit dem Fallschirm ab. Und bei Alfeld wird der Kapitän der 9. Staffel, Oberleutnant Schilling, im Luftkampf verwundet.
Noch lange nach Rückkehr vom Einsatz hofft Klemm, daß sein Rottenflieger mit dem Schirm aussteigen konnte und sich vielleicht

mit Verwundungen in irgendeinem Lazarett befindet. Als bis Anfang März noch immer keine Nachricht eintrifft, schwindet die Hoffnung der Kameraden, den Feldwebel lebend wiederzusehen. Schon einmal, in der Staffel des Hauptmann Wübke, hatte Raimann den Tod vor Augen gehabt, damals, am 6. September 1943, als er über Sologubka an der Ostfront schwer verwundet wurde. Fast eineinhalb Jahre durfte er keine Einsätze fliegen, und erst kurze Zeit vor dem letzten Flug am 20. Februar 1944 kehrte er wieder zu seiner alten Staffel zurück. Gerhard Raimann bleibt diesmal verschollen – bis am 14. November 1973, fast 30 Jahre nach dem Abwehreinsatz, seine sterblichen Überreste geborgen werden.

*

Es ist kaum verwunderlich, daß ich nach Veröffentlichung meines ersten Buches über Vermißtenschicksale deutscher Jagdflieger aus allen Teilen des Landes und sogar aus dem Ausland Zuschriften erhalte. Dennoch bin ich von der Vielzahl dieser Briefe überrascht. Und immer wieder wird darin von neuen Fundstellen, von weiteren Begebenheiten berichtet, die es nachzuprüfen wert sind. So erreicht mich auch ein Schreiben, dem ich anhand beigefügter Zeitungskopie entnehmen kann, daß in Duingen im Kreis Alfeld/Leine Mitte Dezember 1971, zwei Wochen vor Erhalt des Briefes, die Suche nach einem vermutlich in den Märztagen 1945 niedergegangenen deutschen Jagdflugzeuges wegen schlechter Bodenverhältnisse abgebrochen werden mußte. Augenzeugen haben berichtet, daß der Pilot, dessen Identität noch nicht geklärt werden konnte, mit seiner Maschine in das sumpfige Gelände nahe eines Baches abgestürzt ist. Der Volksbund aus Hildesheim will versuchen, eine Bergung im nächsten August bei trockenem Boden wieder aufzunehmen.
Aus diesem Anlaß heraus schreibe ich an Herrn Hancken vom VdK-Landesverband Niedersachsen in Hildesheim, um nähere Angaben über den Fall zu erhalten. Ich bitte ihn, mich zu gegebener Zeit zu informieren, damit ich aufgrund meiner bisher gemachten Erfahrungen vielleicht bei der Auswertung des zu bergenden Wracks und der Klärung des Fliegerschicksals behilflich sein kann.

Und da man bereits Teile von der Maschine gefunden hatte, frage ich ferner, ob schon der Typ des abgestürzten Flugzeuges festgestellt werden konnte, da dies ja von vornherein eine Reihe von Suchfällen ausschließen würde. Der Volksbund schickt mir daraufhin ein kleines Blechstückchen, welches von der betreffenden Maschine stammt. Leider erweist sich das Teil als nicht typisch für ein bestimmtes Flugzeugmuster, doch gehört es auf alle Fälle, wie die Nieten beweisen, zu einer deutschen Maschine. Auch die Farbreste lassen darauf schließen.
Am 7. September 1972 findet in der VdK-Geschäftsstelle in Hildesheim bezüglich des Falles Duingen noch einmal eine Besprechung statt, auf der unter anderem die Kostenfrage geklärt werden soll. Wegen des genauen Herganges aller bisherigen Unternehmungen hat man mich an den Herrn Kellermeier, Stadtkämmerer der Gemeinde Duingen, verwiesen. Auch ihn rufe ich an und erhalte eine ausführliche Schilderung. Gleichzeitig erfahre ich aber, daß 1972 keine Bergung stattfinden wird, und so bitte ich auch Kellermeier, mich von den weiteren Schritten, wenn das Projekt akut werden sollte, in Kenntnis zu setzen.
Unabhängig davon erhalte ich gegen Jahresende einen Brief aus Coppengrave, einer Nachbargemeinde von Duingen. Der 18jährige Wolfgang Koch macht mich ebenfalls auf den Absturz des Jagdflugzeuges aufmerksam, und ich weiß zu diesem Zeitpunkt noch nicht, daß jener junge Mann an der erfolgreichen Aufklärung des Absturzes in Duingen einen nicht unwesentlichen Anteil haben wird. Kochs Brief ist der Beginn eines regen Schriftwechsels zwischen ihm und mir, in dem wir versuchen, soviel Daten und Fakten wie möglich zu erhalten, den Tag des Absturzes ermitteln zu können, um dadurch auch dem eventuell noch vermißten Piloten auf die Spur zu kommen.
Schon damals, Anfang 1973, äußert Koch die Vermutung, daß es der 20. Februar 1944 gewesen sein könnte, worauf ich ihm zwei Verluste – zwei verwundete und notgelandete Jagdflieger – nennen kann, die für das betreffende Gebiet in Frage kommen. Der einzige Vermißte, den ich für diesen Tag in meinen Unterlagen verzeichnet finde, ist ein Angehöriger der 7. Staffel des Jagdgeschwaders 54, der aber laut damaliger Meldung im Einsatz über

dem Harz abgeschossen worden ist. Daß es gerade dieser Flugzeugführer sein soll, den man später in Duingen aus dem Wrack seiner Bf 109 herausholt, hatte ich nicht vermutet, und es wäre natürlich vor einer Bergung nicht einfach gewesen, das zu beweisen. Wieder ein Grund mehr für mich, sich künftig nicht in jedem Fall auf die angegebenen Verlustorte verlassen zu dürfen.
Noch andere Daten werden genannt, aber alle Hinweise und Nachforschungen in dieser Richtung müssen zu negativen Ergebnissen führen. Dennoch bin ich immer wieder darüber erstaunt, mit welcher Akribie Wolfgang Koch die Informationen zusammenträgt, sie zu analysieren versucht und sich auf diese Weise ernsthaft mit dem in unmittelbarer Nähe seines Heimatortes stattgefundenen Absturz beschäftigt. »Es muß ein Tag, ein Sonntag im zeitigen Frühjahr 1944, mit schönem Wetter gewesen sein, habe ich herausbekommen«, schreibt Koch am 27. April 1973. »Das war am 20. und am 27. Februar 1944 der Fall. Die genaue Stelle, an der die Maschine liegt, ist exakt bekannt, und es wird sehr schwierig sein, sie zu räumen, da sich das Wrack zu einem Teil im Wasser befinden dürfte.«
Nach den Aussagen eines Richtkanoniers der Flak, den Koch befragen kann, muß es eindeutig eine Messerschmitt gewesen sein. Unmittelbar neben dem Auebach hat sie sich etwa sechs bis acht Meter tief in den lehmigen Wiesenboden gebohrt. Dem Piloten ist es nicht gelungen, seine Maschine zu verlassen. Jürgen Reinsdorff aus Hildesheim kann dem hinzufügen, daß im November 1944 ein Leutnant und vier Mann mit Hilfe eines Halbkettenfahrzeuges mit Seilwinde einen ersten Bergungsversuch unternommen hätten, der aber wegen des unzulänglichen Geräts wieder aufgegeben werden mußte.
Gerade im Begriff, den VdK in Hildesheim erneut zu aktivieren, um in Duingen eine Bergung in die Wege zu leiten, erhalte ich Ende August 1973 wieder einen Brief von Wolfgang Koch. Aus seinen Zeilen läßt sich unschwer ablesen, wie verzweifelt er ist, als er mir mitteilt, daß ihn der Bezirksverband des VdK wissen ließ, daß die Vorbereitungen für eine Bergung eingestellt werden sollen. Angeblich fehlten die Mittel, um eine solche Aktion durchführen zu können. Auch bei der Bundeswehr, an die sich der VdK gewandt

hätte, würde kein Interesse daran bestehen. Nun, ich selbst weiß von derartigen Schwierigkeiten ein Liedchen zu singen.
Schon im Jahre 1964, als das Munitionsräumkommando Hannover in Duingen eine englische Fliegerbombe zu entschärfen hat, versucht Wilhelm Kellermeier, bei dieser Gelegenheit den Trupp auch für die Bergung des abgestürzten Flugzeuges einsetzen zu lassen. Denn in den vergangenen Jahren wurde immer wieder von der deutschen Maschine gesprochen und von dem Piloten, der sich noch darin befinden mußte. Hingegen erklärt sich das Räumkommando als nicht zuständig, da es sich nicht um ein »Bombenflugzeug« handelt. Für Jagdmaschinen scheinen demnach andere Voraussetzungen gültig zu sein. Schließlich, auf Initiative des Volksbundes, kommt es im Dezember 1970 zu jenem Bergungsversuch, der, wie schon erwähnt, dann wegen schlechter Witterungs- und Bodenverhältnisse ergebnislos verläuft.
Inzwischen hat der VdK alles versucht, den Fall weiterzuverfolgen. »Die Bundeswehr«, so berichtet Kellermeier, »durfte nicht eingesetzt werden, weil sie an ihre eigenen Aufgaben gebunden sei und weil dadurch ein Verdienstausfall bei Gewerbetreibenden entstehen könne!« Auch Feuerwehr oder andere freiwillige Hilfe dürfe nicht in Anspruch genommen werden, weil Explosionsgefahr der Bordmunition bestände, während das Räumkommando wiederum nicht eingesetzt werden kann, weil eben keine Bomben, sondern nur Bordmunition in der abgestürzten Maschine vorzufinden vermutet wird. Man sieht wieder einmal, wie erheblich die Widerstände und Schwierigkeiten sind, die es zu überbrücken gilt, um einen Kriegstoten, einen deutschen Flieger, nach fast drei Jahrzehnten aus dem Erdreich zu holen, ihm seinen Namen zu geben und ihn zur letzten Ruhe betten zu können.
Kein Wunder, daß nicht nur Wolfgang Koch zu resignieren beginnt. Da im Fall Duingen die Behörden nicht mehr in der Lage zu sein scheinen,etwas zu unternehmen, läßt der Tongrubenbesitzer Waje sen. am 27. Oktober 1973 durch eine Tiefbaufirma an der Aufschlagstelle nachgraben. Die Genehmigung der Grundstückseigentümer liegt vor. Schon in etwa drei Meter Tiefe stößt der Bagger auf Bleche, die von einer Tragfläche stammen. Munition wird geborgen, dann ein Teil des Fahrwerkes. Am selben Abend

muß die Bergung wegen Überflutung der Grube eingestellt werden, außerdem erläßt die Gemeinde ein Arbeitsverbot wegen Explosionsgefahr.
Unterdessen haben Vertreter des Wehrbereichskommandos Hildesheim doch noch die Absturzstelle inspiziert und eine Grabung nach dem Wrack für unbedenklich angesehen. Oberst Meyer zum Felde sagt größtmögliche Unterstützung bei der Weiterführung der Bergung zu.
Am 13. November ist es dann endlich soweit. Dank der Hilfe von Oberforstmeister Bergmann und Oberförster Thiele wird der Auebach umgeleitet, die Grube leergepumpt. Und am folgenden Tag greift der Bagger wieder in das Erdreich hinein. Man entdeckt zunächst Teile der Kanzel, wenig später den Motorblock. Der wichtigste Fund bis dahin aber kommt in vier oder fünf Meter Tiefe zum Vorschein: Fallschirm, Skelett-Teile und die Armbanduhr des Flugzeugführers. Zwischen den Überresten ein Brief mit Datum 14.2.44. Von der Anschrift können die Männer gerade noch den Dienstgrad und den Vornamen entziffern: Feldwebel Gerhard ...!
Kellermeier benachrichtigt während der Arbeiten den VdK, der dann bei der weiteren Bergung zugegen ist und schließlich die Identifizierung des Piloten veranlassen kann, denn am nächsten Tag läßt sich unter verschiedenen anderen, persönlichen Dingen, wie Feuerzeug, Kamm, Münzen auch die Erkennungsmarke auffinden. Nur Stunden danach steht es eindeutig fest: Der Gefallene von Duingen ist der am 20. Juni 1919 in Guben geborene Feldwebel Gerhard Raimann von der 7./JG 54.
Fast auf den Tag genau nach 30 Jahren, am 19. Februar 1974, steht die jetzt 76jährige Mutter von Gerhard Raimann aus Forst/Lausitz am kränze- und blumengeschmückten Grab Nr. 25, Reihe XV. Die letzte Ruhestätte ihres Sohnes auf dem Soldatenfriedhof Salzderhelden bei Einbeck. Sie weiß, daß sie die Klärung seines Schicksals nach so langer Zeit der Ungewißheit eigentlich der Privatinitiative von Duinger Einwohnern verdankt.
Sowohl Christian Waje sen., Wilhelm Kellermeier, die Forstbeamten Bergmann und Thiele, der unermüdliche Wolfgang Koch, als auch die vielen anderen Duinger haben dazu beigetragen, die mit Hürden gespickten Verwaltungswege zu überwinden und den ge-

fallenen Jagdflieger in ihrer Feldmark zu bergen und den Vermißtenfall zum positiven Abschluß zu bringen.
Es bleibt noch zu erwähnen, daß Wilhelm Kellermeier mir einen eingehenden Bericht über die Bergung von Duingen übermittelte und mich bat, die Geschichte vielleicht einmal in meinem nächsten Buch wiederzugeben. Dem bin ich gern nachgekommen, nicht zuletzt auch deshalb, um an dieser Stelle den Duingern uneingeschränkt Bewunderung zu zollen.

»Bodenplatte«-Schicksale

Hauptmann Friedrich Müer, Chef der IV. Gruppe des Jagdgeschwaders 53 »Pik As«, hat wie alle Kommandeure der im Westen des Reiches stationierten deutschen Jagdverbände am Silvesterabend 1944 seinen Staffeln von dem bevorstehenden und strengster Geheimhaltung unterliegenden Großeinsatz in Kenntnis zu setzen. Im Zusammenhang mit dem Unternehmen »Bodenplatte«, in seinen Einzelheiten hinreichend bekannt und in anderen Publikationen beschrieben, fällt dem JG 53 die Aufgabe zu, den bei Metz in Frankreich gelegenen Flugplatz Frescaty anzugreifen, wobei hier ein überraschend zu führender Schlag den vorgeschobenen amerikanischen Jagdeinheiten und deren Bodenorganisationen gilt. Mit etwa zwanzig Messerschmitt startet die Gruppe in der Morgendämmerung des Neujahrstages 1945 von den Plätzen bei Stuttgart, um im Verein mit den beiden anderen Gruppen des Geschwaders, der II./JG 53 in Mannheim und der III./JG 53 in Kirrlach, den gegnerischen Horst südlich von Metz anzufliegen. Es wird ein verlustreicher Einsatz, von dem sieben Piloten der IV. Gruppe nicht mehr zurückkehren. Von einem weiß man mit einiger Sicherheit, daß er südostwärts von Frescaty in Gefangenschaft geraten sein muß, alle übrigen bleiben zunächst vermißt. Fünf dieser Flugzeugführer gelten auch heute noch als Suchfall.

*

Etwa im Jahre 1971 beginne ich damit, die mir bekannten Verluste der Jagdwaffe, die sie im Verlauf der Ardennenoffensive erlitten hatte, auf den letzten Stand zu bringen; ich versuche festzustellen, wieviel der damals als vermißt gemeldeten Jagdflieger tatsächlich noch verschollen sind, damit ich Nachforschungen entsprechend gezielter vornehmen und ansetzen kann. Diese Aufstellung, die es nur mit Unterstützung und Hilfe der Deutschen Dienststelle in Berlin anzufertigen gelang, liegt nach monatelanger Arbeit schließlich fertig vor mir. Aus ihr läßt sich unter anderem erkennen, daß rund 60 der am »Bodenplatte«-Einsatz beteiligten Flugzeugführer in die Hände des Gegners geraten waren, darunter einige, die ich anhand der Werknummern ihrer abgeschossenen Maschinen zu identifizieren in der Lage bin.

»Kann es nicht möglich sein«, macht mich eines Tages meine Frau aufmerksam, »daß von den über Feindgebiet abgeschossenen Piloten einige gefangengenommen wurden und erst danach verschollen sind? Vielleicht war ja bei einigen der noch Vermißten bereits eine Spur vorhanden.«

Ich bin skeptisch: »Normalerweise dürften die im Westen in Gefangenschaft geratenen Flieger später auch wieder heimgekehrt sein.«

»Normalerweise ...«, wirft Waltraud ein. »Was hat es im Krieg schon bedeutet ... normalerweise!«

Über dieses Gespräch muß ich oft nachdenken. Immer wieder hole ich die bekannten Aufnahmen hervor, welche die Engländer nach dem Neujahrseinsatz von abgeschossenen deutschen Flugzeugwracks gemacht hatten, und ich meine, daß davon noch weit mehr vorhanden sein müßten, die in den Archiven der Alliierten ruhten. Ferner kann ich mir vorstellen, daß auch Fotos existieren, auf denen abgesprungene, notgelandete und gefangengenommene deutsche Flugzeugführer zu sehen sind.

Im Mai 1974 haben wir uns entschlossen, einen lange gehegten Wunsch zu verwirklichen, nämlich den Sprung über den Kanal zu machen, um uns die britische Metropole anzusehen. Und gleich am nächsten Tag nach unserer Ankunft in London, wie könnte es anders sein, sitzen wir in der »tube«, der Untergrundbahn, die uns zur Lambeth Road bringt. Hier befindet sich das Imperial War Museum, das in seiner Art wohl einmalig sein dürfte, denn das IWM beherbergt eine der umfangreichsten Sammlungen der Kriegsge-

schichte. Nicht nötig zu erwähnen, daß man das Museum praktisch mehrmals besuchen müßte, um diese militärhistorische Ausstellung ausführlich betrachten zu können. Mein Ziel ist die Fotoabteilung, welche dem IWM angeschlossen ist. Mit dem Leiter dieser Abteilung, den ich von früherem Schriftwechsel her kenne, vereinbare ich einen Termin für den nächsten Tag, damit ich das von mir gewünschte, spezielle Fotomaterial einsehen kann. Um welche Art Aufnahmen es sich im einzelnen handelt, weiß ich allerdings noch nicht.
Während Waltraud tags darauf das Museum durchstreift, legt man mir im Besucherraum der Fotoabteilung einige große Umschläge vor, je gut hundert Abbildungen enthaltend. Wie immer bei solchen Gelegenheiten, vergeht die Zeit viel zu schnell, um eine intensivere Auswertung an Ort und Stelle vorzunehmen, doch ich bestelle mir ein paar dieser Aufnahmen, von deren Wichtigkeit ich bereits überzeugt bin. Man bekommt nämlich nach all den Jahren, in denen man sich mit einer bestimmten Materie befaßt, einen untrügerischen Blick, um sofort unterscheiden zu können, ob ein Foto aussagekräftig ist oder nicht. Bisher jedenfalls habe ich in dieser Beziehung noch immer das richtige Gespür dafür gehabt.
Wochen später trifft das umfangreiche Päckchen aus London ein. Und jetzt nehme ich mir die Zeit, jedes Bild eingehend zu studieren. Zwei Fotos sind es, welche mein besonderes Interesse wecken. Auf beiden ist eine auf dem Bauch liegende Bf 109 zu erkennen, beide Maschinen gehören den Markierungen nach zu urteilen der gleichen Einheit, dem JG 53 an, der Grund, weshalb ich eingangs vom Einsatz des »Pik As«-Geschwaders berichtet habe. Die Legende zu den Aufnahmen erweist sich hingegen als weniger informativ, sie besagt nur, daß es sich um zwei deutsche Jagdflugzeuge handelt, die bei den Kämpfen im Westen einmal von amerikanischer Flak abgeschossen, zum anderen von US-Truppen aufgefunden worden sind.
Kein Hinweis auf ein Datum. Aber auf dem einen Foto stehen neben dem Bruch amerikanische Soldaten und ein am Kopf verwundeter deutscher Flieger, offensichtlich der Pilot dieser Messerschmitt. Leider verdecken die abgebildeten Soldaten das Leitwerk der Maschine, was eine Identifizierung des Flugzeugführers an-

hand der vielleicht zu erkennen gewesenen Werknummer verhindert. Doch es gibt andere Merkmale, die es schließlich auszuwerten gelingt und zu dem Namen des Piloten führen. Die Bf 109 weist nämlich ein schwarzes Rumpfband auf, eine Geschwaderkennung innerhalb der Verbände der Reichsverteidigung, und dieses schwarze Band mit der weißen Schlangenlinie darin sagt aus, daß es sich hier einwandfrei um eine Messerschmitt der IV. Gruppe des Jagdgeschwaders 53 handelt. Vor dem Balkenkreuz am Rumpf muß die Maschine ursprünglich einmal eine zweistellige Zahl als taktische Nummer getragen haben, die später, weil vielleicht ein Flugzeug aus einer anderen Staffel, überstrichen worden ist. Darüber läßt sich, undeutlich zwar, eine »2« erkennen, deren Farbton für gelb zu hell und für rot zu dunkel erscheint und eventuell blau gewesen sein könnte. Am Neujahrstag 1945 war aber eine blaue »2«, so stelle ich rasch fest, beim Angriff des JG 53 auf Metz-Frescaty verlorengegangen, ihr Pilot im Anschluß daran als vermißt gemeldet worden: Der Gefreite Alfred Michel von der 16. Staffel. Ihn habe ich in meiner Aufstellung als Heimkehrer vermerkt, und auf Umwegen über einen ehemaligen Angestellten der Lufthansa kann ich Michel durch Zufall ausfindig machen – er lebt heute in Bad Homburg und ist nicht wenig erstaunt, als er das unmittelbar nach seiner Gefangennahme gemachte Foto in den Händen hält. Michel war am 1. Januar 1945 bei Halstroff in Frankreich das Opfer einer Flakeinheit der 90. US-Division geworden.

Das zweite Foto soll hingegen das unglückliche Schicksal eines anderen Jagdfliegers aufdecken. Es wurde, so lautet der Begleittext, bei Saarlautern, dem heutigen Saarlouis aufgenommen, nachdem eine amerikanische Heereseinheit das Wrack dort entdeckt hatte. Auch auf dieser Abbildung ist eine flach aufliegende Messerschmitt zu erkennen, deren Rumpfband und Wellenlinie sie gleichfalls der IV./JG 53 zuordnen. Als Kennung trägt die arg zerbeulte Maschine, eine Bf 109 G-14/AS, die weiße »13« am Rumpf. Unter all den eingetragenen Verlusten des JG 53 im Zeitraum Dezember 1944 bis zu Kriegsschluß finde ich nur eine einzige weiße »13« der IV. Gruppe: Die Maschine von Unteroffizier Herbert Maxis, der seit dem Unternehmen »Bodenplatte« verschollen ist.

Was mich jedoch besonders beschäftigt, ist die Tatsache, daß die

Maschine, mitten in einem Obstbaumgelände, auf dem Bauch aufliegt, so daß der Pilot ohne Zweifel eine Notlandung durchgeführt und sich demzufolge bei der Landung noch im Flugzeug befunden haben mußte. Was aber ist danach geschehen?
In der Hoffnung, daß man anhand der beigefügten Kopie des betreffenden Fotos feststellen kann, wo überhaupt der Absturz erfolgt ist und ob etwas über den Verbleib des Flugzeugführers bekannt wäre, wende ich mich an die Stadtverwaltung von Saarlouis. Auch bitte ich, daß man in der Nähe eventuell nach dem Grab eines als unbekannt beerdigten deutschen Fliegers forschen möge, weil ja die Möglichkeit nicht auszuschließen ist, daß der Pilot, vielleicht schwer verwundet, anschließend seinen Verletzungen erlag und man den Toten erst viel später aufgefunden haben mag, ohne ihn identifizieren zu können.
Die vom Stadtamtmann Schu in und um Saarlouis gründlich und in dankenswerter Weise angestellten Ermittlungen führen in einem Teil zu einem positiven Ergebnis, zum anderen aber erhalten wir im Fall des Schicksals von Unteroffizier Maxis Kenntnis von einer Begebenheit mit tragischem Hintergrund.
Ein Aufruf in der »Saarbrücker Zeitung«, welche die Suche nach der Absturzstelle und dem Flugzeugführer zum Inhalt hat, findet in der Bevölkerung eine ungewöhnliche Resonanz, und aus der Vielzahl der eingehenden und übereinstimmenden Hinweise läßt sich der Ort der Bruchlandung zweifelsfrei bestimmen. Unteroffizier Maxis' Jagdflugzeug, dessen Wrack die Abbildung zeigt, war am 1. Januar 1945 auf einem Obstbaumgrundstück der Gemeinde Oberfelsberg, rund sechs Kilometer südwestlich von Saarlouis, unmittelbar an der nach Metz führenden Straße bruchgelandet. »Teilweise hat das Flugzeug noch lange nach Kriegsschluß Kindern als Spielplatz gedient. Ein damals Zehnjähriger kann sich noch sehr genau daran erinnern, in der Kanzel gesessen und den Steuerknüppel betätigt zu haben«, so schreibt Amtmann Schu. »Heute steht ein Bungalow auf diesem Gelände. Und nach weiteren Angaben verlief in unmittelbarer Nähe ein Panzergraben, in dem Monate nach dem Geschehen die Maschine zugeschüttet wurde.«
Als weit schwieriger erweisen sich allerdings die Nachforschungen nach dem Verbleib des Flugzeugführers. Oberfelsberg war zu jener

Zeit größtenteils evakuiert worden, die Notlandung selbst schien deshalb kaum jemand beobachtet zu haben, denn soweit Personen in der Gemeinde zurückgeblieben sind, haben sie bei derartigen Ereignissen ihre Häuser nicht verlassen. Zwei Aussagen jedoch lassen eine zu dem Piloten des JG 53 führende Spur erkennen. Beide Einwohner, von denen diese Angaben stammen, sind aber nicht Augenzeuge gewesen, sondern kannten den Hergang nur vom Hörensagen, von Personen, die zwischenzeitlich verstorben sind.
Als der Flugzeugführer seine verhältnismäßig glimpflich heruntergebrachte Maschine verlassen wollte, soll er sofort von amerikanischen Soldaten erschossen worden sein. Sicherer erscheint die Angabe, wonach der Pilot die Notlandung unverletzt überlebte. Er soll anschließend als Gefangener der Amerikaner im Jeep stehend und mit erhobenen Händen durch Feldberg gefahren und in Richtung Ittersdorf gebracht worden sein. »Das klingt wahrscheinlich«, so Schu, »denn in Ittersdorf lag damals eine amerikanische Geschützstellung. Auch ein Transport nach Bousonville oder Metz wäre möglich, da sich dort die US-Kommandanturen sowie Lazarette befanden.«
Wer aber hat Unteroffizier Herbert Maxis nach dieser Fahrt noch gesehen? Anzunehmen, daß die während des Einsatzes am 1. Januar 1945 gefangengenommenen deutschen Piloten zu irgendeiner Sammelstelle gebracht worden sind, um einem Verhör unterzogen zu werden, und dort auch mögen sich ihre Wege noch einmal gekreuzt haben. Von einer Aussage, den Unteroffizier Maxis dort getroffen zu haben, ist jedoch nichts bekannt; er ist nie mehr heimgekehrt. Auch der eingangs erwähnte, gleichfalls am 1. Januar 1945 abgeschossene Alfred Michel betont, keinem weiteren Piloten der Gruppe in den verschiedenen Lagern begegnet zu sein, doch ein Zusammentreffen von Flugzeugführern der gleichen Einheit könnte ohne weiteres von seiten der Amerikaner auch absichtlich verhindert worden sein. So etwas war nicht unüblich.
Dennoch erhärtet sich nach den Aussagen aller Befragten die Vermutung, daß Unteroffizier Herbert Maxis offensichtlich erschossen worden ist. Über die amerikanischen Dienststellen läßt sich der Verbleib des Verschollenen nicht aufklären, und wenn es tatsächlich zutrifft, daß man Maxis erschossen hat, so wäre das leider kein

Besonders tragisch ist der Fall des offiziell noch gesuchten Uffz. Herbert Maxis von der 14./JG 53. Maxis mußte am 1. Januar 1945 bei Saarlautern notlanden und wurde, so die Aussagen, von Amerikanern gefangengenommen. Der Flugzeugführer kehrte jedoch nie nach Hause zurück. Im Bild Maxis' weiße »13« in einem Obstbaumgrundstück bei Oberfelsberg. *(Imperial War Museum, London)*

Nachdem am 7. März 1945 US-Truppen die noch intakte »Ludendorff-Brücke« bei Remagen in Besitz nehmen konnten, versuchte die Luftwaffe in den folgenden Tagen in pausenlosen Einsätzen diese Brücke doch noch zu zerstören. Im Bild: Die Ruinen der Brückenauffahrt auf der linksrheinischen Seite, dreißig Jahre danach.

Das riesige Doppelleitwerk einer bei Ilse, Krs. Minden niedergegangenen B-24 Liberator der 66. Bombardement Group. Dieser viermotorige Bomber war Hptm. Maacks 7. und letzter Luftsieg. *(Anneliese Limbach)*

Zerborstene Bleche und das Spornrad der Focke-Wulf, in der Uffz. Ottovordemgentschenfelde von der 10. Sturmstaffel JG 3 bei Berwang den Tod fand.

Aus den Bildlisten des DRK-Suchdienstes: Fw. Heinz Schneider, 12./JG 2 (links), der am 23. Dezember 1944 in der Nähe von Bachem, Krs. Ahrweiler abstürzte und dessen Frontausweis mit Foto am Aufschlagort gefunden wurde. Hptm. Ernst Maack, Staffelkapitän der 8./JG 11 (Mitte), galt seit dem 8. April 1944 als verschollen. Der Kampfmittelräumdienst Detmold unter Leitung von Cheffeuerwerker Ulmer barg ihn und die Trümmer seiner Maschine im August 1972 in Raderhorst bei Minden. Uffz. Harald Ottovordemgentschenfelde, 10./JG 3 (rechts), stürzte am 3. August 1944 bei Berwang/Tirol ab. Seine Grabstätte in Berwang blieb ohne Namen, bis im Sommer 1975 die Identität des Piloten festgestellt werden konnte. *(via DRK-Suchdienst)*

Eine in Tiefenbach/Hunsrück geborgene FW 190 stellte sich als schwerbewaffneter Sturmjäger heraus, dessen Pilot sich am 2. Dezember 1944 vor dem Absturz durch Fallschirmabsprung retten konnte. Das Bild zeigt einen solchen »Rammbock«, eine FW 190 A-8/R 2 oder R 8 der II./JG 300 in Löbnitz, Oktober 1944. *(Ernst Schröder)*

Auch ein guterhaltenes Kraftstoffbelüftungsventil befand sich unter den zerschmetterten Trümmern des im September 1973 in Tiefenbach entdeckten Sturmjägers.

Die aus 4–5 mm starken Stahlplatten bestehende Kopf- und Schulterpanzerung der in Reich ausgegrabenen FW 190 A-6.

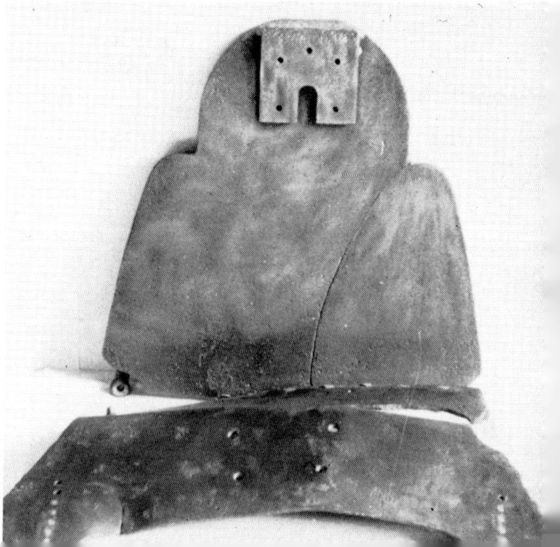

Einzelfall. Wenn aber heute immer wieder auf gewisse Geschehnisse verwiesen wird, die man deutschen Wehrmachtsangehörigen zur Last legt, ist das, wie wir wissen, einseitig. In bestimmten Angelegenheiten, besonders das letzte Kriegsstadium betreffend, hat sich keine der beteiligten Seiten etwas vorzuwerfen. Man sollte heute den nötigen Abstand dazu gewonnen haben, das zu erkennen. Denn die Ausübung von Kriegsverbrechen entspricht, wie vielfach bequemerweise zu suggerieren versucht wird, eben nicht ausschließlich einer deutschen Mentalität.

Im Netzebruch verschollen

Von der bei Kolo an der Warthe eingesetzten 10. Panzergrenadierdivision ist nicht mehr viel übriggeblieben, nachdem am 20. Januar 1945 die Stoßkeile der 1. Weißrussischen Front zum Angriff angetreten waren und die deutschen Stellungen mit massierten Panzerkräften überrannt hatten. Die Reste der Division, sofern sie der Gefangennahme entgehen konnten, weichen in Richtung Posen zurück. So kommt es, daß eine Gruppe von vier versprengten Panzergrenadieren, die sich im Wirrwarr des überstürzten Rückzuges zusammenfanden, im allgemeinen Durcheinander hinter die russischen Linien gerät und nun versucht, in westlicher Richtung vordringend, die HKL zu erreichen. Ein vergebliches Bemühen, wie sich herausstellen soll, denn in diesem Kampfraum existiert keine Hauptkampflinie mehr.
Posen wird am 27. Januar von russischen Truppen eingeschlossen. Der Fluchtweg von Unteroffizier Gerhard Kalden und seinen drei Kameraden führt zunächst nördlich an der Stadt vorbei, da man glaubt, von dort in Richtung Nordwesten am ehesten auf die eigenen Truppen zu stoßen. In der Nacht zum 29. Januar erreichen sie in dem schon feindbesetzten Raum um Filehne den Netzebruch. Der Fluß ist zugefroren, so daß die vier Versprengten hoffen, ihn ohne große Umwege überschreiten zu können. Auf der anderen Seite heben sich die Silhouetten von Häusern ab; Ortschaften, die sich ebenfalls bereits in russischer Hand befinden. Also ist äußerste Vorsicht geboten.
Lautlos beginnen die vier Soldaten die Netze zu überschreiten. Sie wollen versuchen, zwischen den besetzten Dörfern, aus denen un-

verkennbar Panzermotorengeräusche herüberdringen, das jenseitige Ufer zu erreichen. Es ist mehr als gefährlich, da die weiße, vom Mond beschienene Eisfläche nicht die geringste Deckung bietet. Die vier Männer wagen es dennoch.
Fast in der Mitte des Flusses erkennen die Soldaten ein einmotoriges Flugzeug, eine deutsche Maschine, wie die Balkenkreuze bezeugen. Sie war offensichtlich nicht abgestürzt, sondern mußte im Gleitflug niedergegangen sein – eine Notlandung vielleicht. Dabei hatte sich das Jagdflugzeug auf den Kopf gestellt, Rumpf und Leitwerk ragen in die Höhe. Die Panzergrenadiere gehen vorüber, ohne die Maschine näher zu untersuchen, denn sie müssen damit rechnen, jeden Augenblick von den Russen entdeckt zu werden. Vom jenseitigen Ufer her macht sich das Motorengeräusch immer stärker bemerkbar. Keine hundert Meter von der kopfstehenden Maschine entfernt stoßen sie auf einen menschlichen Körper, den toten Flugzeugführer. Kalden kann sich später noch an folgende Einzelheiten erinnern: »Er lag auf den Knien, der Oberkörper war nach hinten übergefallen. Er war mit einer Luftwaffenuniform bekleidet und trug Fliegerstiefel, aber keine Kombination. An der Uniformjacke, die vorn geöffnet war, erkannte ich die Schulterklappen eines Unteroffiziers oder Feldwebels. Das Alter des Gefallenen schätzte ich auf 20 bis 23 Jahre. Er hatte hellblondes Haar. Die Lage des Piloten deutete darauf hin, daß er im Knien getötet worden sein mußte, ich konnte von vorn aber keine Verletzungen oder Schußwunden feststellen.«
Es ist anzunehmen, daß man den toten Flieger eventuell geborgen hätte, wenn der Absturz noch vor dem Herannahen der russischen Truppen erfolgt wäre. Der Umstand aber, daß sich der unglückliche Pilot etwa 50 bis 100 Meter von seiner Maschine entfernt befindet, läßt jedoch darauf schließen, daß er erst nach dem Verlassen des Flugzeuges getötet worden ist und zwar offensichtlich vom Gegner. Für eine Suche nach der Erkennungsmarke oder anderen, zur Feststellung der Identität des Gefallenen dienenden Gegenständen bleibt den vier Soldaten keine Zeit; die Gefahr des Entdecktwerdens ist zu groß. Der Tote ist auf dem Eis festgefroren, seine Uniform ebenfalls hartgefroren. Kalden vermutet, daß das Jagdflugzeug etwa zwischen dem 26. und 28. Januar auf dem Eis

der Netze notgelandet sein mußte. Der Ort Filehne und somit auch die Nachbarorte wurden, wie aus militärgeschichtlichen Werken ersichtlich, am 27. Januar von den Truppen der Roten Armee besetzt.
Das Schicksal des gefallenen Flugzeugführers bleibt ungeklärt, da die versprengten Panzergrenadiere verständlicherweise zuerst an das eigene Durchkommen denken müssen. Es wird ein harter, strapaziöser und leidensvoller Weg: Unteroffizier Kalden gelingt es als einzigen dieser Gruppe am 16. Februar 1945 bei Arnswalde in Pommern den Anschluß zu den eigenen Truppen zu finden. Über den weiteren Verbleib des toten Piloten aber ist nichts mehr zu erfahren gewesen. Die Vermutung dürfte naheliegen, daß er zusammen mit der Maschine beim Auftauen der Eisfläche versunken ist und so sein letztes Grab in den Fluten der Netze gefunden hat.

*

Als ich die Schilderung Dr. Gerhard Kaldens, der heute in Darmstadt lebt, im Januar 1972 in den Händen halte, überkommt mich wieder der Gedanke daran, wieviele ähnliche Schicksale es gegeben haben mußte, ohne daß jemand davon auch nur am Rande davon Kenntnis erhalten hat. Immerhin ist es ja nur einem Zufall zuzuschreiben, daß der Fluchtweg der vier deutschen Soldaten gerade an dieser Stelle des Flusses vorüberführte, an der sich das sonst nie bekanntgewordene Drama auf dem Eis abgespielt hatte. Dr. Kalden, durch Presseberichte auf meine Nachforschungen aufmerksam geworden, zögert nicht lange, mir von seinem fast schon in Vergessenheit geratenen Erlebnis in jener mondhellen Januarnacht zu berichten. Wenn auch wegen der beschriebenen Umstände und wegen der nun dazwischenliegenden 27 Jahre die Angaben nicht ausführlicher ausfallen konnten, so ersehe ich, daß sie doch einige Anhaltspunkte erkennen lassen, die markant genug sind, den Versuch einer intensiveren Nachforschung durchführen zu können.
Ich beginne damit, zunächst festzustellen, welche Jagdfliegereinheiten im Januar 1945 im nördlichen Abschnitt der Ostfront, also in Pommern/Warthegau eingesetzt gewesen sind. Es ist bekannt,

daß nach der gescheiterten Ardennenoffensive ein Großteil der Jagdverbände hinsichtlich des Mitte Januar aus dem Weichselbogen heraus erfolgten Großangriffes der sowjetischen Armeen nahezu überstürzt von der Westfront an die Ostfront geworfen wurden. So auch das Jagdgeschwader 3 »Udet«, dessen Gruppen sich etwa um den 23. Januar auf verschiedenen Plätzen Ostpommerns befinden. In Märkisch Friedland ist zudem die IV. Gruppe des Ergänzungsjagdgeschwaders 1 stationiert. Auf diese beiden Einheiten konzentriere ich meine Untersuchungen. Drei noch vermißte Flugzeugführer der III./JG 3 sind es schließlich, die ich mit dem von Dr. Kalden geschilderten Fall in Zusammenhang bringe. Einer von diesen Drei muß mit an Sicherheit grenzender Wahrscheinlichkeit der tote Flieger auf dem Eis der Netze gewesen sein.
Durch Zufall erhalte ich Anfang des Jahres 1975 die Anschrift eines Angehörigen der 10. Staffel des JG 3, die Mitte Januar 1945 von Lippspringe an die Ostfront verlegt und zunächst im Raum Stargard stationiert ist. Unteroffizier Michael Vogl, heute Standesbeamter in Ebensee/Österreich, kann sich nur noch an die dort herrschenden schlechten Wetterbedingungen mit Schnee- und Regenfällen erinnern: »Wir flogen deshalb sehr wenig Einsätze von Stargard aus. Tage später erfolgte eine weitere Verlegung der III. Gruppe nach Stettin-Altdamm.«
Staffelführer der 10./JG 3 ist zu dieser Zeit Leutnant Angst, der bei der Ergänzungsjagdgruppe Ost Fluglehrer gewesen war bevor er Anfang Januar 1945 nach dem Tode von Leutnant Jung im »Bodenplatte«-Einsatz dessen Staffel übernimmt. Leutnant Angst selbst wird gleich bei einem der ersten Unternehmen an der Ostfront bei Schneidemühl von russischer Flak abgeschossen, aber er bringt seine Messerschmitt noch hinter den eigenen Linien herunter. Am 26. Januar erhält die III. Gruppe den Auftrag, im Raum südlich von Schneidemühl Tiefangriffe auf russische Fahrzeug- und bespannte Kolonnen durchzuführen. Während dieser Angriffe erhält der Staffelkapitän der 12./JG 3, Hauptmann Seidenberg, ebenfalls Flaktreffer; er ist der erste Gefallene des JG 3 im neuen Kampfraum. Unteroffizier Vetter von der 11. Staffel startet um 13.08 Uhr zum Feindflug und kehrt nicht mehr zurück. Er

bleibt mit seiner Bf 109 im Planquadrat 64 DO 7–9, südlich von Schneidemühl vermißt.
Tags darauf der gleiche Einsatzauftrag. An diesem Sonnabend startet der aus dem Kreis Lauenburg stammende Unteroffizier Ernst Dieckfoß mit der 11. Staffel in den Raum Scharnikau zum Angriffsflug, von dem es für ihn und seine gelbe »7« keine Rückkehr mehr gibt. Sein Staffelkamerad, Feldwebel Clemens, fällt im Geschoßhagel der gegnerischen Bodenabwehr. Am 28. Januar fliegt die Gruppe erneute Tiefangriffe in der Gegend von Scharnikau, wo inzwischen die Panzerspitzen der Roten Armee einen Durchbruch erzielen konnten. Nach diesem Einsatz bleibt der noch nicht 21jährige Obergefreite Reuther von der 10./JG 3 vermißt.
Dazu Michael Vogl: »Wegen des Vordringens der Russen gegen die Oder führten wir unsere Angriffe vorwiegend im Raum Arnswalde, Soldin, Landsberg und im Netzbruch bis in den Raum Scharnikau durch. Von einem der Einsätze kehrte ein Flugzeugführer im Mannschaftsdienstgrad nicht wieder zurück – an seinen Namen kann ich mich jedoch nicht mehr entsinnen. Keiner von uns hat einen Absturz oder einen Fallschirmansprung beobachten können.«
Die Unteroffiziere Vetter, Dieckfoß und der Obergefreite Reuther sind demnach in jenem Gebiet der Netze verschollen, in dem die flüchtenden Soldaten in der Nacht zum 29. Januar 1945 auch den toten Flugzeugführer fanden, wobei aus der Truppenmeldung für Dieckfoß zusätzlich noch zu ersehen ist, daß dieser im Planquadrat 63 EO weggeblieben sein muß, also zwischen Scharnikau und Filehne. Und soweit bekannt, liegen weitere Vermißtmeldungen für diesen Zeitraum nicht vor; auch kommt ein anderer fliegender Verband für den Einsatz im genannten Gebiet nicht in Betracht. Das JG 3 meldet erst Anfang Februar wieder Verluste, die jedoch in anderen Abschnitten der Front aufgetreten sind.
Da bis jetzt weitere Merkmale fehlen, die aussagekräftig genug wären den toten Flieger auf dem Eis der Netze zu identifizieren, wird der Gefallene – jedenfalls nach dem heutigen Stand der Ermittlungen – leider weiterhin ein Unbekannter bleiben müssen. Vielleicht aber hilft zu irgendeiner Zeit doch noch der Zufall das

Schicksal dieses Flugzeugführers der Jagdwaffe aufzuklären. Wie so viele andere, werde ich auch diesen Fall noch nicht zu den Akten legen.

Opferflug der Arado – Die Brücke von Remagen

Als am 7. März 1945 Einheiten der 9. US-Panzerdivision das linke Rheinufer bei Remagen erreichen, trauen die Soldaten der Vorhuten ihren Augen nicht: Sie finden eine noch intakte Brücke vor, die sich mit mächtigen Stahlbögen über den Strom spannt. Es ist die »Ludendorff-Brücke«, auf deren rechtsrheinischem Ufer die über den Fluß führende Bahnlinie im Tunnel der Erpeler Ley einmündet. Verständlich, daß die Amerikaner sofort mit allen Mitteln versuchen, diese Brücke in ihre Hände zu bekommen, denn sie ist wohl der einzige, noch unzerstörte Rheinübergang im gesamten Frontabschnitt.

Es braucht nicht betont zu werden, welche Bedeutung es für den weiteren Verlauf der Kampfhandlungen hat, wenn die Brücke von Remagen in gegnerischen Besitz übergeht, und beide Seiten sind sich dessen auch bewußt. Tatsächlich aber gelingt es den Amerikanern noch am selben Tag, am 7. März, die Brücke zu nehmen und die ersten Stoßtrupps auf das jenseitige Ufer abzusetzen. Die von den deutschen Verteidigern angebrachten Sprengladungen, noch im letzten Augenblick gezündet, versagen; nur eine kleine, unbedeutende Explosion hinterläßt an der Stahlkonstruktion unwesentliche Beschädigungen. Für die Amerikaner aber ist der Weg zur rechtsrheinischen Seite frei. Major Scheller, für die Verteidigung der strategisch wichtigen Brücke verantwortlich, wird von einem rasch gebildeten »Fliegenden Standgericht West« wegen der fehlgeschlagenen Sprengung zum Tode verzeurteilt und erschossen.

Die Errichtung des Brückenkopfes bei Remagen ist, wie sich herausstellen wird, eine wesentliche Voraussetzung für die Bildung des »Ruhrkessels« und schließlich zur verhältnismäßig schnell durchgeführten Besetzung des Reiches.
In den folgenden Tagen unternehmen die Deutschen verzweifelte Versuche, die Brücke doch noch zu zerstören, um den gefährlichen gegnerischen Einbruch zu stoppen. Bereits am 8. März erscheinen zehn Maschinen der Luftwaffe, greifen mit Bomben und Bordwaffen an, doch die Einsätze schlagen fehl. Nur zwei Treffer werden erzielt. Angesichts der Bedeutung der Brücke haben die Amerikaner natürlich dort sofort eine starke Flugabwehr konzentriert, während sie gleichzeitig stromabwärts mit dem Bau einer Ponton-Brücke beginnen, die der immer noch intakten »Ludendorff-Brücke« Entlastung bringen soll – denn auch der Gegner rechnet damit, daß der Übergang schließlich doch noch von Bomben getroffen wird.
Unter den Angreifern aus der Luft befindet sich die III. Gruppe des Kampfgeschwaders 76, deren Maschinen, zweistrahlige Kampfflugzeuge vom Muster Arado Ar 234 B-2, in Achmer und Rheine stationiert sind. Sie fliegen in den folgenden Tagen im Verein mit Schlacht- und Sturzkampfflugzeugen Einsatz auf Einsatz gegen die Brücke, aber die Angriffe zeigen kaum Erfolg. Die Abwehr ist zu stark. Obendrein finden sich Rudel von Feindjägern über dem Raum des gebildeten Brückenkopfes ein, die sich den anfliegenden Maschinen entgegenstellen und deren Zielanflüge praktisch vereiteln.
Am 9. März – der amerikanische Brückenkopf ist bereits fünf Kilometer tief – führt die Luftwaffe insgesamt 32 Einsätze gegen die Brücke von Remagen durch, wobei wiederum nur zwei Bomben ungenau im Ziel liegen. Den Schutz der Brücke aus der Luft hat die 9. taktische US-Luftflotte übernommen, aber die Thunderbolt der eingesetzten Fighter Groups haben wegen ungünstiger Wetterverhältnisse keine Feindberührung. Die erste deutsche Maschine taucht gegen 9 Uhr plötzlich aus dem Dunst heraus auf und setzt zum Tiefangriff an. Es ist eine Focke-Wulf, deren Bombe die Brücke jedoch verfehlt. Der Jäger zieht hoch, verschwindet rasch wieder in den Wolken und läßt die Amerikaner hinter sich.

Heute sind auch die Arado der 8. Staffel des KG 76 gegen Remagen gestartet, sie werden unter heftigen Beschuß genommen. Über den Wäldern bei Waldbreitbach, nordwestlich von Neuwied, kurvt eine stark qualmende Zweistrahlige, die zusehends an Höhe verliert. Die von Oberfeldwebel Bruchlos gesteuerte Maschine mit dem Kennzeichen F1+AS hat offenbar einen Flaktreffer erhalten, sie läßt sich nicht mehr aufrichten, geht jetzt brennend in die Tiefe und zerschellt nahe der Gemeinde Goldscheid auf einem sumpfigen Wiesengelände im Tal des Fockenbaches. Der Flugzeugführer in der Glaskanzel ganz vorn im Bug hat keine Chance, er muß beim Aufprall sofort zerschmettert und herausgeschleudert worden sein.
Inzwischen können die Amerikaner ihren Brückenkopf weiter ausbauen, obwohl die Luftwaffe jeden Tag über dem Kampfraum in Aktion tritt. Am Morgen des 13. März jagen erneut Schlachtflugzeuge heran. Sie kommen einzeln oder rottenweise, halten im Tiefstflug auf die Brücke zu, steigen dann steil nach oben. Gegen 13.45 Uhr stoßen Lightning der 430. Fighter Squadron in etwa 1800 Meter Höhe über dem Brückenkopf auf acht Focke-Wulf. Drei davon werden im Luftkampf abgeschossen, aber auch zwei P-38 gehen verloren. Eine Viertelstunde darauf treffen amerikanische Jäger auf 15 bis 20 Bf 109, von denen fünf als abgeschossen und zwei als beschädigt gemeldet werden. Eine dieser Maschinen, die K-4 des Leutnant Heilemann von der 13./JG 53, geht nach dem Gefecht bei Idstein nieder, der Pilot fällt, während eine andere Bf 109 des gleichen Geschwaders nordwestlich von Remagen auf gegnerischer Seite notlandet.
Tags darauf versuchen zahlreiche Sturzkampfflugzeuge vom Typ Ju 87, darunter Teile der Nachtschlachtgruppen 1 und 2, die Brücke anzugreifen. Sie müssen dabei hohe Verluste erleiden. 23 Maschinen gehen auf das Konto der 36. Fighter Group, 21 werden von der 404. Fighter Group abgeschossen. Der amerikanische Luftkriegshistoriker Kenn C. Rust berichtet in seinem Werk »The 9th Air Force in World War II« (Aeropublisher, USA), aus dem einige der obenerwähnten Angaben stammen, daß zwischen dem 7. und 14. März 1945 rund 372 deutsche Flugzeuge die Brücke von Remagen angegriffen haben. Von diesen seien etwa 70 Maschinen

von Jägern vernichtet worden und weitere 80 der Bodenabwehr zum Opfer gefallen. Wer die im Frühjahr 1975 vom SDR-Fernsehen, Stuttgart, ausgestrahlte Serie über die Kämpfe im Westen und auch um Remagen vor dreißig Jahren gesehen hat, wird diese hohen Verlustzahlen kaum anzweifeln.
Deutscherseits liegen über den Einsatz der Luftwaffe gegen Remagen nur recht magere Informationen vor. Hier einige Auszüge aus den Lageberichten des Oberkommandos der Wehrmacht (KTB/OKW, dtv-Dokumente 80/81, München, 1962):

10. März: 20 Einsätze gegen die Brücke von Remagen, 3 Treffer, 5 Verluste.
11. März: Starker Einsatz, Ergebnisse liegen noch nicht vor.
12. März: 360 Jäger und Me 262 gegen Remagen. 4 Verluste, 4 Abschüsse, zahlreiche Treffer, jedoch nicht auf der Brücke. Ein Flugzeug ging auf 450 Meter hinunter und warf eine 1000-kg-Bombe, die sich auf der Brücke nicht entzündete und vom Pfeiler ins Wasser absprang.
14. März: 21 »Blitzbomber« gegen die Brücke, 6 Verluste.
15. März: 3 Einsätze gegen die Brücke.
18. März: 5 »Blitzbomber« gegen die Brücke.

Am selben Tag schließlich gibt die durch die vorangegangenen Angriffe beschädigte und erschütterte Stahlkonstruktion nach – die »Ludendorff-Brücke« stürzt ein. Zu diesem Zeitpunkt aber haben die Amerikaner ihre Position auf dem rechten Rheinufer gefestigt. Weiter im Süden wird zur gleichen Zeit durch das XIII. US-Korps Koblenz eingenommen.

*

Nahezu dreißig Jahre danach durchstreift Hans Bröker, der mit seiner Familie das Fockenbachtal im westlichen Westerwald zum Ziel eines sommerlichen Ausfluges gemacht hatte, die Uferböschungen. Er entdeckt plötzlich ein Stück Metall, welches sofort sein Interesse weckt. Denn ihm als langjährigen Flugzeugmodellbauer scheint es klar, daß es sich hier um das Teil eines Flugzeuges handeln muß. Nach einem Bericht über unsere Bergung in Reich bei Simmern in der Rhein-Zeitung erfährt der in Neuwied wohnende Bröker von der Redaktion meine Anschrift und setzt sich sogleich mit mir in Verbindung. Da sich Wrackteile per Telefon oder Brief nur ungenau beschreiben lassen, machen wir einen Termin aus, damit ich die aufgefundenen Stücke selbst in Augenschein nehmen kann. In fast allen Fällen ist es mir bisher gelungen, aus solchen Fragmenten auf den Flugzeugtyp schließen zu können. Nun, als Hans Bröker mir am 1. April 1975 das betreffende Blech und ein Gußteil zeigt, bin ich zunächst denn doch ratlos: Ein solches Teil habe ich seither noch nicht gesehen. Allerdings, die hellblaue Farbe auf der einen Seite des Aluminiumbleches sowie ein schwarzer, gerader Streifen vom Balkenkreuz lassen keinen Zweifel offen, daß es eine Maschine der Luftwaffe gewesen ist.

»Lassen Sie mir einen Tag Zeit«, wende ich mich an Bröker, »dann werde ich die Teile sicherlich zugeordnet haben können.« Gleichzeitig verabreden wir, daß wir uns an einem der kommenden Wochenenden die Fundstelle gemeinsam ansehen und mit dem Metalldetektor absuchen wollen.

Noch am selben Abend beginne ich mit der Reinigung des mir unbekannten Gußteiles, auf dem sich zwei mit vielen Stiftschrauben verschlossene Decken befinden. Eine Zahlengruppe kommt deutlich zum Vorschein: 190-004.240-004. Ich bin mehr als überrascht, denn was ich hier in der Hand halte, gehört mit Sicherheit zu einer Junkers-Turbine Jumo-004! Ein seltener Fund also. Bei dem Teil, so kann ich dann später anhand vorhandener Unterlagen feststellen, handelt es sich um die Ölpumpe in der Unterseite des Stirngehäuses des Jumo-Triebwerkes. Und nachdem ich diese Erkenntnis gewonnen habe, taucht natürlich die Frage nach dem Maschinentyp auf. Ist das abgestürzte Flugzeug eine Me 262 oder eine Arado Ar 234 gewesen? Beide waren mit je einer 004-Turbine unter den Tragflächen ausgerüstet. Die Absturzstelle liegt Luftlinie rund 15 Kilometer von der Remagen-Brücke entfernt, und beide Flugzeugmuster waren bei Angriffen gegen diese Brücke beteiligt. Ich bin deshalb davon überzeugt, daß die Turbine zu einer der gegen Remagen eingesetzten Maschinen gehörte.

Als nächstes unterziehe ich das Blechteil mit der blauen Farbe einer

eingehenden Untersuchung. Hier sind zwei Rundungen zu erkennen, wobei auf der einen noch der abgerissene Rest einer Abdeckplatte angeschraubt ist. Vergleiche mit Plänen und Fotos der Me 262 und Ar 234 ergeben, daß das Blechteil von der rechten oder linken Tragflächenunterseite einer Arado stammt, und zwar von der Stelle, an der sich das Hoheitszeichen in Form von schwarzen Balken befunden hat. Genau dort saßen zwei der vielen Wartungsklappen. Damit wäre der Maschinentyp geklärt.
Bei Niederbreitbach treffe ich mich am 26. April 1975 mit Hans Bröker und den von ihm benachrichtigten Herren Michaelis und Goebel von der Rhein-Zeitung, um gemeinsam in das Fockenbachtal zu fahren. Es ist ein neblig-trüber Tag, der schon gleich am Morgen mit Nieselregen begonnen hatte. Bröker führt uns an die Stellen, an denen er die Trümmerstücke gefunden hat, und ich suche daraufhin die nächste Umgebung mit dem Detektor ab. Kleinteile überall. Auf der rechts vom Bach sich ausbreitenden Wiese häufen sich die Ausschläge dann immer mehr, aber auch hier nur kleinere Metallstücke, nichts spezifisches. Auf dem gegenüberliegenden Hang finden wir im Geröll Stücke eines Bordinstrumentes für die Zielhöheneinstellung. Dieses Gerät befand sich zusammen mit dem Kontakthöhenmesser in der Kanzel der Arado 234 links neben dem Piloten auf einer Konsole. Das aufgefundene Gerät ist auf 450 Meter eingestellt.
»Wenn ich mir die Skala mit der hier sichtbaren Einstellung betrachte, erinnert mich das unwillkürlich an den Lagebericht des OKW vom 12. März 1945, in dem ja von einem bis auf 450 heruntergegangenen Flugzeug berichtet wird«, wende ich mich an meine Begleiter. Dem Leser gegenüber muß ich dazu erwähnen, daß ich in den letzten Wochen natürlich alle erreichbaren Angaben über den Einsatz der Ar 234 studiert hatte.
Eine zufällig übereinstimmende Angabe? »Demnach könnte sich die hier abgestürzte Arado ebenfalls im Anflug auf die Remagen-Brücke befunden haben.«
Hans Bröker hatte zudem bei seinem Besuch bei mir die Aussagen von zwei Augenzeugen des Absturzes erwähnt, wonach man damals einige Überreste des Piloten gefunden hätte sowie auch den noch gepackten Fallschirm, den einige Goldscheider Einwohner

wegen der Seide mitnahmen. Auch sei ein Stiefel mit Zehen und ein Stück von der Kopfhaut entdeckt worden. Der ganze Vorgang aber wurde nie gemeldet; keiner offiziellen Behörde ist jemals etwas von diesem Absturz oder den gemachten Funden bekannt geworden. Das bedeutet aber, daß der Flugzeugführer der Arado noch immer als vermißt gelten muß!

In meinen Unterlagen über die Verluste fliegender Verbände, die mit der Ar 234 ausgerüstet waren, speziell die der III. Gruppe des Kampfgeschwaders 76, ist nur ein einziger Pilot als vermißt gemeldet, und auch die Deutsche Dienststelle in Berlin hat bei den verhältnismäßig wenigen Einsatzverlusten, die mit der Arado aufgetreten sind, nur einen einzigen Suchfall verzeichnet: Den Oberfeldwebel Friedrich Bruchlos, dessen F1 + AS am 9. März 1945 seit einem Einsatz gegen Remagen verschollen blieb.

»Wie können wir hier nun weiter vorgehen?« werde ich gefragt. Eine Bergung hat angesichts der so weit auseinanderliegenden Flugzeugteile und -trümmer im Augenblick wohl keinen Sinn, überlege ich und mache deshalb folgenden Vorschlag: »Da Sie näher am Ort sind als ich«, und damit wende ich mich hauptsächlich an die beiden Herren von der Rhein-Zeitung, »wäre es vorteilhaft, wenn Sie die Augenzeugen oder noch andere Personen, die eventuell von dem Absturz wissen, aufsuchen und intensiver über den Hergang befragen könnten. Am besten wäre es, wenn die betreffenden Personen hierher kämen, um die damaligen Fundstellen exakt zu lokalisieren und zu markieren. Im Anschluß daran müßten wir nochmals das Gelände gezielter absuchen.«

Schon Anfang Mai kann mir Eckhard Michaelis ein erstes Ergebnis mitteilen. Die Augenzeugen Peter Wittlich aus Hochscheid und Willi Glöckner aus Goldscheid haben ihre Aussagen auf eine Tonbandkassette gesprochen, die mir die Redaktion dann zur Auswertung zur Verfügung stellt. Beide Männer sind die ersten an der Absturzstelle gewesen, aber sie können sich nicht mehr an den genauen Tag erinnern, wohl aber daran, daß es Anfang März 1945 und kurz nach dem Rheinübergang der Amerikaner bei Remagen gewesen war. Nach Wittlichs Angaben ging das »zweimotorige« Flugzeug (die zweistrahlige Ar 234 war zu diesem Zeitpunkt dem größten Teil der Bevölkerung ein unbekanntes Flugzeugmuster,

so daß es deshalb sicherlich als eine zweimotorige Maschine angesehen wurde) brennend nieder. Der Aufschlag auf der Wiese erfolgte etwa gegen 15 Uhr. Die wohl wichtigste Information aber ist die Tatsache, daß die Augenzeugen neben Leder-, Stiefel- und Uniformfetzen auch eine Schulterklappe mit zwei Sternen darauf gefunden haben. Es war keine Offiziersklappe, wie beide betonen.
An dieser Stelle unterbreche ich das Tonband. Diese letzte Aussage muß ich mir bestätigen lassen, und zwar in Form einer eidesstattlichen Erklärung. Denn die Schulterklappe mit zwei Sternen könnte ohne weiteres die eines Oberfeldwebels sein. Und Friedrich Bruchlos war Oberfeldwebel.
»Die Maschine qualmte bereits«, höre ich auf dem Tonband weiter. »Sie kam über eine bewaldete Bergkuppe aus ungefährer Richtung Osten und stürzte dann plötzlich ab.« Ein weiterer Zeuge des Absturzes, Herr Müller, sagt aus, daß auf der Wiese neben dem Bach ein mehrere Meter tiefer Krater entstanden ist, in den man später umherliegende Trümmer hineinwarf, bevor das Loch im Laufe der Zeit nach und nach mit Erde, Schutt und Abfällen zugeschüttet wurde.
Michaelis hat unterdessen in der Neuwieder Ausgabe der Rhein-Zeitung einen Bericht zu diesem Absturzereignis veröffentlicht in der Hoffnung, daß sich noch andere Personen melden, die konkrete Aussagen machen und eventuell auch den genauen Tag des Absturzes, den 9. März 1945, bestätigen können. »Dreißig Jahre danach«, so schreibt Michaelis, »ist vieles verweht und vergessen, was zur Klärung eines Gefallenenschicksals beitragen könnte. Trotzdem sind die Chancen, dem Soldaten im Fockenbachtal seine Identität wiederzugeben, nicht gleich Null.«
Seit jenen Maitagen versuche ich in Zusammenarbeit mit der Deutschen Dienststelle in Berlin aufgrund der Indizien, die meine Auswertungen in bezug auf den Absturz der Arado erbracht haben, den Vermißtenfall Oberfeldwebel Bruchlos klären und abschließen zu können.
Im Sommer fasse ich dann doch den Entschluß, unabhängig von den behördlichen Recherchen, die ja einige Zeit in Anspruch nehmen müssen, eine Bergung der Arado zu versuchen. Ich teile dies

Herrn Michaelis mit, da er seinerzeit erwähnte, daß einer Grabung nach dem betreffenden Flugzeug kaum Schwierigkeiten gegenüberständen und daß eine solche Aktion auch die Zustimmung des Landrats Josef Oster sowie auch der Grundstückseigner finden würde. »Mir geht es darum«, erkläre ich ihm, »eventuell etwas zu finden, was einen zusätzlichen Beweis erbringen kann.«
Eckhard Michaelis gelingt es, durch Kontaktaufnahme mit entsprechenden kommunalen Behörden innerhalb verhältnismäßig kurzer Zeit die Voraussetzungen zu schaffen, um die Bergung Wirklichkeit werden zu lassen. Er und sein Kollege Goebel haben hierbei wahrlich wundervolle Vorarbeit geleistet, für die sie einen besonderen Dank verdienen.
Am Sonnabend, dem 18. Oktober 1975 ist es soweit. Wir treffen uns gegen acht Uhr an der Wiedbrücke in Hausen, unweit von Niederbreitbach. Von dort aus führt der Weg in das Fockenbachtal, auch an dessen Hängen zu beiden Seiten sich der Wald gerade besonders bemüht, das bunte Herbstkleid anzulegen. Es regnet wieder einmal, aber das bin ich von vorangegangenen Ausgrabungen her gewohnt.
Der Bagger, den der Bauunternehmer Johann Frings unentgeltlich zur Verfügung gestellt hat sowie die Männer der Neuwieder Reservistenkameradschaft, für die das kommende Unternehmen als regulärer Einsatz angesetzt worden war, sind noch nicht eingetroffen, und so bleibt noch etwas Zeit, die Aufschlagstelle nochmals zu lokalisieren. Als später das inzwischen herangerollte schwere Kettenräumfahrzeug dann den Erdboden auszuheben beginnt, stellen wir fest, daß wir die Stelle haargenau getroffen haben.
Was an ersten Wrackteilen im weichen Untergrund zu erkennen ist, gehörte zu einer der beiden Turbinen der abgestürzten Arado. Blankes, öliges Metall, von dem man aufgrund des Aussehens fast nicht glauben kann, daß es 30 Jahre lang in der Erde gesteckt hat. Teile der Triebwerksabdeckungen, Versorgungsleitungen, Verstrebungsbleche und ein Stück vom schmalen Seitenruder kommen zum Vorschein. Und dann, als größtes Stück bisher, der nahezu vollständige Verdichter mit der Verbindungswelle zur Turbine. Zwischendurch gehe ich immer wieder zu den gesammelten Trüm-

Absturzstelle einer Focke-Wulf FW 190 bei Hameln. *(Heinz Meyer)*

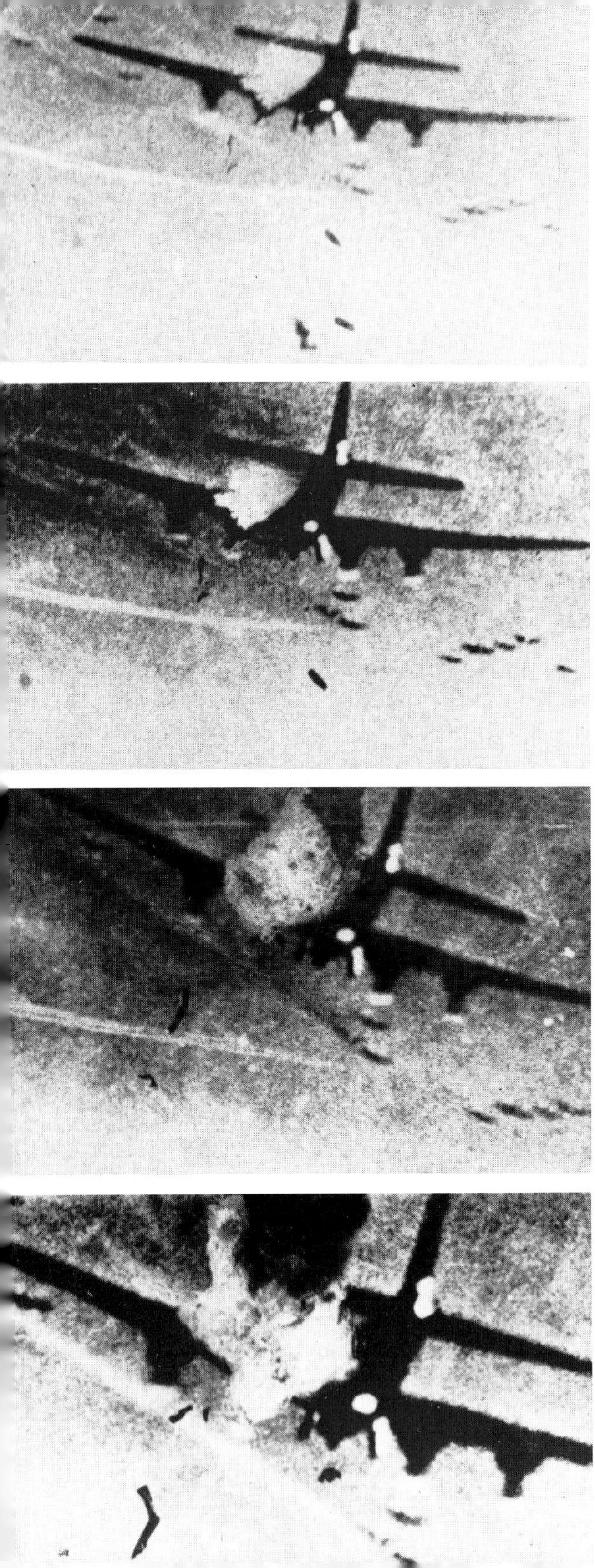

Waffenkameraaufnahmen eines deutschen Jagdfliegers. Eine B-17 zeigt Trefferwirkung und Brand des inneren Backbordmotors. Deutlich ist das Mündungsfeuer aus Boden- und Heckstand zu erkennen, ein Zeichen, daß die Besatzung sich zur Wehr setzt. Ein solches Abwehrfeuer aber ist auch manchem deutschen Jagdflieger zum tödlichen Verhängnis geworden.

Uffz. Harald Cuntz, Flugzeugführer der 8./JG 11 (links). Das Jagdgeschwader 11 unter Oberstlt. Graf (unten) verlor in der Luftschlacht vom 10. Februar 1944 über Norddeutschland nicht weniger als dreizehn Piloten. Schon im Oktober des vorausgegangenen Jahres hatte Cuntz sein Schicksal mit unheimlicher Zeitgenauigkeit vorausgeahnt; auch er zählt zu den Gefallenen dieses Einsatzes. *(via Donald Cuntz)*

An den Einsätzen gegen die Brücke von Remagen waren auch Düsenkampfflugzeuge vom Typ Arado Ar 234 B-2 der III./KG 76 beteiligt. Im Frühjahr 1975 wurden nur 15 Kilometer davon entfernt bei Goldscheid, Krs. Neuwied die Trümmer einer dieser Maschinen entdeckt. Der Pilot galt noch als Suchfall. *(US Air Force)*

Durch Zufall beim Spazierengehen im Fockenbachtal gefunden: Die Ölpumpe unterhalb des Stirngehäuses einer Jumo-004-Turbine. Dieses Triebwerk gehörte zu der Anfang März 1945 bei Goldscheid abgestürzten und von Ofw. Bruchlos gesteuerten Ar 234.

mern hinüber, weil ich hoffe, gerade von dieser Maschine etwas Spezifisches entdecken zu können, vielleicht sogar einen Rest von der Werknummer. Leider ist nicht bekannt, was an Teilen der Arado schon damals gefunden worden war, denn einige Trümmer müssen mit Sicherheit nach dem Absturz obenauf gelegen haben.
Nachdem man ein Fahrwerkbein und Stücke des mächtigen Reifens eines Laufrades aus dem immer größer werdenden Loch herausgeholt hat, richtet sich mein Augenmerk auf ein etwa ein Meter langes und kaum verbogenes Blech, welches der Baggerlöffel soeben freigibt. Da ich Reste von Sichtschutzlack darauf erkenne, trage ich das Blech zum nahen Bach, um es von dem anhaftenden schmierigen Boden vorsichtig zu säubern. Nach dieser Prozedur ist ganz deutlich zu lesen: »F 1« – etwa 20 Zentimeter hoch, zwei Zentimeter breit. Was ich hier in den Händen halte, ist eindeutig die Geschwaderbezeichnung des KG 76, dessen Maschinen vor dem Balkenkreuz am Rumpf in dieser Größe die Buchstaben/Zahlen-Kombination F 1 getragen haben. Damit wäre nun der Beweis vorhanden, daß die hier abgestürzte Arado 234 tatsächlich dem Kampfgeschwader 76 angehörte, dessen III. Gruppe mit diesem Flugzeugmuster zum Einsatz gelangte und als einziger Arado-Verband die Brücke von Remagen angegriffen hatte.
Unterdessen sind auch die Teile des zweiten Jumo-Triebwerkes geborgen worden, ferner große Fetzen der Treibstofftanks, etliche Geräte wie Druckverteiler, Steuergestänge. Jedoch läßt sich nichts aus dem Bereich der Kanzel auffinden. Diese muß, wie schon die Augenzeugen berichteten, mit dem unglücklichen Flugzeugführer vollkommen zerschmettert und beim Aufprall weit verstreut worden sein. Der Fallschirm des Piloten lag damals auf dem von der jetzigen Bergungsstelle etwa 30 Meter weit entfernten Waldweg.
Haben wir auch vom Flugzeugführer selbst keine weiteren Spuren entdecken können, so sind der Geschwadercode am Rumpfblech der Arado und die von den Augenzeugen am Absturztag gefundenen Gegenstände, darunter die Schulterklappe eines Oberfeldwebels, eindeutiger Beweis für seine Identität, denn von der III./KG 76 liegt – wie vorher schon geschildert – nur ein einziger Suchfall vor.
Zum Abschluß sei noch erwähnt, daß die Deutsche Dienststelle inzwischen die amtliche Beurkundung des Sterbefalls hat veranlassen

können: Den Fall des am 9. März 1945 im Fockenbachtal ums Leben gekommenen Oberfeldwebels Friedrich Bruchlos aus Berlin.

Das Grab in Berwang

Wer nach Berwang will, muß die Hauptstraße Lermoos-Reutte bei Bichlbach verlassen und von da ab ein Stück den Weg am Talbach entlangfahren, um nach etwa vier Kilometer das Ziel zu erreichen. Berwang, von einigen Zweitausendern umgeben, liegt selbst 1336 Meter über dem Meeresspiegel und ist sowohl als idealer, ruhiger Höhenluftkurort als auch Wintersportgebiet, abseits des Hauptverkehrs, bekannt. Und gerade die Gemeinde Berwang ist es, die mit einem tragischen Kriegsereignis in Verbindung gebracht werden soll. Wenn man von den unzähligen an- und abfliegenden Bomberverbänden absieht, so blieben die Bergdörfer jenes Gebietes von den Geschehnissen des Luftkrieges nahezu unberührt – bis zum 3. August 1944.

Nicht wenigen Lesern, so glaube ich, sind die in meinem ersten Buch zu findenden ausführlichen Aufzeichnungen von dem großen Luftgefecht über den Lechthaler Alpen an diesem 3. August in Erinnerung. So habe ich im gleichen Bericht das Grab eines noch unbekannten Jagdfliegers in der kleinen Berggemeinde Berwang bei Reutte in Österreich erwähnt. Seitdem bin ich immer wieder bemüht gewesen, die drei noch ungeklärten Vermißtenfälle des gesagten Augusteinsatzes aufzuhellen, insbesondere aber das Rätsel um die Grabstätte hinter der Kirche von Berwang zu lüften. Doch auch andere, durch meine Schilderungen inspirierte Personen haben, wie es sich herausstellte, den Versuch unternommen, eine Klärung dieses Falles herbeizuführen. Jetzt, im Sommer 1975, also nach fast genau 31 Jahren, hat sich ein positives Ergebnis abzuzeichnen begonnen: Das ehemalige Grab von Berwang wird nun einen Namen bekommen. Ehemalig deshalb, weil die seinerzeit in verschiedenen Gemeinden bestatteten Kriegstoten zum Teil zwischenzeitlich durch das Schwarze Kreuz* nach Innsbruck umgebettet wurden. Und somit soll sich auch das Grab des unbekannten Fliegers von Berwang nunmehr auf dem Heldenfriedhof der Tiroler Landeshauptstadt befinden.

Für jene Leser, welche die Zusammenhänge noch nicht kennen, sei hier noch einmal eine kurze Rückblende und Wiedergabe der damaligen Ereignisse erlaubt. Am Vormittag des 3. August 1944 führt die aus dem italienischen Raum anfliegende 15. US-Luftflotte Angriffe gegen Friedrichshafen und gegen Ziele in Innsbruck durch, wobei die Liberator-Formationen dann auf dem Rückflug von der IV. Sturmgruppe des JG 3 »Udet« über den Lechtaler Alpen zwischen Reutte und Lermoos zum Kampf gestellt werden. Die Gruppe erzielt einige Abschüsse, darunter eine B-24 durch Leutnant Hagenah (10./JG 3) und zwei B-24 durch Feldwebel Unger (12./JG 3), aber sie selbst büßt dabei acht Maschinen ein. Von vier Flugzeugführern ist der Verbleib zunächst ungewiß. Den einen, Unteroffizier Zimkeit aus Ostpreußen, findet man fast ein Jahr darauf in der »Weißen Wand« bei Ehenbichl/Reutte. Leutnant Pissot fällt bei Lermoos, Unteroffizier Küttner springt über dem Kohlberg bei Lermoos verwundet mit dem Fallschirm ab, während Unteroffizier Peters bei Elmen am Lech, südlich von Reutte, tödlich abgeschossen wird. So fehlen noch je ein Flugzeugführer der 10., 11. und 12. Staffel.

Eine weitere Focke-Wulf ist an einem Hang bei Berwang in den Boden geschlagen; vom Piloten findet man nicht sehr viel, und diese wenigen Überreste birgt seitdem das Grab, welches von da ab die Tafel mit der Inschrift »Unbekannter Flieger« trägt. Der damals einen Schwarm der 12. Staffel in den Einsatz führende und nach seinem Abschuß an jenem 3. August unverwundet über dem Knittelkar abgesprungene Feldwebel Unger vermutet in diesem Grab immer wieder seinen vom gleichen Gefecht nicht zurückge-

* Das Schwarze Kreuz in Österreich ist gleichbedeutend mit unserem Volksbund Deutsche Kriegsgräberfürsorge.

kehrten Staffelkameraden, Unteroffizier Hans-Joachim Scholz, aber erst seit dem Brief, den ich von Herrn Schenk aus Steindorf im August 1974 erhalte, wissen wir, daß Unteroffizier Scholz oberhalb von Obsteig in der Nähe von Nassereith abgestürzt ist. An der Stelle, an der er den Tod fand, steht ein gepflegtes Holzkreuz mit seinem Namen und dem Geburtsdatum. Und auf diese Gedenkstätte stieß Heinrich Schenk jr. in seinem Urlaub in Tirol. Wer aber ist nun der Unbekannte in dem Grab von Berwang? Nur zwei Piloten kommen dafür noch in Frage: Unteroffizier Harald Ottovordemgentschenfelde, 10./JG 3, und Feldwebel Karlheinz Schmidt, 11./JG 3.

Fast ein Jahr darauf, eines Abends Anfang 1975, erhalte ich einen Anruf: »Hier Jakob Sprenger aus Berwang. Ich unternehme aufgrund des in Ihrem Buch geschilderten Falles und Ihrer Besuche hier seit einigen Tagen den Versuch, die Absturzstelle am Waldhang bei Berwang zu räumen. Dabei bin ich auf viele Teile der Maschine, eine Focke-Wulf, gestoßen und habe auch etliches gefunden, was zu den persönlichen Gegenständen des Piloten gehörte. Deshalb rufe ich an, damit Sie die Informationen gleich auswerten können!«
Zunächst bin ich sprachlos, denn immer wieder sagte man mir, daß das Gelände dort zu unwegsam sei, um eine Bergung mit Gerät durchführen zu können. Jakob Sprenger, Inhaber des Gasthofes »Edelweiß« in Berwang, hat es dennoch versucht – und das offensichtlich mit einigem Erfolg.
Nun aber interessieren mich die Einzelheiten, denn es geht ja um das Bemühen, endlich den Namen des Flugzeugführers in Erfahrung zu bringen und somit ein Vermißtenschicksal aufzuklären. So frage ich zurück: »Haben Sie eventuell die Erkennungsmarke entdeckt oder andere Dinge, die einer Identifizierung dienlich sein könnten?«
»Unter den Trümmern fand ich die Schulterklappe eines Unteroffiziers sowie eine Geldbörse mit einer Adresse aus Köln darin!«
Rasch notiere ich mir die von Sprenger angegebene Anschrift: Lydia Klefisch, Koln, und dann die Straße. Der Name, so sehe ich gleich, deckt sich mit keinem der am 3. August 1944 vermißten Pi-

loten, doch ich nehme an, daß diese Frau dann zumindest den noch gesuchten Flieger gekannt haben muß.
»Schalten Sie die entsprechenden Behörden ein und halten Sie mich bitte auf dem laufenden, falls Sie weitere wichtige Gegenstände auffinden sollten«, sage ich zu Herrn Sprenger. »Ich werde umgehend versuchen, der Kölner Anschrift nachzugehen und die erwähnte Person ausfindig zu machen.«
Wenn auch nicht unbedingt als sicher anzunehmen, so ist es immerhin möglich, daß Frau Klefisch noch lebt und auch noch in Köln wohnt. Oder hatte sich vielleicht durch Heirat längst ihr Name geändert? Das alles geht mir anschließend durch den Kopf. Nun, wir werden ja sehen, überlege ich. Mein Schreiben an das Einwohnermeldeamt kommt einige Tage später wieder zurück mit dem Vermerk, daß tatsächlich eine Frau Lydia Klefisch zuletzt in Köln-Weidenpesch wohnhaft gewesen, seit Mai dieses Jahres jedoch nach Italien verzogen ist. So ein Pech! Über 30 Jahre lang lebte sie in Köln und ausgerechnet vor drei Monaten hat sie Deutschland verlassen. Es wird wohl eine Zeitlang dauern, bis ich Frau Klefisch im Süden erreiche, zumal die mir mitgeteilte Anschrift unvollständig ist. Noch einen weiteren Schritt aber will ich vorher noch tun. Ich setze mich mit dem Versorgungsamt in Köln in Verbindung und verlange nach Herrn Dr. Schütze, der, ehemaliger Jagdflieger, mir seinerzeit im Fall Bergisch Gladbach bereits wertvolle Hilfestellung gegeben hatte. Heute bitte ich ihn, doch die exakte neue Anschrift von Frau Klefisch über die Meldestellen in Erfahrung zu bringen und erkläre ihm, wie wichtig ihre Aussage wäre: »Falls ich diese Frau erreiche, so kann sie mir sicherlich den Namen jenes Jagdfliegers nennen, mit dem sie einmal bekannt gewesen war, so hoffe ich. Der Name müßte dann mit einem der beiden noch vermißten Jagdflieger des 3. August 1944 identisch sein.«
Ohne Einschränkungen ist Dr. Schütze sofort bereit zu helfen. Zuerst, so macht er den Vorschlag, wolle er die alte Wohnung aufsuchen, um bei den Leuten dort eventuell noch etwas Näheres über des jetzigen Aufenthalt der Frau Klefisch zu erfahren. »Das ist für mich eine ganz selbstverständliche Sache«, meint er, »und ich rufe Sie gleich wieder an, wenn ich irgendwelche Informationen erhalte.«

Unterdessen hat sich auch Jakob Sprenger noch einmal gemeldet. Er konnte einige weitere Dinge sicherstellen, die unter Umständen auf die Identität des Gefallenen hinweisen könnten. Da ich im Laufe der Jahre so meine Erfahrungen in dieser Richtung gesammelt habe, schlage ich ihm vor, daß er mir die persönlichen Gegenstände zuschickt, damit ich sie der Deutschen Dienststelle in Berlin als zuständiger Institution übergeben kann, bevor diese möglicherweise in unrechte Hände gelangen.
Als ich ein paar Tage darauf die Sachen eingehend untersuche, finde ich ein Zettelfragment, auf dem ich nach dem Auseinanderfalten und vorsichtigen Glätten etwa zwanzig Namen entdecke. Ausnahmslos Namen von Flugzeugführern der 10. Staffel/JG 3, fein säuberlich mit der Schreibmaschine getippt. Von ihnen kenne ich zwei persönlich; sie wohnen heute im Frankfurter Raum. Auch der Name des noch vermißten Piloten von der 10./JG 3, Uffz. Harald Ottovordemgentschenfelde, ist in dieser Zusammenstellung vermerkt. Ein äußerst interessanter und vielleicht sehr wichtiger Fund! Der Flieger von Berwang, an dessen Absturzstelle man diese Aufzeichnung fand, muß also ohne Zweifel der 10. Staffel angehört haben, und somit käme eben nur der obenerwähnte Unteroffizier, von dem man auch die Schulterklappe barg, in Betracht. Die restlichen Funde, darunter verschiedene Banknoten, Teile von Lebensmittelkarten und -marken, sagen nichts weiter über die Person des Fliegers aus.
Der Anruf von Dr. Schütze erfolgt prompt: »Wir haben unwahrscheinliches Glück«, meint er. »Wie ich erfahren konnte, kommt Frau Klefisch am 24. August wegen Regelung irgendwelcher Angelegenheiten noch einmal nach Köln zurück. Sie ist ab da telefonisch zu erreichen unter ...« Dr. Schütze bittet mich, daß ich ihn umgehend wieder anrufen möge, falls irgendetwas nicht klappen sollte, damit er selbst dann noch einmal nachhaken könnte.
»Geht in Ordnung«, erwidere ich. Und an dieser Stelle muß ich Dr. Schütze nochmals großen Dank sagen für seine spontane Unterstützung.
Es ist schon ein eigenartiges Gefühl, wenn man vielleicht ganz dicht vor der Klärung eines Falles steht und weiß, daß man nur noch eine einzige Möglichkeit besitzt, den Namen des Vermißten

zu erfahren, und daß es sich in wenigen Tagen nun herausstellen wird, ob diese letzte Chance auch mit einem befriedigenden Ergebnis gekoppelt sein wird. Es wird wohl jeder verstehen, daß ich kaum noch Schlaf gefunden habe, weil mich gerade auch dieser spezielle Fall schon seit so vielen Jahren beschäftigt. Was wird jetzt die Aussage von Frau Klefisch erbringen? Kann sie sich noch an die Bekanntschaft vor über 30 Jahren erinnern, oder muß der Fall Berwang weiterhin ungelöst bleiben?

Am Sonntag, dem 25. August, endlich habe ich die Gesuchte nach mehrmaligem Versuch am Telefon. Man hatte sie schon in groben Zügen darauf vorbereitet, daß es sich um einen Suchfall handelt. »Wie kann ich Ihnen helfen?« fragt sie mit unverkennbarem rheinländischem Tonfall.

Ich erkläre ihr, daß auf österreichischem Gebiet eine Jagdmaschine der Luftwaffe mit Piloten aufgefunden worden ist, in dessen Geldbörse ein verblichener Zettel mit ihrer Anschrift steckte. »Ich hoffe deshalb«, so fahre ich fort, »daß Sie mir bestätigen können, ob Sie im Sommer 1944 mit einem deutschen Jagdflieger bekannt waren.«

Am anderen Ende der Leitung entsteht eine Pause, dann aber höre ich die Antwort: »Ich habe nur einen einzigen Jagdflieger jemals kennengelernt – damals in der Bahn in Süddeutschland war es. Aber ich kann Ihnen nur noch den Vornamen sagen: Er hieß Harald, und dann kam ein ganz langer Nachname mit ›von‹ oder so ähnlich darin. Später erhielt ich von einem Luftwaffenoffizier die Mitteilung, daß Harald gleich Anfang August 1944 von einem Feindflug nicht zurückgekommen ist.«

Mit Harald kann Frau Klefisch eigentlich nur den Unteroffizier Harald Ottovordemgentschenfelde meinen, jenen Flieger mit dem ungewöhnlich langen Nachnamen. Und Anfang August 1944 sagte sie. Unteroffizier Ottovordemgentschenfelde ist am 3. August 1944 gefallen.

Ohnehin sind ein paar Tage Herbsturlaub geplant – was liegt also näher, als die Marschroute nach Berwang festzulegen, einen Weg, den wir nun zum fünften Male zurücklegen werden. Mit Jakob Sprenger vereinbare ich, daß unsere ganze Familie in etwa vier Wochen in Berwang eintreffen wird. »Das ist gut«, antwortet er.

»Wir halten dann mit der restlichen Bergung inne, um sie mit Ihnen gemeinsam zu Ende zu führen. Entsprechend werde ich unsere Gendamerie informieren.«

*

Donnerstag, 25. September 1975. Ein Bilderbuchwetter! Wolkenloser Himmel wölbt sich über das Berwanger Tal. Wir sind gestern hier angekommen und haben im Gschwendhof, im Besitz von Sprengers Schwager, Herbert Weißenbacher, eine herrliche und ruhige Unterkunft gefunden. Und gleich in der Frühe des heutigen Sonnentages brechen wir auf. Die Absturzstelle liegt etwa zehn Minuten vom Ort entfernt an einem Steilhang des Hönig. »Unser braver Baggerführer Eisenmann ist mit seinem Gefährt schon unterwegs; er wird rund drei Stunden brauchen, den Hang hinaufzukommen«, erläutert Weißenbacher.
Der 2053 Meter hohe Hönig ist nun dem jungen Luftwaffenpiloten zum Schicksal geworden. Man erzählte mir am Vorabend, wie sich Sprengers Vater damals als einer der ersten an die Absturzstelle begeben hatte. Den Aussagen nach kam die Maschine brennend über den Kamm geflogen, nachdem kurz vorher von der anderen Seite des Berges Maschinengewehrgeknatter zu hören gewesen war. Plötzlich ging das Flugzeug nach vorn über, die Flugbahn ähnelte einem Abwärtslooping – und in Rückenlage bohrte sich dann die Focke-Wulf mit einer fürchterlichen Explosion in den Hang.
Wir sind zu viert: Jakob Sprenger, Herbert Weißenbacher, ein weiterer Einwohner des Ortes namens Wolfgang Sprenger und ich. Als wir die etwa 30 Meter breite, von Fichten gesäumte Bergschneise erreichen, erblicken wir auch den Bagger, der sich aber noch weit unten auf verhältnismäßig ebenem Wiesengrund bewegt. Hierzu ist noch eine Erläuterung notwendig. Um es vorweg zu sagen: Mit einem Gerät herkömmlicher Bauart wäre eine Bergung am Hang nie möglich gewesen und es hätte sich, wie mir die Berwanger versicherten, auch kein Unternehmen bereitgefunden, eine solche Ausgrabung dort oben durchzuführen. Dazu muß man sich vorstellen, daß allein vom Fußweg bis zur Absturzstelle etwa 100

Meter steil hinaufführen und daß die Steigung schätzungsweise mitunter rund 30 Grad beträgt. Paul Eisenmann, der Baggerführer aus Berwang, selbst Idealist und wie seine Mitbürger an der Klärung des Fliegerschicksals sehr interessiert, war sofort bereit, als es um den Versuch ging, mit einem Räumgerät den Hang zu erklimmen. Nun besitzt Eisenmann einen kleinen Löffelbagger, der sich vorn mit zwei Auslegern in den Boden festkrallen und sich mit den Rädern der Hinterachse vorwärtsschieben kann. Und nur so ist es überhaupt möglich, die Steigung bis zur Absturzstelle zu überwinden. Es hat den guten Eisenmann viel Zeit, Schweiß und Mühe gekostet, doch er schaffte es. Seine hervorragende Hilfestellung hat sich in jedem Fall gelohnt.
Unterdessen untersuche ich die schon gefundenen Wrackteile. Viel ist es nicht, denn die Maschine muß zum großen Teil noch im Boden stecken. Aber das, was bereits zutage gefördert worden war, sind die üblichen, stark zerfetzten und deformierten Trümmer. Neben einer zerbeulten und gestauchten Bodenabdeckung liegt ein Reifen des Laufrades. 700 x 175 steht darauf, also der Reifen einer Focke-Wulf. Links davon ziehen wir unter den Blechstücken eine fast noch als gut erhalten zu bezeichnende Spreizklappe von der Tragflächenunterseite der FW 190 hervor. Sie weist vier Einschußlöcher auf, die vom Kaliber her gesehen von amerikanischen 0.5-Inch-Bordgeschossen (12,7 mm) herrühren müssen. Weiter entdecke ich den hinteren Teil der Schiebehaube sowie auch die Absprengvorrichtung für diese Haube. Eigenartig, die Druckpatrone im Innenrohr ist vom Schlagbolzen, der sich im Verschlußstück befindet, gekörnt worden. Hatte der Flugzeugführer in letzter Sekunde vielleicht die Haube noch abzuwerfen versucht oder ist der Mechanismus durch den Aufschlag und die Explosion der Maschine ausgelöst worden?
Endlich hat auch der Bagger unseren Standort erreicht, und Eisenmann nimmt umgehend die Arbeit auf. Schon nach wenigen Minuten kommen erneut Wrackteile der Maschine zum Vorschein, und in einem der nächsten Aushübe, die der Bagger vorsichtig nebeneinander setzt, befinden sich nun auch Überreste des Piloten, von dem es ja am Absturztag nur eine Hand und ein paar Haut- und Knochenteile zu bergen gelang. Die jetzt gefundenen Über-

reste sammeln wir in einer Eichenholzkiste des Schwarzen Kreuz, welche die inzwischen aus Bichlbach eingetroffenen beiden Gendamerieleute mitgebracht hatten. In den ebenfalls nur in kleinen Fetzen vorhandenen Uniformteilen läßt sich nichts mehr finden, was zusätzliche Auskunft über die Person des Gefallenen hätte geben können.

Als am frühen Nachmittag der von Gestein durchsetzte, Öl- und Treibstoffdunst verbreitende schwere Lehmboden in vier Meter Tiefe dann ausschließlich Motorteile freigibt, stellen wir die Bergung ein. Die neben dem gegrabenen Loch aufgetürmten Trümmer bieten einen traurigen Anblick, und obwohl ich bei jedem Bergungsunternehmen immer wieder den Gedanken um die Tragik eines solchen Absturzes mit allen seinen Begleiterscheinungen nachgehe – es ist einfach unvorstellbar und nicht in Worte zu fassen, was sich in jenen Augenblicken des abrupten Ende eines Fliegerlebens ereignet haben muß. Mensch und Material sind ineinander übergegangen.

Langsam beginnt der Abstieg. Abwechselnd haben Herbert Weißenbacher und Wolfgang Sprenger die schwere Eichenholzkiste geschultert, stumm kehren wir mit dem gefallenen deutschen Flugzeugführer ins Tal zurück. Dort, in der kleinen Kirche von Berwang, wird der Pfarrer der Gemeinde ihn bis zur Überführung nach Innsbruck aufbewahrt lassen.

*

In den Trümmern der Focke-Wulf FW 190 A-8/R2, ein Typ, mit dem die gesamte Sturmgruppe JG 3 ausgerüstet gewesen war, fand sich auch ein verfärbtes Stück Papier, ein Brief. An wen er gerichtet war, ist nicht mehr ersichtlich, denn Briefkopf und -schluß sind zerfetzt:

»... Du wirst wohl lange auf Post von mir warten. Leider erhielt ich Deine Briefe erst am 1.8. und ich habe Dir dann auch gleich geschrieben. Wir haben schon wieder eine ... Platz gewechselt ... Im August ... Sitzbereitschaft mit ... Maschinen ... Gestern sind wir zum Feindflug gestartet, leider keine Feindberührung. Hoffe, daß es diesmal klappen wird. Du wirst wahrscheinlich schon verschiedenes über ...«

Der erwähnte Feindflug hat, wie die Flugbücher von Staffelkameraden ausweisen, am 2. August stattgefunden. Der nächste Einsatz tags darauf wurde dann dem Flugzeugführer zum Verhängnis. Er konnte diesen Brief, den er offensichtlich kurz vor diesem Einsatz geschrieben haben muß, nicht mehr abschicken – es waren die letzten Zeilen des aus Senne bei Bielefeld stammenden Unteroffiziers Harald Ottovordemgentschenfelde von der 10. Sturmstaffel JG 3 »Udet«.

Nicht zuletzt aber ist es auch das Verdienst von Paul Eisenmann, Jakob Sprenger und Herbert Weißenbacher aus Berwang, daß es nach so langer Zeit gelingen konnte, abermals einen der noch zahlreichen Vermißtenfälle abzuschließen.

Der Sterbefall wurde unterdessen beurkundet; das Grab auf dem Ehrenfriedhof Amras bei Innsbruck erhält einen Namen.

Die nicht zurückkehrten – das Bild einer Luftschlacht

Es gäbe viele Möglichkeiten, anhand unzähliger Beispiele den Ablauf der damals über dem Reichsgebiet zwischen eingeflogenen Bomberverbänden mit deren Jagdschutz und deutschen Abwehrstreitkräften entbrannten Luftschlachten aufzuzeichnen, und ich habe lange überlegt, welches Ereignis, welchen Einsatz ich hierfür auswählen sollte. An markanten Daten, wie den 17. August 1943, den 11. Januar 1944 oder den 6. März 1944, welche in der Luftkriegsgeschichte einige Höhepunkte sowohl in Art und Umfang des Einsatzes als auch in der angewendeten Taktik kennzeichnen, fehlt es nicht. Diese Unternehmen aber haben bereits in nicht wenigen Veröffentlichungen ihren Niederschlag gefunden, wobei mehr oder weniger nur die strategischen Gesichtspunkte, das eingesetzte Material und kriegshistorische Überlegungen zur Geltung gebracht wurden. Man vermißt bisher den Menschen selbst. Im Grunde gleichen sich all diese Luftkämpfe in den wesentlichen Punkten: Einflug des Gegners, Start zum Abwehreinsatz, Luftkampf, Abschüsse/Einbußen, Landung der eigenen Kräfte, Rückflug der Angreifer. Doch jeder Luftkampf zeigt neue Varianten des Todes, fordert ein anderes Konzept, nimmt einen unvorhergesehenen Verlauf.

Wie aber wurden die eingesetzten Piloten damit fertig? Unter welchen Voraussetzungen und mit welchen Gefühlen stiegen sie zum Abwehrkampf auf? Wir wissen heute, daß ein Großteil dieser Flugzeugführer und Besatzungen sich dessen bewußt war, daß sie

solche Belastungen und Konzentration auf die Dauer nicht durchhalten würden. Sie waren überfordert, aber sie flogen dennoch. Es ist schwer zu sagen, was ihnen letzthin den Mut verlieh, angesichts erdrückender Übermacht immer wieder in ihre Maschinen zu steigen. So stellten sie sich dem Gegner, wissend, daß sie ihm materiell und zahlenmäßig unterlegen waren, doch sie versuchten sich ihrer Haut nach allen Kräften zu wehren und sie versuchten vor allem, mit den wenigen ihnen schließlich noch zur Verfügung stehenden Mitteln einem erbarmungslosen Bombenterror Einhalt zu gebieten. Und in gewisser Hinsicht muß dies zu Beginn des Krieges ja auch für die britischen Jagdflugzeugpiloten Gültigkeit besessen haben.
Ich bin davon abgekommen, eines der obenerwähnten, zu traurigem Ruhm gelangten Unternehmen zu beschreiben und habe ein Datum ausgewählt, welches stellvertretend für alle der so erbittert geführten, blutigen Luftkämpfe stehen soll. Es ist der 10. Februar 1944. In diesem Fall keine unwillkürliche Wahl, denn an jenem Tag fiel der Bruder eines meiner Bekannten aus Frankfurt am Main.

*

Als die Gruppen des Jagdgeschwaders 11 den Startbefehl erhalten, ahnt ihr Kommodore, Oberstleutnant Graf, noch nicht, daß dreizehn seiner Flugzeugführer zu ihrem letzten Einsatzflug aufsteigen werden. Es ist gegen 10.30 Uhr am 10. Februar 1944. Ein Donnerstag. Naßkaltes Wetter und tiefhängende Wolken hatten zunächst zu Vermutungen Anlaß gegeben, daß heute kaum mit einem gegnerischen Einflug zu rechnen sei und somit kein Abwehreinsatz stattfinden würde, aber diese Annahme soll sich nicht bestätigen. Die Wetterbedingungen über den Basen der Amerikaner sind günstig, über dem Reich herrschen in größeren Höhen überaus klare Sichtverhältnisse. Ihre Bomberbesatzungen brauchen an bestimmten Navigationspunkten nur die Schächte zu öffnen – geschlossene Wolkendecken sind schon lange kein Hinderungsgrund mehr, den stahlgefaßten Tod nicht zur Erde, auf die Städte schicken zu lassen.
Seit acht Uhr am Morgen dieses Donnerstags weiß die deutsche

Funkaufklärung, daß über dem südöstlichen Teil Englands starke Verbände im Sammeln begriffen sind. Erfahrungsgemäß wird noch eine weitere Stunde vergehen, bis die von den verschiedenen Plätzen aufgestiegenen Formationen sich zu einer gewaltigen Armada vereint haben, um dann dem Festland zuzustreben. Rund 300 viermotorige Kampfflugzeuge sind es, die schließlich den Kanal überqueren, umgeben von einer aus über 200 Einsitzern bestehenden Jagdeskorte. Nach Überfliegen der Zuidersee nähern sich die Amerikaner in zwei großen Wellen mit Ostkursen dem Reichsgebiet und werden mit ihren Spitzen bald über den Räumen Rheine-Minden stehen. Die Kampfverbände der 8. Luftflotte haben den Auftrag erhalten, Braunschweig anzugreifen.
Zwischen 10.30 Uhr und 11.00 Uhr sind unterdessen über 300 Jagdflugzeuge und Zerstörer der Reichsverteidigung zum Abwehreinsatz aufgestiegen. Sie können sich trotz schlechter Wetterlage in kurzer Zeit zu geschlossenen Gefechtsverbänden formieren und werden von den Bodenstellen an die noch im Anflug befindlichen amerikanischen Pulks herangeführt. Nicht alle werden jedoch mit dem Gegner Kontakt bekommen. Die in Dortmund, Rheine und Volkel stationierten Gruppen des JG 1 sowie Teile der IV./JG 3 und der im norddeutschen Raum gestarteten drei Gruppen des JG 11 sind als erste im Kampfraum; es dauert immer eine gewisse Zeit, bis die Einsatzhöhe erreicht ist.
Bald melden auch die III./JG 54 und das Zerstörergeschwader ZG 26 Feindberührung. Das I. Jagdkorps hat seine Jagddivisionen wie folgt angesetzt: 1. JD in Richtung Braunschweig/Celle – das sind die Messerschmitt der III./JG 54 aus Ludwigslust, 2. JD in Richtung Hannover – darunter Einheiten des JG 11 und des ZG 26 – und die 3. JD mit Verbänden des JG 3 in Richtung Wesergebiet und Emsland. So kommt es in den späten Vormittagsstunden des 10. Februar ab der holländischen Grenze zur Luftschlacht, die sich schließlich über das ganze westfälische Land bis hin nach Braunschweig erstreckt.
Schon ab der Reichsgrenze, in Höhen zwischen 6000 und 8000 Metern, stellen die deutschen Einheiten den Gegner zum Kampf, gerade als ein Teil der amerikanischen Jagdeskorte sich vom Bomberstrom lösen und auf Gegenkurs gehen will. Über den Wolken,

bei Kältegraden um minus 40 Grad, entwickeln sich die ersten heftigen Gefechte, die auf beiden Seiten zu Verlusten führen. Die 11. Staffel des JG 3 verliert über Vroomshoop zwei Maschinen; ihre Piloten, Leutnant Schmied und Leutnant Schroth sind gefallen. Ein weiträumiges Sumpfgelände auf holländischem Gebiet verschluckt die kurz hintereinander abgeschossenen Bf 109 von Unteroffizier Brandes und Feldwebel Sommer – bei späterer Auswertung der Verluste ergibt sich, daß es diese beiden Flugzeugführer gewesen sein müssen, die mit ihren Messerschmitt in einem Moor versunken sind. Eine Bergung und Identifizierung der Piloten und Maschinen ist nach Angaben des Bergungskommandos aus Enschede unmöglich, so daß beide Flieger seitdem als noch vermißt gelten.
Auch den Staffelkapitän der 10./JG 3, Oberleutnant Humer, erwischt es in diesem Luftkampf. Er fällt bei Lohne im gegnerischen Abwehrfeuer. Und unter den zahlreichen Fallschirmabsprüngen, sowohl amerikanische als auch deutsche Besatzungen, befindet sich Unteroffizier Bente, der verwundet bei Almelo herunterkommt. Nach Beendigung des Einsatzes hat das JG 3 schließlich sechs Gefallene oder Vermißte sowie zwei Verwundete zu beklagen.
Teile des in Rheine gestarteten Jagdgeschwaders 1 werden kurze Zeit nach dem Sammeln von dem weit ausgeschwärmten Begleitschutz des Gegners angenommen. Leutnant Kasischkes weiße »2« der 4. Staffel geht nach dem Luftkampf in die Tiefe, der Pilot fällt. Zur selben Zeit hat die III./JG 54 den gleichen Einsatzraum erreicht und trifft im Raum Nienburg auf die eskortierten Bomberpulks, kommt nicht an die schweren Viermotorigen heran und wird von den amerikanischen Jägern bedrängt. Zwei Flugzeugführer fallen, zwei erleiden Verwundungen, darunter der Kapitän der 9./JG 54, Oberleutnant Schilling, der im Südosten von Nienburg seine gelbe »1« auf den Bauch legen muß.
Die zweimotorigen Bf 110 von Hauptmann Koglers I./ZG 26 sowie der II./ZG 26 unter Hauptmann Tratt befinden sich unterdessen im Raum Hannover-Braunschweig. Gegen 12 Uhr beenden die Amerikaner bereits bei unvollkommener Erdsicht ihren Bombenwurf, wobei in Braunschweig selbst mittelgroße Gebäude- und Industrieschäden entstehen. Und daß der Angriff diesmal nicht

wuchtiger und wirkungsvoller ausfällt, ist, abgesehen von den Sichtverhältnissen, dem erfolgreichen Abwehreinsatz des gesamten I. Jagdkorps zu verdanken, denn der Jagdabwehr gelingt es, im Zusammenwirken mit der Flak, den Gegner schon in den Anflugräumen vielfach zum Ausweichen zu zwingen und somit einen massierten Luftangriff auf Braunschweig an jenem 10. Februar zu verhindern.

Etwa gegen 11.30 Uhr greifen die Zerstörer der II./ZG 26 an, ihre Abschußerfolge müssen jedoch auch mit eigenen Einbußen erkauft werden. In der zwischen Hannover und Celle stattfindenden Kurbelei verzeichnet die Gruppe mindestens zwei Totalverluste, sechs Besatzungsmitglieder dieser beiden und noch anderer Maschinen lassen ihr Leben. Unteroffizier Timme, Bordfunker der schwarzen »8« aus der 4. Staffel, springt verletzt aus der Bf 110 und wird erst Mitte April bei Rethem an der Aller tot aufgefunden. Er zählt zunächst zu den sieben vermißten Flugzeugbesatzungen dieses Tages.

Den härtesten und verlustreichsten Einsatz am 10. Februar aber führt das Jagdgeschwader 11, ihre Gruppen haben bereits seit dem Einflug der Amerikaner in das Reichsgebiet Kontakt mit dem Bomberstrom. Major Specht, seit Mai 1943 Kommandeur der II./JG 11, läßt seine Messerschmitt um 10.35 Uhr in Wunstorf starten, und nachdem die tiefliegende Schauerbewölkung durchstoßen ist, wenden sich die Staffeln in Richtung Westen. Gleichzeitig hat auch die III. Gruppe von Hauptmann Hackl ihre Plätze um Oldenburg verlassen und wird vom Gefechtsstand der 2. Jagddivision in Stade an den Einflug herangeführt. Die Sicht ist ausgezeichnet.

Über dem holländisch-deutschen Grenzraum, in den Planquadraten GO-GP, kommt es dann zur Begegnung mit den Jägern der Eskorte, welcher auch gleich die ersten deutschen Maschinen zum Opfer fallen. Es ist einfach unvorstellbar, mit welcher Übermacht die Amerikaner auftreten. Aber da gelingt es dem Unteroffizier Cuntz und seinem Staffelkameraden, Unteroffizier Hentschel, die Abschirmung zu durchbrechen und sich einer Formation Liberator zu nähern. Hentschel, vom Begleitschutz abgedrängt, wird über Oldenzaal abgeschossen, während Cuntz bei Nordhorn zum Schuß

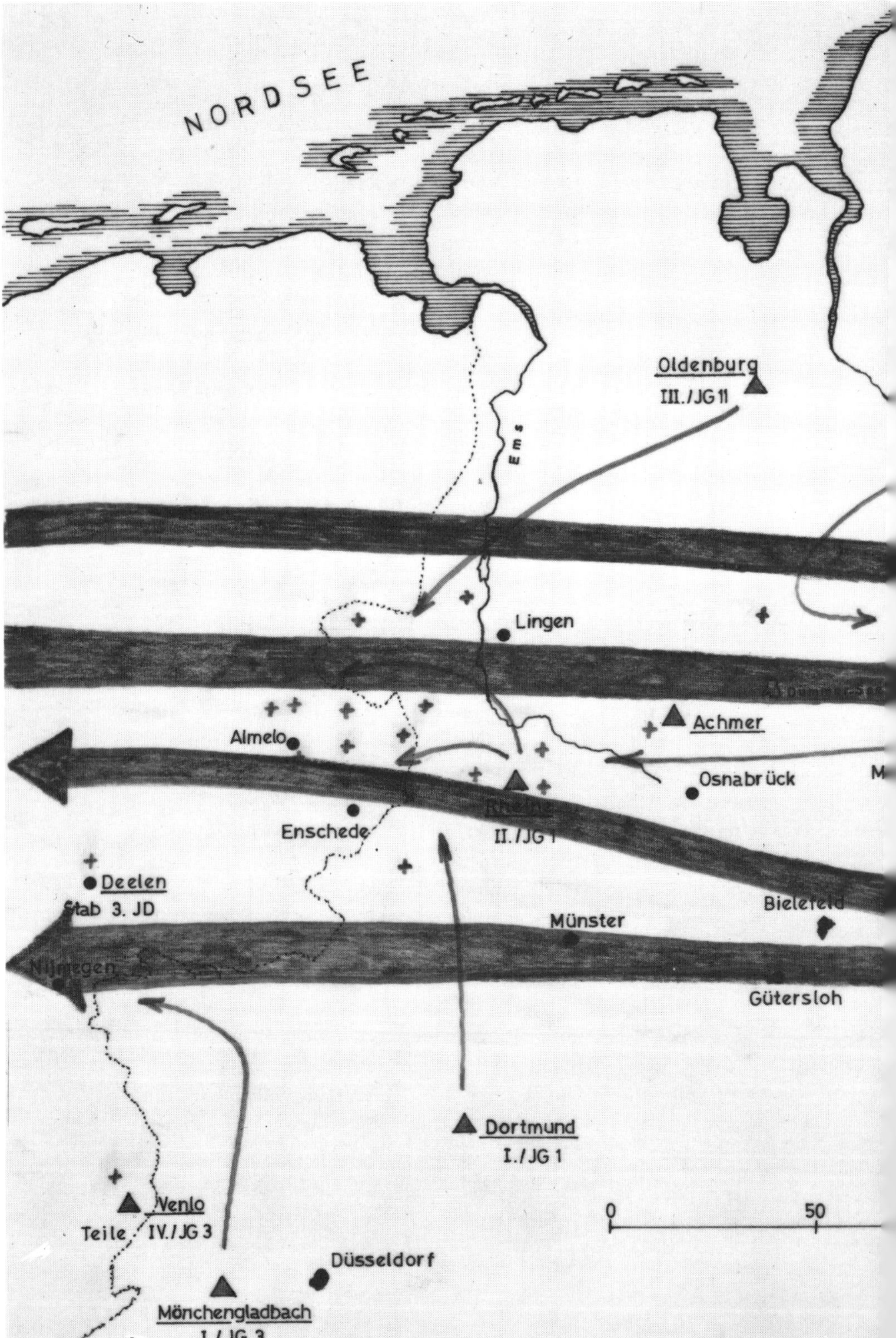
NORDSEE
Ems
Oldenburg
III./JG 11
Lingen
Dümmer-See
Achmer
Almelo
Osnabrück
Enschede
II./JG 1
Deelen
Stab 3. JD
Münster
Bielefeld
Nijmegen
Gütersloh
Dortmund
I./JG 1
Venlo
Teile IV./JG 3
0
50
Düsseldorf
Mönchengladbach
I./JG 3

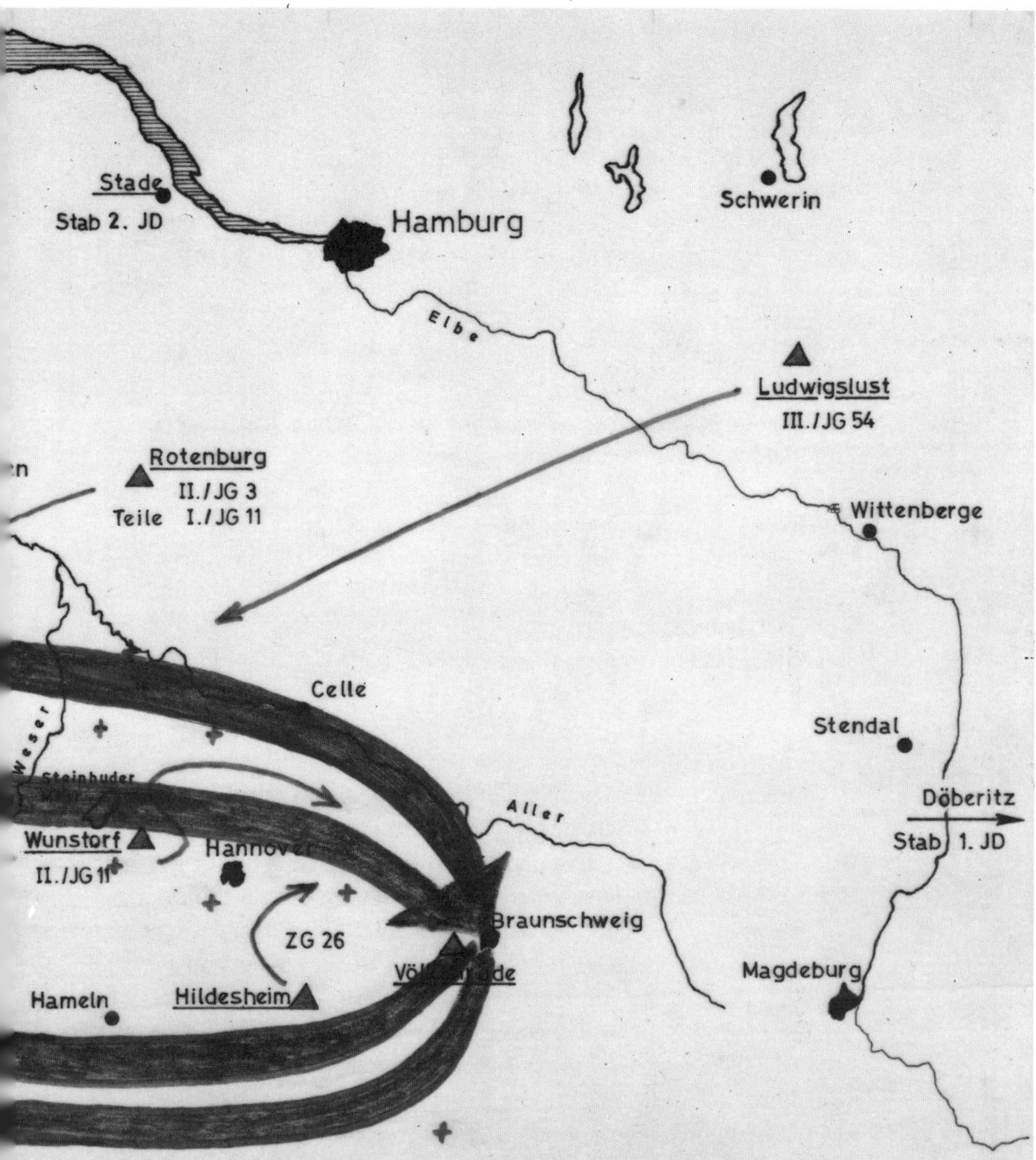

Angriff der 8. US-Luftflotte auf Braunschweig und Abwehreinsatz der Reichluftverteidigung in den Mittagstunden des 10. Februar 1944

100 km

+ Verlusträume deutscher Tagjagdbesatzungen

kommt und eine Liberator zum Absturz bringt. Noch eine zweite B-24 kann der Unteroffizier aus der 8. Staffel bezwingen, ehe die Amerikaner kurz darauf auch ihn tödlich treffen. Cuntz' Vorahnungen im Oktober des vergangenen Jahres, daß eventuell Anfang Februar ihn das Schicksal ereilen wird, hat sich auf traurige Weise bewahrheitet.

Währenddessen hält die Luftschlacht unvermindert an. Leo Demetz, der 24jährige Unteroffizier aus St. Ulrich bei Bozen, wird bei Rheine zum letztenmal gesehen, Pilot und Maschine bleiben vermißt. Feldwebel Schramm landet schwer verwundet in Oldenburg, wo er am nächsten Tag seinen Verletzungen erliegt. Die Focke-Wulf von Viktor Widmaier geht bei Bentheim in die Tiefe, doch der Flugzeugführer springt verwundet ab. Als die II./JG 11 kurz vor elf Uhr in Wunstorf landet, wird deutlich, daß Erfolge und Einbußen dicht beisammenstehen; so meldet auch der Kapitän der 5., Leutnant Knoke, einen Abschuß: eine B-17 über dem Gebiet des Dümmer Sees. Es ist sein 21. Luftsieg.

Ab zwölf Uhr wenden die Spitzen der amerikanischen Kampfverbände nach Süden und wenig später nach Westen, auf Gegenkurs. Sie formieren sich zum Rückflug und sollen, so sieht es die Einsatzplanung vor, von frisch bereitgestellten und im Raum Rheine-Münster wartenden Jagdstreitkräften aufgenommen werden. Für viele Einheiten der Reichsverteidigung erfolgt um die gleiche Zeit nun der zweite Einsatz. Schneeschauer überziehen das niedersächsische Land, als die II./JG 11 um 12.58 Uhr zum nächsten Einsatzflug aufsteigt, der südwestlich von Osnabrück zu neuerlichen Luftkämpfen führen und weitere Opfer fordern soll. Von der 4. Staffel bleiben Oberfähnrich Helmut Winter und Unteroffizier Rudi Lennhoff vermißt. Winter findet man im Dezember 1973 durch Zufall auf einer sumpfigen Wiese bei Recke/Westfalen im Wrack seiner abgeschossenen Bf 109. Und aus Leutnant Knokes 5. Staffel kehren zwei Flugzeugführer nicht wieder zurück: Der 23jährige Unteroffizier Arndt und der Magdeburger Feldwebel Raddatz, den man nach einem Gefecht über Rheine aus den Augen verloren hatte.

Trotz des hohen Anteils am Abwehrerfolg, wobei sich die Luftsiege des Geschwaders vorwiegend auf die als »Viermot.-Töter«

bekannten Flugzeugführer wie Frey, König, Sommer und Specht verteilen, wird der 10. Februar 1944 als ein schwarzer Tag in die Geschichte des Jagdgeschwaders 11 eingehen. Dreizehn Gefallene und sechs Verwundete sind das Fazit dieses Tages.
Gegen 13.40 Uhr verlassen die letzten Bomberformationen der Amerikaner über der Scheldemündung das Festland, um auf ihre Basen in England zurückzukehren. Die Luftschlacht in eisiger Kälte am Himmel über Norddeutschland ist vorbei. Keine aus dem Gesamtgeschehen des Luftkrieges herausragende Schlacht, aber unmißverständlich zeigend, daß es unter bestimmten Voraussetzungen – nämlich einem geschlossenen Abwehreinsatz – die Angriffswucht des Gegners herabzusetzen gelingt. Die erlittenen eigenen Verluste zeigen unverkennbar die Vorteile eines starken Jagdschutzes, der von nun an die Bomberverbände auch über dem Reichsgebiet zu schützen vermag und der es im weiteren Verlauf des Luftkrieges möglich machen wird, Angriffsflüge und Bombardements immer gefahrloser durchführen zu können.
So findet denn auch der beschriebene Einsatz im Wehrmachtsbericht vom 11. Februar die üblich kurze Erwähnung:

> »Nordamerikanische Bomberverbände flogen in den Mittagsstunden des 10. Februar mit starkem Jagdschutz in den mitteldeutschen Raum ein. Die sofort und stark eingesetzte deutsche Luftverteidigung hinderte den Feind an zusammengefaßten Angriffen. Durch wahllosen Bombenabwurf wurden insbesondere Wohngebiete der Stadt Braunschweig getroffen. Im Verlauf heftiger Luftkämpfe und durch Flakartillerie wurden nach bisher unvollständigen Meldungen 51 feindliche Flugzeuge, darunter 32 viermotorige Bomber, abgeschossen.«

Wie immer nach den Einsätzen weist die Bilanz von Erfolg und Verlust zunächst ein irreales Bild aus. Das I. Jagdkorps meldet 43 Bomber- und 28 Jägerabschüsse bei einem eigenen Verlust von 33 Flugzeugen; das ist der Stand vom Abend des 10. Februar. Mitunter währt es Tage, bis effektive Zahlen vorliegen, so daß die Erstangaben in fast allen Fällen revidiert werden müssen. Was die Ausfälle betrifft, so liegt das exakte Ergebnis recht bald vor, je-

doch lassen die Abschußmeldungen auch heute noch Widersprüche offen. Natürlich ist die Zahl von 71 abgeschossenen Feindflugzeugen zu hoch. Wie schon erwähnt, beziffert das OKW tags darauf die Abschußerfolge von Flak und Jagdabwehr auf insgesamt 51 Flugzeuge, und die Luftflotte Reich gibt schließlich 33 Verluste des Gegners bekannt, während eine englische Meldung den Verlust von 29 Kampfflugzeugen sowie 8 Jägern bestätigt.
Welche Einbußen aber forderte der Abwehreinsatz des 10. Februar 1944 auf deutscher Seite? In folgender Aufstellung sind die am Einsatz beteiligten Verbände der Reichsverteidigung und ihre Verluste an fliegendem Personal zu ersehen (nach damaliger Meldung der Truppe):

	gefallen	vermißt	verwundet
JG 1	2	–	–
JG 3	4	2	2
JG 11	9	4	6
JG 54	2	–	2
ZG 26	6	–	7
	23	6	17

Neunundzwanzig Mann fliegendes Personal sind demnach nicht zurückgekehrt, von sechs Piloten liegt bei der Deutschen Dienststelle in Berlin ein Suchantrag vor. Einer dieser sechs Flugzeugführer ruht seit dem 10. Februar 1944 als unbekannter Flieger auf dem Ehrenfriedhof von Wunstorf.

Das Fliegergrab in Kruft

Studiert man die Berichte des Volksbundes Deutsche Kriegsgräberfürsorge, so ist es schon beeindruckend zu erfahren, daß der Umbettungsdienst seit 1952 etwa eine halbe Million Kriegstote geborgen hat und davon 140 000 identifizieren konnte. Die umfangreichen Bildlisten des DRK-Suchdienstes zeigen, daß diese Nachforschungen längst nicht als abgeschlossen gelten können. Kaum ein Friedhof oder eine Ehrenstätte, wo nicht die Gräber mit dem Vermerk »Unbekannter Soldat« zu finden sind.

Daß nach Verschollenen auch auf heimatlichem Boden noch zu suchen sein muß, daran besteht kein Zweifel. Dies betrifft auch Angehörige der Luftwaffe, welche bei den Luftkämpfen über dem Reichsgebiet abgeschossen worden sind, hauptsächlich Besatzungen der Tag- und Nachtjagd, die noch in den letzten Kriegsmonaten und -wochen das tragische Schicksal ereilte.

Etliche dieser Flieger gelang es unterdessen zu bergen, auf die Spur anderer wird man vielleicht noch stoßen, aber einige Schicksale werden wohl für immer ungeklärt bleiben. Von einem solchen Fall will ich im folgenden berichten, da es sich auch hier wieder einmal zeigte, in welche Richtung die Nachforschungen verlaufen und welche komplizierten Verbindungen daraus entstehen können. Es ist – nach den bisherigen Ergebnissen – nicht sicher, ob es sich hierbei um einen bereits bekannten, das heißt beurkundeten Vorgang oder um einen Suchfall handelt, den es vielleicht nur wegen einer gewissen Namensähnlichkeit nicht eindeutig zu klären gelingt.

Im Herbst eines jeden Jahres findet in Hetschbach im Odenwald das von meinem Freund Eugen Lux aus Offenbach geleitete Treffen eines Personenkreises statt, welcher sich eingehend mit der Luftkriegsgeschichte befaßte und eigene Forschungen zu diesem Teilaspekt des Zweiten Weltkrieges anstellt. Neben den Teilnehmern aus der Bundesrepublik erscheinen regelmäßig auch Gäste aus den Niederlanden und England, was diesem Treffen schon gewisse internationale Züge verleiht. Jeder befaßt sich mit einem

speziellen Gebiet, wobei es dennoch eine ganze Reihe von Dingen zu erörtern gibt, die das allgemeine Interesse hervorrufen. Mitteilung und Austausch von Informationen untereinander stehen also im Mittelpunkt des »Hetschbach-Kreises«.
Während des Treffens im Jahr 1980 unterhalte ich mich mit Dr. Schnatz, der sich mit den luftkriegsgeschichtlichen Ereignissen des Raumes Koblenz beschäftigt. Er nennt mir die Namen einiger gefallener Piloten der Luftwaffe, welche auf dem Ehrenfriedhof von Kruft, Landkreis Mayen, bestattet sind und von denen er nicht weiß, welchen Einheiten sie angehörten. Die Fragen kann ich ihm später beantworten – mit einer Ausnahme. Auf dem Steinkreuz einer der genannten Grabstätten, von der ich später dann ein Foto mache, trägt nur den Namen Kabuss sowie die Jahreszahl 1944. Und eigenartigerweise finde ich diesen Namen auch nicht in meinen Verlustunterlagen. Ein Grund mehr, weshalb ich versuche, dem Fall nachzugehen.
Von der Gemeinde Kruft erhalte ich zunächst eine Gräberaufstellung aller dort ruhenden Flieger. Der betreffende Pilot Kabuss erscheint ohne Vornamen und Geburtsdatum, aber laut dieser Eintragungen ist Kabuss als Fähnrich in der 3./JG II (so die Schreibweise im Original) am 23. Dezember 1944 unweit von Kruft, bei der Gemeinde Thür, im Luftkampf gefallen und später in Kruft beigesetzt worden. Jedoch ist in meinen Unterlagen weder beim JG 11 noch beim JG 2 – beide Möglichkeiten ziehe ich wegen der unüblichen Verbandsbezeichnung in der Aufstellung in Betracht – der Name Kabuss verzeichnet. Die Frage nach der Herkunft dieser Angaben kann mir die Gemeinde Kruft und auch die Gemeinde Thür nicht beantworten. Es muß aber damals doch Anhaltspunkte gegeben haben, woraus hervorging, daß der Gefallene Kabuss hieß, Fähnrich gewesen war und der 3./JG 11 angehört hatte. Die betreffenden Personen, so auch der ehemalige Bürgermeister von Thür, die seinerzeit den Vorfall bearbeitet haben, leben leider nicht mehr. Entsprechende Akten sind nicht mehr vorhanden.
Natürlich studiere ich auch die Verlustmeldungen anderer Einheiten für den 23. 12. 44 noch einmal und entdecke dabei eine merkwürdige Namensähnlichkeit. Bei der I. Gruppe des Schlachtgeschwaders 4 finde ich einen Uffz. Kobuhs, der am 24. Dezember

1944 abgeschossen wurde und tatsächlich noch als Suchfall gilt. Mein erster Gedanke ist nun, daß zwischen den beiden Piloten ein Zusammenhang bestehen könnte. Ist Kabuss vielleicht der noch gesuchte Uffz. Kobuhs? Einen Beweis hierfür zu liefern, wird sehr schwierig sein. So bleibt nur eines: Wir müssen versuchen, die Absturzstelle der Maschine bei Thür zu finden, denn eine Bergung des Flugzeuges könnte eventuell Hinweise auf die Identität des Flugzeugführers erbringen.
So rufe ich wieder meinen unermüdlichen Partner Otto Schmitt im Hunsrück an und erkläre ihm die eigenartige Geschichte um den Fall »Kabuss«. Ich bitte ihn, bei der nächsten Gelegenheit doch einmal nach Thür zu fahren, um sich nach dem Absturz einer deutschen Jagdmaschine am 23. Dezember 1944 zu erkundigen: »Vielleicht gibt es Augenzeugen, die die Aufschlagstelle kennen.«
Otto Schmitt zeigt sich natürlich sofort interessiert. »Wird erledigt,« erwidert er. »Weiß man etwas über den Flugzeugtyp?« »Nein. Über diesen Fall ist so gut wie nichts bekannt, außer, daß der betreffende Pilot laut Eintragungen am 23. Dezember 44 bei Thür abgeschossen worden ist.«
Es dauert auch nicht sehr lange, bis Otto Schmitt mir von einer ersten Nachforschung in Thür berichtet. Seine Zeit reichte allerdings nicht aus, um eingehendere Erkundigungen durchzuführen, aber so viel kann er schon erfahren: Eine deutsche Jagdmaschine soll am 24. Dezember abgestürzt sein, am neblig-trüben Nachmittag. Und man will einen Fallschirmabsprung beobachtet haben. Beim nächsten Mal hat er mehr Glück und kann die Aufschlagstelle auf einem Acker zwischen den Gemeinden Thür und Kottenheim tatsächlich lokalisieren. Einige winzige Metallstückchen im Oberflächenbereich des Bodens, darunter Kühlrippenfragmente, lassen ohne Zweifel auf einem BMW-801-Motor schließen, das Triebwerk einer Focke-Wulf Fw-190.
Im Juli 1981 erfahre ich von der Deutschen Dienststelle in Berlin, daß der Tod und die Grablage des »Kabuss« seinerzeit ohne weitere Personalien oder sonstige Identifizierungsmerkmale von der Alliierten Hohen Kommission für Deutschland, in Arolsen, mitgeteilt wurde und daß der Urheber der Meldung der Amtsbürgermeister von Andernach gewesen war.

Da letztere Behörde aber nur die Grabmeldungen weitergab, die sie von den einzelnen Gemeinden seinerzeit übermittelt bekommen hat und in unserem Falle weder in Kruft noch in Thür weitere Hinweise oder Aktenvermerke zum Fall »Kabuss« vorhanden sind, bleibt immer noch ungeklärt, woher die schon erwähnten Angaben zu Dienstgrad und Verbandszugehörigkeit stammen. Die Verlustunterlagen der Jagdwaffe für den 23. Dezember 1944, speziell für das Jagdgeschwader 11 (und auch JG 2), scheinen vollständig zu sein, und da der Name »Kabuss« hier nicht aufgeführt ist, vermute ich weiterhin eine Namensähnlichkeit oder Namensanlehnung als möglichen Grund, weshalb zumindest ein Fliegerschicksal noch nicht endgültig geklärt werden konnte.
In der Hoffnung, doch noch auf zusätzliche Informationen zu stoßen, sehe ich auch das Protokoll des Volksbundes ein, der bereits im Dezember 1955 die sterblichen Überreste des »Kabuss« auf dem Gemeindefriedhof Kruft zwecks Identifizierung noch einmal ausgebettet hatte. Das Protokoll enthält ebenfalls den Vermerk: »3./JG 11« sowie »2 Schwingen – Uffz.-Litze (eventuell Fähnrich!)«. Diese Feststellung ist für mich natürlich ein entscheidender Hinweis, denn demnach käme für den Fall Thür der vermeindliche Pilot »Kobuhs« vom SG 4 nicht in Betracht, da dieser Unteroffizier war. Unteroffiziere aber trugen nur *eine* Schwinge auf den Kragenspiegeln. Und auch die Eintragungen der Gemeinde Kruft (Dienstgrad Fähnrich) werden hierdurch bestätigt.
Einige Zeit später habe ich dann eine merkwürdige Begegnung. Während des alljährigen großen Jagdfliegertreffens in Geisenheim komme ich durch reinen Zufall mit einem ehemaligen Piloten aus Berlin ins Gespräch. Ich muß wohl ein recht verdutztes Gesicht gemacht haben, als ich den Namen des Mannes hörte. Er heißt Karl-Heinz Kabus und war Angehöriger der 3./JG 11!
Nachdem ich ihm die Geschichte von Thür und Kruft geschildert habe, ist nun das Erstaunen auf seiner Seite. Karl-Heinz Kabus ist nämlich am gleichen Tag, im gleichen Raum, im Einsatz gewesen: »Ich bin um 15.05 Uhr in Biblis gestartet. Über dem genannten Gebiet hatten wir Feindberührung, wobei ich wahrscheinlich eine amerikanische Thunderbolt abgeschossen habe, aber gleichzeitig selbst auch zahlreiche Treffer einstecken mußte. Gegen 16.10 Uhr

machte ich in Mannheim-Sandhofen eine Bruchlandung und erfuhr später, daß meine Einheit mich als vermißt gemeldet hatte, da es ja länger gedauert hat, ehe ich wieder zum eigentlichen Einsatzhorst zurückkehrte. Jedenfalls gab es in meiner Staffel keinen zweiten Piloten mit dem Namen Kabus, und der erwähnte »Kabuss« von Kruft kann ich auch nicht sein, denn ich lebe ja noch!«
Das Zusammentreffen mit Karl-Heinz Kabus aus Berlin stellt sich als äußerst interessant heraus, aber es trägt dennoch nicht dazu bei, den Fall des Fliegers »Kabuss« in Kruft zu erhellen.
Nachdem die Genehmigung des Grundstückseigentümers vorliegt und auch ein Termin mit dem Kampfmittelräumdienst der Bezirksregierung abgesprochen ist, beginnen wir am 7. Oktober 1981 mit der Ausgrabung in Thür. Die Aussagen verschiedener Bewohner, wonach der Pilot mit dem Fallschirm abgesprungen ist und mit Verwundungen aufgefunden worden sein soll, haben sich in der Zwischenzeit vermehrt. So vermute ich, daß dieser Pilot den Absprung nicht lange überlebt, vorher vielleicht jemandem noch seinen Namen mitgeteilt hat. Was anschließend mit ihm geschehen ist, das versuchen wir herauszubekommen, denn im Augenblick weiß keiner der befragten Augenzeugen des Absturzes etwas über den endgültigen Verbleib des Flugzeugführers. Hat man ihn nach Kruft gebracht oder dort bestattet?
Zunächst wollen wir abwarten, was die Bergung der Maschine erbringen würde. Nach allem, was wir bislang wissen, dürften wir auf die Trümmer einer Maschine stoßen – ohne Flugzeugführer. Ich hoffe auf das Vorhandensein irgendwelcher Typenschilder, einen Hinweis auf die Werknummer, anhand derer wir den Piloten, der diese Maschine geflogen hat, ohne große Schwierigkeiten ermitteln könnten.
Schweigend beobachten die wenigen Anwesenden wie die Baggerschaufel den Boden freilegt. Schon erkennt man, daß es die richtige Stelle sein muß, denn immer mehr Kleinteile, die wir sofort sammeln, um sie an einem vorgesehenen Platz auszubreiten, kommen zum Vorschein. Der Randbogen des Höhenruders einer Focke-Wulf ist der erste größere Blechfetzen. Teile der Spreizklappen, des Motors, der Rumpfbeplankung und viel Munition vom Kaliber 2 cm folgen. Letztere sammeln die Männer des

Räumkommandos ein und bewahren sie gesondert auf: vorwiegend Minen-, Panzerbrand- und Panzersprenggeschosse, allesamt erstaunlich gut erhalten.
Neben vielen anderen Bruchstücken markanter Gerätschaften finden wir auch Teile der Funkausrüstung, darunter einen Rest von der Frontplatte des FuG 16 sowie die Abdeckung des Freund/Feind-Kenngeräts FuG 25a, in der sogar noch die beiden Kodierschlüssel stecken. Auch die beiden in den Flächenwurzeln untergebracht gewesenen MG 151/20 kommen nacheinander zum Vorschein, dann ein Vollgurtkasten und immer wieder Munition. Nur wenige abgeschossene Patronen sind darunter, so daß der Focke-Wulf-Pilot allem Anschein nach selbst kaum zum Schuß gekommen ist, bevor es ihn traf.
Als letztes holt der Bagger neben einem Propellerblatt noch große, unförmige Brocken des BMW-Motors ans Tageslicht. Leider ergibt die eingehende Untersuchung der Wrackteile keinen stichhaltigen Anhaltspunkt, um die Identität des mit Sicherheit vor dem Absturz abgesprungenen Jagdfliegers festzustellen. Auch die Suche nach der Werknummer verläuft negativ.
So hat uns die Bergung also nicht viel weitergeholfen. Wir wissen mit absoluter Gewißheit nur, daß es sich bei der in Thür abgestürzten Maschine um eine Focke-Wulf Fw 190 A-8 handelt.
Nach weiteren Untersuchungen und Nachforschungen, die aber gewisse Widersprüche und Ungereimtheiten noch nicht ausräumen, fahren Otto Schmitt und ich im Mai 1982 nochmals nach Thür, um Befragungen anzustellen. Dabei werden wir immer wieder an Personen verwiesen, die in der Nachbargemeinde Kottenheim leben. Nach längerem Suchen treffen wir schließlich auf Frau Schäfer, welche uns berichtet, daß man vermutlich den Piloten der von uns geborgenen Maschine in das Haus ihrer Eltern gebracht hat, nachdem er verwundet in der Nähe mit dem Fallschirm heruntergekommen war. »Leider befand ich mich zu der Zeit nicht in Kottenheim, und die Eltern leben auch nicht mehr, um Einzelheiten erfahren zu können.«
Frau Schäfer erinnert sich jedoch, daß ihre heute bei Kaiserslautern lebende Schwester, Frau Reiland, an jenem Tag im Elternhaus war, als der Flieger gefunden wurde. Ich lasse mir die Tele-

fonnummer der Schwester geben. Noch am Abend rufe ich sie an und habe Glück. Frau Reiland muß sich zunächst besinnen, denn seit damals hat niemand mehr nach diesem Ereignis gefragt.
Der abgesprungene Pilot, so erzählte sie mir, sei am Oberkörper verletzt gewesen, als man ihn ins Haus trug. Er sagte noch, daß er nicht wisse, ob ihn die eigene Flak oder amerikanische Jäger abgeschossen hätten, erklärte aber genau, daß er am Fallschirm hängend beschossen worden sei.
»Was ist mit ihm weiterhin geschehen?« frage ich und erhalte daraufhin die Auskunft, daß ihn wenig später einige Soldaten abgeholt hätten. Der Verwundete sei zumindest Feldwebel gewesen und sein Name begann mit T . . .: »Tirschke oder Titschke – so ähnlich«, erwidert Frau Reiland.
Diese Aussage bringt die Klärung zumindest eines Teils der gesamten Ereignisse um den Fall Thür. In meinen Aufzeichnungen über die am 23. Dezember 1944 abgeschossenen Flugzeugführer des JG 11 findet sich der Oberfeldwebel Kurt Titscher. Am nächsten Tag bestätigt die Deutsche Dienststelle mir diesen Verlust und teilt mir zudem mit, daß der genannte Flugzeugführer verwundet geborgen und anschließend in das Luftwaffen-Lazarett Andernach gebracht worden ist. Hier erlag Titscher seinen schweren Verwundungen und wurde auf dem Friedhof von Andernach beigesetzt.
Es ist also Ofw. Titschers Focke-Wulf gewesen, welche wir geborgen haben. Das Jagdgeschwader 11 verzeichnete an diesem 23. Dezember insgesamt 17 Ausfälle, ohne die Verwundeten, darunter vier noch vermißte Piloten. Drei Gruppen des Geschwaders, allerdings längst nicht mehr in Sollstärke, befinden sich am 23. über der Eifel im Einsatz. Es kommt zu schweren Luftgefechten mit zahlenmäßig überlegenen Jagdstreitkräften der Alliierten, welche zu den erwähnten Verlusten führen. Je ein Pilot der II. und III. Gruppe, Oberfähnrich Wesener und der Kapitän der 9. Staffel, Oberleutnant Planer, ruhen ebenfalls auf dem Friedhof von Kruft. Den größten Ausfall muß die I. Gruppe mit sechs Gefallenen, einem Vermißten und fünf Verwundeten hinnehmen. Ein »Kabuss« ist, wie schon erwähnt, nicht darunter, der ja der 3. Staffel angehört haben soll. Wenn der Genannte aber am gleichen Tag

bei Thür gefallen ist, würde das bedeuten, daß dort die Absturzstelle einer weiteren Maschine vorhanden sein müßte.
Weitere hartnäckige Befragungen darüber in Thür und Kottenheim bleiben ergebnislos. Nur einmal erhalten wir die Information, daß vor dem Ortsausgang von Kottenheim an der Weggabelung zur Hauptstraße noch eine Maschine abgestürzt sein soll. Auch will man dort Trümmer liegen gesehen haben. Ob das am 23. Dezember 1944 war, ist unbekannt.
Wir untersuchen natürlich die besagte Stelle und deren Umgebung, können mit unseren Geräten jedoch nicht ein einziges Teilchen aufspüren. Wie wir anschließend noch erfahren, verläuft gerade hier eine in späteren Jahren verlegte Erdgasleitung. An eine Versuchsgrabung will deshalb aus verständlichen Gründen weder die Bezirksregierung noch eine Pioniereinheit der Bundeswehr herangehen. Existiert diese Absturzstelle überhaupt? Sicherlich wäre man doch bei den Aushubarbeiten für die Erdgasleitung auf Flugzeugteile gestoßen, wenn diese sich an der Stelle befunden hätten. Oder sind tatsächlich ein paar Bleche gefunden worden, denen man keine Bedeutung beigemessen hat.
Fragen über Fragen. Woher stammt die Namenbezeichnung auf dem Grabstein in Kruft? Einer der noch vermißten Piloten des JG 11 vom 23. Dezember 1944 war ein Fähnrich, sein Name beginnt ebenfalls mit Ka . . .*). Welche Zusammenhänge führen hier unter Umständen auf eine falsche Spur? Nach allem, was in diesem Fall an Erkenntnissen gewonnen werden konnte, erhärtet sich der Verdach immer mehr, daß der in Kruft beigesetzte Gefallene ein anderer Flieger ist. Ein Flugzeugführer, der nicht »Kabuss« heißt.
Mit der vorliegenden Aufzeichnung verbinde ich nicht zuletzt auch die Hoffnung, vielleicht aus dem Kreis der Leser, darunter sicherlich viele ehemalige Piloten, noch einen markanten Hinweis zu erhalten, der dazu beitragen möge, die wahre Identität des »Fähnrich Kabuss« herauszufinden.

*) Wegen der noch nicht abgeschlossenen Nachforschungen möge der volle Name dieses Fähnrichs hier ungenannt bleiben.

WEITERE DOKUMENTATIONEN

ALS UNGEKÜRZTE SONDERAUSGABEN

Werner Girbig
Start im Morgengrauen
Die Chronik vom Untergang der deutschen Jagdwaffe im Westen 1944/45. Dabei steht das „Unternehmen Bodenplatte" im Mittelpunkt, jener Großeinsatz vom 1. Januar 1945, der in einer Katastrophe endete.
280 Seiten, 110 Abb., gebunden,
22,– Best.-Nr. 01292

Georg Brütting
Das waren die deutschen Stuka-Asse 1939–1945
Die berühmtesten Stuka-Piloten des Zweiten Weltkrieges in Kurz-Biographien – ihr Leben, ihre Einsätze, ihre Erfolge und Niederlagen – von den „Blitzkriegen" bis zum bitteren Ende.
286 Seiten, 105 Abb., gebunden,
22,– Best.-Nr. 10433

Toliver / Constable
Das waren die deutschen Jagdflieger-Asse 1939–1945
Die Reichsluftwaffe kannte eine ganze Reihe von sehr erfolgreichen Jäger-Piloten. Diese ausgezeichnete Dokumentation stellt die bekanntesten Jagdflieger-Asse in Wort und Bild vor.
416 Seiten, 60 Abb., gebunden,
29,– Best.-Nr. 10193

Volkmar Kühn
Deutsche Fallschirmjäger im Zweiten Weltkrieg
„Grüne Teufel" nannte man sie respektvoll, die Fallschirmjäger der Wehrmacht. Aus der Luft ins Gefecht und an allen Brennpunkten im Einsatz – ein packendes Dokument.
388 Seiten, 114 Abb., gebunden,
26,– Best.-Nr. 01044

Edward H. Sims
Zweikampf am Himmel
Vom Ersten Weltkrieg bis Vietnam: Hier wird Strategie und Taktik der berühmtesten Jagdflieger aller Nationen im direkten Vergleich ausführlich und anschaulich beschrieben.
348 Seiten, 59 Abb., gebunden,
26,– Best.-Nr. 01096

Hans Brunswig
Feuersturm über Hamburg
Hamburg versank im Inferno – Bombenangriffe bei Tag und bei Nacht verwandelten die Stadt in ein Trümmermeer. Der Autor beschreibt den Ablauf, die Hintergründe und die katastrophalen Auswirkungen.
472 Seiten, 170 Abb., gebunden,
29,–
Best.-Nr. 10570

Motor buch Verlag

Der Verlag für Zeitgeschichte
Postfach 103743 · 7000 Stuttgart 10

Änderungen vorbehalten